Inhaltsverzeichnis

Einleitung

Der vorliegende Praxisratgeber gibt einen Einblick in die erbrechtlichen und erbschaftsteuerlichen Regelungen für Immobilieneigentümer und Vermieter. Die Autoren haben viele Beispiele aus der Praxis gesammelt und geben wichtige Expertenhinweise. Als Grundlage dafür dient die langjährige Erfahrung im Bereich der Immobilienübergabe. Die unterschiedlichen Sachverhalte der Mandanten und die zahlreichen Mandantengespräche, mit denen sie bei ihrer Tätigkeit im Haus- und Grundbesitzerverein München und Umgebung, aber auch bei ihrer selbstständigen Tätigkeit konfrontiert sind, prägen die Beratung dieser Experten.

Sie als Immobilieneigentümer oder Vermieter bekommen nicht nur eine Einführung in das Erbrecht und Erbschaftsteuerrecht, sondern konkrete Anleitungen und Anregungen, wie Sie in bestimmten Fällen an ein Thema herangehen. Zudem betrachten die Autoren die Probleme und Falllösungen nicht nur in zivilrechtlicher Hinsicht, sondern auch unter dem Aspekt der Erbschaftsteuer. So können Sie sich einen Überblick über die lebzeitige Übergabe und die testamentarischen Regelungen auch im Hinblick auf die verschiedenen Steuerminderungsmöglichkeiten verschaffen.

Generell gilt: Das Erbrecht soll gerecht sein. Was das im Einzelnen bedeutet, hängt nicht immer vom Wert der Nachlassgegenstände ab. Eine gerechte Lösung kann stets nur gemeinsam mit denjenigen, denen der Nachlass einmal übergeben werden soll, ermittelt werden. Das Familiengespräch ist daher eines der wichtigsten Instrumente des Erbrechts – doch leider gesetzlich nicht verankert. Selten erkennen die Mandanten die Wichtigkeit dieses Gesprächs.

Schließlich sei an dieser Stelle noch ein wichtiger Hinweis gestattet: Entscheidungen allein aus der Not zu treffen, die Schenkung- oder Erbschaftsteuer zu sparen, können niemals gut sein. Nur solche Entscheidungen sind sinnvoll, die in Kenntnis aller Möglichkeiten und mit allen Beteiligten gemeinsam erarbeitet werden.

Abkürzungsverzeichnis

a. F.	alte Fassung
AGBGB	Gesetz zur Ausführung des Bürgerlichen Gesetzbuches und anderer Gesetze
AO	Abgabenordnung
BetrKV	Betriebskostenverordnung
BewG	Bewertungsgesetz
BFG	Bruttogrundfläche
BFH	Bundesfinanzhof
BGB	Bürgerliches Gesetzbuch
BGH	Bundesgerichtshof
BStBl	Bundessteuerblatt
BVerfG	Bundesverfassungsgericht
EGMR	Europäischer Gerichtshof für Menschenrechte
ErbStG	Erbschaftsteuer- und Schenkungsteuergesetz
ErbStR	Erbschaftsteuer-Richtlinie
f., ff.	folgende
FG	Finanzgericht
FGG	Gesetz über die Angelegenheiten der freiwilligen Gerichtsbarkeit
GBO	Grundbuchordnung
GbR	Gesellschaft bürgerlichen Rechts
GFZ	Geschossflächenzahl
GrdstVG	Grundstückverkehrsgesetz
i. V. m.	in Verbindung mit
LPartG	Lebenspartnerschaftsgesetz
MoPeG	Gesetz zur Modernisierung des Personengesellschaftsrechts
n. F.	neue Fassung
SGB	Sozialgesetzbuch
StGB	Strafgesetzbuch
WEG	Wohnungseigentumsgesetz
WertV	Wertermittlungsverordnung
WGFZ	wertrelevante Geschossflächenzahl
ZPO	Zivilprozessordnung
ZVG	Gesetz über die Zwangsversteigerung und Zwangsverwaltung

1 Die Erbfolge ohne Testament

»Nach mir die Sintflut«: Soweit man sich entschließt, keinen letzten Willen in Form eines Testaments oder beispielsweise eines notariellen Erbvertrags niederzulegen, sollte man sich darüber im Klaren sein, welche erbrechtlichen und vor allem auch steuerlichen Konsequenzen dieses Nichtstun auslösen kann. Spätestens mit dem Tod beginnt die unausweichliche Übergabe. Wer dann an Ihrer Stelle Ihren Nachlass übernimmt, ergibt sich aus den gesetzlichen Regelungen. Die Erben, die aufgrund dieser Regelungen die Nachfolge antreten, bezeichnet man als die sogenannten gesetzlichen Erben. Das Gesetz unterscheidet in den Vorschriften des Bürgerlichen Gesetzbuches (BGB) zwischen dem Erbrecht der Verwandten (§§ 1924–1930 BGB) und dem Erbrecht des Ehegatten (§§ 1931–1934 BGB).

1.1 Das gesetzliche Erbrecht der Verwandten

Liegt keine wirksame letztwillige Verfügung (Testament, Erbvertrag) des Erblassers vor und ist dieser im Zeitpunkt seines Todes unverheiratet, wird sein Vermögen im Sinne der gesetzlichen Erbfolge an seine Verwandten vererbt. Im deutschen Erbrecht gilt das System der Ordnungen, das sogenannte Parentelsystem. Danach spielt der Grad der Blutsverwandtschaft eine entscheidende Rolle. Zum Kreis der gesetzlichen Erben und damit zur Verwandtschaft zählen grundsätzlich nur diejenigen Personen, die das »gleiche Blut« in den Adern haben.

Dabei wird die Verwandtschaft in Ordnungen eingeteilt. Je niedriger die »Ordnungszahl« ist, desto näher ist der Verwandtschaftsgrad. Die Ordnungszahlen stehen zueinander in Konkurrenz. Soweit Verwandte existieren, die einer niedrigeren Ordnung zugewiesen sind, schließen diese die Verwandten höherer Ordnung aus. Gibt es also eigene leibliche Kinder, dann sind die Eltern des Erblassers von der gesetzlichen Erbfolge ausgeschlossen. Aber auch innerhalb einer Ordnung schließen die Personen, die mit dem Erblasser näher verwandt sind, diejenigen aus, die weiter verwandt sind. So erhalten die Kinder Vorrang vor deren Kindern, also den Enkelkindern. Dieses Grundprinzip der Reihenfolge ergibt sich aus § 1930 BGB.

Ein wichtiger Hinweis soll an dieser Stelle gebracht werden: Uns Rechtsanwälten wird immer unterstellt, eine eigene Sprache zu verwenden. Sie hört sich für den Laien vielleicht manches Mal sehr eigenartig an, sodass man durchaus geneigt ist, andere Begrifflichkeiten zu verwenden. Das kann zu einem großen Problem im Rahmen der Nachlassabwicklung führe. Man muss sich in jedem Fall entweder mit der Sprache vertraut machen oder einen Experten für die Formulierungen, beispielsweise in Testamenten oder auch Überlassungsverträgen, hinzuziehen. Alle laienhaften Formulierungen können unterschiedlich ausgelegt werden und führen zu den Problemen oder gar Streitigkeiten, die vermieden werden sollten.

1.1.1 Gesetzliche Erben erster Ordnung

Die gesetzlichen Erben der ersten Ordnung sind die Abkömmlinge des Erblassers (§ 1924 Abs. 1 BGB). Hierzu gehören sämtliche Verwandte in absteigender Linie, also Kinder, Enkel und Urenkel des Verstorbenen. Die Begrifflichkeit des Kindes oder Enkelkindes unterscheidet sich also wesentlich von der Begrifflichkeit des Abkömmlings. Wer in seinem Testament etwa nur die Enkelkinder ausschließen will, darf nicht allgemein von den Abkömmlingen sprechen.

Bis zum ersten Kindschaftsreformgesetz, das zum 1.7.1998 in Kraft getreten ist, war den nichtehelichen Kindern seit dem 1.7.1970 ein sogenannter schuldrechtlicher Erbersatzanspruch eingeräumt worden. Dieser war in der Abwicklung ähnlich dem Pflichtteilsanspruch, es handelte sich daher nur um einen Geldanspruch. Dadurch sollte vermieden werden, dass die nichtehelichen Kinder Teil der Erbengemeinschaften wurden. Sie sollten also die Vermögensnachfolge nicht direkt antreten können. Dadurch wollte man sich der »Kuckuckskinder« erwehren. Vor dem 1.7.1970 hatte man den nichtehelichen Kindern gar keine Möglichkeit eingeräumt, am Nachlass des Vaters beteiligt zu werden. Ein heute undenkbarer Zustand. Stiefkinderfamilien, auch sogenannte Patchworkfamilien, sind in unserer heutigen Gesellschaft fast nicht mehr wegzudenken, sodass die Einführung dieser Gleichstellung nachvollziehbar ist.

Für alle Abkömmlinge, die vor dem 1.7.1949 geboren worden sind, gelten Ausnahmeregelungen. Für Erbfälle, die vor dem 28.5.2009 eingetreten und deren Erbenkinder vor dem 1.7.1949 geboren waren, galten noch die alten Regelungen. Das Bundesverfassungsgericht (BVerfG) hat diese »Ungleichbehandlung« in seinem Beschluss vom 18.3.2013 (1 BvR 2436/11, 1 BvR 3155/11) für verfassungsgemäß erklärt. Der Europäische Gerichtshof für Menschenrechte dagegen hat in unterschiedlichen Entscheidungen die Regelung für nicht akzeptabel befunden. Er hat hierbei aber auf die Besonderheiten des vorgetragenen Sachverhalts abgestellt. Daher kann nur geraten werden, den Fall einem erfahrenen Berater vorzutragen und die Möglichkeiten prüfen zu lassen.

Adoptierte Kinder können, müssen aber nicht das gleiche Blut wie ihre Eltern in den Adern haben. Auf jeden Fall gilt: Werden minderjährige Kinder adoptiert, erlangen sie die volle rechtliche Stellung eines ehelichen Kindes des Annehmenden und gehören damit zu den Erben der ersten Ordnung. Mit der Adoption eines minderjährigen Kindes endet zugleich auch die Verwandtschaft zu dessen leiblichen Eltern. In der Folge ist es nicht mehr erbberechtigt und zählt daher nicht mehr zu den Kindern gemäß

§ 15 Abs. 1 Nr. 2 ErbStG (was vor allem zum Verlust der Freibeträge und der günstigen Steuersätze führt). Bei einer Volljährigenadoption verbleibt es grundsätzlich bei der verwandtschaftlichen Beziehung zu den leiblichen Eltern und damit auch beim gesetzlichen Erbrecht sowie den vorgenannten steuerlichen Vergünstigungen.

Nach § 1924 Abs. 4 BGB erben Kinder jeweils zu gleichen Teilen. Jedes zum Zeitpunkt des Erbfalls lebende Kind begründet einen eigenen Stamm. Erben innerhalb derselben Ordnung schließen ihre eigenen Abkömmlinge immer von der Erbfolge aus (§ 1924 Abs. 2 BGB). An die Stelle eines zur Zeit des Erbfalls nicht mehr lebenden Abkömmlings treten die durch ihn mit dem Erblasser verwandten Abkömmlinge (§ 1924 Abs. 3 BGB).

BEISPIEL

Herr Velder ist verwitwet und Vater von zwei Kindern, Sabine und Tina. Tina ist bereits verstorben und hat wiederum zwei minderjährige Kinder, Lisa und Maximilian, hinterlassen. Herr Velder stirbt, es tritt die gesetzliche Erbfolge ein. Nachdem er zwei Kinder hatte, wird sein Nachlass auf zwei Stämme verteilt. Miterbe wird Sabine zu 1/2. Den zweiten Stamm mit 1/2 teilen sich die Kinder der vorverstorbenen Tina, sodass Lisa und Maximilian Miterben zu je 1/4 werden.

Dieses Beispiel zeigt, wie wichtig es ist, sich auch dann über die Erbfolge Gedanken zu machen, wenn man seine beiden Kinder zu Miterben zu gleichen Teilen einsetzen möchte. Herr Velder war eventuell schon lange geschäftsunfähig und hatte daher den Tod seiner Tochter aufgrund seiner eigenen Situation nicht bewusst mitbekommen. Die gesetzlichen Regelungen führen zwar dazu, dass die »Abkömmlinge« die Nachfolge antreten. Ist es mehr als ein Erbe, so entsteht in jedem Fall eine Erbengemeinschaft, an der die minderjährigen Kinder, vertreten durch einen Sorgeberechtigten – in dem Beispiel vielleicht der ungeliebte Schwiegersohn –, beteiligt sind. Hätte sich Herr Velder beraten lassen, so hätte man ihm geraten, für minderjährige Erben einen Testamentsvollstrecker zu bestimmen, der für die Zeit der Minderjährigkeit oder darüber hinaus den Nachlass für diese Erben verwaltet. Eine solche Testamentsvollstreckung ist vor allem dann geboten, wenn sich im Nachlass eine Immobilie befindet. Hätte Herr Velder in seinem Testament vorgesehen, das überlebende Kind – hier Sabine – zum Testamentsvollstrecker eventueller minderjähriger Erben einzusetzen, so gelänge ihm damit die Fortsetzung einer einheitlichen Verwaltung. Sabine muss sich nicht mit dem Sorgeberechtigten der minderjährigen Kinder Lisa und Maximilian auseinandersetzen. Die Vermögensverwaltung des Sorgeberechtigten bezieht sich daher ausschließlich auf das eigene Vermögen der beiden minderjährigen Kinder, die Nachlassverwaltung wird ihm durch eine Testamentsvollstreckung in Form der Dauertestamentsvollstreckung entzogen.

Tipp

Die Einsetzung eines Testamentsvollstreckers hat jedoch einen Nachteil: Der Sorgeberechtigte kann gegenüber dem Testamentsvollstrecker Kontrollrechte ausüben und daher die Entscheidungen des Testamentsvollstreckers zumindest »überwachen«. Diesen Sachverhalt hat der Gesetzgeber in § 1638 BGB geregelt:

(1) Die Vermögenssorge erstreckt sich nicht auf das Vermögen, welches das Kind von Todes wegen erwirbt oder welches ihm unter Lebenden unentgeltlich zugewendet wird, wenn der Erblasser durch letztwillige Verfügung, der Zuwendende bei der Zuwendung bestimmt hat, dass die Eltern das Vermögen nicht verwalten sollen.

Danach kann der Erblasser die Eltern von der elterlichen Sorge in Bezug auf den Nachlass ausschließen, indem er diese Vermögenssorge einer anderen Person überträgt. Dieser Ausschluss kann die Erbeinsetzung, ein Vermächtnis oder Auflagen, ja sogar den Pflichtteilsanspruch betreffen. Wie dem Gesetz zu entnehmen ist, kann dieser Ausschluss auch für lebzeitige Zuwendungen angewandt werden. Der Nachteil der Regelung – im Gegensatz zur Testamentsvollstreckung – ist, dass diese Anordnung mit dem vollendeten 18. Lebensjahr des Kindes endet.

Wäre in unserem Beispiel die vorverstorbene Tina kinderlos, dann würde eine sogenannte Anwachsung eintreten. Diese Folge ist Inhalt der gesetzlichen Regelung des § 2094 BGB. Das bedeutet, dass die verbliebenen gesetzlichen Erben die Erbschaft unter sich aufteilen. In unserem Beispiel ist Sabine die »verbliebene Erbin« und wird damit Alleinerbin.

1.1.2 Gesetzliche Erben zweiter Ordnung

Zu den Erben zweiter Ordnung zählen die Eltern des Erblassers und deren Abkömmlinge, also die Geschwister des Erblassers. Hinzu kommen dessen Nichten und Neffen. Gibt es beim Tod des Erblassers keine Erben erster Ordnung oder ist deren gesetzliches Erbrecht durch Ausschlagung, Erbverzicht oder rechtskräftige Erbunwürdigkeitserklärung weggefallen (§§ 1953 Abs. 2, 2344 BGB), kommen diese Verwandten zum Zug (§ 1925 BGB). Erbunwürdigkeit liegt nur in den in § 2339 BGB genannten Fällen vor. So ist eine Person zum Beispiel erbunwürdig, wenn sie den Erblasser vorsätzlich getötet hat. In solchen Fällen ist es wichtig zu wissen, in welcher Rangfolge die Personen der zweiten Ordnung gesetzliche Erben werden. Im nachfolgenden Beispiel soll verdeutlicht werden, wie man sich die gesetzliche Erbfolge erschließen kann.

BEISPIEL

Der alleinstehende Erblasser Herr Ehlers verstirbt, ohne Kinder zu hinterlassen. Sein Nachlass fällt zunächst in gleichen Teilen an seine Eltern (§ 1925 Abs. 2 BGB). Sind seine Eltern vorverstorben, so treten an deren Stelle deren Abkömmlinge, also die Geschwister des Herrn Ehlers. Ist eines der Geschwister ebenfalls schon vorverstorben, so treten an dessen Stelle dessen Kinder – also die Nichten und Neffen von Herrn Ehlers. Sie teilen sich dann den Stamm, der dem Geschwister zugeteilt war.

Ist eines der Geschwister kinderlos vorverstorben, so erfolgt wiederum Anwachsung unter den verbleibenden Geschwistern.

Falls ein Elternteil des Erblassers noch lebt, so erbt dieser die Hälfte des Nachlasses, während an die Stelle des verstorbenen Elternteils dessen Abkömmlinge treten (§ 1925 Abs. 3 BGB).

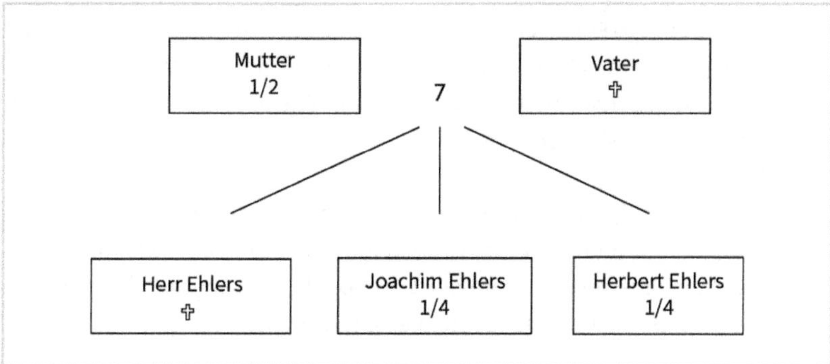

Abb. 1: Erbfolge bei Familie Ehlers

1.1.3 Exkurs: Die Patchworkfamilie

Gerade dieses Beispiel macht deutlich, dass das gesetzliche Erbrecht immer von den Eltern ausgeht. Hat der Erblasser eigene Kinder (leibliche oder adoptierte, die den leiblichen gleichgestellt sind), so vermittelt er als Elternteil das gesetzliche Erbrecht an seine Kinder. Hat er keine eigenen Kinder, so bewegt sich die gesetzliche Erbfolge eine Generation höher, also zu den Eltern. Sind diese schon verstorben, vermitteln sie das gesetzliche Erbrecht für den Erblasser auf ihre leiblichen Abkömmlinge, also auf die Geschwister sowie Nichten und Neffen des Erblassers.

Eben dieser Umstand, dass die Eltern das gesetzliche Erbrecht des Erblassers »vermitteln« können, bedeutet, dass eine Erbstellung auch auf Abkömmlinge übergehen kann, die landläufig als »unehelich« bezeichnet werden. Zu diesen hat der Erblasser häufig nur wenig oder eventuell gar keinen Kontakt. Die Ehegatten und damit die Kinder aus dieser Ehe kennen sie eventuell überhaupt nicht.

Tipp

Gehen Sie mit der Frage, wer mit Ihnen verwandt ist, ehrlich um. Auch wenn es schwerfällt: Spätestens dann, wenn Sie sich mit Ihrem Nachlass befassen, sollte auch über nichteheliche Kinder gesprochen werden. Die Offenbarung zu Lebzeiten mag schwierig sein, die Offenbarung nach dem Tod kann zu einer Tragödie werden.

Der folgende Fall aus der Beratungspraxis zeigt sehr genau, wohin das Verschweigen führen kann.

BEISPIEL

Die 60-jährige Frau Meier ist kinderlos, ihre Eltern sind vorverstorben. Die Mutter von Frau Meier hatte noch eine zweite Tochter, Theresa. Der Vater hat neben den beiden Töchtern während der Ehe mit einer Liebschaft einen Sohn namens Sebastian gezeugt.

Das wesentliche Vermögen, zwei Mehrfamilienhäuser in der Innenstadt von München, stammte aus der Generation der Mutter. Der Vater hatte kein bzw. kein nennenswertes Vermögen. Diese beiden Häuser sind schon zu Lebzeiten der Mutter auf die zwei Töchter verteilt worden.

Frau Meier kam zu einem Beratungsgespräch und fragte nach den Möglichkeiten der lebzeitigen Übergabe, aber auch nach testamentarischen Regelungen. Ihr war eigentlich klar, dass ihre Schwester Theresa, die sie fast jeden Tag sah und die in ihrer Nähe wohnte, in jedem Fall nach ihrem Tod Alleinerbin sein sollte. Diese Nähe hatte sie zu ihrem Halbbruder Sebastian nicht. Aufgrund des nicht sehr guten Verhältnisses war sie sogar davon ausgegangen, dass die Schwester auch ohne Testament die Alleinerbenstellung erhalten würde. Frau Meier nahm die Beratung nur deshalb in Anspruch, um die steuerlichen Vergünstigungen bei einer Schenkung an die beiden Nichten, die Kinder ihrer Schwester Theresa, abzufragen.

Die »gefühlte Nähe« ist gerade nicht die Voraussetzung für die gesetzliche Erbfolge. Wäre die Mandantin verstorben, ohne ein Testament zu hinterlassen, dann hätte sich folgende gesetzliche Erbfolge ergeben: Frau Meier hat im Nachlass das Mehrfamilienhaus, das ihr einmal von ihrer Mutter zu Lebzeiten geschenkt worden ist. Nachdem sie keine eigenen Kinder hat, geht der Nachlass zunächst eine Generation nach oben, also zu den Eltern. Beide Eltern sind bereits verstorben, daher vermitteln die Eltern das gesetzliche Erbrecht wiederum ihren Kindern. Dann ginge die eine Hälfte des Mehrfamilienhauses zunächst an die Mutter der Mandantin. Nachdem sie vorverstorben ist, vermittelt die Mutter das Erbrecht an ihre Kinder. Die Mutter hatte zwei Töchter, Frau

Meier selbst und Theresa. Da Frau Meier verstorben ist, wird das gesetzliche Erbrecht somit an Theresa vermittelt. Den gleichen Weg nimmt die andere Hälfte des Mehrfamilienhauses: Sie ginge zunächst an den Vater der Mandantin. Auch der ist vorverstorben, somit vermittelt er das Erbrecht an seine Kinder. Er hat aber nicht nur die zwei Töchter, sondern zudem den nichtehelichen Sohn. Nachdem Frau Meier ebenfalls verstorben ist, geht diese Haushälfte zu gleichen Teilen an Theresa und deren Halbbruder Sebastian. Sebastian würde also Miterbe zu 1/4 werden und mit dieser Quote auch das Mehrfamilienhaus erben.

Diese gesetzliche Erbfolge wäre umso fataler gewesen, als man mit einem Testament Sebastian ohne Weiteres von der gesetzlichen Erbfolge hätte ausschließen können. Er wäre als Halbbruder auch nicht pflichtteilsberechtigt gewesen.

Wie bereits gesagt ist die Patchworkfamilie eine Lebensform, die sich immer weiter verbreitet. Die Kinder des Lebensgefährten wohnen mit den eigenen Kindern unter einem Dach. Sind diese hinzugekommenen Kinder weder die leiblichen noch adoptierte Kinder, so haben sie kein gesetzliches Erbrecht.

Gerade bei einer solchen Familienform muss die Frage einer testamentarischen Erbfolge wohlüberlegt sein. Dabei muss immer berücksichtigt werden, dass die hinzugekommenen Kinder auch Elternteile haben, die vom eigenen Lebensgefährten getrennt leben oder schon geschieden sind. Diese haben aber ebenfalls ein gesetzliches Erbrecht, wie die Beispiele gezeigt haben. Soweit dieses gesetzliche Erbrecht vermieden werden soll, bedarf es kluger testamentarischer Regelungen.

Tipp

Erbschaftsteuerlich stehen die leiblichen Kinder des neuen Ehegatten den eigenen leiblichen Kindern gleich, auch wenn sie nicht adoptiert worden sind. Sie erhalten also auch einen Freibetrag in Höhe von 400.000 EUR gemäß § 15 Abs. 1, Steuerklasse I, Ziffer 2, § 16 Abs. 1 Nr. 2 ErbStG.

Erbrechtlich stehen die leiblichen Kinder des neuen Ehegatten den eigenen leiblichen Kindern nicht gleich, da sie keine »Abkömmlinge« im Sinne von § 1924 Abs. 1 BGB sind. Aus diesem Grund ist stets eine letztwillige Verfügung notwendig, soweit man die Kinder seines neuen Ehegatten zu Erben einsetzen möchte.

Tipp

Gerade im Rahmen einer Patchworkfamilie muss die Frage der Gerechtigkeit wohl überlegt sein. Die Kinder aus der ersten Ehe wollen natürlich genauso am Vermögen des leiblichen Elternteils teilhaben. Dennoch muss auch berücksichtigt werden, dass der Elternteil mit seinem neuen Ehegatten weiteres Vermögen aufbaut und daher auch die Kinder aus dieser zweiten Ehe daran teilhaben möchten. In diesen Fällen raten wir zu einem Gespräch mit der gesamten Familie zu Lebzeiten. Sobald einer der Elternteile verstirbt, ist immer damit zu rechnen, dass sich die Machtverhältnisse ändern.

1.1.4 Gesetzliche Erben dritter Ordnung

Gesetzliche Erben dritter Ordnung sind die Großeltern des Erblassers und ersatzweise deren Abkömmlinge, also Onkel, Tanten, Cousinen und Cousins (§ 1926 BGB).

BEISPIEL

Der kinderlose, ledige Erblasser Herr Enger war das einzige Kind seiner vorverstorbenen Eltern, Martha und Viktor. Die Großeltern mütterlicherseits hatten nur die eine Tochter, nämlich Martha. Die Großeltern väterlicherseits hatten drei Kinder, nämlich Viktor, seinen Bruder Otto und seine Schwester Sarah. Sarah ist ebenfalls schon verstorben und hat ihre beiden Kinder Bertram und Christian hinterlassen.

Nachdem Herr Enger kinderlos war, geht das Erbrecht in die nächste Generation, an die Erben zweiter Ordnung. Da auch von ihnen niemand mehr lebt, geht das Erbrecht wieder eine Generation weiter, an die Erben dritter Ordnung, und teilt sich zunächst auf die beiden Großeltern – mütterlicherseits und väterlicherseits – auf. Nachdem bei den Großeltern mütterlicherseits weder die Großeltern selbst noch deren Abkömmling – Martha – am Leben sind, geht der gesamte Nachlass auf die Großeltern väterlicherseits über. Nachdem auch diese nicht mehr am Leben sind, verteilt sich der Nachlass auf die noch lebenden Kinder und deren Abkömmlinge.

Im Ergebnis wird der Nachlass wie folgt verteilt: Auf Otto, den Onkel von Herrn Enger, entfällt 1/2 und auf die beiden Kinder der bereits verstorbenen Sarah, Bertram und Christian, die Cousins von Herrn Enger, je 1/4.

1.1.5 Gesetzliche Erben vierter Ordnung

Gesetzliche Erben vierter Ordnung sind die Urgroßeltern des Erblassers und ersatzweise deren Abkömmlinge, also Großonkel und Großtanten (§ 1928 BGB). Ab der vierten Ordnung gilt das sogenannte Gradualsystem. Hiernach erben immer die nächsten Verwandten, eine Aufteilung nach Stämmen erfolgt nicht mehr. Der Ehegatte des Erblassers verdrängt die Erben der vierten Ordnung vollständig (§ 1931 Abs. 2 BGB).

1.1.6 Gesetzliche Erben fünfter und weiterer Ordnungen

Gesetzliche Erben fünfter und weiterer Ordnungen sind die entfernteren Voreltern des Erblassers und ersatzweise deren Abkömmlinge (§ 1929 Abs. 1 BGB). Erst dann, wenn überhaupt kein Verwandter ermittelt werden kann, ist der Staat zum gesetzlichen Erben berufen.

1.2 Das gesetzliche Erbrecht des Ehegatten

Ehegatten sind in der Regel nicht miteinander verwandt. Nachdem nur Verwandte ein gesetzliches Erbrecht entsprechend den vorgenannten Ordnungen haben, muss der Ehegatte sozusagen kraft Gesetzes sein gesetzliches Erbrecht aufgrund anderer Vorschriften erhalten. Das ist in § 1931 BGB festgelegt.

Der Ehegatte beerbt seinen Partner nach dem Gesetz selten als alleiniger Erbe. Diese Alleinerbenstellung liegt nur im Fall des § 1931 Abs. 2 BGB vor: Sind weder Verwandte erster Ordnung (Kinder des Erblassers), zweiter Ordnung (Eltern und Geschwister des Erblassers) noch Großeltern des Erblassers vorhanden, so wird der Ehegatte Alleinerbe. In allen übrigen Fällen ist der überlebende Ehegatte stets Miterbe neben den näheren Verwandten.

Achtung

Viele Paare leben ohne Trauschein ein Leben lang zusammen – so wie Ehegatten. Dennoch sind sie miteinander nicht verwandt, der Lebensgefährte hat auch kein dem Ehegattenerbrecht entsprechendes gesetzliches Erbrecht. Der unverheiratete Erblasser kann daher auch von entferntesten Verwandten beerbt werden. Der Lebensgefährte geht leer aus.

Hat der verheiratete Erblasser kein Testament erstellt, wird er in der Regel von seinem Ehegatten und seinen leiblichen Kindern beerbt. Nach der Regelung der §§ 1931, 1371 BGB hängt die Erbquote des Ehegatten vorrangig vom ehelichen Güterstand ab. Der Güterstand zwischen Ehegatten kann nur durch eine notarielle Vereinbarung geändert werden. Liegt eine solche nicht vor, leben die Ehegatten grundsätzlich im Güterstand der Zugewinngemeinschaft. Durch einen notariellen Ehevertrag können die Eheleute auch Gütertrennung oder Gütergemeinschaft vereinbaren.

Die »Zugewinngemeinschaft« setzt der Laie oftmals mit einem gemeinsamen Vermögen gleich. Das trifft aber gerade nicht zu. Die Zugewinngemeinschaft ist bis zu deren Ende nichts anderes als eine Gütertrennung. Erst wenn die Zugewinngemeinschaft durch Scheidung, Tod oder eine andere güterrechtliche Vereinbarung endet, wird der Zugewinn, den die beiden Ehegatten während der Ehezeit hatten, berechnet. Der Ehegatte mit dem höheren Zugewinn wird dann gegenüber dem Ehegatten mit dem geringeren Zugewinn ausgleichspflichtig.

Gütertrennung und Gütergemeinschaft müssen dagegen durch einen Ehevertrag notariell beurkundet werden. Die Gütertrennung definiert sich aus dem Wort: Die jeweiligen Vermögensmassen bleiben getrennt – auch bei Ende der Ehe durch Scheidung oder Tod. Die Gütergemeinschaft beschreibt sich ebenfalls selbst: Mit ihr werden die Vermögenswerte der Ehegatten grundsätzlich gemeinschaftliches Vermögen.

Tipp

Vielen Mandanten fällt es schwer, die Frage zu beantworten, welcher Güterstand gewählt wurde. Die Zugewinngemeinschaft wird in der Beratung oftmals als Gütergemeinschaft bezeichnet. Aus diesem Grund wird immer danach gefragt, ob man in Zusammenhang mit der Eheschließung auch beim Notar war. Jede Änderung des gesetzlichen Güterstandes muss und musste notariell beurkundet werden. Wenn Sie Ihren Nachlass regeln wollen, stellen Sie Ihren Güterstand fest.

Die gesetzliche Quote des Ehegatten bemisst sich danach, in welchem Güterstand die Ehegatten verheiratet waren. Dabei ist zu unterscheiden, ob neben dem Ehegatten Verwandte der ersten Ordnung des Erblassers leben oder Verwandte der zweiten Ordnung des Erblassers.

Güterstand	Neben 1 Kind	Neben 2 Kindern	Neben 3 Kindern
Zugewinngemeinschaft	1/4 zuzüglich 1/4 für den Zugewinnausgleich	1/4 zuzüglich 1/4 für den Zugewinnausgleich	1/4 zuzüglich 1/4 für den Zugewinnausgleich
Gütertrennung	1/2	1/3	1/4
Gütergemeinschaft	1/4	1/4	1/4

Tab. 1: Ehegattenquote neben Verwandten der ersten Ordnung

Güterstand	Neben den Eltern des Erblassers
Zugewinngemeinschaft	1/2 zuzüglich 1/4 für den Zugewinnausgleich
Gütertrennung	1/2
Gütergemeinschaft	1/2

Tab. 2: Ehegattenquote neben Verwandten der zweiten Ordnung

1.3 Geschiedene Eheleute, eingetragene Lebenspartner und Paare ohne Trauschein

1.3.1 Geschiedene oder in Scheidung lebende Ehepartner

Da das Ehegattenerbrecht den Bestand der Ehe im Zeitpunkt des Todes des Erblassers voraussetzt, verliert der bisherige Ehepartner diesen gesetzlichen Anspruch spätestens, wenn die Scheidung vor dem Tod des Erblassers rechtskräftig wird. Doch wie sieht es aus, wenn der Erblasser während des Scheidungsrechtsstreits gestorben ist? Dann ist das Ehegattenerbrecht in Abkehr vom bisher Gesagten nach § 1933 Satz 1 BGB ausgeschlossen, wenn der Erblasser die Scheidung beantragt oder – falls der überlebende Ehegatte den Scheidungsantrag gestellt hatte – der Scheidung zugestimmt hatte und zum Zeitpunkt des Todes des Erblassers die Voraussetzungen für die Ehescheidung vorgelegen haben.

Tipp

Wer ein Scheidungsverfahren vor oder hinter sich hat, sollte das zum Anlass nehmen, sich einen Überblick über sein Vermögen zu verschaffen. Dazu gehört auch der Blick in die Lebensversicherungsverträge, in der »zu guten Zeiten« der Ehegatte als Bezugsberechtigter eingetragen wurde. Die Lebensversicherung zählt aufgrund der Bezugsberechtigungen zum Todeszeitpunkt nicht zum Nachlass. Die letztwillige Verfügung trifft also gerade keine Regelung für dieses Recht. Die Bezugsberechtigung sollte daher überprüft werden.

In einem Fall hat die zweite Ehefrau eines Versicherten gegen die Lebensversicherungsgesellschaft geklagt. Hintergrund war, dass die Lebensversicherungsgesellschaft die Auszahlung wegen des Hinweises »bezugsberechtigt ist die Ehefrau« an die erste Ehefrau veranlasst hat, da diese zum Zeitpunkt der Vereinbarung mit dem Erblasser in gültiger Ehe verheiratet war. Hiergegen wandte sich die zweite Ehefrau und begründete, man müsse die Definition der »Ehefrau« immer dahin gehend interpretieren, dass stets die aktuelle Ehefrau gemeint sei. Die Gerichte haben der ersten Ehefrau recht gegeben: Die geschiedene Ehefrau wurde als Bezugsberechtigte festgestellt. Die Lebensversicherung musste den Betrag an sie auszahlen.

Ist der »Rosenkrieg« zwischen Eheleuten erst vorüber und die Scheidung rechtskräftig, denkt keiner mehr an den anderen –, zumindest nicht mit guten Gefühlen. Eine Scheidung trennt aber nur die Ehe, sie lässt nicht die Verwandtschaft zu den gemeinsamen Kindern verschwinden. In der täglichen Beratungspraxis führt das immer wieder zu Verwunderung. Denn im schlimmsten Fall erhält der Ehegatte über diesen Umweg wieder das Vermögen des geschiedenen Ehegatten.

BEISPIEL

Tom und Mareike sind geschieden, das gemeinsame Kind Kerstin lebt bei Mareike. Kerstin und Mareike fahren in den Urlaub. Bei einem Autounfall stirbt zuerst Mareike.

Nachdem Mareike kein Testament hinterlassen hat, tritt nach ihrem Tod die gesetzliche Erbfolge ein. Es existiert Kerstin als Verwandte erster Ordnung und als einzige gesetzlich Erbberechtigte. Kerstin wird daher zur Alleinerbin.

Einen Tag später stirbt auch Kerstin an ihren schweren Verletzungen. Sie hat – nachdem es sich um ein minderjähriges Kind handelt – kein Testament erstellt bzw. aufgrund ihrer Minderjährigkeit auch nicht erstellen können, sodass auch nach ihrem Tod die gesetzliche Erbfolge eintritt: Kerstin hat keine Verwandten erster Ordnung hinterlassen, sodass die Erbfolge zu den Verwandten zweiter Ordnung, also ihren Eltern, gelangt. Nachdem Kerstin das einzige Kind von Tom und Mareike war, würden sich die beiden Eltern Kerstins Nachlass teilen. Nachdem aber auch Mareike gestorben ist, wird Tom gemäß § 1925 Abs. 3 BGB Alleinerbe und erhält über diese Erbschaft auch das Vermögen von Mareike.

Über die gesetzliche Erbfolge nach der Scheidung ist man sich als Laie selten bewusst. Oftmals geht man aber auch davon aus, dass man in die Erbfolge des leiblichen Kindes nicht eingreifen bzw. das leibliche, aber noch minderjährige Kind keine letztwillige Verfügung treffen kann. Diese letzte Aussage ist richtig. Sie bezieht sich vor allem auf das eigene Vermögen des minderjährigen Kindes. Soweit dieses minderjährige Kind Erbe oder Mitglied einer Erbengemeinschaft wird oder Gegenstände aus dem Nachlass erhält, kann dieses Vermögen gegenüber dem geschiedenen Ehegatten und leiblichen Elternteil des Kindes abgesichert werden. Hierzu sind die Regelungen der Vor- und Nacherbschaft einzusetzen (siehe Kapitel 3.5.3).

1.3.2 Eingetragene Lebenspartner

Das Lebenspartnerschaftsgesetz (LPartG) vom 16.2.2001 soll nach den Vorstellungen des Gesetzgebers die Diskriminierung gleichgeschlechtlicher Gemeinschaften beenden und auch diesen Partnerschaften einen gesicherten Rahmen bieten. Die gesetzliche Erbfolge nach dem Lebenspartnerschaftsgesetz entspricht grundsätzlich derjenigen der Ehegatten (§ 10 LPartG). Sie beerben ihren Partner, müssen jedoch mit den Blutsverwandten des Partners genauso teilen wie überlebende Ehepartner. Dies gilt auch für den »Voraus«. Die Regelung des § 1932 BGB weist die zum ehelichen Haushalt gehörenden Gegenstände und auch Hochzeitsgeschenke dem Ehegatten zu, soweit dieser sogenannter »gesetzlicher Erbe« geworden ist. Über § 10 Abs. 1 Satz 3 LPartG gilt diese Zuweisung auch für Lebenspartner.

Tipp

Erbschaftsteuerlich werden die eingetragenen Lebenspartner den Ehegatten sowohl im Hinblick auf den persönlichen Freibetrag als auch auf die Steuersätze gleichgestellt.

Seit Oktober 2017 dürfen auch gleichgeschlechtliche Paare in Deutschland heiraten, sodass sie damit als Ehegatten gelten.

1.3.3 Paare ohne Trauschein

Nichteheliche Lebensgefährten haben – gänzlich unabhängig von der Dauer der Lebensgemeinschaft – kein gesetzliches Erb- oder Pflichtteilsrecht beim Tod ihres Partners. Abgesehen von dem gerichtlich anerkannten Anspruch, als überlebender Partner ohne Trauschein für einen Zeitraum von 30 Tagen nach Eintritt des Erbfalls die mit dem Verstorbenen gemeinsam genutzte Wohnung und den Haushalt weiter zu nutzen (§ 1969 BGB), bestehen keinerlei gesetzliche Erb- oder Pflichtteilsrechte. Zur wirtschaftlichen Absicherung des Partners im Todesfall ist deshalb zwingend eine letztwillige Verfügung in Form von Einzeltestamenten oder eines Erbvertrags notwendig. Anders als Ehegatten können Paare ohne Trauschein kein gemeinschaftliches Testament errichten.

Achtung

Erbschaftsteuerlich sind Paare ohne Trauschein wie fremde Personen zu behandeln, sodass sie gemäß § 16 Abs. 1 Nr. 7 ErbStG nur einen Freibetrag von 20.000 EUR erhalten und in der Steuerklasse III mit einem Eingangssteuersatz von 30 % besteuert werden (§ 19 Abs. 1 ErbStG; siehe auch Kapitel 10.1.1).

Immer wieder findet sich in Testamenten eine Verfügung des nichtehelichen Lebensgefährten, mit der er nach seinem Tod dem anderen Lebensgefährten ein Wohnrecht am bisher schon gemeinsam genutzten Haus einräumt. Das Haus steht aber im Alleineigentum des erstverstorbenen Lebensgefährten. Die erbschaftsteuerlichen Konsequenzen werden dabei oftmals übersehen:

BEISPIEL

Die 64-jährige Lebensgefährtin erhält nach dem Tod ihres Lebensgefährten vermächtnisweise ein Wohnrecht an der im Alleineigentum des Erblassers stehenden Dreizimmerwohnung. Die ortsübliche Nettomiete beträgt 1.200 EUR. Es ergibt sich folgende erbschaftsteuerliche Auswirkung: 1.200 EUR × 12 (Jahreswert) = 14.400 EUR × Multiplikator der lebenslangen Zuwendung 12,802 ≈ 179.228 EUR. Nach Abzug des Freibetrags gemäß § 16 Abs. 1 Nr. 7 ErbStG in Höhe von 20.000 EUR ist der steuerpflichtige Erwerb mit 30 % zu versteuern. Die Erbschaftsteuer beträgt gerundet 47.800 EUR. Die Berechnung einer sogenannten lebenslänglichen Nutzung oder Leistung erfolgt durch den Vervielfältiger für den Kapitalwert, der in der Regel jährlich durch das statistische Bundesamt errechnet wird, derzeit IV D 4 – S 3104/0002/013/003 vom 21.10.2025 für alle Bewertungsstichtage ab 1.1.2026 (Stand 1/2026).

In diesem Fall kann die einzige Beratung zur Minderung der Erbschaftsteuer nur heißen: Heiraten! Ist diese Entscheidung nicht gewünscht, sollte in jedem Fall über die »Finanzierung« dieser Erbschaftsteuer nachgedacht werden.

Tipp

Man kann beispielsweise auch darüber nachdenken, dass das Wohnrecht nicht unentgeltlich übertragen wird, sondern im Rahmen eines Miet- oder Nutzungsverhältnisses. Alle Konsequenzen müssen in jedem Fall bedacht und berechnet werden. Es macht keinen Sinn, eine unentgeltliche Wohnungsüberlassung zu vereinbaren, die dann erbschaftsteuerlich einen so hohen Wert ergibt, dass man stattdessen auch eine Miete zahlen könnte. Im Rahmen eines Mietverhältnisses besteht zudem jederzeit die Möglichkeit, es durch Kündigung zu beenden. Soweit man einen Kapitalwert versteuern muss, wird dieser bei einer vorzeitigen Beendigung des Rechts nicht mehr korrigiert.

1.4 Nachteile der gesetzlichen Erbfolge

Zwar hat der Gesetzgeber im BGB geregelt, was nach dem Tod eines Menschen mit seinem Vermögen geschehen soll (§§ 1924 ff. BGB). Dennoch hat der Erblasser die Möglichkeit, durch eine letztwillige Verfügung davon abweichend eine individuelle Regelung der Vermögensnachfolge zu erreichen. Deshalb ist es für ihn wichtig, sich mit den gesetzlichen Regelungen zur Erbfolge zu befassen. Denn nur dann kann er beurteilen, ob er von der gesetzlichen Erbfolge abweichen und eine letztwillige Verfügung formulieren will. Kommt er zu dem Ergebnis, dass die Erbfolge nach dem Gesetz seinen Vorstellungen entspricht, so ist die Errichtung einer letztwilligen Verfügung selbstverständlich nicht notwendig.

Die Entscheidung, ein Testament zu errichten, sollte in jedem Fall wohlüberlegt sein. Dabei ist es nicht entscheidend, ob man großes Vermögen hat oder gar komplexe Familienverhältnisse mit ein paar Kindern aus verschiedenen Ehen. Aber gerade bei einem komplexen Nachlass ist es unabdingbar, sich über die Nachfolge Gedanken zu machen. Damit können Streitigkeiten vermieden, aber auch erbschaftsteuerliche Belastungen optimiert werden. Wer sich letztendlich dazu entschließt, kein Testament zu errichten, sollte aber nicht nur wissen, wer dann gesetzlicher Erbe wird, sondern auch, welche Nachteile sich hieraus ergeben.

1.4.1 Die Erbengemeinschaft als schwierige Konstellation

Sobald der Erblasser nicht von einem gesetzlichen Erben, sondern von zwei oder mehr Erben beerbt wird, entsteht zwangsläufig eine Erbengemeinschaft. Probleme entstehen in diesem Fall zum Beispiel, wenn die Mitglieder der Erbengemeinschaft aus zwei Generationen stammen – wie zum Beispiel beim Erblasser, der seinen Ehegatten und seine Kinder hinterlässt. Oder aber es treffen Personen zusammen, die im täglichen Leben nichts miteinander zu tun haben: Die Geschwister des Erblassers teilen sich beispielsweise mit dem überlebenden Ehegatten das Vermögen. Eventuell wohnen sie in einer anderen Stadt oder sind schon vor langer Zeit in ein anderes Land ausgewandert. Dann dürften schon die unterschiedlichen Lebensgewohnheiten zu Schwierigkeiten führen.

Kommen auf diese Weise mehrere Personen zusammen, kann das oft zu Problemen führen, die sich auch durch die gesetzlichen Regeln der Erbengemeinschaft nicht lösen lassen. Befindet sich dann im Nachlass eine Eigentumswohnung oder gar ein Mehrfamilienhaus, birgt eine solche Zwangsgemeinschaft besondere Gefahren in sich.

Rechtlich gesehen ist die Erbengemeinschaft eine sogenannte Gesamthandsgemeinschaft. Der Begriff beschreibt es: Der Nachlass wird als Gesamtheit verpackt mehreren Personen, nämlich der Erbengemeinschaft, übergeben. Keiner von ihnen hat einen Anspruch darauf, aus diesem Paket einen bestimmten Gegenstand herauszunehmen. Das gesamte Paket ist von allen Personen, die der Erbengemeinschaft angehören, entsprechend den nachfolgenden Regelungen zu verwalten.

Befindet sich zum Beispiel ein Mehrfamilienhaus im Nachlass des Erblassers, so ergibt sich das Prinzip der Gesamthandsgemeinschaft aus dem Grundbuch.

BEISPIELE

- Erben des Erblassers E sind A, B und C zu je 1/3. Einziger Nachlassgegenstand ist die Eigentumswohnung des E. Nach Abwicklung der Erbschaft werden A, B und C wie folgt im Grundbuch eingetragen: »Eigentümer nach E: A, B und C in Erbengemeinschaft zu 1/3«.
- E verkauft an A, B und C zu gleichen Teilen die Eigentumswohnung. Nach der Abwicklung des Verkaufs werden A, B und C wie folgt im Grundbuch eingetragen: »Eigentümer nach E: A, B und C zu je 1/3«.

Im ersten Beispiel ist deutlich zu erkennen, dass die drei Miterben nur im Rahmen der Gemeinschaft eingetragen werden, wohingegen beim Verkauf von drei gleichen Anteilen jeder Käufer einen Anteil von 1/3 erhält.

Die Form der Gesamthandsgemeinschaft ist aus folgendem Grund notwendig: Im Nachlass befinden sich neben den sogenannten Aktiva, also den Vermögensgegenständen, auch Passiva, also Verbindlichkeiten. Nachdem die Passiva zunächst mit den Aktiva getilgt werden sollen, muss dieser Zusammenhalt gewährleistet sein.

Die Unbeweglichkeit der Erbengemeinschaft ergibt sich aus dem Grundsatz, dass der Gesetzgeber sie als Gemeinschaft entwickelt hat, die auf Auflösung ausgerichtet ist. Dieser Grundsatz geht auf den Anfang des 20. Jahrhunderts zurück, die »Gründungszeit« des BGB. Die Übergabe von Eigentum war zu der Zeit noch geprägt von der Tatsache, dass der Älteste den Hof erhielt und die übrigen Geschwister mit einem unter dem Verkehrswert liegenden Anteil ausgezahlt wurden. Die Tatsache, dass in der heutigen Zeit schon aufgrund der Gleichberechtigung unter den Geschwistern eine solche Aufteilung nicht mehr durchgeführt wird, ist im Gesetzbuch nie berücksichtigt worden. Daher sind die Regelungen für Erbengemeinschaften eigentlich nicht dazu geeignet, ein langfristiges Zusammenleben der Mitglieder einer Erbengemeinschaft zu gewährleisten.

Die folgenden Ausführungen geben Ihnen einen Überblick darüber, welche Regeln die Erbengemeinschaft als Gesamthandsgemeinschaft zu beachten hat.

1.4.1.1 Zwang zur gemeinsamen Verwaltung eines Mietobjekts

Bis zur Auflösung der Erbengemeinschaft wird der Nachlass durch die Miterben gemeinsam verwaltet. Dabei steht es den Erben im Innenverhältnis offen, zur Konkretisierung und Vereinfachung der Willensbildung untereinander ausdrücklich oder stillschweigend eine Verwaltungsvereinbarung zu treffen und beispielsweise einen Miterben zum Geschäftsführer zu bestellen. Diese Vorgehensweise kann jedoch nur einvernehmlich gewählt werden. Ist ein solches Einvernehmen nicht zu erzielen, gilt die gesetzliche Regelung. Danach muss unterschieden werden, um welche Art der Verwaltung es sich handelt.

- Laufende Verwaltungsmaßnahmen: Maßnahmen der laufenden und somit ordnungsgemäßen Verwaltung sind solche, die aus der Sicht eines vernünftig und wirtschaftlich denkenden Betrachters dem Nachlassgegenstand gerecht werden und nach billigem Ermessen im Interesse aller Miterben liegen. Hierzu zählen Reparaturen und Instandhaltungsmaßnahmen an Mehrfamilienhäusern, soweit sie aus Nachlassmitteln beglichen werden können. Hinzu kommt die Vermietung und Verpachtung der Wohnungen nebst der Kündigung eines Miet- oder Pachtvertrags. Sofern der Nachlassgegenstand durch Maßnahmen der ordnungsgemäßen Verwaltung weder stark verändert noch das Vermögen, das einem Miterben zusteht, gefährdet oder gemindert wird, kann das Vorhaben gemäß § 2038 Abs. 2 und § 745 BGB mit Stimmenmehrheit der Miterben beschlossen werden.
  Zur Berechnung der Stimmenmehrheit wird auf die Größe der den einzelnen Miterben zustehenden Erbteile abgestellt (§ 745 Abs. 1 Satz 2 BGB). Bei Stimmengleichheit und darin begründeter Handlungsunfähigkeit muss im Hinblick auf die Verpflichtung eines jeden Miterben zur Mitwirkung bei ordnungsgemäßen Verwaltungsmaßnahmen geklagt werden.
- Außerordentliche Verwaltungsmaßnahmen: Maßnahmen dieser Art, die für den Nachlass erhebliche wirtschaftliche Bedeutung haben, bedürfen nach § 2038 Abs. 1 Satz 1 BGB der Einstimmigkeit der Miterben. Das betrifft neben Klagen auf Aufhebung des Mietverhältnisses auch die Räumung und Herausgabe einer Wohnung sowie die Zustimmung zur Berichtigung des Grundbuchs. Letzteres gilt vor allem, wenn eine Nachlassimmobilie verkauft wird, da es sich hierbei um eine Verfügung handelt, mit der das Eigentum aus dem Nachlass ausgeschieden wird (§ 2040 BGB).
- Notwendige Verwaltungsmaßnahmen: Hier handelt es sich um Dringlichkeitsfälle im Rahmen der ordnungsmäßigen Verwaltung, die notwendig sind, um den Nachlass insgesamt oder einzelne Teile hieraus zu erhalten. Man denke hierbei insbesondere an Abstützungsmaßnahmen bei drohendem Einsturz, wenn die übrigen Miterben nicht mehr gefragt werden können. Notwendige Verwaltungsmaßnahmen kann jeder einzelne Miterbe ohne Mitwirkung der anderen vornehmen (§ 2038 Abs. 1 Satz 2 BGB).

1.4.1.2 Nutzung des Nachlasses

Zwar steht das Recht, die zum Nachlass gehörenden Gegenstände zu nutzen, jedem Miterben zu; ein einzelner Miterbe darf dabei jedoch nicht das Nutzungsrecht der anderen Miterben beeinträchtigen (§ 2038 Abs. 2, § 743 Abs. 2 BGB).

Hat ein Miterbe vor dem Tod des Erblassers mit diesem einen Mietvertrag abgeschlossen, sei es entgeltlicher oder unentgeltlicher Art, geht der Vertrag auf die Erbengemeinschaft über. Ein Miterbe, der eine zum Nachlass gehörende Immobilie eigenmächtig in Besitz nimmt und allein nutzt, kann von den anderen Miterben unverzüglich aufgefordert werden, den Mitbesitz zu räumen oder aber eine Nutzungsentschädigung zu zahlen. Möchte beispielsweise der überlebende Ehegatte die Eigentumswohnung nach dem Erbfall allein nutzen, können die Miterben verlangen, dass er anteilig eine ortsübliche Miete zahlt.

Die Begriffe und ihre Definitionen zeigen sehr deutlich, dass es bereits bei der Abgrenzung der verschiedenen Maßnahmen zu Streitigkeiten kommen kann. Solche Auseinandersetzungen dauern letztlich nur lange, führen aber keinesfalls dazu, dass ein Mehrfamilienhaus oder eine Eigentumswohnung die gleiche gute Verwaltung erfährt, wie sie der Erblasser vorgenommen hat. Nachdem es unzählige dieser Maßnahmen gibt, kann man sich ausmalen, dass die Diskussionen kein Ende nehmen werden. Das gilt umso mehr, wenn man in der Wohnung als Ehegatte schon lange gewohnt hat und die Erbengemeinschaft einen dann zwingt, Miete zu bezahlen. Gerade in diesem Fall ist es ausgesprochen wichtig, dem überlebenden Ehegatten ein Wohnrecht einzuräumen. Die erbschaftsteuerliche Konsequenz für den überlebenden Partner aus einer nichtehelichen Lebensgemeinschaft ist bereits angesprochen worden (siehe Kapitel 1.3.3).

1.4.1.3 Auskunftspflichten

Da die Miterben den Nachlass gemeinsam verwalten, kann jeder von seinem Anspruch auf Einsicht in die vollständigen Nachlassakten Gebrauch machen. Dieses Auskunftsrecht steht dem Miterben auch gegenüber den Banken zu.

Das Gesetz regelt hingegen keine allgemeine Auskunftspflicht der Miterben untereinander über den Nachlass. Diese ergibt sich nur ausnahmsweise im Einzelfall gemäß § 242 BGB aus dem Grundsatz von Treu und Glauben. Ein Miterbe, der noch vom Erblasser mit der Verwaltung beauftragt und bevollmächtigt wurde, ist gegenüber der Erbengemeinschaft zu Auskunft und Rechenschaft verpflichtet (§ 666 BGB). Gleiches gilt für diejenigen Miterben, die nach dem Erbfall »Notverwaltungsmaßnahmen« (§ 2038 Abs. 1 BGB) getroffen haben. Bei dauerhafter Verwaltung gemeinsamer Grundstücke durch einen Miterben (§ 745 BGB) kann durch schlüssige Vereinbarung unter den Miterben das Auftragsrecht zur Anwendung kommen, wodurch sich eine Auskunftspflicht gemäß § 666 BGB ergibt.

Von dem allgemeinen Grundsatz, vom Miterben keine Auskunft verlangen zu können, gibt es zwei Ausnahmen: die Auskunftspflicht gegenüber dem Erbschaftsbesitzer gemäß § 2027 BGB sowie gegenüber dem Hausgenossen gemäß § 2028 BGB. Die Auskunft gegenüber dem Erbschaftsbesitzer dürfte wohl die häufigste Form sein. Klassischer Erbschaftsbesitzer ist der überlebende Ehegatte, der mit dem Erblasser in einer Wohnung wohnte und daher mit dem Tod regelmäßig den Besitz an den Nachlassgegenständen hat. Dabei kann der Ehegatte nur Besitzer sein oder auch Miterbe.

Achtung

Immer wieder werden die Begriffe »Eigentum« und »Besitz« miteinander verwechselt, obwohl sie im juristischen Sinne zwei völlig andere Sachverhalte meinen: Eigentümer ist derjenige, der das umfassende und grundsätzlich uneingeschränkte Recht an einer Sache hat. Der Immobilieneigentümer ist zudem auch im Grundbuch eingetragen. Ein klassisches Recht des Eigentümers ist es, die Sache zu verkaufen. Besitzer ist derjenige, der die tatsächliche Herrschaft über eine Sache ausüben kann. Der Vermieter ist daher Eigentümer der Eigentumswohnung oder des Mehrfamilienhauses, der Mieter dagegen Besitzer.

Soweit der Erbschaftsbesitzer auch nach Aufforderung keine Auskunft erteilt, ist gegen ihn Klage zu erheben. Dabei sind die notwendigen Formalien einer solchen Klage zu berücksichtigen.

Tipp

Beachten Sie, dass nur ein ausgewiesener Fachmann Ihre Ansprüche bei derartigen Rechtsstreitigkeiten optimal durchsetzen kann. Es ist besondere Kenntnis der Rechtsprechung notwendig, um zu wissen, welche Ansprüche bestehen. Zudem bedarf es prozesstaktischer Überlegungen. Im richtigen Augenblick muss ein Antrag gestellt werden, eventuell sind Ansprüche vorab durch einstweilige Verfügungen zu sichern. Vielen unbekannt ist die Absicherung von Vermächtnisansprüchen oder Nachvermächtnisansprüchen durch einen Eintrag ins Grundbuch. Diese Möglichkeiten sollten auch genutzt werden. Lassen Sie sich in solchen Fällen professionell beraten.

Schließlich gibt es auch andere Auskunftsansprüche, die der Miterbe geltend machen kann. Dabei handelt es sich jedoch um Ansprüche, die nicht aus der Verwaltung der Erbengemeinschaft heraus entstehen. Sie sind beispielsweise für die Geltendmachung von Pflichtteilsansprüchen wichtig oder wenn nach ausgleichungspflichtigen lebzeitigen Zuwendungen gefragt wird.

1.4.2 Der Verkauf des Erbanteils und Vorkaufsrechte

Nach § 2033 Abs. 1 BGB ist jeder Miterbe dazu berechtigt, über seinen Anteil am Nachlass insgesamt zu verfügen, das heißt, seinen Erbanteil bzw. einen Teil davon an dritte Personen zu verkaufen, zu verschenken oder auch zu verpfänden. Verkauft ein Miterbe seinen Anteil bzw. einen Bruchteil daran an einen Dritten, so sind die übrigen Miterben zum Vorkauf berechtigt (§ 2034 Abs. 1 BGB). Ist der Miterbe ebenfalls verstorben und wird der ungeteilte Erbteil durch den Erben des Miterben verkauft, steht auch hier den ursprünglichen Miterben ein Vorkaufsrecht zu.

Tipp

Denken Sie gut darüber nach, ob Sie ein Vorkaufsrecht geltend machen wollen. Denn der Vorkaufsberechtigte trägt neben den Kosten für die Geltendmachung alle bisherigen Notarkosten. Fragen Sie sich, ob der Vorteil, einen größeren Anteil innerhalb der Erbengemeinschaft zu erhalten, das wert ist.

Mit dem Vorkaufsrecht soll die Erbengemeinschaft davor geschützt werden, dass fremde Personen in den Verbund eintreten. Voraussetzung für die Auslösung des Vorkaufsrechts ist ein wirksamer Kaufvertrag mit Angabe des Kaufpreises. Vorkaufsberechtigt sind alle Mitglieder der Erbengemeinschaft gemeinschaftlich (§ 2034 Abs. 1, § 472 BGB). Das führt dazu, dass die anderen Miterben ihr Vorkaufsrecht nur gemeinsam ausüben können. Will einer der Miterben dieses Vorkaufsrecht nicht ausüben, so scheidet er aus dem Verbund aus. Die übrigen Miterben bleiben aber in der gesamthänderischen Stellung.

Das Vorkaufsrecht besteht nicht, wenn der Miterbe seinen Anteil

- verschenkt oder vertauscht,
- an einen anderen Miterben verkauft oder
- weitervererbt.

Miterben kommen oftmals in die Beratung und fragen, wie sie aus einer bis dahin ungeteilten Erbengemeinschaft ihre Anteile auf die nächste Generation übertragen können. Befinden sich diese Anteile noch in der ungeteilten Erbengemeinschaft und werden mit der Übergabe dieser Anteile an die nächste Generation (also die potenziellen Erben der Miterben) auch Gegenleistungen vereinbart (Abstandszahlungen, Übernahme von Verbindlichkeiten etc.), so ist Vorsicht geboten: Diese Vereinbarung löst eventuell das Vorkaufsrecht aus, sodass der Erbengemeinschaftsanteil insgesamt verloren gehen kann.

BEISPIEL

Herr Vetter, Vater eines Sohnes, ist nach seinem Bruder Miterbe zu 1/8 geworden. Beim Nachlass handelt es sich um ein Mehrfamilienhaus. Er möchte es nunmehr auf seinen Sohn Sascha übertragen. Der Steuerberater der Familie rät zu einer Gegenleistung, in der Sascha seinen Vater von den Verbindlichkeiten, die auf dem Mehrfamilienhaus noch lasten, freistellen soll. Deren Zinszahlungen kann Sascha dann einkommensteuerlich als Werbungskosten geltend machen. In Höhe der Verbindlichkeiten verkauft Herr Vetter seinen Erbteil an seinen Sohn und löst damit das Vorkaufsrecht aus. Machen die anderen Miterben von ihrem gesetzlich bestehenden Vorkaufsrecht Gebrauch, treten sie in den Vertrag zwischen Vetter und seinem Sohn ein und müssen somit auch den Kaufpreis in Höhe der übernommenen Verbindlichkeiten bezahlen. Herr Vetter respektive sein Sohn fallen aber damit auch aus der Erbengemeinschaft heraus.

Ein außenstehender Erwerber nimmt die vermögensrechtliche Stellung des Veräußerers ein, er wird insoweit Mitglied der Gesamthand »Erbengemeinschaft«. Ihm stehen ebenfalls die Rechte des Veräußerers hinsichtlich der Verwaltung des Nachlasses und seiner Auseinandersetzung zu. Dieser Erwerber wird jedoch nicht Miterbe und erlangt aus diesem Grund selbst kein Vorkaufsrecht im Sinne des § 2034 BGB.

1.4.3 Gesamthänderische Bindung

Wegen der »gesamthänderischen Bindung« kann ein Miterbe gemäß § 2033 Abs. 2 BGB nicht über seinen Anteil an einzelnen Nachlassgegenständen verfügen – das können immer nur die Miterben gemeinschaftlich tun (§ 2040 Abs. 1 BGB). Soweit die Erbengemeinschaft gemeinschaftlich über einen Gegenstand verfügt, ihn zum Beispiel verkauft, fließt der Geldbetrag gemäß § 2041 BGB ebenfalls wieder in den Nachlass und dessen gesamthänderische Bindung.

BEISPIEL

A und B sind Miterben zu 1/2. Zum Nachlass gehört ein Mehrfamilienhaus. A kann nicht über das Mehrfamilienhaus insgesamt verfügen, es also nicht verkaufen. Ebenso wenig kann er über seinen Anteil von 1/2 allein verfügen.

Verfügen die Miterben A und B über das Mehrfamilienhaus und verkaufen es zu einem Kaufpreis von 800.000 EUR, fließt das Geld in die gesamthänderische Bindung der Erbengemeinschaft. Weder A noch B können also zunächst auf ihre Hälfte des Geldes zugreifen.

Verfügungen sind Rechtsgeschäfte, durch die bestehende Rechte mit unmittelbarer Wirkung aufgehoben, übertragen, belastet oder inhaltlich verändert werden. Dazu gehören zum Beispiel die Kündigung eines Miet- oder Pachtvertrags, die Kündigung eines Darlehens, die Abtretung einer Forderung, der Erlass einer Schuld, Übertragung von Eigentum etc.

Mit »gemeinschaftlich verfügen« ist nicht gemeint, dass auch gleichzeitig gehandelt werden muss. Jeder der Miterben kann mit Vollmacht der anderen handeln oder sein Handeln durch eine nachträgliche Genehmigung bestätigen lassen (§§ 167, 177, 182 ff., 185 BGB).

Befindet sich im Nachlass zum Beispiel eine vermietete Eigentumswohnung und haben die Mitglieder der Erbengemeinschaft intern einen der Miterben zum Verwalter gewählt, so stellt sich die Frage, wie diese Verwaltungsbefugnis dokumentiert werden kann. Dabei sind jeweils die unterschiedlichen Rechtsgeschäfte, die mit der Verwaltung zusammenhängen, zu betrachten.

Soll der Verwalter beispielsweise befugt sein, Mietverträge zu kündigen, braucht er die dafür nötigen Vertretungsvollmachten. Die übrigen Mitglieder der Erbengemeinschaft müssen also ihrem »Verwalter« eine Vollmacht ausstellen, die ihn dazu legitimiert, bestehende Mietverhältnisse zu kündigen. Die Vollmacht muss bei der Kündigungserklärung im Original vorgelegt werden, anderenfalls kann der Mieter die Kündigung wegen Unwirksamkeit zurückweisen.

Für den Fall, dass dem Verwalter die Befugnis zum Verkauf der Eigentumswohnung gegeben werden soll, müssen die Mitglieder der Erbengemeinschaft ihm eine entsprechende notariell beurkundete Vollmacht erteilen.

Tipp

In derartigen Situationen gilt wie so oft im Leben: Ohne Vertrauen geht es nicht. Erteilen Sie eine solche Vollmacht nur einer Person, zu der Sie tatsächlich ein Vertrauensverhältnis haben.

Will ein Miterbe über seinen Anteil an Nachlassgegenständen verfügen, kann er laut Gesetz nur die Teilung des Nachlasses, die »Auseinandersetzung« verlangen (§ 2042 BGB). Falls die anderen Mitglieder der Erbengemeinschaft einer solchen Teilung nicht zustimmen, sieht der Gesetzgeber eine Aufteilung über die Teilungsversteigerung vor. Sie ist das letzte Mittel, mit dem die gesamthänderische Bindung der Miterben aufgelöst werden kann.

1.4.4 Die Teilungsversteigerung

Jeder Miterbe kann jederzeit die Auseinandersetzung des Nachlasses verlangen (§ 2042 Abs. 1 BGB), der Antrag auf Durchführung der Teilungsversteigerung muss nicht begründet werden. Vorstellbar ist ein solcher Schritt, wenn die Miterben die vorgenannten Verwaltungsmaßnahmen nicht gemeinsam umsetzen können. Es kann jedoch auch sein, dass einer der Miterben ganz einfach Geld braucht.

1.4.4.1 Das Teilungsverfahren

Hat der Erblasser keine Teilungsanordnung im Sinne des § 2048 BGB getroffen und haben die Miterben sich nicht über die Art und Weise einer Auseinandersetzung geeinigt, sieht der Gesetzgeber eine reale Teilung des Nachlasses entsprechend der jeweiligen Erbquote vor. Bevor die Teilung durchgeführt wird, muss der Nachlass zunächst um die noch zu begleichenden Nachlassverbindlichkeiten bereinigt und um die ausgleichspflichtigen Zuwendungen im Sinne des § 2055 Abs. 1 Satz 2 BGB erhöht werden. Um ausgleichspflichtige Zuwendungen handelt es sich zum Beispiel dann, wenn der Erblasser bereits zu Lebzeiten einem Miterben eine Eigentumswohnung zugewandt hat mit der Verpflichtung, dass dieser sich die Zuwendung bei der Auseinandersetzung zurechnen lassen muss.

BEISPIEL

Tim und Michael sind nach ihrem Vater gesetzliche Erben zu gleichen Teilen geworden. Im Nachlass befindet sich eine Eigentumswohnung im Wert von 200.000 EUR. Bereits zu Lebzeiten hat Tim eine Eigentumswohnung ebenfalls im Wert von 200.000 EUR erhalten mit der Verpflichtung, diese bei der Auseinandersetzung mit seinem Bruder Michael auszugleichen. Die Geschwister verkaufen die im Nachlass befindliche Wohnung. Die Berechnung des Ausgleichs erfolgt auf folgende Weise:

Nachlass	200.000 EUR
zuzüglich Ausgleichung	200.000 EUR
Summe	400.000 EUR

Jedem steht die Hälfte zu, somit 200.000 EUR.

Tim muss sich seinen ausgleichungspflichtigen Vorempfang anrechnen lassen, sodass er im Endergebnis bei der Auseinandersetzung der Erbengemeinschaft nichts mehr erhält.

Auch teilbare Gegenstände, aufteilbare Ansprüche und Rechte werden berücksichtigt. Hier sind insbesondere Guthaben, Bargeld, Aktien etc. zu erwähnen.

Die Aufteilung unteilbarer Gegenstände gestaltet sich als nahezu unmöglich, wenn nicht alle Miterben damit einverstanden sind. Demnach sind unteilbare Gegenstände, etwa Grundstücke und Möbel, zu veräußern bzw. nach § 180 Gesetz über die Zwangsversteigerung und Zwangsverwaltung (ZVG) zu versteigern. Der Erlös daraus ist zwischen den Erben gemäß § 753 BGB aufzuteilen.

Können sich Miterben über die Aufteilung einer Immobilie nicht einigen, kann jeder der Erben die sogenannte Teilungsversteigerung beantragen (§ 180 ZVG). Die Praxis zeigt allerdings, dass bei einer Versteigerung der Erlös im Regelfall deutlich niedriger ausfällt als bei einem freien Verkauf. Da der Antrag auf Teilungsversteigerung insbesondere für solvente Miterben oftmals Mittel zum Zweck ist, das gesamte Grundstück verbilligt zu erwerben, kann bei Gericht beantragt werden, das Zwangsversteigerungsverfahren für die Dauer von sechs Monaten einzustellen. Diesem Antrag wird jedoch nur stattgegeben, wenn konkrete Pläne vorliegen, wie eine bessere Verwertung des Grundstücks erreicht werden kann.

Der Erblasser kann in seine letztwillige Verfügung Regelungen zur Teilung aufnehmen.

Auseinandersetzungsverbot

Der Erblasser kann durch sein Testament bzw. einen Erbvertrag die Auseinandersetzung ganz oder teilweise für bis zu 30 Jahre ausschließen (§ 2044 Abs. 1, Abs. 2 Sätze 1 und 3 BGB) oder von einer Kündigungsfrist abhängig machen. Rechtlich ist das Verbot des Erblassers je nach Fallgestaltung als Vermächtnis oder als Auflage einzuordnen; das Verbot des Erblassers wirkt jedoch nur schuldrechtlich, nicht dinglich. Aus diesem Grund kann es zum Beispiel nicht im Grundbuch abgesichert werden.

Formulierungsvorschlag

Auseinandersetzungsverbot

Ich schließe die Auseinandersetzung hinsichtlich meiner Immobilie, gelegen in ..., bis zum Erreichen des 40. Lebensjahres des jüngsten Erben aus. Das Teilungsverbot bleibt auch nach dem Tod eines Miterben bestehen.

Der wahrscheinliche Wille des Erblassers, die Zerschlagung von Nachlassvermögen, insbesondere einer Nachlassimmobilie, zu verhindern, kann unterlaufen werden, wenn alle Miterben zustimmen. Möchte der Erblasser den Verstoß gegen sein Verbot verhindern, muss er für die Überwachung dieses Auseinandersetzungsverbots einen vertrauenswürdigen Testamentsvollstrecker einsetzen. In diesem Fall steht den Erben kein Verfügungsrecht mehr zu.

Formulierungsvorschlag

Teilungsverbot als Auflage

Als Auflage meiner Erben ordne ich ein Verbot der Teilung an und schließe insoweit eine einverständliche Nachlassauseinandersetzung aus. Zur Überwachung dieser Auflage ordne ich eine Testamentsvollstreckung an, die Herrn ... als einzige Aufgabe übertragen wird.

Diese beiden Formulierungsvorschläge verhindern zwar – zumindest für eine bestimmte Zeit – objektiv die Auseinandersetzung. Das sollte aber nicht darüber hinwegtäuschen, dass damit den Miterben auch auferlegt wird, die Immobilie für eine längere Zeit zu verwalten. Jeder, der sich mit dieser Aufgabe beschäftigt hat, weiß, dass die Verwaltung einer Immobilie nicht nur nach betriebswirtschaftlichen Grundsätzen erfolgen muss. Gerade die Auswahl der Mieter erfordert viel Fingerspitzengefühl. Es dürfte unbestritten sein, dass ein Auseinandersetzungsverbot im Zweifel nicht dazu führt, das Verhältnis der Miterben untereinander zu verbessern.

Vermittlung des Gerichts

Auf Antrag eines Miterben kann das Nachlassgericht die Auseinandersetzung vermitteln (§ 86 FGG). Wird beispielsweise darüber gestritten, wer bei der Auseinandersetzung einen land- oder forstwirtschaftlichen Betrieb erhalten soll, kann ein Zuweisungsverfahren nach dem Grundstückverkehrsgesetz (GrdstVG) vor dem Landwirtschaftsgericht beantragt werden.

Erbteilungsklage

Jeder Miterbe kann gegen die anderen Miterben vor dem Amts- bzw. Landgericht auf Auseinandersetzung klagen. Ziel der Klage ist die Zustimmung zu einem Teilungsplan, der im Klageantrag genau dargelegt werden muss. Das Gericht kann der Klage stattgeben, sofern der Teilungsplan den Anordnungen des Erblassers bzw. den gesetzlichen Auseinandersetzungs- und Teilungsregeln der § 705 ff. und § 2042 ff. BGB entspricht; ansonsten kann es die Klage abweisen oder einen Vergleich vorschlagen.

1.4.4.2 Ausgleich von Vorempfängen

Werden mehrere Abkömmlinge des Erblassers gesetzliche Erben, können sich aus den §§ 2050 bis 2057a BGB bei der Aufteilung des Nachlasses Ausgleichungspflichten ergeben. Wendet der Erblasser seinen Abkömmlingen (Kindern, Enkeln usw.) bereits zu Lebzeiten etwas zu (»Vorempfang«) und hat er seinen letzten Willen in einem Testament dargetan, wird davon ausgegangen, dass er das bei den Erbquoten bereits berücksichtigt hat; ein Ausgleich erfolgt nicht, wenn dies nicht angeordnet wurde.

Hat der Erblasser hingegen weder ein Testament errichtet noch einen Erbvertrag geschlossen, mutmaßt das Gesetz, dass der Wille des Erblassers darin besteht, seine Abkömmlinge gleich zu behandeln. In bestimmten Fällen ordnet er daher eine bei der Auseinandersetzung zu berücksichtigende Ausgleichung unter den Abkömmlingen an.

Das Gesetz unterscheidet vier Arten von Vorempfängen:

- Ausstattungen (§ 2050 Abs. 1, § 1624 Abs. 1 BGB)
- Zuschüsse zum Einkommen (§ 2050 Abs. 2 Alt. 1 BGB)
- Ausbildungskosten (§ 2050 Abs. 2 Alt. 2 BGB)
- Sonstige Zuwendungen, für die eine Ausgleichspflicht angeordnet wurde (§ 2050 Abs. 3 BGB)

Alle in § 2050 BGB genannten Zuwendungen werden nur berücksichtigt, wenn sie vom Erblasser stammen und nicht in Erfüllung einer gesetzlichen Pflicht erfolgten. Daher sind Unterhaltszahlungen beispielsweise keine Zuwendungen in diesem Sinne.

Ausgleichungspflichtig und -berechtigt sind nur Abkömmlinge, die gesetzliche Erben wurden; Gleiches gilt jedoch für den Fall der gewillkürten Erbfolge, sofern der Erblasser seinen Abkömmlingen das hinterlassen hat, was sie auch als gesetzliche Erben erhalten würden (§ 2052 BGB). Eine solche gewillkürte Erbfolge liegt dann vor, wenn der Erblasser seine beiden Kinder in einem Testament zu Miterben je zur Hälfte einsetzt. Hätte es kein Testament gegeben, so wären die Kinder ebenfalls aufgrund gesetzlicher Erbfolge Miterben je zur Hälfte geworden.

Der Begriff der Ausstattung umfasst unter Verweis auf § 1624 BGB sämtliche Zuwendungen mit Rücksicht auf die Verheiratung (allgemeinhin bekannt als Aussteuer oder Mitgift) sowie zur Erlangung einer selbstständigen Lebensstellung (zum Beispiel bei Gründung einer Anwaltskanzlei). Zuschüsse zum Einkommen sind Zuschüsse zum laufenden Bedarf. Sie werden nur ausgeglichen, wenn sie die Vermögensverhältnisse des Erblassers zu seinen Lebenszeiten überstiegen haben (§ 2050 Abs. 2 BGB).

Unter Ausbildungskosten fallen ausschließlich Kosten für ein Studium oder eine Promotion, nicht jedoch die für den allgemeinen Schulbesuch. Sie sind nur dann auszugleichen, wenn sie die Vermögensverhältnisse des Erblassers zu seinen Lebenszeiten übersteigen (§ 2050 Abs. 2 BGB).

Die Ausgleichungspflicht in Bezug auf sonstige Zuwendungen im Sinne des § 2050 Abs. 3 BGB, sei es in Form von Geld- oder Sachgeschenken oder der Finanzierung einer Reise, setzt voraus, dass der Erblasser dies zum Zeitpunkt der Zuwendung angeordnet hat. Dafür sieht der Gesetzgeber keine besonderen Formalien vor – zu Beweiszwecken sollte die Anordnung aber schriftlich abgefasst und vom Erblasser und vom Empfänger unterzeichnet werden.

Nach der bisherigen Fassung des § 2050 Abs. 3 BGB musste die Ausgleichungsanordnung des Erblassers dem Empfänger vor oder spätestens bei der Zuwendung zugegangen sein. Eine nachträgliche einseitige Anordnung durch den Erblasser war bisher nicht möglich. Nach der Erb- und Pflichtteilsreform kann der Erblasser zukünftig gemäß § 2250 Abs. 4 BGB auch nachträglich die Ausgleichung (oder den Ausschluss der Ausgleichung) von Zuwendungen durch Verfügung von Todes wegen einseitig bestimmen.

1.4.4.3 Ausgleichung bei Pflegeleistungen eines gesetzlichen Erben

Nach der bisherigen Regelung des § 2057a BGB konnte ein Abkömmling, der den Erblasser während längerer Zeit gepflegt und in dieser Zeit auf berufliches Einkommen verzichtet hat, verlangen, dass bei der Teilung des Nachlasses unter Miterben diese Pflegeleistung zu seinen Gunsten berücksichtigt wird. Diese Regelung hatte keine große praktische Bedeutung, weil sie nur für Abkömmlinge – also zum Beispiel nicht für die pflegende Ehefrau – galt und eben auch nur dann, wenn der Pflegende auf sein berufliches Einkommen verzichtet hatte.

Nach der Pflichtteilsreform (§§ 2057b BGB) kann künftig jeder gesetzliche Erbe, also zum Beispiel auch der Ehegatte oder Geschwister kinderloser Erblasser, die Ausgleichung von Pflegeleistungen verlangen. Dies gilt unabhängig davon, ob der Betreffende wegen der Pflegeleistungen auf berufliches Einkommen verzichten musste.

Zusätzlich wird die Berechnung der Höhe solcher Ausgleichungsbeträge erheblich erleichtert: § 2057b Satz 2 BGB verweist im Regelfall auf den Rahmen der Pflegeversicherung (§ 36 Abs. 3 SGB XI). Voraussetzung für eine Ausgleichungspflicht ist allerdings nicht, dass der Erblasser tatsächlich eine Pflegestufe zugesprochen bekommen hat.

Tipp

Bei gewillkürter Erbfolge, die nicht den gesetzlichen Erbquoten entspricht, besteht keine gesetzliche Ausgleichungspflicht gemäß § 2057b BGB. Der Erblasser sollte deshalb in seiner letztwilligen Verfügung anordnen, dass der Pflegende ein Geldvermächtnis abhängig vom Umfang der erbrachten Pflegeleistungen erhält. Dadurch können Personen, die nicht zum Kreis der gesetzlichen Erben gehören (zum Beispiel Schwiegerkinder, nichteheliche Lebensgefährten) für erbrachte Pflegeleistungen belohnt werden.

Die Ausgleichung führt nicht zu einem Zahlungsanspruch, sondern verschiebt nur die Teilungsquote nach § 2047 Abs. 1 BGB. Demnach wird bei der Auseinandersetzung jedem Miterben der Wert der ausgleichungspflichtigen Zuwendung auf seinen Erbteil angerechnet (§ 2055 Abs. 1 Satz 1 BGB). Dazu werden die anrechnungspflichtigen Vorempfänge dem Nachlass hinzugerechnet und anschließend entsprechend den Erbquoten auf die Abkömmlinge verteilt. Vom Anteil des einzelnen Miterben werden dann die ausgleichungspflichtigen Zuwendungen, die er erhalten hat, abgezogen (§ 2055 BGB).

BEISPIEL

Der verwitwete Erblasser Lehnert hinterlässt drei Kinder, Anton, Berta und Doris, und einen Nachlass in Höhe von 300.000 EUR. Bereits zu Lebzeiten hatten Anton zur Gründung seiner Anwaltskanzlei vom Erblasser 100.000 EUR und Berta zur Hochzeit 50.000 EUR erhalten. Da der Erblasser kein Testament hinterlassen hat, erben aufgrund der gesetzlichen Erbfolge seine drei Kinder zu je 1/3.

Im Rahmen der Nachlassaufteilung sind die Vorempfänge insofern zu berücksichtigen, als die Summe der Zuwendungen an Anton und Berta in Höhe von 150.000 EUR zunächst dem Nachlass von 300.000 EUR hinzugerechnet werden. Vom Ausgangsnachlass in Höhe von 450.000 EUR erhält jedes Kind 1/3, das sind je 150.000 EUR. Bei Anton ist der Vorempfang von 100.000 EUR abzuziehen, sodass er bei der Auseinandersetzung 50.000 EUR aus dem Nachlass beanspruchen kann. Berta stehen nach Abzug des Vorempfangs 100.000 EUR zu. Doris, die zu Lebzeiten keine Zuwendung erhalten hat, muss sich keinen Abzug gefallen lassen und erhält einen Erbanteil im Wert von 150.000 EUR.

Die gesetzliche Erbfolge führt nicht nur dazu, dass unliebsame Erbengemeinschaften entstehen können. Dem Erblasser muss auch klar sein, dass durch die gesetzlichen Regelungen zu ausgleichungspflichtigen Vorempfängen ein weiterer Streitpunkt entstehen kann, der die Auseinandersetzung einer solchen Erbengemeinschaft möglicherweise noch schwieriger gestaltet. Eine kluge erbrechtliche Beratung sollte also nicht nur die Frage beantworten, welche Nachlassgegenstände an welche Personen übergeben werden sollen, sondern auch, ob sich aus den Schenkungen in der Vergangenheit Ansprüche der Erben untereinander ergeben.

Die Beratungspraxis zeigt immer wieder, dass Immobilieneigentümer die Gerechtigkeit bei der Übergabe oft allein darin sehen, dass die Kinder das Mehrfamilienhaus, das sich seit Jahrzehnten im Eigentum der Familie befindet, gemeinsam verwalten können. Daher wird letztlich kein anderer Ausweg gesehen, als entweder zu Lebzeiten Miteigentumsanteile zu gleichen Teilen an die Kinder zu verschenken oder aber die testamentarische Erbfolge dahin gehend zu treffen, dass alle Kinder zu gleichen Teilen Miterben werden.

Unter diesen Umständen sparen sich Erblasser oftmals den Weg zum Rechtsanwalt und verzichten auf Beratung. Das ist schade, denn so erfahren sie nicht von der Möglichkeit, eventuell eine Familiengesellschaft zu gründen. Dabei ist die Familiengesellschaft nicht nur für großes oder werthaltiges Vermögen die passende Übergabeform, sondern auch für solche Fälle, in denen das Immobilienvermögen auch in der nächsten Generation langfristig gebunden bleiben soll (siehe Kapitel 6).

2 Wie Sie als Immobilieneigentümer vorsorgen können

Die Beratungspraxis zeigt immer wieder, welche Probleme entstehen, wenn man sich mit dem eigenen Tod auseinandersetzen muss. Da stellt sich zum Beispiel die Frage nach der gerechten Verteilung oder auch die Frage, ob man sich die Erbschafsteuer überhaupt leisten kann. Oft haben Immobilieneigentümer über Generationen hinweg das Vermögen aufgebaut und erhalten. Viele von ihnen sprechen davon, dass sie sich für den Aufbau und den Erhalt – gerade nach dem Krieg – das Geld vom Mund abgespart haben, um es in das Haus zu investieren. Diesem Einsatz ist es zu verdanken, dass sich das Haus in einem wirtschaftlich guten Zustand befindet – und zwar nicht nur in Bezug auf die bauliche Substanz, sondern auch auf die mit diesem Haus erzielbaren Mieten.

Immobilieneigentümer sind so gesehen eigentlich Unternehmer, und genau das war auch der Hinweis an die Politik: Bei der Erbschaftsteuerreform sollte der Immobilieneigentümer, der ein Mehrfamilienhaus verwaltet, dem Unternehmer, der eine Schreinerei betreibt, gleichgestellt werden. Der Immobilieneigentümer leistet darüber hinaus einen gesellschaftlichen Beitrag, indem er Wohnraum zur Verfügung stellt. Und in fast allen Fällen können die Instandhaltungsmaßnahmen nicht oder nicht ausschließlich aus den Mieteinnahmen finanziert, insbesondere nicht durch Mieterhöhungen refinanziert werden. Der Eigentümer schießt weiterhin Geld zu.

Das Ziel dieser Argumentation war es, dass der besondere Stand von Immobilienbesitzern berücksichtigt wird. Die Übergabe eines Mehrfamilienhauses an die nächste Generation – unabhängig davon, ob es sich bei den Erben um Personen aus der Steuerklasse I (Kinder etc.) oder der Steuerklasse II (Nichten und Neffen) handelt – sollte nach einem Abschmelzungsmodell erfolgen. Vorstellbar wäre beispielsweise, dass für jedes Jahr, in dem die Immobilie nach dem Tod oder nach der Schenkung nicht verkauft wird, ein Anteil der für den gesamten Erwerb anfallenden Erbschaft- oder Schenkungsteuer wegfällt. Wie bei der Unternehmensnachfolge hätte man dann die Behaltensfrist auf zehn Jahre festlegen können, sodass pro Jahr ein Zehntel weggefallen wäre. So funktioniert das Vererben bei der Unternehmensnachfolge. Dieser Wunsch wurde mit der Erbschaftsteuerreform jedoch leider nicht umgesetzt. Bis heute (Stand 1/2026) wurden die gesetzlichen Regelungen für Immobilieneigentümer nicht verbessert. Aufgrund der enormen Werterhöhungen der Immobilien in den letzten Jahren sind die Erbschaftsteuerbelastungen dermaßen gestiegen, dass langjährig im Familienvermögen gehaltenen Immobilien veräußert werden müssen. Es wäre schön, wenn sich die Politik, aber auch die Gesellschaft darüber im Klaren wäre, dass das Halten von Immobilieneigentum durch Privatpersonen auch für den Bereich der Wohnungsvermietung ein Vorteil ist.

2.1 Nachfolge rechtzeitig regeln

Auch in wirtschaftlicher Hinsicht sollte der Immobilieneigentümer wie der klassische Unternehmer denken und handeln. Der Schreiner beispielsweise stellt schon zu Lebzeiten bei seinen Kindern die Weichen dafür, dass seine Nachfolge gesichert ist. Er legt ihnen wahrscheinlich nahe, sich zum Schreiner ausbilden zu lassen. Er setzt alles daran, dass es jemanden gibt, der den Betrieb später übernehmen kann. Gleichzeitig macht er sich Gedanken darüber, welchen Ausgleich die übrigen Kinder erhalten sollen. Das funktioniert natürlich nicht immer: Oft kommt es zum Streit zwischen dem alteingesessenen Firmeninhaber und einem potenziellen Nachfolger.

Anders beim Immobilienbesitzer: Wenn sich hier ähnliche Probleme abzeichnen, verschiebt der Betreffende seine Entscheidung immer wieder – bis zu seinem Tod und bis es dann zu spät ist. Oft besteht hier auch ein »Generationenkonflikt«, wie er in der Unternehmensnachfolge durchaus üblich ist: Der Vater lässt von seinen eingefahrenen Verwaltungsmaßnahmen nicht ab, der Sohn möchte radikale Neuerungen einführen. Besser wäre – wie auch bei der Unternehmensnachfolge – eine Annäherung der beiden Positionen, damit ein möglichst reibungsloser Ablauf möglich wird. Daher ist es auch für Immobilieneigentümer wichtig, sich frühzeitig damit zu beschäftigen, wer von seinen Kindern der geeignete Nachfolger sein könnte – die Kinder werden diese Frage aus Pietätsgründen von sich aus eher nicht stellen.

Tipp

Befassen Sie sich heute schon mit Ihrer Nachfolge? Dann machen Sie sich klar, dass es dabei nicht um einzelne Gegenstände oder Regelungen geht, sondern dass Sie ein Gesamtkonzept brauchen, um einen Schritt nach dem anderen umzusetzen. Setzen Sie sich umfassend mit den Möglichkeiten zur Vermögensübergabe auseinander. Finden Sie dann die für Ihre Situation beste Lösung. Dabei geht es um Optimierung sowohl im Hinblick auf die gerechte Verteilung als auch im Hinblick auf die Erbschaft- oder Schenkungsteuerbelastung. Und: Indem Sie eine klare Regelung treffen, vermeiden Sie, dass Streitigkeiten unter den Erben entstehen.

In unserer Beratungspraxis wiederholt sich ein Fall immer wieder: Ein Erblasser hat umfangreiches Immobilienvermögen, über das er in seinem handgeschriebenen Testament entscheidet. Ans Ende schreibt er den Satz: »Bitte streitet euch nicht!« Dieser Hinweis zeigt: Dem Erblasser war schon zu Lebzeiten klar, dass seine handschriftlichen Aufzeichnungen auch nicht dazu führen würden, eine gerechte Verteilung zu erreichen und Streit unter seinen Erben zu verhindern. Sie wollen es anders machen?

Dann verschaffen Sie sich einen guten Überblick mithilfe dieses Buches, bevor Sie eine Nachfolgeregelung treffen.

Ihnen als Immobilieneigentümer stehen verschiedene Gestaltungsmöglichkeiten zur Verfügung. Wenn Sie sie aufeinander abstimmen und klug einsetzen, werden Sie eine für alle Beteiligten gerechte Lösung finden können und für sich selbst eine Absicherung erhalten, und zwar mit dem sogenannten erbrechtlichen T.Ü.V.

- Testament: Niederschrift des letzten Willens
- Übergabevertrag: Schenkung mit dem Hinweis auf die Gründung von Familiengesellschaften
- Vollmachten: Vorsorge bei Geschäftsunfähigkeit

2.2 Das Testament

Grundsätzlich kann jeder Mensch durch eine letztwillige Verfügung frei bestimmen, wer sein Vermögen in Zukunft einmal übernehmen soll. Die in § 1937 BGB gesetzlich verankerte sogenannte Testierfreiheit ist ein Bestandteil der Erbrechtsgarantie des Art. 14 Abs. 1 Satz 1 Grundgesetz (GG). Demnach kann der Testierende in seiner letztwilligen Verfügung bestimmen, ob eine oder mehrere Personen erben sollen, ob einer ganz bestimmten Person ein Vermächtnis zugewandt werden soll, ob der Erbe oder der Vermächtnisnehmer mit einer Auflage beschwert werden soll und wie der Nachlass verwaltet und verteilt werden soll. Abgesehen von den weiteren Wirksamkeitsvoraussetzungen eines Testaments wird diese »Freiheit« vor allem jedoch durch das Pflichtteilsrecht in den §§ 2303 ff. BGB eingeschränkt.

2.3 Der Übergabevertrag

Es ist sinnvoll, die Vermögensnachfolge nicht bis zum Zeitpunkt des eigenen Todes hinauszuschieben, sondern rechtzeitig aktiv zu werden. Da jeder über sein Vermögen frei verfügen kann, steht auch jedem die Möglichkeit offen, Vermögensgegenstände gleich welcher Art (beispielsweise Geld oder Immobilien) bereits zu Lebzeiten auf die gewünschten Erben zu übertragen. Diese vorweggenommene Erbfolge tritt durch vertragliche Regelungen ein, beispielsweise als Schenkung der Eltern an ihre Kinder. Bei der Übergabe des Vermögens sollte auch die Frage gestellt werden, wie die Eltern weiterhin abgesichert sind. Es sind Gegenleistungen zu vereinbaren, die deren Versorgung sicherstellen. Im Rahmen solcher Übergabeverträge sollte darüber hinaus die Gleichstellung der anderen Geschwister geregelt werden.

Inhaltlich lassen sich Übergabeverträge vielfältig ausgestalten. Immer handelt es sich um einen Generationsnachfolgevertrag, dessen Sinn und Zweck darin besteht, dass die nächste Generation in eine existenzbegründende Wirtschaftseinheit des Übergebers nachrückt. Innerhalb der nachrückenden Generation können ebenfalls schon zu Lebzeiten der Eltern und Übergeber Regeln aufgestellt werden, die das zukünftige Miteinander der derzeitigen, aber auch der künftigen Gesellschafter betreffen (mehr hierzu erfahren Sie in Kapitel 5). Das Immobilienvermögen kann beispielsweise in eine Gesellschaft, eine sogenannte Familiengesellschaft, eingelegt werden (siehe Kapitel 6). Die lebzeitige Überlassung ist auf jeden Fall auch ein wichtiges Instrument, um die künftigen Erbschaftsteuerbelastungen abzumildern.

2.4 Die Vollmacht

Keiner beschäftigt sich gerne mit dem Thema Sterben. Aus diesem Grund ist es nachvollziehbar, dass jeder die Frage, was nach seinem Tod mit dem Vermögen passiert, weit von sich schiebt. Was viele vergessen: Die Frage, wie es mit einer Immobilie weitergeht, stellt sich auch, wenn ein Immobilieneigentümer nicht mehr in der Lage ist, für sich zu handeln. Die Situation der Geschäftsunfähigkeit muss also ebenfalls durchdacht werden. Hat der Immobilieneigentümer zu Geschäftszeiten keinen Vertreter benannt, wird ihm ein solcher von Amts wegen zur Seite gestellt – der sogenannte Betreuer. Er muss nicht unbedingt aus dem Kreis der engeren Verwandtschaft stammen, das Vormundschaftsgericht kann auch eine fremde Person zum Betreuer bestellen.

Wer einer derartigen Fremdbestimmung entgehen will, muss während der Zeit, in der er geschäftsfähig ist, eine Vollmacht erstellen. Dabei sind zwei Aspekte besonders wichtig: Die Vollmacht sollte es dem Bevollmächtigten auch ermöglichen, Immobilien zu verkaufen oder zu belasten – natürlich nur im Sinne des Immobilieneigentümers. Der Verlaufserlös muss dem Immobilieneigentümer dann zur Verfügung stehen, um zum Beispiel seinen hohen Pflegebedarf zu decken. Und: Die Vollmacht sollte über den Tod hinausgehen und damit sinnvolle Ergänzung einer letztwilligen Verfügung sein. Soweit der Bevollmächtigte auch gleichzeitig der Erbe ist, kann er dann ohne Erbschein beispielsweise über das Bankkonto verfügen.

Tipp

Soll der Bevollmächtigte für Nachlassimmobilien auch Grundstücksverfügungen, also eine Veräußerung oder Belastung der Immobilie, wirksam vornehmen können, sollte die Vollmacht notariell beurkundet sein. Nur unter bestimmten Voraussetzungen genügt eine Beglaubigung der Vollmacht. Soweit eine »richtige« Vollmacht nicht vorliegt, wird das Betreuungsgericht von Amts wegen einen Betreuer einsetzen. Auch wenn Sie als der Betreuer Ihres Ehegatten in Betracht kommen, ist diese Position mit der Position als Bevollmächtigter nicht vergleichbar. Insbesondere ist ein schnelles Handeln im Sinne des Vollmachtgebers nicht mehr möglich.

3 Was Sie bei der Testamentsgestaltung bedenken sollten

Wer sich dazu entschließt, nicht die gesetzliche Erbfolge eintreten zu lassen, muss sich mit den Formalien, aber auch den Möglichkeiten der sogenannten gewillkürten Erbfolge auseinandersetzen.

3.1 Die Testierfähigkeit als wichtige Voraussetzung

Nur eine natürliche Person, die testierfähig ist, kann ein Testament errichten, das auch gilt. Wer wegen krankhafter Störung der Geistesfähigkeit, wegen Geistesschwäche oder Bewusstseinsstörung nicht in der Lage ist, die Bedeutung einer von ihm abgegebenen Willenserklärung einzusehen und nach dieser Einsicht zu handeln, ist gemäß § 2229 Abs. 4 BGB testierunfähig. Das ist nicht unbedingt gleichzusetzen mit Geschäftsunfähigkeit. Als geschäftsunfähig wird gemäß § 104 Nr. 2 BGB angesehen, »wer sich in einem die freie Willensbestimmung ausschließenden Zustand krankhafter Störung der Geistestätigkeit befindet«. Wer geschäftsunfähig ist, kann dennoch testierfähig sein, wenn auch diese beiden Begrifflichkeiten durchaus fließend ineinander übergehen. Liegt also eine krankhafte Störung vor, erkennt die betroffene Person aber den Regelungsinhalt – nämlich ein Testament errichten zu wollen –, ist sie gleichwohl testierfähig.

Die Anordnung einer Betreuung nach §§ 1896 ff. BGB hat grundsätzlich keinen Einfluss auf die Testierfähigkeit einer Person. Denn damit verliert der Betreute nicht seine Geschäftsfähigkeit, was bis zum 31.12.1992 mit der Anordnung einer Vormundschaft automatisch einherging.

Immer wieder wird die Frage gestellt, ob der Immobilieneigentümer, der sein Testament errichten möchte, von sich aus seine Testierfähigkeit nachweisen muss. Das ist grundsätzlich nicht der Fall. Vielmehr muss derjenige, der die Testierfähigkeit anzweifelt, Belege für seine Behauptung erbringen. Das werden vor allem Personen sein, die nicht oder ihrer Meinung nach nicht ausreichend im Testament berücksichtigt worden sind. Es genügt nicht, wenn jemand einfach feststellt, dass der Erblasser nicht mehr Herr seiner Sinne gewesen sei. Um dies auch zu belegen, müssen die Beweismittel vorgetragen werden, die die Zivilprozessordnung (ZPO) vorsieht. So können zum Beispiel Personen, die mit dem Erblasser damals in Kontakt standen, als Zeugen dafür benannt werden, dass der Erblasser »ortsbekannter Alkoholiker« war, um die Testierunfähigkeit zu beweisen.

Der Erblasser sollte allerdings Vorsorge treffen, wenn er meint, dass seine Testierfähigkeit angezweifelt werden könnte. Nicht dienlich ist etwa die Formulierung »Im Vollbesitz meiner geistigen Kräfte …«. Allein ein neurologisches Gutachten kann darüber Sicherheit erbringen. Stellt der Hausarzt ein Testat aus, ist das grundsätzlich kein Nachweis, es kann aber ein Argument für die Testierfähigkeit sein.

Ein Irrglaube ist, der Notar würde über die Testierfähigkeit entscheiden. Ganz abgesehen davon, dass das gar nicht seine Aufgabe ist, stellt die Beurkundung selbst keinen Nachweis dar. Der Notar muss selbstverständlich als Urkundsbeamter Zeugnis darüber abgeben, welchen Eindruck der Erblasser auf ihn gemacht hat. Die Praxis hat aber gezeigt, dass in vielen Notariaten keine Aufzeichnungen mehr vorliegen, wenn es dann zum Streit kommt, und der Notar sich nach mehreren Jahren auch nicht mehr an die Beurkundung und die Anwesenden erinnern kann.

Tipp

Wer sich ein neurologisches Gutachten nicht zumuten möchte, sollte den Notar bitten, eine Aktennotiz zur eigenen Testierfähigkeit zu machen und diese zu den Beurkundungsunterlagen zu geben.

Wenn Neurologen ein Gutachten über die Testierfähigkeit ausstellen, setzen sie nicht nur wissenschaftliche Mittel ein. Sie bedienen sich auch ganz einfacher Untersuchungsmethoden, die letztlich sogar ohne ein solches Gutachten vorgetragen werden können. Zum Beispiel soll der Testierende ein Ereignis aus der Vergangenheit und ein Ereignis aus der Gegenwart aufschreiben. Zudem soll er ein Zifferblatt aufzeichnen, das beispielsweise 14.40 Uhr anzeigt. Diese Aufzeichnungen müssen dann durch Zeugen bestätigt werden, wobei es wichtig ist festzuhalten, dass der Testierende die Aufgaben selbstständig gelöst hat.

Wer der Meinung ist, dass die Gefahr der Testierunfähigkeit in jedem Fall besteht, sollte zum Zeitpunkt der Errichtung des Testaments ein neurologisches Gutachten einholen. Darüber hinaus ist die Frage der Testierfähigkeit bei jeder Änderung des Testaments neu zu stellen. Liegt also zwischen der Errichtung eines ersten Testaments und einer Ergänzung oder Errichtung eines gänzlich neuen Testaments eine geraume Zeit, wird man sich nicht auf »veraltete« Gutachten berufen können.

3.2 Wissenswertes zum Thema Testament

3.2.1 Welche Formvorschriften sind zu beachten?

Um ein hohes Maß an Rechtssicherheit zu schaffen, müssen Testamente bestimmen Formvorschriften entsprechen. Nur damit lässt sich eine Fälschung des Testaments erschweren (Beweisfunktion). Zudem ist der Erblasser damit vor den Folgen einer leichtfertigen Erklärung, beispielsweise einer mündlichen Erbeinsetzung während der Stammtischrunde, geschützt (Warnfunktion). Wird die gesetzlich vorgeschriebene Form nicht gewahrt, ist das Testament nichtig (§ 125 Satz 1 BGB). Liegt dann kein früheres Testament vor, kommt die gesetzliche Erbfolge zum Tragen.

Das Gesetz unterscheidet zwischen privatschriftlichen und notariellen Testamenten, wobei beide Formen dieselbe rechtliche Wirkung haben. Daher kann ein notarielles Testament durch ein privatschriftliches Testament widerrufen oder ergänzt werden und umgekehrt.

3.2.1.1 Privatschriftliches Testament

Was hinsichtlich der Form eines privatschriftlichen Testaments zu beachten ist, beschreibt § 2247 BGB: Es muss handschriftlich niedergelegt werden und unter dem gesamten Text als Abschluss die Unterschrift mit Vor- und Zunamen des Testierenden aufweisen. Wird nach der Unterschrift nachträglich ein Zusatz angefügt, muss der Zusatz grundsätzlich gesondert unterschrieben werden.

Die Bezugnahme auf andere Schriftstücke ist grundsätzlich nur zulässig, wenn diese ebenfalls den Formvorschriften entsprechen, also insgesamt handschriftlich vorliegen. In der Praxis werden immer wieder Testamente vorgelegt, die auf Listen verweisen, die mit der Schreibmaschine oder dem Computer geschrieben worden sind. Die Dokumente informieren über die Verteilung der Kunstgegenstände, Bilder, Skulpturen, des Schmucks und anderer persönlicher Dinge auf verschiedene Personen. Häufig haben diese Gegenstände keinen finanziellen Wert, der Erblasser wollte lediglich seinen Wunsch festlegen, Streit zwischen seinen Hinterbliebenen vermeiden oder Versprechen erfüllen, die er zu Lebzeiten gegeben hat.

Doch wenn solche Listen nicht von Hand geschrieben sind, erfüllen sie nicht die Formvorschriften. Das bedeutet, dass die Verteilungsregelung nichtig ist und alle genannten Gegenstände in den Nachlass fallen. Bei mehreren Erben werden diese Gegenstände dann Teil des Nachlasses, an dem die Miterben entsprechend ihren Anteilen teilhaben.

Tipp

Personen, deren Unterschrift nur aus einer Welle besteht oder unleserlich ist und daher den Namen des Testierenden nicht erkennen lässt, sollten sich bei der Unterzeichnung besondere Mühe geben, deutlich zu unterschreiben. Ansonsten besteht die Gefahr, dass ihr Wille nicht umgesetzt wird, weil Zweifel an der Echtheit der Unterschrift angemeldet werden können.

Gemäß § 2247 Abs. 2 BGB soll der Testierende Zeit und Ort der Testamentserrichtung angeben. Es handelt sich hierbei nicht um eine Wirksamkeitsvoraussetzung. Diese Angabe ist aber wichtig, wenn mehrere Testamente vorliegen, deren Inhalte sich widersprechen. Das zeitlich jüngste Testament sticht dabei ältere Testamentserrichtungen aus.

Mit dem eigenen Tod befasst sich kaum jemand gerne. So passiert es, dass viele Menschen – wenn sie es dann doch einmal tun – ihr Testament ganz schnell schreiben und irgendwo deponieren, um die Sache erledigt zu haben. Spätere Änderungen werden häufig einfach in den Text hineingeschrieben, um nicht zu sagen hineingekritzelt. Die so entstehenden Durchstreichungen und Ergänzungen sind oftmals Grund für gerichtliche Auseinandersetzungen. Dabei werden in den Text Dinge hineininterpretiert, die zu keinem Zeitpunkt im Sinne des Verfassers waren. Daher gilt: Schreiben Sie im Zweifel das gesamte Testament noch einmal neu und nehmen Sie Ihre Ergänzungen an sinnvoller Stelle auf, damit es nicht zu Missverständnissen kommt.

Achtung

Minderjährige Personen können mit Vollendung ihres 16. Lebensjahres nur vor einem Notar testieren (§ 2247 Abs. 4, § 2233 Abs. 1 BGB). Eltern können nicht als gesetzliche Vertreter für ein Kind testieren, da nur die betreffende Person selbst ihr Testament errichten kann (§ 2064 BGB).

3.2.1.2 Notarielles Testament

Das im Gesetz als »öffentlich« bezeichnete Testament kann nur durch Niederschrift eines Notars errichtet werden (§ 2231 Nr. 1 BGB). Nach § 2232 BGB gibt es dafür zwei Formen: die Erklärung zu Protokoll oder aber die Übergabe einer Schrift zur Verfügung.

BEISPIEL

Der noch lebende Erblasser Anton Emke ist aufgrund seiner körperlichen Einschränkung nicht in der Lage, einen langen Text handschriftlich zu verfassen. Ein Notar nimmt seinen Willen auf, indem er ihn zunächst mündlich befragt, um dann den Willen in schriftlicher Form festzuhalten.

Variante: Die Lebensgefährtin von Anton Emke, Hermine Redlich, ist Rechtsanwältin. Sie hat mit Anton bereits die Punkte, die ihm wichtig waren, besprochen und diese Wünsche schriftlich formuliert. Das entsprechende Dokument übergibt sie dem Notar.

In beiden Fällen beurkundet der Notar sämtliche Regelungen, indem er sie laut vorliest.

Nach der aktuellen Fassung des § 2232 Satz 1 BGB wird der Form auch dann Genüge getan, wenn der Erblasser seinen Willen gegenüber dem Notar durch Wimpernschlag kundtut. Eine Entscheidung des Bundesverfassungsgerichts, des höchsten deutschen Gerichts, hat dazu geführt, dass im Gesetzestext das Wort »mündlich« gestrichen wurde, um auch andere Willensäußerungen zuzulassen (BGH, NJW 1999, 1853).

Jeder Eigentumswechsel bei Immobilien muss im Grundbuch eingetragen werden – in diesem Zusammenhang gibt es strenge Anforderungen. Gemäß § 35 Abs. 1 Satz 1 Grundbuchordnung (GBO) kann der Nachweis der Erbfolge grundsätzlich nur durch einen Erbschein geführt werden. Beruht die Erbfolge auf einer Verfügung von Todes wegen, die in einer öffentlichen Urkunde enthalten ist, so genügt es, wenn diese samt Niederschrift über die Eröffnung der Verfügung vorgelegt wird (§ 35 Abs. 1 Seite 2 Halbsatz 1 GBO). Das notarielle Testament ersetzt nur dann den Erbschein, wenn sich aus dem notariellen Testament die Erbfolge eindeutig ergibt.

BEISPIEL

Im notariellen Testament heißt es: »Meine sämtlichen Nichten und Neffen werden nach meinem Tod Miterben zu gleichen Teilen.«

Diese Erbeinsetzung genügt nicht, um die Erbfolge eindeutig nachweisen zu können. Es ist nicht sicher, wer zum Zeitpunkt des Todes des Erblassers zum Kreis der Begünstigten gehört.

Tipp

Bei Beratungen werden immer wieder notarielle Testamente folgenden Inhalts vorgelegt: »Erben sollen meine sämtlichen Kinder zu gleichen Teilen werden.« Die Anzahl der Kinder mag zwar bei einer Frau eindeutig zu bestimmen sein, nicht jedoch bei einem Mann. Daher ist dringend anzuraten, alle Kinder mit vollständigen Namen und Geburtsdaten aufzulisten, soweit diese bei der Testamentserstellung schon bekannt sind

Die vom Notar für die Erstellung des notariellen Testaments berechneten Kosten sind generell genauso hoch wie die Gebühren, die bei einem Erbscheinsantrag anfallen. Allerdings kommt bei den notariellen Gebühren die Umsatzsteuer hinzu.

Werden diese Voraussetzungen eingehalten, muss kein Erbschein mehr beantragt werden. Viele Kreditinstitute weisen Erben aber darauf hin, dass eine Umschreibung nur erfolgen kann, wenn sie einen auf sie lautenden Erbschein vorlegen. Da ein Erbschein, der sich auf ein einzelnes Konto bezieht, nicht beantragt werden kann, wendet der Erbe im Zweifel die Kosten, die zuvor schon einmal für das notarielle Testament entstanden sind, noch einmal auf.

Falls Sie in eine solche Situation kommen, halten Sie dem Kreditinstitut entgegen, dass es ausreicht, wenn Sie das notarielle Testament mit der Stempelung des Amtsgerichts/Nachlassgerichts »Eröffnet am … (Datum)« vorlegen. Das Kreditinstitut kann einen Erbschein nur fordern, wenn es der Meinung ist, dass es zum Beispiel noch weitere Testamente gibt, die der Erblasser nach dem notariellen Testament geschrieben hat und die damit wirksam geworden sind. Das kann beispielsweise der Fall sein, wenn sich die Bankangestellte, die den Erblasser ständig betreut hat, daran erinnern kann, dass der Erblasser nicht seine Kinder, sondern seine Lebensgefährtin einsetzen wollte und auch auf ein Testament solchen Inhalts hingewiesen hat. Allerdings hat das Kreditinstitut auch dann die Möglichkeit, diesen Erbschein anzufordern, wenn hohe Vermögenswerte vorliegen und sich damit das Risiko einer rechtlichen Auseinandersetzung vermeiden lässt.

Tipp

Meist genügt ein einfacher Brief an das Kreditinstitut, in dem Sie den Sachverhalt darlegen. Am besten fügen Sie auch gleich die Unterlagen des Nachlassgerichts bei.

3.2.2 Wo wird das Testament aufbewahrt?

Grundsätzlich steht es dem Erblasser frei, wo und wie er sein Testament aufbewahrt. Er sollte aber dafür sorgen, dass das Testament nach seinem Ableben problemlos gefunden werden kann. Zudem ist eine sichere Verwahrung empfehlenswert, da es in der Praxis immer wieder vorkommt, dass Testamente schon zu Lebzeiten des Testierenden verloren gehen oder nach dessen Tod von nicht bedachten Angehörigen beseitigt werden. Daher sollten Sie privatschriftliche Testamente immer in amtliche Verwahrung geben. Dafür hinterlegt man das Testament beim für den Erblasser zuständigen Nachlassgericht.

Gemäß § 2260 BGB ist die Bekanntgabe einer sich in amtlicher Verwahrung befindlichen letztwilligen Verfügung sichergestellt, da das Nachlassgericht, auch wenn es für den Erbfall nicht mehr zuständig sein sollte, in jedem Fall von dem Standesamt informiert wird, das die Sterbeurkunde ausstellt. Zumindest sollte eine Kopie des Originals bei einer vertrauenswürdigen Person verwahrt werden.

In amtliche Verwahrung gelangen ohne Ausnahme die Testamente, die vor einem Notar errichtet werden. Privatschriftliche Testamente können jederzeit aus dieser Verwahrung herausgenommen werden, sie bleiben auch wirksam. Sobald ein notarielles Testament aus der amtlichen Verwahrung herausgenommen wird, wird es unwirksam. In solchen Fällen gilt: Existieren keine weiteren letztwilligen Verfügungen, tritt die gesetzliche Erbfolge ein.

3.2.3 Wie wird ein Testament widerrufen?

Wer ein privatschriftliches oder ein notarielles Testament widerrufen will, muss dieses Dokument nicht vernichten. Der Widerruf kann auch durch ein zweites Testament erfolgen.

Formulierungsvorschlag

Widerruf eines früheren privatschriftlichen Testaments
... Mit Datum vom 1.2.2019 habe ich ein Testament geschrieben, in dem ich meine Tochter Elisabeth zur Alleinerbin eingesetzt habe. Ich möchte dieses Testament vollinhaltlich widerrufen. Vorsorglich widerrufe ich hiermit alle meine bisherigen Testamente und setze zur Alleinerbin meine Enkeltochter Miriam ein.

Oder:

... Mit Datum vom 1.2.2019 haben wir vor dem Notar Dr. Bernd Scholl in München ein notarielles Testament beurkundet. Dieses wollen wir hiermit vollinhaltlich widerrufen und bestimmen Folgendes: ...

Wer frühere Testamente nicht vollinhaltlich widerrufen möchte, kann den Teil, den er ändern möchte, ebenfalls formwirksam durch ein zweites nachfolgendes Testament ergänzen.

Formulierungsvorschlag

Ergänzung eines privatschriftlichen Testaments
... Mit Datum vom 1.2.2019 habe ich ein Testament geschrieben, in dem ich meine Tochter Elisabeth zur Alleinerbin eingesetzt habe. Mein Neffe Robert sollte ein Geldvermächtnis von 10.000 EUR erhalten. Mit diesem Testament möchte ich das Geldvermächtnis zugunsten meines Neffen widerrufen. Den Betrag von 10.000 EUR soll meine Nichte Maria erhalten.

Allerdings ist hier besondere Vorsicht geboten: Die Ergänzungen und Änderungen müssen nachvollziehbar sein. Denken Sie immer daran: Alle Unsicherheiten gehen im Zweifel zulasten des letzten Willens und bescheren den Rechtsanwälten einträgliche Geschäfte, was in den meisten Fällen vermeidbar wäre.

Tipp

Sie sind sich nicht sicher, wie viele »gültige« Testamente im Umlauf sind? Oder Sie wissen nicht mehr genau – was ebenfalls sehr häufig vorkommt –, ob Sie bereits ein Testament verfasst haben? Dann ist es ratsam, den Vermerk »... vorsorglich widerrufe ich alle früheren Testamente ...« in jedes neue Testament aufzunehmen.

3.3 Wann ist ein Erbvertrag sinnvoll?

Es gibt zwei Arten von letztwilligen Verfügungen: das einseitige bzw. gemeinschaftliche Testament und den Erbvertrag. Der wesentliche Unterschied liegt in der Bindungswirkung. Während der Erblasser ein einseitiges Testament jederzeit ändern oder widerrufen kann, was den Erben kaum Sicherheit bietet, führt der Abschluss eines Erbvertrags dazu, dass die darin getroffenen Verfügungen sicher gelten. Eine spätere Aufhebung oder Änderung ist nur möglich, wenn alle Vertragspartner zustimmen. Diese Bindungswirkung fällt nur in Ausnahmefällen weg.

Der Abschluss eines Erbvertrags kommt insbesondere dann in Betracht, wenn es darum geht, einzelne Familienmitglieder abzusichern. Beispiel: Ein Dritter erbringt für den noch lebenden Erblasser unentgeltliche Leistungen, sei es in Form finanzieller Unterstützung, physischer Pflege oder Instandhaltung der Immobilie. Der Erblasser kann dann zu Lebzeiten dafür sorgen, dass diesem Dritten seine Leistungen vergütet und diese Zahlung abgesichert wird, indem er ihn mit einem Erbvertrag zum Erben macht. Ein Testament reicht hierzu nicht aus, da der Erblasser eine solche Verfügung jederzeit einseitig ändern, widerrufen oder erneuern könnte, ohne irgendjemanden informieren zu müssen.

Gerade über Pflegeleistungen oder andere Unterstützungen wird oft aus Gedankenlosigkeit, aber auch aus Unkenntnis in Bezug auf das Thema »Vergütung« nicht richtig nachgedacht. Schließt man mit einer nichtverwandten Person einen Erbvertrag und setzt sie als Alleinerbin ein, ergeben sich aufgrund der Verschlechterungen im Bereich der Erbschaftsteuer (Freibetrag von 20.000 EUR und Steuerklasse III mit einem Eingangssteuersatz von 30%) hohe Belastungen, was sich durch eine kluge Gestaltung der Vergütung verhindern oder zumindest minimieren lässt.

Selten macht ein derart Bedachter bei der Erstellung seiner Erbschaftsteuererklärung den Pflegefreibetrag gemäß § 13 Abs. 1 Nr. 9 ErbStG geltend, der nunmehr 20.000 EUR ausmacht. Ebenfalls weitgehend unbekannt ist die Tatsache, dass Geldzuwendungen an Pflegepersonen bis zur Höhe des Pflegegeldes nach § 37 SGB XI sogar insgesamt steuerfrei sind (§ 13 Abs. 1 Nr. 9a ErbStG). Dieser Betrag könnte also völlig steuerfrei auf die Pflegeperson übertragen werden. Eine steuerpflichtige Schenkung würde dann gerade nicht vorliegen.

Will der Erblasser diesen Betrag erst mit seinem Ableben an die Pflegeperson weitergeben, besteht natürlich die Möglichkeit, dass zugunsten dieser Person im Rahmen eines Testaments ein bestimmter Betrag vorgesehen wird. Um in einem solchen Fall die Steuerfreiheit auch über den Freibetrag hinausgehend zu gewährleisten, sollte ausdrücklich darauf hingewiesen werden, dass es sich nicht um eine Schenkung handelt, sondern um die Bezahlung der Pflegeleistungen, die der Berechtigte zu Lebzeiten des Erblassers vorgenommen hat.

Formulierungsvorschlag

Pflegegeld

Herr Wagner pflegt mich seit dem 1.1.2007. Für diese Pflege erhält er bis zu meinem Tod einen monatlichen Betrag in Höhe des Pflegegeldes. Dieser Betrag steht ihm im Wege des Vermächtnisses in dieser Höhe zu.

Gleiches gilt für jede andere finanzielle Unterstützung. Beispiel: Der Erblasser muss an seinem eigengenutzten Haus eine Instandhaltungsmaßnahme vornehmen. Dazu würde er einen Kredit benötigen, den er wegen seines Alters und seiner nur geringen Rente nicht erhält. Sein Nachbar unterstützt ihn finanziell mit einem Darlehen. Da die Rückzahlung zu Lebzeiten des Erblassers nicht möglich ist, schließen die beiden einen Erbvertrag. Darin sollten die Regelungen des Darlehensbetrags – Darlehenshöhe, Zinszahlungen etc. – aufgenommen werden. Spricht man lediglich von einem Vermächtnis, geht das Finanzamt von der Unentgeltlichkeit aus.

3.3.1 Abschluss und Formvorschriften

Einen Erbvertrag kann ein Erblasser mit jeder beliebigen Person abschließen. Das bedeutet, dass auch die Partner einer nichtehelichen Lebensgemeinschaft darauf zurückgreifen können, um die Erbfolge bindend zu regeln. Nach § 2276 Abs. 1 BGB muss der Vertrag zur Niederschrift eines Notars geschlossen werden, wobei die persönliche Anwesenheit des Erblassers erforderlich ist. Sein Vertragspartner kann sich hingegen vertreten lassen, wenn er selbst keine letztwilligen Verfügungen im Erbvertrag trifft.

Anders als beim notariellen Testament müssen die Personen, die im Erbvertrag erbrechtliche Anordnungen treffen wollen, volljährig sein (§ 2275 Abs. 1 BGB). Falls die Formvorschriften nicht eingehalten werden, kommt kein wirksamer Erbvertrag zustande. Hier bleibt im Einzelfall zu prüfen, ob der unwirksame Erbvertrag in ein wirksames einseitiges oder gemeinschaftliches Testament umgedeutet werden kann. Eine solche Umdeutung wird sicherlich nur ein Fachanwalt vornehmen können. Er muss sie dann im Zweifel vor Gericht durchsetzen.

3.3.2 Inhalt und Bindung

Mit einem Erbvertrag kann der Erblasser alle letztwilligen Verfügungen treffen, die auch in einem Testament stehen können. Zur Qualifizierung als Erbvertrag muss der Inhalt neben möglichen einseitigen Verfügungen auch mindestens eine vertragsmäßige Verfügung enthalten. Ansonsten stellt der vermeintliche Erbvertrag allenfalls ein Testament dar. Vertragsmäßig sind letztwillige Verfügungen, die mit bindender Wirkung getroffen werden. Eine solche bindende Wirkung haben gemäß § 2278 Abs. 2 BGB ausschließlich die Erbeinsetzung, ein Vermächtnis oder eine Auflage.

Dagegen kommen als einseitige Verfügungen alle anderen erbrechtlichen Anordnungen in Betracht, also zum Beispiel die Teilungsanordnung, Testamentsvollstreckung oder Enterbung (§ 2299 Abs. 1 BGB). Einseitige Verfügungen im Erbvertrag sind wie bei einem Testament ohne Weiteres jederzeit widerruflich. Die »vertragliche« Wirkung greift in diesem Fall also nicht.

Hat der Erblasser seine Verfügungen nicht ausdrücklich als »vertragsmäßig« bezeichnet, ist im Wege der Auslegung und somit im Zweifel im Rahmen eines gerichtlichen Verfahrens zu ermitteln, ob und inwieweit eine Bindung oder eine freie Widerruflichkeit der Verfügung beabsichtigt war. Als vertragsmäßig gewollt werden im Wege der Auslegung insbesondere Zuwendungen an den Vertragspartner selbst angesehen. Haben die Vertragsparteien eine Verfügung zugunsten Dritter getroffen, so ist diese in der Regel jedenfalls dann vertragsmäßig, wenn der andere Vertragsteil Interesse an der Bindung des Verfügenden hatte. Zum Beispiel hat jeder Ehegatte in der Regel ein Interesse daran, die Zuwendung an seine Verwandten abgesichert zu wissen, sodass die Erbeinsetzung von Kindern, anderen Verwandten des Vertragspartners oder ihm nahestehende Personen regelmäßig als vertragsmäßig angesehen werden.

Tipp

Sie haben sicher erkannt, welches Streitpotenzial in einem solchen Erbvertrag stecken kann. Das zeigen auch die vielen gerichtlichen Auseinandersetzungen, die mit dem Thema der Bindungswirkung verbunden sind. Um derartige Probleme zu vermeiden, sollten Sie den Unterschied zwischen der Gegenseitigkeit – und damit der Vertragsbindung – und der Einseitigkeit des letzten Willens verstanden haben. Nur dann können Sie Ihre Verfügungen entsprechend festlegen. Am besten lassen Sie sich eingehend von einem Fachanwalt beraten.

Die Bindung an die vertragsmäßigen Verfügungen in einem Erbvertrag tritt nicht erst mit dem Ableben des Vertragspartners ein, sondern bereits bei Vertragsabschluss. Dem Erblasser steht es zwar bis zu seinem Tod gemäß § 2286 BGB zu, über sein Vermögen zu verfügen. § 2287 BGB begrenzt diese Möglichkeit aber dadurch, dass der Erblasser keine Schenkungen vornehmen darf, die den Vertragserben beeinträchtigen können.

BEISPIEL

Im Erbvertrag setzt die Erblasserin Frau Ehrlich ihre Tochter Tina zur Alleinerbin ein. Noch zu Lebzeiten entschließt Frau Ehrlich sich dazu, das Mehrfamilienhaus zu verkaufen, weil sie sich auf eine Weltreise begeben will. Einen Teil des Verkaufserlöses will sie hierfür verwenden. Hindert sie der Erbvertrag daran?

Die Antwort lautet ganz eindeutig: Nein. Das Beispiel zeigt, dass die Verfügungsfreiheit zu Lebzeiten auch dann besteht, wenn man sich im Rahmen eines Erbvertrags zu einer bestimmten Regelung (im Beispiel Tina zur Alleinerbin einzusetzen und sie daher indirekt zur Eigentümerin des Mehrfamilienhauses zu machen) verpflichtet hat. Diese Freiheit ist in § 2286 BGB gesetzlich niedergelegt. Sie hat jedoch ihre Grenzen, wenn eine Verfügung eine Schenkung oder eine andere letztwillige Verfügung beinhaltet.

BEISPIEL

Im Erbvertrag setzt die Erblasserin Frau Ehrlich ihre Tochter Tina zur Alleinerbin ein. Noch zu Lebzeiten bereut sie diese Entscheidung. Eigentlich hatte sie vor, das Mehrfamilienhaus ihrem Lebensgefährten zu vererben. Sie lässt sich von einem Rechtsanwalt über ihre Möglichkeiten beraten und entscheidet dann, dem Lebensgefährten das Mehrfamilienhaus noch zu Lebzeiten zu schenken.

§ 2287 BGB soll genau solche Entwicklungen verhindern. Frau Ehrlich hat sich entschlossen, Tina erbvertraglich bindend zur Alleinerbin einzusetzen. Um die erbvertragliche Bindung zu vermeiden, hätte sie ein Einzeltestament errichten können. Hintergrund dieses Erbvertrags war eventuell eine Gegenleistung, die Tina erbracht hatte. Die Partner eines Erbvertrags sollen in jedem Fall vor Änderungen, die ohne ihr Wissen erfolgen, geschützt werden.

Tipp

Wenn Sie einen Erbvertrag abschließen, um Ihre erbrechtliche Entscheidung mit einer Gegenleistung des Begünstigten (Erben oder Vermächtnisnehmer) zu verbinden, gilt: Stellen Sie unbedingt sicher, dass die erbrechtliche Bindung nicht eintreten kann, wenn die Gegenleistung nicht erbracht wird. Hierzu bedarf es einer individuell an die Gegenleistung angepassten Formulierung.

Tina hat nach dem Tod ihrer Mutter einen Herausgabeanspruch gegenüber dem Lebensgefährten. Das gilt dann nicht, wenn Frau Ehrlich mit der lebzeitigen Übergabe das Ziel verfolgte, ihre eigene Versorgung zu sichern. Beispiel: Angenommen, Frau

Ehrlich wäre aufgrund der gesunkenen Mieteinnahmen nicht mehr in der Lage gewesen, die notwendigen Instandhaltungsmaßnahmen für das Mehrfamilienhaus aufzubringen. Daher war mit der Schenkung an ihren Lebensgefährten die Verpflichtung verbunden, die Instandhaltungsmaßnahmen vorzunehmen, ein Wohnrecht zu gewähren oder eine monatliche Rente an sie zu zahlen.

Tipp

Falls bekannt ist, dass ein Problem mit der erbvertraglichen Bindungswirkung und damit ein Herausgabeanspruch entstehen könnte, ist es in jedem Fall anzuraten, in der notariellen Schenkungsurkunde alle Tatbestände genau aufzunehmen, die zur Versorgung des Erblassers führen. So lässt sich verhindern, dass der Herausgabeanspruch des § 2287 BGB eintritt.

Die erbvertragliche Bindung führt zudem gemäß § 2289 Abs. 1 BGB dazu, dass frühere letztwillige Verfügungen aufgehoben und spätere letztwillige Verfügungen unwirksam werden, wenn darin das Recht des vertragsmäßig Bedachten beeinträchtigt wird.

3.3.3 Wie lässt sich die erbvertragliche Bindung lösen?

Wird im Erbvertrag eine einseitige Verfügung getroffen, so ist diese jederzeit frei widerruflich (§ 2299 BGB). Vertragsmäßige Verfügungen hingegen können nur in bestimmten Fällen gelöst werden. Dabei spielt eine Rolle, wann diese Loslösung passieren soll.

Zu Lebzeiten beider beteiligten Seiten kann ein Erbvertrag jederzeit durch einen neuen Erbvertrag aufgehoben oder abgeändert werden (§ 2290 Abs. 1 und Abs. 4 BGB). Für die Zeit nach dem Tod eines der beiden Vertragspartner können sich beide das Recht einräumen lassen, vom Vertrag abzuweichen, bzw. einen Rücktritt vorbehalten (§ 2293 BGB). Allerdings sind dabei dringend die von der Rechtsprechung aufgestellten Regelungen für einen Erbvertrag zu beachten, die zum Beispiel berücksichtigen, dass nach dem Tod eines der Erbvertragspartner kein uneingeschränktes Rücktrittsrecht besteht. Ungeachtet dessen kann der Erblasser vom Erbvertrag zurücktreten, wenn nach § 2295 BGB die vom Erbvertragspartner vereinbarte Gegenleistung ausbleibt oder wenn er dem Begünstigten den Pflichtteil entziehen könnte (§ 2294 BGB).

§ 2078 und § 2079 BGB nennen zwei Anfechtungsgründe, nämlich die Anfechtung wegen Irrtums oder wegen Drohung. Besteht einer dieser Gründe oder die Möglichkeit, dass nach dem Tod des Erblassers beim Erbvertragspartner weitere pflichtteilsberechtigte Personen hinzukommen – die Witwe bekommt nach dem Tod ihres Ehemannes noch ein weiteres Kind –, kann der Erblasser binnen einer Jahresfrist seine im Erbvertrag getroffenen vertragsmäßigen Verfügungen durch eine notariell beurkundete Erklärung selbst anfechten (§ 2281 Abs. 1 BGB).

3.4 Diese Fragen sollten Sie sich mit Blick auf Ihre Erben stellen

Dem Testierenden steht es im Rahmen seiner letztwilligen Verfügung frei, einen oder mehrere Erben als Rechtsnachfolger zu bestimmen und dabei über seinen gesamten Nachlass oder über Teile davon zu verfügen. Zudem kann er ggf. festlegen, dass einer bestimmten Person ein Vermächtnis zugewandt wird oder der Erbe oder Vermächtnisnehmer eine Auflage beachten muss. Er kann auch Einfluss darauf nehmen, wie der Nachlass verwaltet oder verteilt werden soll.

3.4.1 Wer soll die Immobilie erben?

Gemäß § 1937 BGB kann der Erblasser in seinem Testament einen Erben – Alleinerben – oder mehrere Personen zu genau bestimmten Erbquoten – Miterben – als Rechtsnachfolger bestimmen. Nach § 2087 BGB ist Erbe, wer in die gesamten Rechte und Pflichten des Erblassers eintritt. Hat der Erblasser demnach sein Vermögen oder einen Bruchteil seines Vermögens den Bedachten zugewendet, so ist die Verfügung als Erbeinsetzung anzusehen. Das gilt auch, wenn der Bedachte nicht als Erbe bezeichnet ist.

Soll ein Bedachter lediglich einen oder mehrere Gegenstände erhalten, darüber hinaus aber mit dem Nachlass nichts zu tun haben, darf der Erblasser ihn nicht als Erben einsetzen, sondern muss ein Vermächtnis anordnen. Das deutsche Erbrecht sieht keine Erbeinsetzung für einzelne Gegenstände vor.

Aus Gründen der Höchstpersönlichkeit hat der Erblasser die Person des bzw. der Erben stets selbst zu bestimmen und darf dies nicht einem anderen überlassen (§ 2065 Abs. 2 BGB). Wird der Erbe nicht namentlich genannt, so muss das Testament präzise sein und objektive Auswahlkriterien enthalten, sodass eine freie Ermessensentscheidung durch einen Dritten ausgeschlossen ist. Enthält die letztwillige Verfügung keine eindeutige Anordnung, zum Beispiel »Hiermit setze ich meinen Sohn zu meinem alleinigen Erben ein«, ist im Wege der Auslegung zu ermitteln, wer als Erbe eingesetzt ist. Soweit man sich darüber nicht einigen kann, wird die Auslegung im Zweifel – wie immer – gerichtlich ermittelt.

Die Wörter »Erbe« und »Vermächtnis« werden im Regelfall allenfalls als Indizien für das Gewollte gesehen, da den meisten Menschen der Unterschied in der Bedeutung nicht bekannt ist. Daher hängt die Beantwortung der Frage, ob eine Person Erbe sein soll, davon ab, ob sie die wirtschaftliche Stellung des Erblassers fortsetzen soll. Denn Erbe ist nach dem Willen des Erblassers derjenige, der in dessen wirtschaftliche Stellung eintreten, den Nachlass regeln sowie die Nachlassverbindlichkeiten erledigen soll. Voraussetzung ist nicht, dass der Erbe einen wirtschaftlichen Vorteil aus der Erbschaft hat, nachdem er seine Aufgaben erfüllt hat.

Formulierungsvorschlag

Erbeinsetzung

Zu meinen Erben setze ich meinen Sohn X, geboren am …, wohnhaft in …, und meine Tochter Y, geboren am …, wohnhaft in …, zu gleichen Teilen ein.

Viele Immobilienbesitzer machen es so: Zu Lebzeiten bemühen sie sich, ihre Immobilie auf eine solide Basis zu stellen. Sie nehmen alle notwendigen Instandhaltungsmaßnahmen vor. Und sie informieren sich gründlich darüber, welche Finanzierung wann erfolgen sollte und wann mit der Tilgung am besten begonnen wird. Doch wenn es darum geht, das eigene Testament zu erstellen, wird schnell ein Blatt Papier hervorgeholt und es werden mithilfe von Büchern, Internetseiten und selbsternannten Erbrechtsexperten, zum Beispiel des Nachbarn, die vermeintlich nötigen Regelungen niedergeschrieben. Genau solche Testamente werden dann zum Gegenstand langjähriger gerichtlicher Auseinandersetzungen und familiärer Zerwürfnisse.

Tipp

Grundsätzlich empfiehlt es sich, sowohl bei lebzeitiger Übergabe als auch beim Verfassen eines Testaments einen Fachanwalt hinzuzuziehen. Damit vermeiden Sie, dass Ihr Wille nicht so umgesetzt wird, wie Sie es sich vorstellen. Das gilt insbesondere, wenn Sie Immobilieneigentümer sind und mit dem Testament auch die Übergabe an die nächste Generation vorbereiten möchten.

Wenn Sie professionelle Hilfe in Anspruch nehmen, bedeutet das nicht, dass der Fachanwalt Ihren Willen festlegt. Vielmehr soll er Ihre Vorstellungen passend umsetzen und in die richtigen Worte fassen. Wichtig ist, dass Sie sich auf ein solches Gespräch mit einem Fachanwalt gut vorbereiten und ihm klare Anweisungen geben können, wie Ihr letzter Willen aussehen soll.

Das folgende Beispiel gibt einen immer wiederkehrenden Fehler bei der Testamentsgestaltung wieder. Die unterschiedlichen Lösungen zeigen, wie die Angaben darin verstanden werden können. Welche dieser Varianten dem Willen des Erblassers entspricht, wird durch Auslegungen ermittelt. Kann außergerichtlich keine Einigung erzielt werden, ist die Angelegenheit in einem gerichtlichen Verfahren zu klären. Dabei kann es natürlich geschehen, dass die gerichtliche Entscheidung, welche Auslegung am wahrscheinlichsten ist, nicht unbedingt dem Willen des Erblassers entspricht. Wie immer gilt: Wer den besten Beweis erbringen kann, gewinnt.

BEISPIEL

Der verwitwete Erblasser Herr Lehmann formuliert sein Testament folgendermaßen: »Meine Tochter Agathe erbt die Eigentumswohnung in der Agnesstraße, meine Tochter Monika erbt die Eigentumswohnung in der Barbarastraße.« Die Eigentumswohnung in der Agnesstraße hat einen Wert von 800.000 EUR, die Eigentumswohnung in der Barbarastraße ist 1.200.000 EUR wert. Im Übrigen hinterlässt Herr Lehmann einen Geldbetrag in Höhe von 200.000 EUR.

Wer ist nun Erbe geworden und was erhalten die beiden Töchter?

Lösung 1

Herr Lehmann wollte seine beiden Töchter zu gleichen Erbquoten einsetzen, die verteilten Eigentumswohnungen (ETW) sollten sogenannte Vorausvermächtnisse sein (siehe Kapitel 3.5.2.4). In diesem Fall erhalten beide Töchter vom Rest des Nachlasses jeweils die Hälfte und damit einen Anteil von 100.000 EUR, was zur folgenden Verteilung führt:

Agathe		**Monika**	
ETW	800.000 EUR	ETW	1.200.000 EUR
Rest	100.000 EUR	Rest	100.000 EUR
Gesamt	900.000 EUR		1.300.000 EUR

Lösung 2

Herr Lehmann wollte seine beiden Töchter mit unterschiedlichen Quoten bedenken, nämlich so, wie es den Werten der Eigentumswohnungen entspricht. Agathe sollte also einen Anteil von 40 % und Monika einen Anteil von 60 % erhalten. Die ETW von Agathe im Wert von 800.000 EUR macht vom Gesamtwert der beiden Eigentumswohnungen 40 % aus. Der übrige Nachlass wird ebenfalls nach diesen Quoten verteilt, sodass sich folgende Verteilung ergibt:

Agathe		**Monika**	
ETW	800.000 EUR	ETW	1.200.000 EUR
Rest	80.000 EUR	Rest	120.000 EUR
Gesamt	880.000 EUR		1.320.000 EUR

Lösung 3

Herr Lehmann hatte sich ausgerechnet, dass die Verteilung seines gesamten Nachlasses gerecht erfolgen könne, wenn er den beiden Töchtern jeweils eine Eigentumswohnung übergibt. Diejenige Tochter, die die Eigentumswohnung mit dem geringeren

Wert erhält, sollte dann als Ausgleich den Geldbetrag erhalten. Zusätzlich müsste die Tochter Monika noch einen Ausgleich von 100.000 EUR vornehmen. Diese Verteilung würde der sogenannten Teilungsanordnung (siehe Kapitel 3.5.1) entsprechen. Dabei ergibt sich Folgendes:

Der Gesamtnachlass beträgt:

ETW	800.000 EUR
ETW	1.200.000 EUR
Rest	200.000 EUR
Gesamt	2.200.000 EUR

Es soll also jeder die Hälfte des Gesamtnachlasses erhalten, somit 1.100.000 EUR. Die Verteilung muss folgendermaßen erfolgen:

Agathe		**Monika**	
ETW	800.000 EUR	ETW	1.200.000 EUR
Rest	300.000 EUR	Rest	./. 100.000 EUR
Gesamt	1.100.000 EUR		1.100.000 EUR

Hätte Herr Lehmann sich an die Vorgabe gehalten, die Frage der Erbeinsetzung zuerst zu klären und dann die Verteilung vorzunehmen, wären diese unterschiedlichen Lösungsvarianten gar nicht notwendig gewesen. Ziel einer letztwilligen Verfügung soll es sein, den Familienfrieden zu wahren. Legen Sie daher als Erstes fest, wer Erbe des Nachlasses und wer Vermächtnisnehmer werden soll.

Bei einer Beratung wird diese Unterscheidung so erklärt: Ein Erbe erhält einen Schreibtisch, der übervoll ist. Auf ihm liegen Bücher und Papiere, ein Kugelschreiber, der Zettelkasten steht auch darauf und vieles mehr ist zu sehen. Der Erbe muss den Tisch leer räumen und zum Schluss sauber machen. Neben dem Erben ist im Testament ein Vermächtnisnehmer benannt. Er soll den Kugelschreiber erhalten. Der Vermächtnisnehmer kann nun zum Erben gehen und seinen Kugelschreiber fordern. Er muss dem Erben weder beim Abräumen noch beim Saubermachen des Tisches helfen.

Fragen Sie sich also: Wer soll die Stelle des Erben einnehmen und wer wird nur Vermächtnisnehmer? Entsprechend ist dann das Testament zu formulieren.

Ebenso kann ein Testament ausschließlich mit dem Ziel errichtet werden, eine bestimmte Person zu enterben (§ 1938 BGB). Dann gilt die gesetzliche Erbfolge, bei der die ausgeschlossene Person nicht berücksichtigt wird. Wenn es sich bei der oder dem Enterbten um eine pflichtteilsberechtigte Person handelt, ist zu beachten, dass den oder die Erben eine Pflichtteilshaftung treffen kann (§§ 2303 ff. BGB), da grundsätzlich der Erbe mit der Auszahlung des Pflichtteilsanspruchs belastet ist.

BEISPIEL

Der verwitwete Erblasser Herr Kerr hat einen Sohn Martin und eine Tochter Sandra. Er möchte Sandra zur Alleinerbin einsetzen. Er formuliert Folgendes: »Weder Martin noch seine Kinder sollen meine Erben werden.«

Diese Erbeinsetzung mag zwar zum Ausdruck bringen, dass Martin und seine Familie als Erben überhaupt nicht in Betracht kommen. Besser wäre es aber, sich auf die Erbeinsetzung von Sandra zu konzentrieren, ihre Kinder oder nur eines ihrer Kinder als Ersatzerben einzusetzen und Testamentsvollstreckung anzuordnen, soweit die Kinder noch minderjährig sind. Es ist viel wichtiger, die Erbeinsetzung zu gestalten als die Enterbung.

Mit seiner Formulierung schließt Herr Kerr zumindest seinen Sohn von der gesetzlichen Erbfolge aus. Bezüglich der übrigen Familienmitglieder (in diesem Beispiel seine Tochter Sandra) tritt die gesetzliche Erbfolge ein.

BEISPIEL

Herr Kerr formuliert sein Testament wie folgt: »Sandra wird Alleinerbin.«

Diese Formulierung erreicht das gleiche Ziel: Sandra wird hier ausdrücklich eingesetzt. Martin ist enterbt, auch wenn es so nicht formuliert wird. Es ist nicht notwendig, den Begriff »Enterbung« tatsächlich zu verwenden. Ist die enterbte Person zugleich pflichtteilsberechtigt, so sind diese Ansprüche zu prüfen (siehe Kapitel 4).

3.4.2 Welche Rechte und Pflichten haben die Erben?

Nachfolgend werden die Position des Erben sowie seine mit dieser Rechtsstellung verbundenen Rechte und Pflichten beschrieben. Soweit vom »Erwerber« gesprochen wird, sind damit der Erbe oder die Erben gemeint, die das Erbe »erwerben«.

3.4.2.1 Gesamtrechtsnachfolger

Unter Gesamtrechtsnachfolge versteht man den Übergang des ganzen Vermögens als Einheit auf den Erwerber, sodass auch beim Erbfall das vererbliche Vermögen des Erblassers als Ganzes auf den Erben übergeht (§ 1922 Abs. 1 BGB). Dazu sind keine Erwerbsakte wie zum Beispiel die Übereignung einer Sache oder die Abtretung einer Forderung erforderlich.

Das Gleiche gilt, wenn mehrere Personen Miterben werden. Hier geht das Vermögen des Erblassers mit dem Tod auf die Miterben zur gesamten Hand über (§ 1922, § 2032 ff. BGB). Die Miterben erhalten damit nicht einzelne Nachlassgegenstände, sondern einen Anteil am Gesamtnachlass.

Da sich mit dem Erbschaftserwerb zwei Vermögensmassen – namentlich das Vermögen des Erblassers und das Vermögen des oder der Erben – zu einer einzigen Vermögensmasse vereinigen, haftet der Erbe damit sowohl für Schulden des Erblassers als auch für eigene Schulden. Aufgrund dieser »unbeschränkten Erbenhaftung« muss der Erbe auch mit seinem eigenen Vermögen für Nachlassschulden einstehen. Mithilfe der Nachlassverwaltung und des Nachlassinsolvenzverfahrens lassen sich die beiden Vermögen trennen, um die Haftung für anstehende Nachlassverbindlichkeiten auf den Nachlass zu beschränken.

3.4.2.2 Annahme oder Ausschlagung?

Der Erbe oder die Erben erhalten die beschriebene Rechtsstellung mit dem Tod des Erblassers, unabhängig davon, ob die betreffenden Personen Kenntnis von der Erbschaft haben. Allerdings tritt zunächst nur ein sogenannter vorläufiger gesamter Erbschaftserwerb ein, da der oder die Erben, und zwar unabhängig voneinander, die Möglichkeit haben, die Erbschaft auszuschlagen.

Die Ausschlagung kann gemäß § 1944 Abs. 1 BGB innerhalb einer Frist von sechs Wochen erfolgen. Sie beginnt mit dem Tag, an dem der Erbe davon erfährt, dass das Erbe anfällt. Die Ausschlagung muss gemäß § 1945 BGB entweder durch Erklärung gegenüber dem Nachlassgericht oder vor einem Notar in öffentlich beglaubigter Form erfolgen.

Sobald ein Erbe seine Erbschaft angenommen hat, verliert er gegenüber dem Nachlassgericht grundsätzlich die Möglichkeit, es auszuschlagen. Die Annahmeerklärung ist dann nur noch unter bestimmten Umständen anfechtbar. Dabei sind strenge Formalien und Fristen zu beachten. Das Gleiche gilt für die Ausschlagung: Ist sie einmal erklärt, so kann sie kaum noch angefochten werden.

Tipp

Sowohl die Annahme als auch die Ausschlagung einer Erbschaft sind wohl zu überlegen. In jedem Fall ist dringend anzuraten, schnellstmöglich einen Fachanwalt aufzusuchen, um die Entscheidung zu besprechen. Ist ein finanzieller Einblick in die Erbschaft auf die Schnelle nicht möglich, stehen dem oder den Erben auch die vom Gesetzgeber für solche Situationen vorgesehenen Möglichkeiten der Haftungsbeschränkung zur Verfügung.

3.4.2.3 Der »arme Erbe«

Mit einer Erbschaft und damit der Erbenstellung sind nicht nur Rechte, sondern auch zahlreiche Pflichten verbunden. Diese lassen sich wie folgt zusammenfassen:

- Die Erben haften für sämtliche Nachlassverbindlichkeiten: Erblasserschulden gehen als von dem Erblasser kommende Schulden (§ 1967 Abs. 2 BGB) in ihrer Ausgestaltung und Höhe unverändert auf den/die Erben über. Sämtliche Erbfallschulden, so zum Beispiel die Verbindlichkeiten aus der Beerdigung des Erblassers (§ 1968 BGB), aus Pflichtteilsrechten, aus Pflichtteilsergänzungsansprüchen (§ 2325 BGB), aus Vermächtnissen sowie aus Auflagen, hat der Erbe/haben die Erben zu tragen. Da sich beim Alleinerben Eigenvermögen und geerbtes Vermögen mit dem Erbfall vermischen, haftet der Erbe grundsätzlich den Nachlassgläubigern mit beiden Vermögensmassen, also unbeschränkt. Er kann zwar die Haftung durch Anordnung einer Nachlassverwaltung bzw. Eröffnung eines Nachlassinsolvenzverfahrens auf den Nachlass beschränken. Doch dieser Weg ist nicht nur kostspielig, sondern auch kompliziert.
- Der oder die Erben haben die Vermächtnisse zu erfüllen oder Pflichtteilsansprüche auszubezahlen.
- Hat der Erblasser eine Testamentsvollstreckung angeordnet, entsteht zwischen dem/den Erben ein gesetzliches Schuldverhältnis eigener Art, das in § 2197 ff. BGB geregelt ist. Es schränkt den/ die Erben als Eigentümer und mittelbare(r) Besitzer der Nachlassgegenstände in seiner/ihrer Sachherrschaft und Verfügungsmacht ein und erlegt ihm/ihnen eine Verpflichtung zur Vergütung bzw. zum Auslagenersatz auf (§ 2221 BGB). Der Erbe/die Erben haben die Person des Testamentsvollstreckers anzuerkennen; eine Entlassung durch Beschluss des/der Erben gibt es nicht. Das ist nach § 2227 Abs. 1 BGB dem Nachlassgericht vorenthalten, falls ein wichtiger Grund vorliegt.
- Da der Erwerb von Todes wegen der Erbschaftsteuerpflicht unterliegt, gilt eine um den Freibetrag und die Nachlassverbindlichkeiten gekürzte Bereicherung des Erben als steuerpflichtiger Erwerb (§ 10 ErbStG). Der Erbe/die Erben haben sämtliches ererbtes Vermögen nach Abzug des Freibetrags und der Nachlassverbindlichkeiten zu versteuern.

3.4.3 Wer soll als Ersatzerbe eingesetzt werden?

Besonders wichtig ist die Einsetzung eines Ersatzerben (§ 2096 BGB), um zu verhindern, dass die (nicht erwünschte) gesetzliche Erfolge eintritt. Nur auf diese Weise lässt sich der eigene Wille durchsetzen. Ein Ersatzerbe wird vom Erblasser für den Fall eingesetzt, dass ein anderer Erbe vor oder nach dem Eintritt des Erbfalls wegfällt, sei es, dass er vor dem Erblasser verstirbt oder die Erbschaft ausschlägt, sodass er gemäß § 1953 Abs. 1 BGB bei der Erbfolge nicht berücksichtigt wird. Verstirbt der im Testament vorgesehene Erbe nach dem Erblasser, tritt die Ersatzerbfolge nicht ein.

BEISPIEL

Der ledige und kinderlose Erblasser Herr Schulte hat in seinem Testament seine Freunde Michael und Thomas als Erben je zur Hälfte bestimmt. Eine Ersatzerbenregelung ist im Testament nicht enthalten. Michael verstirbt bei einem tragischen Verkehrsunfall vor dem Erblasser. Obwohl Thomas nur zur Hälfte als Erbe eingesetzt wurde, kommt ihm letztlich die gesamte Erbschaft zu, da ihm der Erbteil des vorverstorbenen Michael im Wege der Anwachsung gemäß § 2094 BGB zufällt. Gleiches würde gelten, wenn Michael nicht vorverstorben wäre, sondern nach Eintritt des Erbfalls frist- und formgerecht die Erbschaft ausgeschlagen hätte.

Vielleicht wollte der Erblasser die Kinder seiner Freunde als Erben einsetzen, falls einer der beiden genannten Erben vorverstirbt. Das hätte er entsprechend formulieren müssen. In diesem Fall greift die Regel des § 2094 BGB, wonach Anwachsung eintritt, wenn einer der ursprünglich eingesetzten Erben wegfällt.

Anders geregelt ist in § 2069 BGB die Abfolge bei den eigenen Kindern: »Hat der Erblasser einen seiner Abkömmlinge bedacht und fällt dieser nach der Errichtung des Testaments weg, so ist im Zweifel anzunehmen, dass dessen Abkömmlinge insoweit bedacht sind, als sie bei der gesetzlichen Erbfolge an dessen Stelle treten würden.« Die Kinder rücken also als Ersatzerben nach, weil sie bei der gesetzlichen Erbfolge an die Stelle des weggefallenen Erben treten würden.

BEISPIEL

Kurz bevor der verwitwete Erblasser Herr Grinner verstirbt, verunglückt seine Tochter Doris bei einem Autounfall. Herr Grinner hat aufgrund seiner eigenen Erkrankung diesen Unfall nicht mehr mitbekommen. Doris hinterlässt zwei Kinder.

1. Herr Grinner hat in seinem Testament Folgendes festgelegt: »Doris soll meine Alleinerbin werden.«
2. Herr Grinner stirbt, ohne ein Testament errichtet zu haben.

Wer wird in diesen beiden Fällen Erbe? Unabhängig davon, ob Herr Grinner ein Testament erstellt hat oder nicht, greift zunächst die gesetzliche Vermutungsregel, dass bei Vorversterben seiner Tochter Doris deren Kinder, also seine Enkelkinder, in die Erbenstellung nachrücken sollen. Wäre es nicht sein Wunsch gewesen, so hätte er das in seinem Testament ausdrücklich bestimmen müssen.

Achtung

Vom Ersatzerben ist der sogenannte Nacherbe zu unterscheiden, der erst Erbe wird, nachdem zunächst ein anderer, der sogenannte Vorerbe, Erbe des Erblassers geworden ist (§ 2100 BGB). Nähere Ausführungen hierzu finden Sie in Kapitel 3.5.3.

Um sicherzugehen, dass tatsächlich der eigene Wille umgesetzt wird, empfiehlt es sich, mehrere Ersatzerben zu benennen, die nacheinander zum Zug kommen.

Formulierungsvorschlag

Ersatzerbeneinsetzung

Ich setze meinen Bruder X zu meinem alleinigen Erben ein. Meinen Neffen Y bestimme ich als alleinigen Ersatzerben, wiederum ersatzweise dessen Kinder zu gleichen Teilen.

Wurde kein Ersatzerbe benannt, ist im Wege der ergänzenden Auslegung zu überprüfen, ob ein solcher ermittelt werden kann. Führt die Auslegung des Testaments im Fall der Erbeinsetzung von Abkömmlingen des Erblassers zu keinem Erfolg, ist die gesetzliche Auslegungsregel des § 2069 BGB anzuwenden. Das kann unter Umständen dazu führen, dass dem Erblasser völlig »fremde«, aber dennoch mit ihm verwandte Personen in die Erbenstellung nachrücken.

Viele Immobilienbesitzer, die verwitwet sind und nur ein Kind haben, fragen sich, warum sie überhaupt ein Testament machen sollten. Sie gehen davon aus, dass dieses Kind als einziger gesetzlicher Erbe in die Erbenstellung nachrückt – was ja richtig ist. Nicht bedacht wird dabei aber, dass eventuell mehrere Enkelkinder existieren. Ist das einzige Kind dann vorverstorben, werden diese Enkelkinder Miterben und bilden eine Erbengemeinschaft, was besser vermieden werden sollte. Für diesen Fall sollte man testamentarisch die Verteilung seines Vermögens festlegen. Es bietet sich zum Beispiel an, verschiedene gleichwertige Eigentumswohnungen im Wege des Vorausvermächtnisses (siehe Kapitel 3.5.2.4) auf die Enkelkinder zu verteilen.

Wurde im Testament kein Ersatzerbe benannt und lässt sich ein solcher im Wege der Auslegung auch nicht ermitteln, tritt beim Wegfall des Alleinerben die gesetzliche Erbfolge ein. Hat der Erblasser mehrere Personen als Erben eingesetzt, wächst den übrigen Miterben der Anteil des weggefallenen Erben nach dem Verhältnis ihrer Erbteile zu (§ 2094 Abs. 1 BGB). Da die Ersatzerbschaft stets Vorrang hat, kommt eine Anwachsung nach § 2099 BGB nur dann in Betracht, wenn kein Ersatzerbe festgestellt werden kann.

3.5 Was Sie tun können, um Streit unter den Erben zu vermeiden

Entgegen der dem BGB zugrunde gelegten systematischen Anordnung, dass eine Alleinerbschaft vor Regelungen zur Mehrheit von Erben geht, ist im Leben eine Erbenmehrheit die Regel und ein Alleinerbe die Ausnahme. Das gilt ganz besonders für die gesetzliche Erbfolge. Um die Verwaltung, Nutzung und Auseinandersetzung des Nachlasses interessengerecht zu ermöglichen, ist im BGB eine Gesamthandsgemeinschaft der Miterben festgelegt (§§ 2032 ff. BGB). Mit den darin enthaltenen Regelungen wurde versucht, sowohl die Interessen der einzelnen Miterben als auch die Interessen der Nachlassgläubiger zu berücksichtigen. Dennoch erscheint eine konfliktlose und interessengerechte Verwaltung, Nutzung und Auseinandersetzung des Sondervermögens aufgrund der gesamthänderischen Bindung der Miterben als nahezu ausgeschlossen.

Das gilt insbesondere für Fälle, in denen Erben mit starker Familienbindung den Wunsch haben, die Erbschaft als eine Einheit zu erhalten. Dem steht oft das Interesse anderer Miterben entgegen, den Nachlass möglichst bald und günstig zu verwerten. Um Interessenkonflikte und Streitpotenzial innerhalb einer Miterbengemeinschaft zu vermeiden und die oftmals lukrativere Erhaltung des Nachlasses zu sichern, ist es jedem Erblasser anzuraten, seine letztwillige Verfügung entsprechend zu gestalten. Welche Möglichkeiten dafür bestehen, zeigt die nachfolgende Auflistung. Sie gibt Ihnen einen kleinen Überblick:

- Gemäß § 2044 Abs. 1 BGB kann der Erblasser die Auseinandersetzung für den Nachlass insgesamt oder für einzelne bestimmte Gegenstände ausschließen (Teilungsausschluss). Da sich die Miterben bei Einigkeit über diese Regelung hinwegsetzen können, sollte die Überwachung und Durchsetzung der Anordnung einem zu benennenden Testamentsvollstrecker übergeben werden. Die Anordnung des Erblassers wird jedoch spätestens 30 Jahre nach Eintritt des Erbfalls unwirksam (§ 2044 Abs. 2 BGB).
- § 2042 BGB legt grundsätzlich fest, dass der gesamte Nachlass auseinandergesetzt wird. Deshalb können einzelne oder mehrere Miterben keine Teilauseinandersetzung fordern, sie aber bei Einigkeit vereinbaren und auch vollziehen. Der Erblasser kann jedoch im Testament – zusätzlich zur Festlegung der Erben und jeweiligen Erbquoten – eine Teilungsanordnung treffen und dadurch eine gegenständliche Verteilung von Nachlasswerten vornehmen (§ 2048 BGB). Die durch Teilungsanordnung einer bestimmten Person zuerkannten Gegenstände bleiben zunächst im gemeinschaftlichen Eigentum und werden erst bei der Auseinandersetzung der Anordnung entsprechend zugewiesen.
- Eine Testamentsvollstreckung führt oftmals dazu, dass bei der Verwaltung und Teilung des Nachlasses kein Streit entsteht, da die gesamte Nachlassabwicklung und -aufteilung in der Hand einer vom Erblasser als vertrauenswürdig und kom-

petent eingestuften Person liegen. Diese Person ist nicht nur zu Objektivität und Neutralität verpflichtet, sondern kann auch vermittelnd tätig werden.
- Um Streitigkeiten über die Nachlassauseinandersetzung bereits im Keim zu ersticken, kann der Erblasser ein Schiedsverfahren anordnen.

3.5.1 Die Teilungsanordnung

Gemäß § 2048 BGB kann der Erblasser im Rahmen von Teilungsanordnungen regeln, wie die Auseinandersetzung zwischen den einzelnen Miterben zu erfolgen hat. Eine solche Anordnung hat Vorrang vor den gesetzlichen Auseinandersetzungsbestimmungen gemäß den §§ 2042 ff. BGB. Die Anordnung kann die Zuweisung von Sachen und Rechten betreffen, aber auch bestimmen, welcher Miterbe im Innenverhältnis Nachlassverbindlichkeiten zu tragen hat.

Sinn und Zweck der Teilungsanordnung ist im Hinblick auf eine Gleichberechtigung der Miterben, dass jeder vom Erblasser zugewiesene und erworbene Gegenstand bei der Auseinandersetzung berücksichtigt wird. Erhält demnach ein einzelner Miterbe wertmäßig mehr, als ihm eigentlich nach seiner Erbquote zusteht, muss er den anderen Miterben gegenüber einen Ausgleich zahlen, sofern im Testament nichts anderes geregelt ist.

Eine Teilungsanordnung hat lediglich schuldrechtliche Bedeutung. Das bedeutet, dass ein begünstigter Miterbe, dem im Wege der Teilungsanordnung beispielsweise eine bestimmte Nachlassimmobilie zugewiesen wurde, das Eigentum am Gegenstand nicht schon mit dem Erbfall erlangt, sondern erst durch Übertragung bei der Aufteilung.

BEISPIEL

Die verwitwete Erblasserin Kramer hat ihre beiden Kinder Sascha und Tamara zu Miterben zu gleichen Teilen eingesetzt. Zur wirtschaftlichen Erhaltung der Nachlassimmobilien hat sie darüber hinaus bestimmt, dass die Eigentumswohnung mit einem stichtagsgemäßen Wert von 200.000 EUR Sascha und das Einfamilienhaus mit einem stichtagsgemäßen Wert von 300.000 EUR Tamara zufallen soll. Sonstigen nennenswerten Nachlass hat Frau Kramer nicht hinterlassen.

Die Kinder sind Miterben mit einer Quote von je 1/2 geworden und damit am Nachlass der Erblasserin von insgesamt 500.000 EUR wirtschaftlich mit jeweils 250.000 EUR beteiligt. Im Rahmen der Nachlassteilung sind die Miterben dazu aufgefordert, eine Regelung zu finden, die Sascha die Eigentumswohnung und Tamara das Einfamilienhaus eigentumsmäßig zuschreibt. Die Teilungsanordnung führt zu einer Ausgleichsverpflichtung desjenigen, der wirtschaftlich mehr erhalten hat, als es seiner Erbquote entspricht. Deshalb muss Tamara einen Betrag von 50.000 EUR an Sascha zahlen. Diese Ausgleichszahlungen führen in der Realität oftmals dazu, dass die Liquidität des Ausgleichspflichtigen beeinträchtigt wird. Wer das vermeiden will, sollte ein Vorausvermächtnis wählen.

Eine Teilungsanordnung kann zahlenmäßig Gerechtigkeit herstellen. Doch es muss bedacht werden, dass diese Zahlen erst ermittelt werden müssen. Handelt es sich beim Erbe zum Beispiel um zwei Immobilien, die zwar verteilt, aber auch wertmäßig ausgeglichen werden müssen, kann sich der Streit schon daran entzünden, wie viel diese tatsächlich wert sind. Aus diesem Grund sollte eine Teilungsanordnung durch eine Anordnung ergänzt werden, in welcher Weise die Bewertung durchgeführt werden soll. Das ist vor allem bei hochwertigen Immobilien anzuraten.

Zum Beispiel kann der Erblasser regeln, dass für die Bewertung eine schiedsrichterliche Entscheidung erforderlich ist. Eine andere Möglichkeit besteht darin, dass er in seinem Testament eine Wertvorgabe festlegt. Noch besser ist es, wenn der Erblasser mit seinen künftigen Nachfolgern diese Bewertung vorab bespricht. Auch hier gilt, dass es oft schwerfällt, die Anordnungen des Erblassers rechtlich einzuordnen, sodass der Wille des Erblassers durch Auslegungen herausgefunden werden muss. Handelt es sich bei den im Testament festgelegten Anordnungen nur um unverbindliche Erwägungen oder Ratschläge, so fehlt die verpflichtende Wirkung. Ob es sich um eine verbindliche Anordnung des Erblassers handelt oder nur um einen unverbindlichen Hinweis, kann im Zweifel ebenfalls nur im Rahmen einer Auslegung und damit verbunden einer gerichtlichen Auseinandersetzung ermittelt werden.

Die Teilungsanordnung ist vom sogenannten Vorausvermächtnis gemäß § 2150 BGB streng zu unterscheiden. Bei der Teilungsanordnung möchte der Erblasser eine Aufteilung zu gleichen Teilen unter den Miterben erreichen. Durch die Anordnung eines Vorausvermächtnisses will er hingegen einem der Miterben einen besonderen Vermögensvorteil über die Erbquote hinaus verschaffen. Diese Zuwendung soll gerade nicht auf seinen Erbteil angerechnet werden.

Als schwierig erweist sich die Abgrenzung insbesondere dann, wenn der Erblasser einem Erben Gegenstände zuweist, die wertmäßig den Erbteil übersteigen. Als Hinweis auf eine Teilungsanordnung ist zu verstehen, wenn der Erblasser bewusst in Kauf nimmt, dass der Begünstigte den seine Erbquote übersteigenden Wert aus seinem eigenen Vermögen ausgleicht. Das ist wiederum durch Auslegung zu ermitteln.

BEISPIEL

Der verwitwete Erblasser Herr Ahlers hat zwei Kinder. Er errichtet ein Testament mit folgendem Inhalt: »Ich setze meine beiden Töchter zu Erben je zur Hälfte ein. Meine Tochter Petra erhält die Eigentumswohnung in der Agnesstraße.«

Petra macht geltend, es handele sich bei dieser Zuweisung um ein sogenanntes Vorausvermächtnis. Nachdem ihre Schwester Michaela das Vermächtnis nicht erfüllt, macht Petra den Anspruch gerichtlich geltend.

Hätte es sich in diesem Fall um ein Vermächtnis gehandelt, dann hätte Michaela diesem gerichtlichen Anspruch überhaupt nichts entgegensetzen können. Sie hätte die Eigentumswohnung herausgeben und auf ihre Schwester Petra umschreiben müssen. Gleichzeitig hätte sie die Gesamtkosten des Verfahrens tragen müssen. Diese richten sich nach dem Streitwert, also dem Wert der Eigentumswohnung, und nach dem Anteil, den die Schwester Michaela über ihre Erbenstellung erhalten hat, also 1/2.

Bei der Beratung und Vorbereitung der Klagebegründung wurde Michaela gefragt, wie es der Vater eigentlich zu Lebzeiten mit der Verteilung seines Vermögens gehalten hatte. Es stellte sich heraus, dass der Vater nicht unbeträchtliches Vermögen bereits zu Lebzeiten übergeben, dabei aber stets die Gleichbehandlung seiner beiden Töchter im Sinn gehabt hatte. Diese Einstellung sprach eher für eine Teilungsanordnung.

Im Rahmen des gerichtlichen Verfahrens konnte zwar dieser Nachweis nicht eindeutig geführt werden. Doch die Unsicherheit auf beiden Seiten ergab letztlich einen Vergleich. Sie sehen, dass die Abgrenzung tatsächlich Probleme bereiten kann. Eine eindeutige Regelung im Rahmen eines Testaments ist daher anzuraten.

Formulierungsvorschlag

Teilungsanordnung

Zu Erben setze ich meinen Sohn X und meine Tochter Y zu gleichen Teilen ein. Für die Auseinandersetzung der Erbengemeinschaft ordne ich an, dass mein Sohn unter Anrechnung auf den Erbteil die Eigentumswohnung in ..., Flur-Nr. ..., und meine Tochter unter Anrechnung auf den Erbteil das Wertpapierdepot ... bei der ... Bank in ... mit dem Bestand am Todestag erhält.

Achtung

Eine Teilungsanordnung ist kraft Gesetzes dann ungültig, wenn der hinterlassene Erbteil seiner Höhe nach weniger wert ist als der Pflichtteil (§ 2306 Abs. 1 Satz 1 BGB). Dann fällt die Teilungsanordnung ersatzlos weg und es gelten die gesetzlichen Auseinandersetzungsregeln der §§ 2042 ff. BGB. Die Reformierung des Pflichtteilsrechts soll auch in solchen Fällen eine andere Konsequenz ergeben, bisher gelten jedoch die alten Regelungen.

3.5.2 Das Vermächtnis

Viele Erblasser wollen einen Bedachten testamentarisch nicht als ihren Rechtsnachfolger mit allen Rechten und Pflichten und damit als Erben einsetzen, sondern ihm lediglich einen Vermögensgegenstand, beispielsweise ein bestimmtes Möbelstück, ein Bankguthaben oder eine Immobilie, zuwenden. In diesem Fall wendet der Erblasser dem Bedachten den Vermögensgegenstand als Vermächtnis zu (§ 1939, § 2147 BGB).

Das Vermächtnis ist keine Erbeinsetzung. Während der Erbe ab dem Erbfall unmittelbar am gesamten Vermögen des Verstorbenen beteiligt ist, begründet das Vermächtnis für den Vermächtnisnehmer lediglich einen schuldrechtlichen Anspruch auf die im Testament oder Erbvertrag bezeichnete Zuwendung. Der vermachte Gegenstand wird zunächst Bestandteil der Erbschaft und fällt anders als die Erbschaft nicht unmittelbar an den Begünstigten. Vielmehr muss der Vermächtnisnehmer das Vermächtnis nach dem Erbfall vom Erben einfordern. Der Vermächtnisnehmer hat zudem grundsätzlich keine Verpflichtungen zu tragen und muss deshalb nicht für die Schulden des Erblassers aufkommen.

Da die Anordnung eines Vermächtnisses keinen wertmäßigen Beschränkungen unterliegt, kann der Erblasser jeden beliebigen Gegenstand als Vermächtnis zuwenden. Er kann zum Beispiel festlegen, dass dem Vermächtnisnehmer bestimmte bewegliche oder unbewegliche Sachen zu übereignen sind, eine bestimmte Geldsumme aus dem Nachlass zu zahlen ist oder ein bestimmtes Nutzungsrecht eingeräumt wird. Der Vermögensvorteil kann dabei zeitlich befristet oder vom Eintreten eines bestimmten Ereignisses abhängig gemacht werden.

Vor allem in Fällen, in denen ein sehr wertvoller Gegenstand, der den größten Teil des Nachlasses ausmacht, als Vermächtnis zugewendet wird, ist die Abgrenzung zwischen Vermächtnis und Erbenstellung nicht immer einfach. Selbst wenn in einem Testament einzelne Gegenstände zugewandt werden, rechtfertigt das nicht unbedingt die Annahme, dass es sich auch tatsächlich um ein Vermächtnis handelt.

In einer solchen Situation kann eine Auslegung ergeben, dass der so Bedachte eigentlich die Stellung eines Erben bekommen sollte. Wie schon erwähnt: Die von einem

Erblasser verwendeten Bezeichnungen »Erbe« oder »Vermächtnis« dienen dabei nur als Indizien. Führt die Auslegung zu keinem anderen Ergebnis, gilt der Bedachte im Zweifel als Vermächtnisnehmer (§ 2087 Abs. 2 BGB).

Mit einem Vermächtnis beschwert ist derjenige, den der Erblasser dazu verpflichtet hat, die Verbindlichkeiten aus dem Vermächtnis zu erfüllen. Das kann nicht jeder Beliebige sein, sondern nur jemand, der von Todes wegen etwas aus dem Vermögen des Erblassers erhält. Im Regelfall hat der Erbe das Vermächtnis bis zur völligen Ausschöpfung des Nachlasses zu erfüllen (§ 2147 BGB) und kann sich nicht darauf berufen, dass ihm dann selbst nichts mehr vom Nachlass verbleibt.

Der Vermächtnisnehmer kann vom Erben Auskunft und ggf. Rechnungslegung verlangen, falls das nötig ist, um seinen Anspruch durchzusetzen. Weigert sich der Erbe, den Anspruch zu erfüllen, kann der Vermächtnisnehmer Klage vor dem zuständigen Zivilgericht erheben.

3.5.2.1 Sachvermächtnis

Mit einem Sachvermächtnis können eine Immobilie, ein Pkw oder sonstige Gegenstände an jemanden weitergegeben werden. Zu beachten ist dabei, dass der vermachte Gegenstand bis zum Eintritt des Erbfalls eventuell nicht mehr im Nachlass vorhanden ist. In solchen Fällen gilt: Hat der Erblasser diesen Gegenstand veräußert, steht dem Vermächtnisnehmer der Veräußerungserlös zu. Dies wird insbesondere dann angenommen, wenn es dem Erblasser darauf ankam, dem Vermächtnisnehmer nicht notwendig die Sache selbst, sondern einen bestimmten Wert zuzuwenden.

BEISPIEL

Der Erblasser Herr Michels setzt in seinem Testament seinen Freund Ansgar zum Alleinerben ein mit der Verpflichtung, an seinen Freund Rudi die Eigentumswohnung in der Barbarastraße vermächtnisweise zu übereignen. Noch zu Lebzeiten verkauft Herr Michels die Eigentumswohnung zu einem Preis von 150.000 EUR. Diesen Betrag verwendet er ausschließlich, um damit seine erhöhten Krankheitskosten zu bezahlen.

Im zweiten Fall leistet er sich damit eine Reise. Nachdem Herr Michels verstorben ist, macht Rudi gegenüber Ansgar die Zahlung eines Betrags von 150.000 EUR geltend.

Solche Testamentsinhalte finden sich in der Praxis immer wieder. In Fällen wie diesem ist eine sichere Lösung nicht möglich: Kam es Herrn Michels darauf an, Rudi die Eigentumswohnung oder einen Geldbetrag in dieser Höhe zu vermachen?

Uns ist aus der Beratungspraxis bekannt, dass immer wieder Streit entsteht, wenn ein Vermächtnis beim Erbfall nicht mehr vorhanden ist. Zum Beispiel kann das als Vermächtnis zugesagte Bankguthaben vom Erblasser verbraucht worden sein. Oder aber der Erblasser hat die Eigentumswohnung zu Lebzeiten verkauft, weil er wegen seiner Erkrankung mehr Geld brauchte. Vielleicht hat er mit dem Erlös auch eine Schiffsreise finanziert. Schließlich taucht immer wieder die Situation auf, dass die als Vermächtnis zugesagte Eigentumswohnung dem Berechtigten bereits zu Lebzeiten übergeben worden ist. Regeln Sie also auch diesen Fall.

Tipp

Sie sehen, wie wichtig es ist, dass Sie Ihren Willen so eindeutig wie irgend möglich kundtun und niederschreiben. Auch wenn Sie die Unterstützung eines Fachanwalts in Anspruch nehmen, müssen Sie genau wissen, was Sie wollen. Beantworten Sie seine Rückfragen, die er im Beratungsgespräch stellen wird, wenn ihm etwas an Ihrer Aussage nicht klar ist, auch immer gewissenhaft.

(1) Vermächtnisweise Zuwendung einer Immobilie

Wird eine Immobilie vermächtnisweise zugewandt, ist es unbedingt erforderlich, dass nicht nur die Straße genannt wird, in der sie sich befindet, sondern auch die grundbuchrechtlichen Identifikationen in das Testament aufgenommen werden, also zum Beispiel das Grundbuchamt, die Blatt- und Flurnummer sowie die sich aus dem Grundbuchauszug ergebenden weiteren Hinweise.

Hat der Erblasser nichts anderes angeordnet, muss der Beschwerte die Kosten der Vermächtniserfüllung tragen. Sie umfassen unter anderem die Notarkosten und die Kosten der Grundbuchberichtigung. Da im Grundbuch vielfach Verbindlichkeiten eingetragen sind, etwa eine Grundschuld, kommt es immer wieder zu Auslegungsschwierigkeiten, ob der Erbe als Beschwerter oder der Vermächtnisnehmer selbst diese zu tragen hat. In solchen Fällen sollten gemäß den §§ 2165 bis 2168 BGB ebenfalls Regelungen in die letztwillige Verfügung aufgenommen werden.

Bei Grundstücken gilt die Sonderregelung des § 2182 Abs. 3 BGB. Demnach haftet im Zweifel der Erbe bei einem Grundstücksvermächtnis nicht für die Freiheit des Grundstücks von Grunddienstbarkeiten, von beschränkten persönlichen Dienstbarkeiten und von Reallasten.

Zur Erfüllung eines Grundstücksvermächtnisses bedarf es einer Einigung nach § 925 BGB bezüglich der Auflassung, einer Eintragung im Grundbuch und einer Bewilligung des bzw. der Erben nach § 13 und § 19 GBO. Das bedeutet, dass die Erfüllung notariell beurkundet werden muss.

Formulierungsvorschlag

Vermächtnisweise Zuwendung eines Grundstücks

Im Wege des Vermächtnisses wende ich meiner Tochter X mein Grundstück in ..., eingetragen im Grundbuch ..., Flächen-Nr. ... zu. Als Ersatzvermächtnisnehmer bestimme ich ihre Abkömmlinge nach gesetzlicher Erbfolge. Sämtliche den Vermächtnisgegenstand in Form eines Grundpfandrechts belastenden Verbindlichkeiten hat der Vermächtnisnehmer zu übernehmen. Die Kosten der Erfüllung des Vermächtnisses tragen die Erben.

Soll der Erbe verpflichtet werden, ein Grundstück ohne weitere Belastungen zu übertragen, muss der Erblasser dies in der letztwilligen Verfügung abschließend regeln.

(2) Vermächtnisweise Zuwendung einer Eigentumswohnung

Gegenstand eines Vermächtnisses können auch Miteigentumsanteile und Sondereigentum sein – sie müssen allerdings genau benannt sein. Oft haben Eigentumswohnungen und Garagen oder Keller verschiedene Grundbuchnummern. Mit der genauen Bezeichnung werden Irrtümer von Anfang an vermieden. Beispiel: Wollte der Erblasser vermächtnisweise nur die Eigentumswohnung zuwenden oder sollte auch die Garage, die er sich zur Eigentumswohnung hinzugekauft hat, aber derzeit an eine andere Person vermietet wird, mitübertragen werden?

Bei mehreren Vermächtnisnehmern ist gemäß § 2091 und § 2157 BGB sowie § 47 GBO das Bruchteilsverhältnis anzugeben.

Formulierungsvorschlag

Vermächtnisweise Zuwendung einer Eigentumswohnung

Im Wege des Vermächtnisses wende ich meinem Ehemann Z mein im Grundbuch von ... unter der Flächen-Nr. ... eingetragenes Wohnungseigentum mit allen Rechten und Bestandteilen zu. Es setzt sich zusammen aus einem an dem Grundstück Flächen-Nr. ... bestehenden Miteigentumsanteil von ... und dem Sondereigentum an der im Aufteilungsplan als Nr. ... bezeichneten Wohnung.

3.5.2.2 Nießbrauchvermächtnis

Da der Erblasser einer anderen Person sämtliche beschränkt dinglichen Rechte einräumen kann, ist er im Rahmen seines Testaments nicht nur auf die Zuwendung der Substanz von Vermögen (also des Eigentums) oder eines anderen dinglichen Vollrechts beschränkt. Vielmehr besteht für den Erblasser auch die Möglichkeit, dem Vermächtnisnehmer einen Nießbrauch zu vermachen, den der Erbe nach Eintritt des Erbfalls ohne weitere Anordnung zu bestellen hat (§ 1085, § 1089 BGB). Das Recht des Nießbrauchs wird dabei definiert als ein unvererbliches und grundsätzlich unübertragbares dingliches Recht mit dem Inhalt, eine Sache in Besitz zu nehmen, sie zu verwalten, zu bewirtschaften und sämtliche Nutzungen an der Sache durchzuführen (§ 1030 Abs. 1, § 1036, § 1059, § 1061 BGB).

Die vermächtnisweise Zuwendung eines Nießbrauchrechts ist auf verschiedene Weise möglich. Der Nießbrauch kann am gesamten Nachlass, an einzelnen Nachlassgegenständen und an einzelnen oder allen Erbteilen bei einer Erbengemeinschaft angeordnet werden. Er bietet sich vor allem im Rahmen der Unternehmensnachfolge an, wenn die Kinder noch nicht alt genug sind, um das Unternehmen zu führen.

Achtung

Gerade im Bereich der Unternehmensnachfolge sind bei der Bestellung derartiger Rechte die ertragsteuerlichen Konsequenzen zu berücksichtigen. Aus diesem Grund sollte man hier in jedem Fall einen steuerlich versierten Fachanwalt einschalten.

Im Rahmen der Nießbrauchbestellung muss zudem zwischen dinglichem und schuldrechtlichem Nießbrauch unterschieden werden. Nur der dingliche Nießbrauch wird auch im Grundbuch eingetragen. Ist dieser Aspekt im Testament nicht erwähnt, hat der Vermächtnisnehmer nicht automatisch einen Anspruch darauf, dass die dingliche Sicherung vermerkt wird.

Wenn eine solche dingliche Sicherung nicht vorgesehen ist, stellt sich immer wieder die Frage, inwieweit ein Nießbrauch dinglich abgesichert werden kann. Hintergrund ist meist die Befürchtung, dass eine Immobilie, an der ein Bedachter einen Nießbrauch erhalten soll, vom Erben demnächst verkauft wird. Ist der Nießbrauch nicht im Grundbuch eingetragen, kann es sein, dass der Käufer die Immobilie im Zweifel ohne diese Nießbrauchverpflichtung erwirbt. Erst mit dem Eintrag im Grundbuch geht eine solche Verpflichtung auch auf alle künftigen Eigentümer der Immobilie über.

Selbst wenn ein Verkauf bald ansteht, würde sich nicht automatisch ein Anspruch auf die dingliche Absicherung des Nießbrauchs ergeben. Der Nießbrauchberechtigte hat in jedem Fall die Möglichkeit, vom Erben einen finanziellen Ausgleich zu erhalten. Das gilt jedoch nicht, wenn es dem Erblasser darauf ankam, dass der Nießbrauchberechtigte nicht nur den Ertrag, sondern auch damit verbunden das Recht erhalten sollte, in der Immobilie zu wohnen.

(1) Gegenstand des Nießbrauchs

Laut Gesetz gibt es einen Nießbrauch

- an Sachen (§§ 1030 bis 1067 BGB),
- an Rechten (§§ 1068 bis 1084 BGB),
- an Vermögen (§§ 1085 bis 1088 BGB) und
- an einer Erbschaft als Sachgesamtheit (§ 1089 BGB).

Ein Quotennießbrauchliegt dann vor, wenn der Nießbrauchberechtigte nur eine bestimmte Quote im Hinblick auf die Nutzung erhalten soll. Das Besitzrecht und das Verwaltungsrecht stehen in solchen Fällen dem Nießbraucher und dem Eigentümer gemeinsam zu.

BEISPIEL

Der Erblasser Herr Friedrich setzt in seinem Testament seine Tochter Erika zur Alleinerbin ein. Gleichzeitig belastet er Erika mit einem Quotennießbrauch von 50 % an dem Mehrfamilienhaus zugunsten seiner Ehefrau Gerda.

Mit dieser Regelung wird Erika aufgrund ihrer Alleinerbenstellung zugleich Alleineigentümerin des Mehrfamilienhauses und als solche auch eingetragen. Gleichzeitig erhält Gerda den hälftigen Nießbrauch und Erika den hälftigen Anteil an den Erträgen über ihren freien Eigentumsanteil, sodass sowohl Erika also auch Gerda an den Gewinnen teilhaben. Sie müssen sich aber auch jeweils zur Hälfte an den Instandhaltungskosten beteiligen. Erika ist sicherlich am Erhalt und darüber hinaus an einer Werterhöhung des Hauses interessiert, wohingegen Gerda sich höchstmögliche Erträge sichern möchte.

Hätte Herr Friedrich das Problem bereits zu Lebzeiten erkannt, wäre es sinnvoll gewesen, wenn er eine Verwaltungsregelung getroffen hätte. Mit einer solchen Vorgabe hätte er einer der beiden Frauen die Möglichkeit geben können, Entscheidungen zu Fragen der Verwaltung und damit auch zu den Instandhaltungsmaßnahmen allein zu treffen.

Achtung

Der Vermächtnisnehmer eines Quotennießbrauchs ist zusammen mit einer weiteren Person, dem oder den Erben, zur Verwaltung berechtigt. Faktisch entsteht dadurch ebenfalls eine Art Erbengemeinschaft, da mehrere Personen dazu berechtigt sind, das Vermögen zu verwalten. Zweifelhaft ist, ob das vom Erblasser so gewünscht wird.

(2) Nießbrauch an Sachen, insbesondere einer Immobilie

Zwischen Nießbraucher und Eigentümer entsteht ein gesetzliches Schuldverhältnis, in dem der Nießbraucher das Recht hat, einen bestimmten Gegenstand zu nutzen, und gemäß § 1063 Abs. 1 BGB zum Besitz dieser Sache berechtigt ist. Das beinhaltet bei einer vermächtnisweisen Zuwendung eines Nießbrauchs an einer Nachlassimmobilie deren Vermietung, Verpachtung oder aber auch die unentgeltliche Überlassung ohne Zustimmung des Eigentümers.

Der Nießbraucher ist berechtigt, sämtliche Erträge und Nutzungen aus der mit dem Nießbrauch belasteten Sache zu ziehen. Im konkreten Fall heißt das, dass dem Nießbraucher der erzielte Nutzen aus der Vermietung der mit dem Nießbrauch belasteten Immobilie zusteht.

Für die dingliche Nießbrauchbestellung an einem Grundstück ist die dingliche Einigung zwischen Erben und Vermächtnisnehmer gemäß § 873 BGB sowie die Eintragung im Grundbuch zwingend verpflichtend. Die dingliche Einigung gemäß § 873 BGB bedarf wie auch der Antrag auf Eintragung des Vermächtnisnehmers nach § 13 GBO keiner bestimmten Form. Diesen Nießbrauch kann der Erblasser erwirken, indem er alle Anträge, die hierzu notwendig sind, bereits im Testament stellt.

Formulierungsvorschlag

Vermächtnisweise Zuwendung eines Grundstücksnießbrauchs

Im Wege des Vermächtnisses wende ich meiner Tochter X den lebenslangen unentgeltlichen Nießbrauch an dem Grundstück …, eingetragen im Grundbuch von …, Flurstück-Nr. …, zu. Die erforderliche dingliche Einigung gemäß § 873 Abs. 1 BGB erkläre ich und bewillige die Eintragung des Nießbrauchs im Grundbuch gemäß § 873 Abs. 2 BGB und § 19 GBO.

Die gesetzliche Regelung des Nießbrauchs gemäß § 1047 BGB sieht vor, dass der Nießbrauchberechtigte lediglich die ordentlichen und gewöhnlichen Lasten zu tragen hat, die mit der Immobilie verbunden sind. Unter gewöhnliche Lasten fallen zum Beispiel die immer wiederkehrenden Maler- oder Wartungsarbeiten. Als außergewöhnliche Last ist zum Beispiel die Renovierung des Hausdachs einzustufen.

Ist die mit dem Nießbrauch belastete Immobilie vermietet, kann derjenige einkommensteuerlich die Werbungskosten absetzen, der auch die Einnahmen erzielt, also der Nießbrauchberechtigte. Im vorgenannten Beispiel würde die Renovierung des Hausdachs dem Eigentümer und damit nicht dem Nießbrauchberechtigten obliegen. Der Eigentümer ist aber einkommensteuerlich nicht der Vermieter, sodass er diese Kosten auch nicht geltend machen kann. Aus diesem Grund wird über die gesetzliche Regelung hinaus eine andere Instandhaltungsverpflichtung aufgenommen.

Formulierungsvorschlag

Kostentragungsverpflichtung des Nießbrauchberechtigten

Als Inhalt des Nießbrauchs wird vereinbart, dass der Nießbraucher über den gesetzlichen Inhalt des Nießbrauchs hinaus alle privaten und öffentlichen Lasten und Aufwendungen zu tragen hat einschließlich solcher, die außergewöhnlich und zur Substanzerhaltung erforderlich sind.

Oftmals behalten sich Eltern bei der Übergabe ihres eigengenutzten Hauses ebenfalls den Nießbrauch vor. Damit wollen sie sicherstellen, dass sie, wenn sie zum Beispiel ausziehen müssen, um in ein Altersheim umzusiedeln, ihr Haus vermieten und den Ertrag vereinnahmen können. Wer auf diese Einnahmen angewiesen ist, wird aber sicher nicht die Kosten für eine umfangreiche Instandhaltungsmaßnahme aufbringen können. Unter diesen Umständen ist zu überlegen, ob es nicht sinnvoller wäre, trotz der negativen einkommensteuerlichen Folgen für sie eine Vereinbarung mit den Kindern zu treffen, dass diese alle Instandhaltungsmaßnahmen übernehmen.

3.5.2.3 Wohnrechtsvermächtnis

Die Zuwendung eines Vermächtnisses auf Einräumung eines dinglichen Wohnrechts gemäß § 1093 BGB dient insbesondere der Absicherung des Vermächtnisnehmers in Bezug auf das Grundbedürfnis des Wohnens. Durch die Zuwendung eines Wohnrechts wird sichergestellt, dass der Vermächtnisnehmer weiterhin in der Wohnung des Verstorbenen wohnen kann, das Eigentum der Wohnung geht jedoch nicht auf den Vermächtnisnehmer über. Das Wohnrecht kann schuldrechtlich und dinglich gemäß § 1093 BGB bestellt werden.

Das dingliche Wohnrecht berechtigt den Bedachten, die Wohnung oder das Gebäude zu nutzen, ohne dass der Eigentümer, in der Regel der Erbe, darauf Einfluss hat. Eine Vermietung ist dagegen nur erlaubt, wenn dies ausdrücklich in der Vermächtnisanordnung vermerkt wurde. Das dingliche Wohnrecht umfasst nicht das Gebäude, sondern das Grundstück selbst, sodass Grundstücksteile mit umfasst werden, auf die der Vermächtnisnehmer angewiesen ist, um das Wohnrecht auszuüben, zum Beispiel der Garten oder Hof. Hat der Erblasser keine abweichenden Regelungen getroffen, muss der Berechtigte die laufenden Unterhaltskosten der Wohnung selbst tragen (§ 1041 Satz 1, § 1093 Abs. 1 BGB).

Nach § 1093 Abs. 2 BGB ist der Wohnungsberechtigte befugt, seine Familie und die zu seiner standesgemäßen Bedienung und Pflege erforderlichen Personen in die Wohnung aufzunehmen. Das gilt auch für den Partner einer nichtehelichen Lebensgemeinschaft, die auf Dauer angelegt ist. Dabei hat es der Erblasser in der Hand, durch Regelungen in der Verfügung von Todes wegen den Kreis der Wohnungsberechtigten und mögliche aufzunehmende Personen genau zu bestimmen.

Die Bestellung eines Wohnrechts als beschränkt persönliche Dienstbarkeit, also zugunsten einer bestimmten Person im Sinne des § 1093 BGB, erfordert die Grundbucheintragung, die dingliche Einigung nach § 873 BGB und zusätzlich die Abgabe der Eintragungsbewilligung in Form des § 29 GBO. Die erforderliche Einigungserklärung gemäß § 873 BGB kann der Erblasser bereits in seiner letztwilligen Verfügung abgeben. Damit wird der Wohnungsberechtigte bestmöglich abgesichert.

Um die Frage zu beantworten, ob man besser einen Nießbrauch oder ein Wohnrecht einräumt, muss man die wesentlichen Unterschiede dieser beiden Rechte kennen. Der

Nießbrauch berechtigt auch zur Vermietung, während das Wohnrecht nur die Nutzung durch die begünstigte Person selbst umfasst. Weiterhin kann der Nießbrauch nur am gesamten Grundstück oder mit einer Quote eingeräumt werden. Dann wird zudem eine Nutzungszuweisung benötigt, die regelt, welche Räumlichkeiten allein oder gemeinschaftlich genutzt werden können. Das Wohnrecht kann hingegen auch für einzelne Räumlichkeiten gelten. Wichtig ist es daher, im Vertrag unter Verweis auf einen Plan genau zu bezeichnen, welche Räumlichkeiten der Wohnberechtigte allein und welche er gemeinsam mit dem Eigentümer benutzen darf.

Wichtig ist aber, nicht nur den Umfang des Wohnrechts, sondern auch die Pflichten des Wohnungsberechtigten genau zu definieren. Muss der Wohnungsberechtigte wie ein Mieter seine Nebenkosten selbst tragen? Oder soll ihm die Pflicht zur Durchführung von Instandhaltungsmaßnahmen auferlegt werden?

Tipp

Der Begriff »Wohnrecht« wird im Rahmen eines Testaments schnell einmal verwendet. Unerwähnt bleibt dann aber der genaue Umfang des Wohnrechts. Soll der überlebende Ehegatte damit von allen Kosten befreit werden, die sich aus einem solchen Wohnrecht ergeben könnten? Umfasst das Wohnrecht also auch die Telefonkosten? Auch wenn dieser Posten grundsätzlich nicht dazugehört, wird im Rahmen von gerichtlichen Auseinandersetzungen immer wieder auf ihn verwiesen. Denken Sie also gründlich darüber nach, welche Kosten anfallen und welche davon der Wohnrechtverpflichtete selbst tragen soll.

Im Zusammenhang mit der Einräumung eines Wohnrechts soll noch einmal auf den Fall Bezug genommen werden, der in Kapitel 1.3.3 beschrieben ist. Die mit einem solchen Wohnrecht für Lebensgefährten und damit fremde Personen verbundenen erbschaftsteuerlichen Folgen sind derart gravierend, dass Sie vielleicht sogar daran denken sollten, lieber einen Mietvertrag mit einer entsprechenden Mietzahlung zu vereinbaren.

Eine weitere Möglichkeit besteht darin, dem Wohnungsberechtigten ein Nutzungsentgelt aufzuerlegen, die Wohnung muss ihm also nicht unbedingt kostenfrei überlassen werden. Mit einer derartigen Regelung erhält der Wohnungsberechtigte eine Garantie, für einen bestimmten Preis in der Wohnung bleiben zu können. Bei der Vereinbarung eines Nutzungsentgelts sollten auch Änderungsmöglichkeiten während der Laufzeit aufgenommen werden.

Geregelt werden sollte darüber hinaus, wann genau das Wohnrecht beendet ist. Gibt es hierzu keine individuelle Vereinbarung, endet es grundsätzlich mit dem Tod des Wohnungsberechtigten.

Zwei Oberlandesgerichte haben inzwischen darüber entschieden, was passiert, wenn der Wohnungsberechtigte aufgrund einer Erkrankung nicht mehr in der Lage ist, in der Wohnung zu leben. Als Grundlage dieser Entscheidungen wurden die ursprünglichen Wohnrechtsvereinbarungen herangezogen, die aus der Zeit Anfang des vorigen Jahrhunderts stammen: Der Berechtigte erhielt ein Wohnrecht im Kreis der nachfolgenden Familiengenerationen. Damit war letztlich auch die persönliche Umsorgung oder – im heutigen Fachjargon – die Pflege des Wohnungsberechtigten verbunden. An die Stelle der Pflege zu Hause ist nunmehr die Pflege im Heim getreten, sodass die Gerichte die Meinung vertreten haben, dass sich das Wohnrecht in dieser Art von Pflege fortsetzen würde.

Die Quintessenz war dann, dass dem Wohnrechtsverpflichteten, also dem Eigentümer der Wohnung, auferlegt wurde, einen finanziellen Beitrag zu dieser Pflege zu leisten. Die eine Entscheidung verpflichtete den Wohnrechtsverpflichteten dazu, den zu erzielenden Mietertrag dem Wohnberechtigten als Zuschuss zur Pflege zu geben. Die andere Entscheidung ging sogar noch weiter: Der Wohnrechtsverpflichtete musste den gesamten Betrag für die Pflege aufbringen.

Achtung

Inwieweit diese Entscheidungen »richtig« zu sein scheinen, mag dahingestellt sein. In jedem Fall zeigen sie, dass es zahlreiche Sachverhalte gibt, die im Lauf der Zeit erst neu entstehen und für die es daher keine richterlichen Entscheidungen gibt. Das gilt insbesondere für das Erbrecht. Aus diesem Grund ist es wichtig, dass Sie Ihre Vorstellungen so genau und präzise wie nur möglich formulieren, wenn Sie Ihren letzten Willen aufschreiben.

Legen Sie deshalb auch das Ende des Wohnrechts fest. Eine Möglichkeit besteht darin, das Wohnrecht enden zu lassen, sobald der Wohnungsberechtigte nicht mehr in der Lage ist, es auszuüben: sei es aufgrund einer Erkrankung oder seines Alters oder weil der Wohnungsberechtigte freiwillig aus der Wohnung auszieht. Im letzten Fall hat es sich bewährt, eine Regelung aufzunehmen, dass der Wohnrechtsverpflichtete dem Berechtigten für einen Zeitraum von einem Jahr die Wohnung freihalten muss. Das gibt dem Wohnungsberechtigten zum Beispiel auch die Sicherheit, dass er seine Entscheidung, in ein Altersheim zu ziehen, wieder zurücknehmen kann.

Zu regeln ist außerdem, ob der Berechtigte die Möglichkeit erhalten soll, sich aus dem Nachlass des Erblassers eine andere Wohnung auszusuchen. Dann sollte eindeutig festgelegt werden, wie dieser Umzug erfolgen soll, wie oft ein solcher Wechsel möglich ist und wann er angekündigt werden muss. Ebenso kann das Wohnrecht eines Ehegatten beispielsweise daran gebunden sein, dass er mit den minderjährigen Kindern des Erblassers zusammen in der Wohnung lebt. Sobald die Kinder ausgezogen sind, muss dann auch der Ehegatte die Wohnung verlassen.

Vielleicht erscheint Ihnen diese Aufzählung übertrieben. Doch unsere jahrelange Erfahrung zeigt, dass genau solche Streitigkeiten immer wieder zu gerichtlichen Auseinandersetzungen führen.

Wichtig ist auch zu überlegen, ob der künftige Wohnungsberechtigte einen Anspruch auf Eintragung dieses Rechts im Grundbuch hat. Sollte das nicht geregelt sein, gilt kein automatisches Eintragungsrecht. Eine andere Frage ist auch, ob das im Grundbuch eingetragene Wohnungsrecht gelöscht werden kann, wenn der Wohnungsberechtigte irgendwann einmal nicht mehr in der Lage ist, dieses Recht auszuüben.

BEISPIEL

Der Erblasser Herr Friedrich setzt in seinem Testament seine Tochter Erika zur Alleinerbin ein. Gleichzeitig belastet er die im Nachlass befindliche Eigentumswohnung mit einem Wohnungsrecht zugunsten seiner Ehefrau. Nach Eintragung des Wohnungsrechts im Grundbuch muss die Ehefrau ausziehen, weil sie geschäftsunfähig geworden ist und nun in einem Pflegeheim wohnt. Die Tochter Erika möchte die Eigentumswohnung veräußern, um die Mutter finanziell unterstützen zu können.

In solchen Fällen ist eine Veräußerung durchaus problematisch: Die Ehefrau ist geschäftsunfähig, kann also der Löschung des Wohnungsrechts nicht mehr zustimmen. Der Käufer wird aber den Verkauf nur dann abwickeln, wenn alle Belastungen, die nicht ihn betreffen, aus dem Grundbuch gelöscht sind. Ob ein Betreuungsgericht der Löschung des Wohnungsrechts in Vertretung der Ehefrau zustimmen wird, ist nicht ohne weiteres verbindlich.

Aus diesem Grund sollte im Rahmen des Testaments, aber auch im Rahmen eines Überlassungsvertrags bei der Einräumung von Wohnungsrechten aufgenommen werden, dass die Löschung immer dann erfolgen kann, wenn der Wohnungsberechtigte in der betreffenden Wohnung nicht mehr wohnen kann und woanders – in diesem Fall im Pflegeheim – gemeldet ist.

3.5.2.4 Vorausvermächtnis

Das Thema Vorausvermächtnis ist schon an anderer Stelle angesprochen worden: Will der Erblasser einen bestimmten Miterben gegenüber den übrigen Miterben wertmäßig besserstellen, hat er die Möglichkeit, ein Vorausvermächtnis zu errichten. Damit ist die vermächtnisweise Zuwendung eines Gegenstands oder eines Rechts an einen der Miterben oder Erben gemeint (§ 2150 BGB), ohne dass eine Anrechnung auf die ihm zusätzlich zugewendete Erbquote erfolgt.

Trifft der Erblasser Anordnungen, wie sein Nachlass auseinanderzusetzen ist, gilt regelmäßig, dass die den einzelnen Miterben zugewiesenen Vermögensgegenstände wertmäßig nicht ihren Erbquoten entsprechen. Gibt es keine Regelungen des Erblassers, muss entschieden werden, ob ein Vorausvermächtnis oder eine Teilungsanordnung vorliegt (siehe Kapitel 3.5.1). Wenn auch eine Auslegung des Willens nicht weiterhilft, dann handelt es sich nach der gesetzlichen Auslegungsregelung des § 2048 BGB um eine Teilungsanordnung. Somit besteht eine Ausgleichsverpflichtung gegenüber den übrigen Miterben.

Muss der bessergestellte Erbe keinen Ausgleich leisten, liegt ein Vorausvermächtnis vor. Maßgebliches Kriterium hierfür ist, ob der Erblasser einem der Miterben durch die Zuwendung einen zusätzlichen Vermögensvorteil verschaffen wollte. Während die Teilungsanordnung den Erbteil konkretisiert, wird das Vorausvermächtnis zusätzlich zum Erbteil erworben. Das Vorausvermächtnis wird wie das normale Vermächtnis gemäß § 2176 BGB sofort als schuldrechtlicher Anspruch mit dem Erbfall fällig, die Teilungsanordnung nur im Rahmen der Erbauseinandersetzung.

Der Anspruch auf ein Vorausvermächtnis besteht unabhängig von der Erbenstellung, sodass ein Erbe seine Erbschaft ausschlagen und unabhängig davon das Vorausvermächtnis annehmen kann.

Formulierungsvorschlag

Vorausvermächtnis

Meinen Sohn X und meine Tochter Y setze ich zu gleichen Teilen als meine Erben ein. Zusätzlich erhält meine Tochter Y das Einfamilienhaus in ..., eingetragen im Grundbuch ..., Flur-Nr. ..., als Vorausvermächtnis. Eine Anrechnung auf die Erbquote meiner Tochter Y erfolgt nicht, sodass mein Sohn X keinen Anspruch auf eine Ausgleichszahlung hat.

Soweit Y mit ihrem Bruder im Rahmen der hälftigen Erbeinsetzung keine Erbengemeinschaft erhalten will, kann sie das Erbe ausschlagen, wird also nicht Erbin und rückt damit nicht in die Gesamtrechtsnachfolge ein. Das Vermächtnis ist davon nicht betroffen.

Wer ein Erbe ausschlagen, aber dennoch das Vermächtnis annehmen will, sollte das gegenüber dem Nachlassgericht oder dem Notar, bei dem er die Ausschlagung erklärt, klarstellen. Für die Annahme des Vermächtnisses hat man eine längere Bedenkzeit, da hier die kurzen Fristen der Ausschlagung nicht anzuwenden sind.

BEISPIEL

Der verwitwete Erblasser Herr Zenker hat zwei Kinder. Er errichtet ein Testament mit folgendem Inhalt: »Ich setze meine beiden Töchter zu Erben je zur Hälfte ein. Meine Tochter Heike erhält die Eigentumswohnung in der Agnesstraße als Vorausvermächtnis. Sie muss sich dieses Vorausvermächtnis nicht auf ihren Erbteil anrechnen lassen.«

Mit dieser Formulierung hat Herr Zenker klar zum Ausdruck gebracht, dass er seine Tochter Heike um den Wert der genannten Eigentumswohnung begünstigen, im Übrigen seine Töchter aber gleich behandeln wollte. Diese Bevorzugung kann sich beispielsweise auch daraus ergeben, dass seine zweite Tochter bereits zu Lebzeiten eine Eigentumswohnung erhalten hat.

Tipp

Wenn Sie Ihr Testament verfassen, ist es sinnvoll, Ihre Entscheidung für eine Teilungsanordnung oder ein Vorausvermächtnis zu begründen. Das gilt vor allem dann, wenn Ungerechtigkeiten ausgeglichen werden sollen, die durch Schenkungen des Erblassers zu Lebzeiten entstanden sind.

3.5.2.5 Zwischen Erbfall und Vermächtniserfüllung

Da der Vermächtnisgegenstand mit dem Tod des Erblassers erst einmal an den Erben fällt und bis zur Erfüllung des Vermächtnisses häufig Monate verstreichen, streiten viele Vermächtnisnehmer und Erben darüber, wem die in der Zwischenzeit gezogenen Nutzungen und Erträge zustehen, ob sie ggf. herauszugeben sind und wer die angefallenen Aufwendungen zu tragen hat. Diesen Fragen hat der Gesetzgeber in den §§ 2184 f. BGB beantwortet, allerdings kann der Erblasser individuelle Regelungen aufstellen.

Das Gesetz regelt in § 2184 BGB, dass der Beschwerte dem Vermächtnisnehmer auch die seit Anfall des Vermächtnisses gezogenen Früchte sowie das sonst aufgrund des vermachten Rechts Erlangte herauszugeben hat. Für Nutzungen, die keine Früchte sind, hat der Beschwerte gemäß § 2184 Satz 2 BGB keinen Ersatz zu leisten. Betroffen sind hier die einzelnen Gebrauchsvorteile, die beispielsweise aus der Nutzung einer Immobilie oder eines Autos erwachsen, das an einen dritten Vermächtnisnehmer vermacht ist.

Wird ein bestimmter Nachlassgegenstand, beispielsweise eine Eigentumswohnung, im Wege eines Vermächtnisses vermacht, hat der Erbe die tatsächlich erzielten Mieteinnahmen an den Vermächtnisnehmer herauszugeben (§ 2184 BGB). Haben sich keine Erträge ergeben, weil die Eigentumswohnung leer gestanden oder der Erbe sie selbst genutzt hat, muss er keine Entschädigung für schuldhaft nicht gezogene Nutzungen leisten.

Ist eine Geldforderung Gegenstand des Vermächtnisses, beispielsweise ein Bankguthaben, erhält der Vermächtnisnehmer im Gegensatz zu einem vermachten festen Geldbetrag auch die seit dem Erbfall angefallenen Zinsen.

§ 2185 BGB bestimmt darüber hinaus, dass der Beschwerte für die im Zusammenhang mit der vermachten Sache notwendigen Verwendungen sowie Aufwendungen, die er nach dem Erbfall zur Bestreitung von Lasten der Sache gemacht hat, Ersatz nach den Vorschriften des Eigentums verlangen kann. Verwendungen sind hier Vermögensaufwendungen, die der Erhaltung, Wiederherstellung und Verbesserung der Sache dienen. Als notwendig gelten sie, wenn sie für den Erhalt der Sache nach objektiven Maßstäben erforderlich sind und ansonsten vom Eigentümer hätten vorgenommen werden müssen.

BEISPIEL

Der Erblasser Herr Winter hat seinen Freund Frank als Alleinerben eingesetzt. Frank hat er damit beschwert, dass dieser der Lebensgefährtin von Herrn Winter – Lisa – das Mehrfamilienhaus übergibt. Bis zur Erfüllung des Vermächtnisses und somit bis zur Eintragung von Lisa als Alleineigentümerin im Grundbuch vergehen zwei Jahre. In der Zwischenzeit hat Frank Mieteinnahmen in Höhe von 50.000 EUR erhalten. In dieser Zeit musste er aber auch das Dach instand setzen, das nach einem schweren Sturm völlig undicht geworden war. Die Kosten hierfür betrugen 75.000 EUR.

In welcher Höhe muss Frank die Einnahmen an Lisa weitergeben? Oder hat er einen Anspruch gegen sie? Soweit im Testament des Herrn Winter nichts geschrieben steht, gilt die gesetzliche Regelung des § 2185 BGB zum »Ersatz von Aufwendungen«. Darin wird wiederum auf die gesetzlichen Regelungen verwiesen, die zwischen Eigentümer und Besitzer gelten. Gemäß § 994 Abs. 1 BGB kann der Besitzer – im Beispiel Frank – den Ersatz der »notwendigen Verwendungen« verlangen, sodass im Ergebnis Frank einen Anspruch gegen Lisa in Höhe von 25.000 EUR hat.

Das Beispiel zeigt, dass sich ein Erblasser Gedanken darüber machen sollte, ob der Vermächtnisnehmer die Erträge erst mit Erfüllung des Vermächtnisses erhält oder schon mit dem Erbfall – entsprechend der gesetzlichen Regelung. Außerdem ist zu überlegen, mit welchem Einsatz Alleinerben oder Miterben, die mit einem Immobilienvermächtnis belastet sind, die Verwaltung bis zur Erfüllung des Vermächtnisses betreiben. Grundsätzlich ist davon auszugehen, dass der Verpflichtete dies nur widerwillig tun wird: Einerseits muss er die Immobilie wieder herausgeben, andererseits muss er sich, wenn er Instandhaltungsmaßnahmen vornimmt, mit dem Vermächtnisnehmer darüber auseinandersetzen, ob diese nun notwendig waren oder nicht.

Tipp

Sie als Erblasser können Abhilfe schaffen, indem Sie einen Testamentsvollstrecker beauftragen. Diese dritte und somit fremde Person wird dann mit der Erfüllung des Vermächtnisses beauftragt oder – wenn die Erfüllung an bestimmte Bedingungen gebunden ist – mit der zwischenzeitlichen Verwaltung der Immobilie.

Um Streit zwischen Vermächtnisnehmer und Erbe zu vermeiden, sollte eine letztwillige Verfügung Regelungen zu den folgenden Fragen enthalten:

- Was passiert, wenn die bedachte Person wegfällt oder der Vermögensgegenstand beim Erbfall nicht mehr vorhanden ist?
- Wann ist das Vermächtnis fällig?
- Wer trägt die Kosten zur Erfüllung des Vermächtnisses und wem stehen die bis zur Vermächtniserfüllung gezogenen Einkünfte zu?

Für den Fall, dass der ursprünglich mit einem Vermächtnis Bedachte durch Tod oder durch Ausschlagung wegfällt (§ 2190 BGB), sollte stets ein Ersatzvermächtnisnehmer eingesetzt werden. Gibt es keinen Begünstigten, wird das Vermächtnis nach § 2160 BGB unwirksam.

3.5.3 Vor- und Nacherbschaft

Durch die Anordnung einer Vor- und Nacherbschaft gemäß § 2100 BGB kann der Erblasser sein Vermögen grundsätzlich über zwei Generationen hinweg vererben. Im Wege der Vor- und Nacherbschaft bestimmt er, dass sein Vermögen zunächst einer Person oder einer Personenmehrheit zukommen soll, dem oder den sogenannten Vorerben. Ab einem bestimmten Zeitpunkt soll es dann dem oder den Nacherben zufallen. Der Erblasser kann den Eintritt der Nacherbfolge an bestimmte Anlässe oder Zeitpunkte koppeln, zum Beispiel an die Wiederverheiratung des Vorerben (»Wiederverheiratungsklausel«) oder den Eintritt der Volljährigkeit des Nacherben. Regelmäßig wird jedoch der Eintritt der Nacherbfolge vom Versterben des Vorerben abhängig gemacht, sodass der Nacherbe erst nach dem Tod des Vorerben die Berechtigung erhält.

Mit der Vor- und Nacherbschaft erreicht der Erblasser die Erhaltung der Substanz für den Nacherben. Während der Zeit, in der der Vorerbe Berechtigter ist, darf er nur auf die Nutzungen zugreifen, also die Mieteinnahmen oder Zinsen erhalten. Die Nutzungen sind mit dem Nießbrauch vergleichbar. Der Vorerbe ist daher auch verpflichtet, die Instandhaltungsmaßnahmen auf seine Kosten vorzunehmen. Nur hinsichtlich

»nicht notwendiger Aufwendungen« erhält er gegenüber dem Nacherben einen Aufwendungsersatz. Um eine solche »nicht notwendige Aufwendung« würde es sich handeln, wenn zum Beispiel ein Lift eingebaut oder das Dachgeschoss ausgebaut werden würde. Allerdings wird der Aufwendungsersatz erst mit Eintritt der Nacherbfolge gemäß § 2125 Abs. 1 BGB zur Zahlung fällig. Fällt die Nacherbschaft erst mit dem Tod des Vorerben an, wird er den Aufwendungsersatz nicht mehr erleben. Er ist dann zwar durchsetzbar, jedoch erhalten ihn nunmehr die Erben des Vorerben.

Der Vorerbe wird durch das Gesetz in seiner Verfügungsmöglichkeit über das ererbte Vermögen stark eingeschränkt. So darf er zum Beispiel Grundstücke, Häuser und Eigentumswohnungen nur mit der Zustimmung des Nacherben veräußern (§ 2113 Abs. 1 BGB) oder belasten. Zur Sicherstellung dieser Verfügungsbeschränkung wird zum Schutz des Nacherben von Amts wegen gemäß § 51 GBO ein »Nacherbenvermerk« im Grundbuch eingetragen. Da Grundstücks- bzw. Immobilienveräußerungen gemäß §§ 311b BGB stets notariell beurkundet werden müssen, liegt es im Aufgabenbereich des Notars, den potenziellen Käufer nach Grundbucheinsicht auf das Risiko hinzuweisen, dass in der Praxis über ein Grundstück nur dann verfügt wird, wenn der Nacherbe zustimmt. Nur dessen Zustimmung führt dazu, dass die Verfügung uneingeschränkt wirksam wird (§ 2120 BGB).

Gemäß § 2113 Abs. 2 BGB darf der Vorerbe Gegenstände des Nachlasses nur unentgeltlich übergeben und damit verschenken, wenn es sich um eine sogenannte Anstands- oder Pflichtschenkung handelt. Eine solche liegt beispielsweise bei Geburtstags- oder Weihnachtsgeschenken vor. Anderenfalls wird diese Verfügung mit Eintritt der Nacherbfolge von selbst sowie gegenüber jedermann unwirksam, soweit sie das Recht des Nacherben vereiteln oder beeinträchtigen würde. Das bedeutet, dass der Nacherbe, nachdem er die Nacherbschaft angetreten hat, gegen den Vorerben oder dessen Erben, falls der Vorerbe schon verstorben ist, zum Beispiel die Rückgängigmachung des Geschenks geltend machen kann. Auch bei nur teilweiser Unentgeltlichkeit ist die ganze Verfügung unwirksam, sodass es also nicht genügen wird, wenn der Erbe die Differenz nachzahlt. Da es sich bei einer Immobilie wohl nie um eine »Anstandsschenkung« handeln wird, ist diese Möglichkeit lediglich für kleine Geldbeträge vorstellbar.

Gemäß § 2136 BGB besteht die Möglichkeit, den Vorerben weitestgehend von den Beschränkungen zu befreien. Dann wird der Vorerbe zum »befreiten Vorerben«. Die Befreiung bezieht sich dann aber nur auf die Möglichkeit, über den Nachlass entgeltlich zu verfügen oder ihn zu belasten. Das heißt, dass der befreite Vorerbe zwar den der Vorerbschaft unterliegenden Gegenstand veräußern oder belasten darf. Er darf den Nachlass oder einen Nachlassgegenstand aber nicht verschenken. Auch hier gilt: Ein Geschenk ist nur dann möglich, wenn es sich um eine Anstands- oder Pflichtschenkung handelt.

In der Beratungspraxis wird immer wieder die Ansicht laut, dass der Nacherbe keine Rechte hat, solange die Vorerbschaft besteht. Daher bleibt ein Nacherbe nach dem Tod des Erblassers, der in seinem Testament die Vor- und Nacherbschaft angeordnet hat, oftmals zunächst untätig. Das ist aber nur bedingt anzuraten.

Der Nacherbe erwirbt mit dem Tod des Erblassers zunächst nur ein Anwartschaftsrecht. Damit stehen ihm die genannten Auskunftsansprüche zu, obwohl ihm der Nachlass noch nicht zugefallen ist. Erst mit dem Tod des Vorerben bzw. bei Eintritt der sonstigen Bedingung fällt das Vermögen ohne weiteren rechtsgeschäftlichen Übertragungsakt den Nacherben zu (§ 2139 BGB). Mit Eintritt der Nacherbfolge wird der Nacherbe also Erbe (§ 2139 BGB) und somit Eigentümer der Nachlassgegenstände. Er hat gegen den Vorerben bzw. dessen Erben einen Anspruch darauf, dass ihm das, was der Vorerbe aus der Erbschaft bekommen hat und beim Nacherbfall noch vorhanden war, herausgegeben wird. Nicht zum Gegenstand der Nacherbschaft zählen hingegen die Reinerträge aus der Nutzung des Nachlasses wie Mieteinnahmen, Zinsen und Dividenden. Diese darf der Vorerbe – wie auch der Nießbrauchberechtigte – behalten.

Dem Nacherben ist anzuraten, gegenüber dem Vorerben von seinem Auskunftsanspruch über den Bestand des Nachlasses Gebrauch zu machen (§ 2127 BGB). Darüber hinaus kann der Nacherbe in bestimmten Fällen vom Vorerben verlangen, dass dieser Sicherheiten leistet.

Gerade die Frage nach dem Nachlassbestand ist wichtig, um bei Eintritt der Nacherbfolge zu wissen, wie sich der Nachlass zusammengesetzt hat und welche Vermögensgegenstände herauszugeben sind. Sicherheit gibt es lediglich für Immobilien aus einem Nachlass, die durch die Eintragung des Nacherbenvermerks im Grundbuch vor Veränderungen geschützt sind.

Achtung

Jedem Nacherben ist es anzuraten, bereits bei Anfall der Vorerbschaft vom Vorerben eine Auskunft über die Vermögensgegenstände zu verlangen, die einmal auf ihn übergehen werden. Denn nicht immer handelt es sich um Gegenstände, bei denen die Nacherbenstellung auch eingetragen wird (wie zum Beispiel bei Immobilien im Grundbuch). Geht es um Geld, ist diese Beschränkung oftmals nicht ersichtlich. Dann wird der Nacherbe darauf angewiesen sein, über diesen Gegenstand vorab Informationen zu erhalten.

Auch im Rahmen der Vor- und Nacherbschaft ist es dem Erblasser angeraten, für den Fall, dass der Nacherbe nicht Erbe wird, einen Ersatznacherben zu berufen. Wirft die Formulierung des Testaments Zweifel darüber auf, ob jemand als Ersatzerbe (§ 2096 BGB) oder als Nacherbe (§ 2100 BGB) eingesetzt wurde, gilt diese Person nach der gesetzlichen Fiktion des § 2102 Abs. 2 BGB als Ersatzerbe. Dabei gibt das Gesetz in § 2102

Abs. 1 BGB vor, dass die Einsetzung als Nacherbe im Zweifel auch die Einsetzung als Ersatzerben enthält.

BEISPIEL

Herr Gruner hat seine Tochter Nicki als Vorerbin eingesetzt und seine Nichte Nina als Nacherbin. Nicki schlägt die Erbschaft aus. Nicki hat eigene leibliche Kinder. Wer rückt in die Erbenstellung nach? Können die sonstigen Auslegungsregelungen den Willen des Erblassers nicht ermitteln, so gilt die gesetzliche Regelung des § 2102 Abs. 2 BGB, wonach Nina Alleinerbin wird.

Mit diesem Beispiel wird deutlich, dass die landläufige Meinung, man könne ein Erbe zugunsten einer bestimmten Person ausschlagen, gerade nicht richtig ist. Will man mit der Ausschlagung seine Kinder zur Erbfolge gelangen lassen, um damit beispielsweise eine erbschaftsteuerliche Optimierung zu erreichen, dann ist Vorsicht geboten. Die Entscheidung, wer als Nacherbe eingesetzt wird, sollte wohlüberlegt sein.

BEISPIEL

Herr Fransen hat seine Lebensgefährtin Lotte als Vorerbin eingesetzt. Als Nacherben, die nach dem Tod des Vorerben eintreten, bestimmt er seine »Abkömmlinge«. Herr Fransen hat eine Tochter Monika sowie zum Zeitpunkt der Erstellung des Testaments zwei minderjährige Enkelkinder, Karin und Ina. Schon bald stirbt Herr Fransen. Zu seinem Nachlass gehört auch eine Eigentumswohnung, die Lotte verkaufen möchte. Monika wäre mit dem Verkauf einverstanden, beide gehen zum Notar. Dort möchte Monika ihre Zustimmung amtlich erteilen. Wird der Nacherbenvermerk gelöscht?

Wie schon dargestellt, kann der Vorerbe mit Zustimmung des Nacherben rechtswirksam Verfügungen vornehmen. Nachdem aber im Zeitpunkt des Todes von Herrn Fransen nur der Vorerbe sicher ist – im Beispiel Lotte –, nicht aber der oder die Nacherben, kann Monika die Zustimmung nicht allein erteilen. Lotte muss sich die Zustimmung aller möglichen Nacherben einholen, also auch der beiden Enkelkinder Karin und Ina. Dazu bedarf es der Anfrage beim Vormundschaftsgericht, das dann für die minderjährigen Kinder die Zustimmung erteilt.

Auch nach diesem sehr aufwendigen Verfahren wird der Nacherbenvermerk im Grundbuch nicht gelöscht. Denn die Abkömmlinge könnten noch weitere Kinder bekommen, sodass das Vormundschaftsgericht die Zustimmung auch in Vertretung der noch nicht geborenen Kinder erteilen muss – selbst wenn diese nie geboren werden. Im Zweifel muss damit gerechnet werden, dass das Vormundschaftsgericht eine solche Zustimmung nicht erteilt, sodass – wie im Beispiel – auch bei Mitwirkung der Beteiligten

Handlungsunfähigkeit entsteht. Aus diesem Grund ist zu empfehlen, dass der Erblasser eindeutig einen bestimmten Nacherben einsetzt und diesen auch berechtigt, mit dem Vorerben gemeinsam Verfügungen zu treffen.

In bestimmten Fällen kann es für einen zum Kreis der pflichtteilsberechtigten Personen gehörenden Vorerben im Sinne des § 2303 ff. BGB wirtschaftlich sinnvoll sein, die Vorerbschaft angesichts der damit verbundenen Nachteile auszuschlagen (§ 2306 BGB) und stattdessen den Pflichtteil zu verlangen. Ob diese Alternative zweckmäßig ist, sollte wegen der kurzen Ausschlagungsfrist von sechs Wochen umgehend nach dem Erbfall überprüft werden.

Wichtig ist hier die Unterstützung durch einen Fachanwalt. Die derzeit gültigen pflichtteilsrechtlichen Regelungen sind sehr komplex und selbst für einen Spezialisten sehr schwer umzusetzen. Bei der Berechnung muss nicht nur der Umfang des Nachlasses berücksichtigt werden, sondern auch die Vorschenkungen. Gerade dieser letzte Punkt ist den Beteiligten oftmals nicht bekannt. Hier soll das neue Pflichtteilsrecht für eine wesentliche Verbesserung sorgen.

Zivilrechtlich gilt der Nacherbe nicht als Erbe des Vorerben, sondern als Erbe des ursprünglichen Erblassers. Das Erbschaftsteuergesetz behandelt den Nacherben als Erben des Vorerben.

BEISPIEL

Herr Bunte und seine Ehefrau Karla haben keine eigenen Kinder. Sie beschließen, sich gegenseitig zu Erben einzusetzen. Der überlebende Ehegatte soll aber nur Vorerbe sein, Nacherbe soll die Nichte von Herrn Bunte, Nicole, werden. Herr Bunte ist Eigentümer eines Mehrfamilienhauses, Karla hat kein Vermögen. Herr Bunte stirbt im Jahr 2018, seine Frau 2019.

Folgende Erbschaftsteuererklärungen sind zu erstellen: Nach dem Tod von Herrn Bunte ist Karla Alleinerbin – auch wenn sie nur Vorerbin ist. Sie muss daher den Nachlass versteuern, somit das im Eigentum stehende Mehrfamilienhaus. Nach dem Tod von Karla wird Nicole Nacherbin nach Herrn Bunte und somit erbrechtlich seine Rechtsnachfolgerin. Erbschaftsteuerlich wird sie aber so behandelt, als wenn sie Erbin von Karla wäre.

In diesem Fall erfolgt die erbschaftsteuerliche Behandlung nach der Steuerklasse III, da Frau Bunte nur die angeheiratete Tante von Nicole ist. Im Gegensatz zu den früheren erbschaftsteuerlichen Regelungen ergeben sich zwischen den Steuerklassen II und III nur noch Unterschiede in Bezug auf die Steuersätze, der Freibetrag von 20.000 EUR ist bei beiden Steuerklassen gleich.

Bei der Vereinbarung von Vor- und Nacherbschaft muss man auch bedenken, dass der Nacherbe, wie zivilrechtlich geregelt, nicht Erbe des Erstverstorbenen wird, sondern des Vorerben. Soweit die Erbschaftsteuerbelastung zum Erstverstorbenen günstiger ist als zum Vorerben, kann im Rahmen der Erbschaftsteuererklärung gemäß § 6 Abs. 2 Satz 2 ErbStG ein Antrag auf Versteuerung zum Erstverstorbenen gestellt werden.

3.5.4 Testamentsvollstreckung zur Verwaltung der Immobilie

Um sicherzustellen, dass der letzte Wille eines Erblassers tatsächlich umgesetzt wird, wurde per Gesetz das Instrument der Testamentsvollstreckung geschaffen. Zwar sind die Erben grundsätzlich an die letztwilligen Verfügungen des Erblassers gebunden. Doch wenn sie sich einig sind, können sie davon abweichende Regelungen treffen. Letztlich liegt es also im Ermessen der Erben, ob sie den Anordnungen des Erblassers Folge leisten oder nicht.

Indem der Erblasser eine von ihm als vertrauenswürdig eingeschätzte Person als Testamentsvollstrecker einsetzt, kann er nicht nur dafür sorgen, dass sein Wille im Vordergrund steht. Er kann darüber hinaus seinen Erben die umfangreiche Arbeit der Nachlassabwicklung abnehmen, zur Sicherung des Friedens unter den Miterben beitragen, minderjährige oder behinderte Erben in ihrer Bedürftigkeit dem Schutz eines Verwalters unterstellen und verschuldete Erben davor bewahren, dass deren Gläubiger auf das Nachlassvermögen zugreifen.

Allerdings muss der Erblasser bedenken, dass der Erbe bzw. die Erben durch die Einsetzung eines Testamentsvollstreckers wesentliche Verwaltungs- und Verfügungsrechte verlieren. Daher ist anzuraten, dass – aufgrund der weitgehenden Befugnisse des Testamentsvollstreckers – nicht nur eine Person des Vertrauens eingesetzt wird, sondern insbesondere jemand, der für Neutralität steht und Fähigkeiten nicht nur in rechtlicher und wirtschaftlicher, sondern auch in menschlicher Hinsicht besitzt.

Grundsätzlich kann jede natürliche oder juristische Person das Amt des Testamentsvollstreckers übernehmen. Für die persönliche Eignung einer natürlichen Person ist nur erforderlich, dass diese zum Zeitpunkt des Erbfalls geschäftsfähig ist (§ 2201 BGB).

Die testamentarische Bestimmung verpflichtet den zum Testamentsvollstrecker Ernannten nicht dazu, diese Aufgabe anzunehmen. Er allein entscheidet, ob er sie übernehmen will oder nicht. Seine Tätigkeit beginnt durch Annahme des Amtes nach Eintritt des Erbfalls, wobei die Annahmeerklärung schriftlich oder zu Protokoll gegenüber dem Nachlassgericht abgegeben werden muss (§ 2202 BGB, § 1 FGG).

Es ist sinnvoll, für die Übergangszeit zwischen Erbfall und Amtsantritt des Testamentsvollstreckers Regelungen zu treffen, die sicherstellen, dass die Gegenstände der Testamentsvollstreckung bei Amtsantritt noch vorhanden sind. Der Erblasser kann der betreffenden Person hierzu beispielsweise eine Vollmacht erteilen, die über seinen Tod hinausgeht.

Grundsätzlich muss der Erblasser die Person, die er als Testamentsvollstrecker benannt hat, vorab nicht darüber informieren. Doch da der oder die Betreffende das Amt auch ablehnen kann, ist es natürlich geboten, zuvor ein Gespräch zu führen. Der Testamentsvollstrecker sollte nicht erst nach dem Tod des Erblassers mit dessen Belangen und Wünschen konfrontiert werden, denn diese würden sich dann ausschließlich aus dem Testament ergeben.

Der tatsächliche Umfang der Aufgaben des Testamentsvollstreckers kann in einem Testament in dem notwendigen Umfang gar nicht beschrieben werden. Aus diesem Grund sollte der Erblasser mit dem künftigen Testamentsvollstrecker zu Lebzeiten sprechen und ihm seine Wünsche deutlich machen. Am besten wäre es natürlich, wenn es sich um eine Person handelt, die der Familie schon lange nahesteht und daher die Komplexität der Wünsche schnell begreifen kann.

Da der Testamentsvollstrecker ebenso wie der im Rahmen einer Generalvollmacht Bevollmächtigte für den Erblasser die Geschäfte zu führen hat (im Fall der Generalvollmacht bei Geschäftsunfähigkeit des Erblassers und im Fall der Testamentsvollstreckung zur Umsetzung des letzten Willens), können die beiden Ämter einer Person übergeben werden. Wichtig ist, dass der Bevollmächtigte dabei die Vollmacht über den Tod des Erblassers hinaus erhält. Dadurch wird eine nachhaltige »Vertretungsbefugnis« übertragen.

Der Aufgabenbereich des Testamentsvollstreckers richtet sich ausschließlich nach den letztwilligen Bestimmungen des Erblassers. Dabei wird grundsätzlich zwischen der Abwicklungsvollstreckung und der Dauer- bzw. Verwaltungsvollstreckung unterschieden. Bei der Abwicklungsvollstreckung wird der Testamentsvollstrecker lediglich für die Abwicklung eines bestimmten Teils der letztwilligen Verfügung eingesetzt, zum Beispiel wenn ein Vermächtnis erfüllt werden soll.

Achtung

Grundsätzlich bezieht sich die Testamentsvollstreckung nur auf den Bereich, der den Gesamtrechtsnachfolger und somit die Erben oder Miterben betrifft. Soll der Testamentsvollstrecker auch ein Vermächtnis erfüllen, muss das ausdrücklich erwähnt werden, da der Gesetzgeber ihm hierüber grundsätzlich keine Verfügungsbefugnis erteilt.

Soll der Testamentsvollstrecker für einen bestimmten Zeitraum tätig werden – zum Beispiel bis die minderjährigen Kinder volljährig sind oder ein bestimmtes Alter erreicht haben –, wird er zum Verwalter bestellt. Er verwaltet dann während dieser Zeit ein Mehrfamilienhaus mit all seinen Rechten (Erstellung eines Mietvertrags) und Pflichten (Durchführung von Instandhaltungsmaßnahmen). Das Gesetz gibt dem Erblasser einen umfangreichen Spielraum für eine individuelle Ausgestaltung der Aufgaben und Befugnisse, die er dem Testamentsvollstrecker übertragen will.

Besondere Bedeutung gewinnt die Testamentsvollstreckung vor allem, weil der Nachlass durch sie einen begrenzten Vollstreckungsschutz erhält.

BEISPIEL

Anke ist Alleinerbin, Thomas ist vom Erblasser Herrn Kleinert zum Dauertestamentsvollstrecker bestellt worden. Herr Kleinert hatte Verbindlichkeiten in Höhe von 20.000 EUR, deren Begleichung der Gläubiger Große nunmehr von Thomas einfordert. Anke hat ebenfalls Schulden, und zwar bei Herrn Schneider in Höhe von 30.000 EUR. Auch er fordert von Thomas nunmehr die Bezahlung der Schulden. Welche Verbindlichkeiten muss Thomas zahlen?

Zur Begleichung derartiger Nachlassverbindlichkeiten haften die Erben den Nachlassgläubigern lediglich mit den Nachlassgegenständen, die der Verwaltung des Testamentsvollstreckers unterliegen. Im Beispiel zuvor muss Thomas daher die Verbindlichkeiten des Erblassers berücksichtigen, das heißt, die Zahlung an Herrn Große leisten. Gläubiger der Erben, die nicht zum Kreis der Nachlassgläubiger gehören, können nicht in die der Testamentsvollstreckung unterliegenden Nachlassgegenstände vollstrecken (§ 2214 BGB). Aus diesem Grund erhält Herr Schneider sein Geld nicht vom Testamentsvollstrecker und daher nicht aus dem Nachlass. Dieser Schutz tritt unabhängig von der Bestellung des Testamentsvollstreckers bereits mit dem Erbfall ein und ist vor allem in Fällen sinnvoll, in denen einer der Erben verschuldet ist. Der Erblasser kann den Erben so vor dem Zugriff seiner Gläubiger auf das Nachlassvermögen bewahren.

Falls Gelder von Bankkonten des Erblassers auf andere Bankkonten überwiesen werden, sich diese Gelder aber in der »Obhut des Testamentsvollstreckers« befinden, ist es in jedem Fall notwendig, schon bei Errichtung des Bankkontos auf den Erbfall und gleichzeitig auf die Testamentsvollstreckung hinzuweisen.

Formulierungsvorschlag

Benennung eines Bankkontos unter Testamentsvollstreckung

»Meier, Testamentsvollstrecker Müller« – Damit wird deutlich, dass es sich um das Konto des Erben oder Miterben »Meier« handelt, »Müller« als Testamentsvollstrecker aber die Verfügungsbefugnis hat.

3.5.4.1 Anordnung der Testamentsvollstreckung

Die Ernennung des Testamentsvollstreckers erfolgt im Wege der letztwilligen Verfügung (§ 2197 BGB). Dafür kommen sowohl ein Einzeltestament bzw. ein gemeinschaftliches Testament der Ehegatten als auch ein Erbvertrag in Betracht. Die nachträgliche Anordnung einer Testamentsvollstreckung ist dann unwirksam, wenn sie gegen die Loslösungsvorschriften verstößt, die im Rahmen eines Ehegattentestaments oder eines Erbvertrags Gültigkeit beanspruchen. Das heißt, sie ist unwirksam, wenn sie das Recht des im Ehegattentestament oder Erbvertrag vertragsmäßig bindend Bedachten beschränkt (§ 2271 Abs. 2 Satz 1, § 2289 Abs. 1 Satz 2 BGB).

BEISPIEL

In einem gemeinschaftlichen Testament haben sich die Eheleute Markus und Gerda gegenseitig zu Alleinerben eingesetzt. Schlusserbe soll die ehegemeinschaftliche Tochter Therese sein. Nach dem Tod von Markus will Gerda zulasten von Therese einen Testamentsvollstrecker einsetzen. Ist diese Einsetzung wirksam?

Die nachträgliche Einsetzung eines Testamentsvollstreckers belastet die von beiden Eltern festgelegte freie Erbeinsetzung der gemeinsamen Tochter Therese und ist daher unwirksam. Etwas anderes ergibt sich, wenn die Eltern in ihrem gemeinsamen Berliner Testament die Anordnung einer Testamentsvollstreckung vorgesehen hätten. Soweit der überlebende Ehegatte sie widerruft, ist der Widerruf – weil begünstigend – möglich.

Der Erblasser kann die frühere Anordnung einer Testamentsvollstreckung im Ehegattentestament oder im Erbvertrag aufheben oder einschränken, da die Anordnung der Testamentsvollstreckung nicht wechselbezüglich ist und auch nicht vertragsmäßig hierüber verfügt werden kann (§ 2270 Abs. 3, § 2278 Abs. 2 BGB). Zur Definition der Wechselbezüglichkeit siehe Kapitel 3.6.3.1.

Von der testamentarischen Anordnung der Testamentsvollstreckung an sich ist die Berufung der Person, die diese durchführen wird, zu unterscheiden. Oftmals werden die benannten Erben mit der testamentarischen Anordnung der Testamentsvollstreckung in Verbindung gebracht, doch das ist häufig nicht sinnvoll und auch nicht so gedacht. Der Erblasser sollte sich darüber im Klaren sein, dass der Erfolg der Testamentsvollstreckung davon abhängt, wen er damit beauftragt. Dieses Amt erfordert nicht nur Integrität und fachliche Kompetenz, sondern vor allem auch ein hohes Maß an Sorgfalt, Entscheidungs-, Durchsetzungs- und Überzeugungskraft sowie die Fähigkeit zum Ausgleichen.

Der Erblasser kann die Bestimmung der Person des Testamentsvollstreckers auch einem Dritten oder dem Nachlassgericht übertragen. Hat der Erblasser nur die Testamentsvollstreckung an sich angeordnet, aber keine Person für das Amt benannt, muss das Nachlassgericht jemanden berufen (§§ 2198 bis 2200 BGB). Wer das ausschließen will, sollte eine Person zum Testamentsvollstrecker bestimmen, die mit der eigenen Familie sowie den eigenen Wünschen und Zielen für die Zeit nach dem Tod vertraut ist.

Der Erblasser kann auch einen Miterben zum Testamentsvollstrecker bestimmen. Diese Person kann aus wirtschaftlichen Gründen in einen Zwiespalt geraten – angesichts ihrer Stellung als Miterbe einerseits und Testamentsvollstrecker andererseits. Diese Anordnung sollte also wohlüberlegt sein.

Die Einsetzung eines Miterben zum Testamentsvollstrecker ist dann sinnvoll, wenn der Miterbe aufgrund der testamentarischen Anordnung ein Vorausvermächtnis aus dem Nachlass erhalten soll. Um eine eventuell notwendige Klage auf Herausgabe dieses Vermächtnisses zu vermeiden, wird der Berechtigte zum Testamentsvollstrecker eingesetzt mit der einzigen Befugnis, sich das Vermächtnis erfüllen zu können.

Streit zwischen den Erben lässt sich regelmäßig durch die Einsetzung einer neutralen Person als Testamentsvollstrecker vermeiden. Der Nachlass kann dann mit einem hohen Maß an persönlicher und sachlicher Distanz zwischen den Erben abgewickelt werden.

Formulierungsvorschlag

Testamentsvollstreckung

Es wird Testamentsvollstreckung angeordnet. Zum Testamentsvollstrecker ernenne ich Frau …, wohnhaft in …, die ihre Bereitschaft zur Übernahme der Testamentsvollstreckung erklärt hat. Für den Fall, dass Frau … dieses Amt nicht ausüben kann oder will, ernenne ich ersatzweise Herrn … zum Testamentsvollstrecker. Wiederum ersatzweise soll das örtlich zuständige Nachlassgericht einen Testamentsvollstrecker bestimmen.

Durch die Ernennung eines Ersatztestamentsvollstreckers lässt sich sicherstellen, dass eine andere Vertrauensperson den letzten Willen des Erblassers durchsetzen kann, selbst wenn die an erster Stelle als Testamentsvollstrecker eingesetzte Person das Amt nicht antreten kann oder will.

Will der Erblasser sicherstellen, dass nur eine von ihm benannte Person als Testamentsvollstrecker eingesetzt wird und niemals eine vom Nachlassgericht ausgewählte und ihm unbekannte Person, dann sollte dies im Rahmen des testamentarischen Willens in jedem Fall zum Ausdruck gebracht werden.

Formulierungsvorschlag

Kein vom Nachlassgericht berufener Testamentsvollstrecker

Es wird Testamentsvollstreckung angeordnet. Zum Testamentsvollstrecker ernenne ich Frau ..., wohnhaft in ..., die ihre Bereitschaft zur Übernahme der Testamentsvollstreckung erklärt hat. Für den Fall, dass Frau ... dieses Amt nicht ausüben kann oder will, ernenne ich ersatzweise Herrn ... zum Testamentsvollstrecker. Sollte keine der von mir benannten Personen die Testamentsvollstreckung übernehmen, so bestimme ich ausdrücklich, dass dann die Einsetzung einer Testamentsvollstreckung ersatzlos wegfallen soll.

Außerordentlich wichtig ist die Position des Testamentsvollstreckers wegen des Gläubigerschutzes im Rahmen der sogenannten Behindertentestamente. Geht es um ein behindertes Kind, ist mit dem Tod der Eltern zumeist auch die Position des »Betreuers« neu zu besetzen. Vermieden werden sollte, dass für die beiden Positionen ein und dieselbe Person benannt wird, weil sie in diesem Fall zwei unterschiedliche Vermögen zu verwalten hätte: als Betreuer das Vermögen des behinderten Kindes und als Testamentsvollstrecker den Nachlass, den das behinderte Kind über die Erbenstellung erhalten hat. Dies kann unter Umständen zu einer Interessenkollision führen. Das Vormundschaftsgericht könnte unter diesen Umständen eine andere Person zum Betreuer einsetzen.

Eine solche Entwicklung sollte vermieden werden, denn aufgrund des Näheverhältnisses und des Umfangs der Aufgaben, die der Betreuer zu erfüllen hat, geht es im Zweifel nicht nur um vermögensrechtliche Belange, sondern auch um ganz höchstpersönliche. Sind Sie von einem solchen Fall betroffen, sollten Sie auf jeden Fall den Rat eines Fachanwalts einholen.

3.5.4.2 Arten der Testamentsvollstreckung

Die Anordnung der Testamentsvollstreckung führt dazu, dass der Nachlass zu »Sondervermögen« wird, das rechtlich und tatsächlich vom Vermögen der Erben getrennt zu betrachten ist und vom Testamentsvollstrecker verwaltet wird. Der Testamentsvollstrecker hat gegenüber den Erben eine selbstständige Stellung.

Zwei Formen der Testamentsvollstreckung sind zu unterscheiden: Zum einen gibt es die Abwicklungsvollstreckung, die die Auseinandersetzung des Nachlasses unter mehreren Erben und die Ausführung der testamentarischen Bestimmungen zum Ziel hat. Zum anderen gibt es die Dauer- bzw. die Verwaltungstestamentsvollstreckung, die sich auf die Verwaltung des gesamten Nachlasses bzw. auf die Verwaltung einzelner Nachlassgegenstände bezieht.

(1) Die Abwicklungsvollstreckung

Bei der Abwicklungsvollstreckung, die den Regelfall darstellt, obliegt es dem Testamentsvollstrecker nur, die letztwilligen Verfügungen des Erblassers im Rahmen der Auseinandersetzung des Nachlasses auszuführen. Eine solche Anordnung ist insbesondere dann sinnvoll, wenn absehbar ist, dass die Nachlassabwicklung schwierig sein wird, etwa weil viele Erben einen Teil des Vermögens erhalten.

Neben den gesetzlich vorgeschriebenen Aufgaben des Testamentsvollstreckers, namentlich die letztwilligen Verfügungen des Erblassers auszuführen (§ 2203 BGB), den Nachlass zu verwalten (§ 2205 BGB), den Nachlass in Besitz zu nehmen (§ 2205 Satz 2 BGB) etc., übernimmt er als wichtigste Aufgabe die Auseinandersetzung des Nachlasses. Hat der Erblasser im Rahmen seiner letztwilligen Verfügung hierzu keine Regelungen getroffen, erfolgt die Auseinandersetzung mangels anderslautender Verfügungen des Erblassers nach den gesetzlichen Vorschriften.

In solchen Fällen muss der Testamentsvollstrecker gemeinsam mit den Erben einen Plan für die Auseinandersetzung des Nachlasses aufstellen.

Formulierungsvorschlag

Art der Testamentsvollstreckung

Für meinen Nachlass ordne ich Testamentsvollstreckung an. Zum Testamentsvollstrecker mit nachfolgend bezeichnetem Aufgabenkreis ernenne ich Frau …, ersatzweise Herrn … Wiederum ersatzweise soll das Nachlassgericht einen geeigneten Testamentsvollstrecker bestimmen. Der Testamentsvollstrecker hat die Aufgabe, meine obigen Anordnungen auszuführen und den Nachlass abzuwickeln. Hierzu hat er alle gesetzlich zulässigen Befugnisse.

(2) Die Dauer-/Verwaltungstestamentsvollstreckung

Will der Erblasser seinen Nachkommen zwar die Erträge der Erbschaft zukommen lassen, ihnen aber vor allem zum eigenen Schutz vorübergehend oder dauerhaft die Verfügungsbefugnis entziehen, empfiehlt sich die Anordnung einer Dauer- bzw. Verwaltungstestamentsvollstreckung. Die in § 2209 BGB geregelte Dauertestamentsvollstreckung stellt gegenüber der Abwicklungsvollstreckung die Ausnahme dar. Da diese Art der Testamentsvollstreckung einzelne Erbteile oder Nachlassgegenstände dauernd oder für bestimmte Zeit unter die Verwaltung des Testamentsvollstreckers stellt, kann der Erblasser so den Lebensunterhalt für Personen sichern, die wegen Minderjährigkeit, Sucht, Krankheit oder aus anderen Gründen nicht in der Lage sind, das ererbte Vermögen wirtschaftlich zu verwalten. Der Testamentsvollstrecker muss den Nachlass verwalten und nur er kann über Nachlassgegenstände verfügen oder Verbindlichkeiten eingehen (§§ 2205 ff. BGB).

Erhält zum Beispiel ein im Heim untergebrachter Behinderter eine Erbschaft, so droht bereits mit deren Anfall ein sozialhilferechtlicher Zugriff darauf in Höhe der bisher erbrachten Leistungen für die Pflege und Unterbringung des Erben. Der Erblasser beabsichtigt jedoch regelmäßig nicht, die Zahlung von Sozialhilfeleistungen abzusichern. Meist ist es Wille des Erblassers, dass das Erbe zur Bestreitung des Lebensunterhalts des Erben dient. Dies kann durch die Anordnung einer Testamentsvollstreckung erreicht werden.

Da diese Art der Testamentsvollstreckung vorübergehend oder dauerhaft den Erben die Verfügungsbefugnis entzieht, führt sie ungeachtet der Schutzfunktion auch zu einer »Bevormundung«. Das gilt vor allem bei der Anordnung der Dauertestamentsvollstreckung bei minderjährigen Erben. Daher erscheint es in bestimmten Fällen sinnvoll, die Dauer der Testamentsvollstreckung in Abweichung vom Gesetz (hier sind 30 Jahre vorgesehen) zeitlich zu beschränken.

Formulierungsvorschlag

Dauertestamentsvollstreckung auf Lebenszeit

Der von mir ernannte Testamentsvollstrecker hat die Aufgabe, den Nachlass über die Erledigung der ihm sonst zugewiesenen Aufgaben hinaus bis zum Tod des von mir eingesetzten Alleinerben zu verwalten.

Formulierungsvorschlag

Dauervollstreckung auf bestimmte Zeit

Für alle zu meinem Nachlass gehörenden Grundstücke ordne ich Testamentsvollstreckung an. Als Testamentsvollstrecker benenne ich ..., ersatzweise ... Der Testamentsvollstrecker hat die Grundstücke für die Dauer von 15 Jahren ab meinem Tod zu verwalten. Die Erträge aus den der Verwaltung unterliegenden Gegenständen hat der Testamentsvollstrecker nach Bildung einer Instandhaltungsrücklage in Höhe von 25 % entsprechend den Erbquoten an die Erben auszuzahlen.

Die Dauertestamentsvollstreckung kann nach § 2210 Satz 1 BGB bis zu 30 Jahre nach dem Erbfall durchgeführt werden, in Sonderfällen sogar auf Lebenszeit des Erben (§ 2210 Satz 2 BGB). Der Erbe kann sich widersetzen, indem er die Regelung anficht (§ 2078 BGB) oder das Erbe ausschlägt und den Pflichtteil verlangt (§ 2306 BGB).

Die Testamentsvollstreckung bezieht sich zunächst nur auf den Nachlass. Befindet sich darin etwa eine Immobilie, zu der festgelegt wurde, dass sie als Vorausvermächtnis an einen Miterben übertragen werden soll, würde diese Immobilie mit erfolgter Eigentumsübertragung und somit der Erfüllung des Vermächtnisses aus der Verwaltungsbefugnis des Testamentsvollstreckers herausfallen. Ist aber gewünscht, dass der Testamentsvollstrecker auch diese Immobilie verwaltet – beispielsweise bis der

Vermächtnisnehmer volljährig geworden ist –, muss dies im Testament ausdrücklich so geschrieben stehen.

3.5.4.3 Die Pflichten des Testamentsvollstreckers

Die Testamentsvollstreckung, die ein Schuldverhältnis eigener Art zwischen dem Testamentsvollstrecker und den Erben darstellt, begründet gegenseitige Rechte und Pflichten der beiden Parteien. Obwohl die Erben die Testamentsvollstreckung weder widerrufen noch kündigen können, bestehen dennoch gewisse Kontrollmöglichkeiten gegenüber dem Testamentsvollstrecker. Verletzt der Testamentsvollstrecker seine Pflichten gegenüber den Erben, so haftet er für etwaige Schäden mit seinem Privatvermögen (§ 2219 BGB). Der Testamentsvollstrecker hat Folgendes zu beachten:

- Verpflichtung auf Auskunft und Rechenschaft gegenüber den Erben (§ 2218 BGB)
- Verpflichtung zur unverzüglichen Erstellung eines Nachlassverzeichnisses, um sich einen Überblick über den Nachlass zu verschaffen (§ 2215 BGB)
- Verpflichtung zur Herausgabe des Nachlasses bei Beendigung seines Amtes bzw. die Pflicht zur Überlassung von Nachlassgegenständen, die er zur Erfüllung seiner Tätigkeit nicht braucht (§ 2217 BGB)
- Pflicht zur gewissenhaften und sorgfältigen Ausführung seines Amtes (§ 2216 BGB)
- Verbot, unentgeltliche Verfügungen (Schenkungen) vorzunehmen, ausgenommen sind Anstands- oder Pflichtschenkungen (§ 2205 Satz 3 BGB)
- Verbot eines »In-sich-Geschäfts«, namentlich das Verbot, Gegenstände aus dem Nachlass käuflich zu erwerben (§ 181 BGB), es sei denn, dies wird ihm durch testamentarische Anordnung gestattet
- Legitimation des Amtes durch ein vom Nachlassgericht auf Antrag hin erteiltes Testamentsvollstreckerzeugnis (§ 2368 BGB)

Eine wichtige Handlung ist darüber hinaus die Erstellung der Erbschaftsteuererklärung. Diese Pflicht obliegt gemäß § 31 Abs. 5 Satz 1 ErbStG dem Testamentsvollstrecker. Gemäß § 32 Abs. 1 Satz 1 ErbStG ist der Erbschaftsteuerbescheid auch dem Testamentsvollstrecker bekannt zu geben – ihm wird er also zugestellt. Nach § 32 Abs. 1 Satz 2 haftet der Testamentsvollstrecker dann auch für die Zahlung der Erbschaftsteuer.

Selbstverständlich muss der Testamentsvollstrecker die Erbschaftsteuer nicht aus seiner eigenen Tasche bezahlen, er kann den entsprechenden Betrag aus dem Nachlass nehmen. Aus diesem Grund ist es ratsam, die Erbschaft erst zu verteilen, wenn der Erbschaftsteuerbescheid vorliegt, also die Erbschaftsteuerbelastung bekannt ist. Denn hat der Testamentsvollstrecker einen zu hohen Betrag ausgezahlt und bekommt er das nötige Geld nicht wieder zurück, so haftet er gegenüber dem Finanzamt dann doch noch mit seinem Privatvermögen. Der Testamentsvollstrecker kann sich zur Absicherung der Erbschaftsteuerzahlung auch eine Grundschuld auf eine Nachlassimmobilie eintragen lassen.

3.5.4.4 Kosten der Testamentsvollstreckung

Um Unklarheiten, Zuständigkeitsfragen und somit Streitpotenzial zu vermeiden, sollte der Erblasser nicht nur die Aufgaben und Befugnisse des Testamentsvollstreckers möglichst konkret bezeichnen, sondern außerdem festlegen, welche Vergütung dem Testamentsvollstrecker für seine Tätigkeit zusteht. Nach § 2218 Abs. 1 und § 670 BGB kann der Testamentsvollstrecker den Ersatz seiner Aufwendungen wie ein Beauftragter verlangen. Zudem hat er für seine Amtsführung einen Anspruch auf Vergütung (§ 2221 BGB). Dieser besteht allerdings dann nicht, wenn der Erblasser ihn ausdrücklich ausgeschlossen hat.

Da es sinnvoll ist, die Vergütung für den Testamentsvollstrecker in der letztwilligen Verfügung festzulegen, sollte deren Höhe außerdem mit der betreffenden Person zuvor abgesprochen werden. So lässt sich vermeiden, dass diese Person das Amt aus finanziellen Gründen ablehnt.

Liegen weder eine Bestimmung des Erblassers noch eine Vereinbarung zwischen Erblasser und Testamentsvollstrecker vor, wird eine angemessene Vergütung geschuldet. Ihre Höhe richtet sich nach den Umständen des Einzelfalls und hängt beispielsweise vom Umfang der Aufgaben des Testamentsvollstreckers, von der ihm obliegenden Verantwortung und vom Ausmaß der rechtlichen und tatsächlichen Schwierigkeiten ab. Zur Bemessung der Vergütung sind in den letzten Jahrzehnten in der Praxis verschiedene Tabellen erstellt worden, auf die im Testament Bezug genommen werden kann. Dabei empfiehlt sich beispielsweise folgende gestaffelte Vergütungsregelung:

Nachlassvermögen in EUR	Vergütungsbetrag in % vom Nachlassvermögen
Bis 250.000	4
Bis 500.000	3
Bis 2.500.000	2,5
Bis 5.000.000	2
Über 5.000.000	1,5

Tab. 3: Staffelungen bei Vergütungsregelungen

Die Vergütung wird mit Beendigung des Amtes fällig, deshalb erscheint diese Regelung im Rahmen einer Dauertestamentsvollstreckung unbillig. In diesem Fall werden periodische Zahlungen für zulässig gehalten.

Bei der Höhe der Vergütung ist auch zu berücksichtigen, dass der Testamentsvollstrecker zusätzlich zu diesem Betrag Umsatzsteuer zu bezahlen hat, falls die Voraussetzungen hierfür bei ihm vorliegen oder aber die Vielzahl der Tätigkeiten, die er zu erbringen hat, dazu führt, dass die Voraussetzungen des Umsatzsteuergesetzes gegeben sind.

Darüber hat der Bundesfinanzhof (BFH), das höchste deutsche Finanzgericht, bereits entschieden. Nach seinem Urteil liegen umsatzsteuerpflichtige Handlungen vor, wenn nachhaltige Tätigkeiten zur Erzielung von Einnahmen vorgenommen werden. Eine nachhaltige Tätigkeit hat der BFH schon dann gesehen, wenn dem Testamentsvollstrecker nur eine Aufgabe übertragen wird, zum Beispiel die Auseinandersetzung des Nachlasses, die aber eine Vielzahl von Einzelhandlungen erfordert.

Das Amt des Testamentsvollstreckers endet gemäß § 2225 BGB mit seinem Tod. Darüber hinaus wird es beendet, wenn der Testamentsvollstrecker geschäftsunfähig bzw. ihm zur Besorgung seiner Vermögensangelegenheiten ein Betreuer bestellt wird (§ 2225, § 2201, § 1896 BGB).

Der Testamentsvollstrecker kann sein Amt jederzeit durch form- und grundlose Erklärung gegenüber dem Nachlassgericht kündigen (§ 2226 BGB). Da er vom Erblasser zur Ausführung von dessen letztem Willen berufen ist und dabei unabhängig von Weisungen der Erben sogar gegen deren Willen handeln kann bzw. auch handeln muss, können die Erben dem Testamentsvollstrecker grundsätzlich nicht kündigen. Eine Entlassung des Testamentsvollstreckers kommt jedoch in Betracht, wenn ein wichtiger Grund nach § 2227 BGB vorliegt, zum Beispiel wenn er eine grobe Pflichtverletzung begangen oder sich als zur ordnungsgemäßen Geschäftsführung unfähig erwiesen hat. Die Entlassung ist von sämtlichen Erben gemeinsam beim Nachlassgericht zu beantragen. Liegt tatsächlich ein wichtiger Grund vor, spricht es dann die Entlassung des Testamentsvollstreckers aus.

Achtung

Zu Testamentsvollstreckern berufene Personen sind oftmals über die Rechte, aber auch über die Pflichten, die ein solches Amt mit sich bringt, nicht informiert. Es werden dann grundsätzliche Regeln nicht eingehalten, was sehr schnell zu einer Kündigung führen kann. Hat der Erblasser also eine bestimmte Person vorgesehen, so sollte diese die Möglichkeit bekommen, sich von einem Fachanwalt unterstützen zu lassen.

Kraft Gesetzes endet die Testamentsvollstreckung, wenn die vom Erblasser übertragenen Aufgaben erledigt sind und der Nachlass geregelt ist. Sie endet spätestens nach 30 Jahren oder mit dem Eintritt einer vom Erblasser nach § 2210 BGB festgelegten Bedingung. Ausnahme: die lebenslange Dauertestamentsvollstreckung.

3.6 Das Ehegattentestament

Obwohl die Eheschließung – außer beim selten gewordenen Güterstand der Gütergemeinschaft – nicht dazu führt, dass die beiden Vermögen der Ehegatten zu einer Gesamtheit werden, betrachten die meisten Ehepartner das von ihnen in die Ehe eingebrachte wie auch zusammen erarbeitete Vermögen – Wohnung, Aktien, Auto, Bargeld – wirtschaftlich als eine Einheit. So ist es regelmäßig nicht nur die Vorstellung von Ehegatten, sondern auch deren Wunsch, dass das Vermögen nach dem Tod des ersten Ehegatten in der Hand des anderen verbleibt und die eigenen Kinder oder nahen Verwandten erst nach dem Tod der Witwe oder des Witwers erben sollen.

Die gesetzliche Erbfolge kann diesem Wunsch nicht gerecht werden. Beim Tod des ersten Ehegatten wird dessen Vermögen zwischen dem überlebenden Ehegatten und den Kindern oder, wenn keine Kinder vorhanden sind, den Verwandten des Verstorbenen aufgeteilt. Um das zu vermeiden und um die Interessen der Ehegatten zu wahren, können Ehepartner ein gemeinschaftliches Testament errichten und darin eine gemeinsame Vermögensnachfolgeregelung treffen.

Das gemeinschaftliche Testament ist die Zusammenfassung von gemeinschaftlich getroffenen letztwilligen Verfügungen mehrerer Personen. Nach geltendem Recht kann ein solches lediglich von Ehegatten gemäß § 2265 BGB und von eingetragenen Lebenspartnern nach § 10 Abs. 4 LPartG errichtet werden. Das gemeinschaftliche Testament hat in der Praxis besondere Bedeutung, wenn es um Formprivilegien und die im Zusammenhang mit wechselbezüglichen Verfügungen eintretende Bindungswirkung und gegenseitige Abhängigkeit geht. Unter Formprivilegien ist die vereinfachte Errichtung eines solchen Testaments zu verstehen. Im Gegensatz zum Einzeltestament darf hier einer von beiden Ehegatten den gesamten Text und damit auch die Verfügung des anderen schreiben. Dennoch müssen beide Ehegatten das Dokument eigenhändig unterschreiben.

3.6.1 Abgrenzung des Ehegattentestaments zum Erbvertrag

Im Gegensatz zum Erbvertrag, der eine Doppelnatur hat (Verfügung von Todes wegen und Vertrag), ist das gemeinschaftliche Testament nur eine Verfügung von Todes wegen und nicht auch ein Vertrag. Der Vertragscharakter fehlt selbst dann, wenn es sich um wechselbezügliche Verfügungen im Sinne des § 2270 BGB handelt, wenn sich also die Ehegatten gegenseitig zu Erben einsetzen. Auch in diesem Fall tritt mit Errichtung des gemeinschaftlichen Testaments keine Bindungswirkung zu Lebzeiten der Ehegatten ein (§ 2271 BGB).

Ein weiterer Unterschied zum Erbvertrag besteht darin, wie die Bindungswirkung an die im gemeinschaftlichen Testament getroffenen wechselbezüglichen Verfügungen entsteht. Während sie beim Erbvertrag mit Abschluss des Vertrags eintritt, entsteht sie beim gemeinschaftlichen Testament erst mit dem Tod des zuerst versterbenden Ehegatten. Davor ist selbst eine wechselbezügliche Verfügung einseitig frei widerruflich.

Im Gegensatz zum Erbvertrag, den der Erblasser zwar mit jeder beliebigen Person, aber nur zur Niederschrift eines Notars schließen kann (§ 2276 BGB), lässt sich das gemeinschaftliche Ehegattentestament in allen für das Testament zulässigen Formen errichten – das privatschriftliche sogar auf erleichterte Art und Weise (Formprivileg). Aus eben genannten Gründen ziehen Ehegatten vielfach das gemeinschaftliche Testament einem Erbvertrag vor.

3.6.2 Errichtung und Inhalt

Da nur Eheleute und eingetragene Lebenspartner ein gemeinschaftliches Testament errichten können (§ 2265 BGB, § 10 Abs. 4 LPartG), muss die Ehe oder eingetragene Lebenspartnerschaft zum Zeitpunkt der Errichtung noch bestanden haben. Die Ehe darf weder rechtskräftig geschieden noch die Lebenspartnerschaft aufgehoben sein.

Die Form des gemeinschaftlichen Testaments bestimmt sich danach, ob es als öffentliches oder als privates Testament errichtet wird. Die Besonderheiten beim öffentlichen Testament ergeben sich lediglich daraus, dass zwei Erblasser vorhanden sind. Demnach müssen beide testierfähig sein und das Testament in einer gemeinsamen Verhandlung errichten.

Darüber hinaus setzt die Gemeinschaftlichkeit voraus, dass jeder Ehegatte die Verfügung des anderen kennt. Für das gemeinschaftliche eigenhändige Testament sieht § 2267 BGB gegenüber § 2247 BGB eine Formerleichterung (Formprivileg) vor. Demnach genügt es, wenn ein Ehegatte das Testament schreibt und unterschreibt (§ 2247 Abs. 1 BGB) und der andere Ehegatte die gemeinschaftliche Erklärung eigenhändig mitunterzeichnet.

Achtung

Oft enthält ein Testament folgenden Schlusssatz »Dies ist mein letzter Wille, Anna Meier«. Mit der gleichen Handschrift schreibt Frau Meier weiter »Dies ist auch mein letzter Wille, ...«. Dann darf Herr Meier eigenhändig unterzeichnen. Unser Appell geht an die Damen: Auch wenn Sie der Meinung sind, dass Ihr Ehemann eine völlig unleserliche Handschrift hat, muss er dennoch den ihn betreffenden Text eigenhändig schreiben, also in diesem Fall »Dies ist auch mein letzter Wille«, und selbst unterzeichnen.

Die einnehmende Art von Frau Meier kann dazu führen, dass das Testament insgesamt unwirksam wird. Oder aber der Teil, den Frau Meier geschrieben und unterschrieben hat, bleibt wirksam, während im Fall von Herrn Meier die gesetzliche Erbfolge greift, soweit kein früheres Testament vorhanden ist.

Wer der Meinung ist, dass sein eigenhändig geschriebenes Testament wegen der schlechten Handschrift nicht gelesen werden kann, sollte dem formell wirksam erstellten Testament (alles muss handgeschrieben sein!) eine maschinengeschriebene Lesemitschrift beifügen. So lassen sich Missverständnisse und Unklarheiten vermeiden.

Inhalt des gemeinschaftlichen Testaments kann all das sein, was auch in einem Einzeltestament stehen kann. Als sogenannte wechselbezügliche Verfügungen, die mit Eintritt des Erbfalls die Bindungswirkung auslösen, kommen aber gemäß § 2270 Abs. 3 BGB nur Erbeinsetzungen, Vermächtnisse und Auflagen in Betracht.

Ehegatten mit Kindern stehen bei der Gestaltung ihrer Vermögensnachfolge im Todesfall vor der Entscheidung, ob sie ihr Vermögen dem überlebenden Ehegatten zur freien Verfügung stellen oder es den Kindern erhalten und sichern wollen. Abhängig davon, wofür sie sich entscheiden, stehen den Ehegatten verschiedene Möglichkeiten der testamentarischen Nachlassregelung offen, namentlich das sogenannte Berliner Testament mit der Anordnung einer Vollerbschaft oder einer Vor- und Nacherbschaft.

(1) Einsetzung des Ehegatten als Alleinerben/Vollerben

Regelmäßig errichten Ehepartner ein gemeinschaftliches Testament, um sich wechselseitig zu Alleinerben einzusetzen und nach dem Tod des länger Lebenden die gemeinsamen Kinder als Schlusserben zu bestimmen. Hierbei handelt es sich um das »Berliner Testament«. Dabei geht das Vermögen zunächst uneingeschränkt auf den überlebenden Ehegatten und somit in dessen Vermögen über, ohne dabei ein Sondervermögen zu bilden. Der Erbe erhält damit auch die alleinige Entscheidungsfreiheit über die Verwaltung, Nutzung und Veräußerung von Nachlassimmobilien. Der überlebende Ehegatte wird damit »Vollerbe«. Um die gesetzliche Erbfolge nach dem Tod des überlebenden Ehegatten zu vermeiden, empfiehlt es sich, dass die Eheleute im Testament eine Schlusserbenregelung festlegen. Damit wird geklärt, auf wen das gemeinsame Vermögen nach dem Tod des überlebenden Ehegatten übergehen soll. Das können nicht nur die Kinder, sondern auch Personen aus der Verwandtschaft, eine Stiftung, karitative Vereinigungen oder sonstige Organisationen sein.

Formulierungsvorschlag

Ehegattentestament mit Voll- und Schlusserbschaft

Wir, die Eheleute ..., setzen uns gegenseitig zum alleinigen Vollerben unseres gesamten Vermögens ein. Nach dem Tod des Überlebenden von uns oder für den Fall unseres gleichzeitigen Versterbens bestimmen wir unsere gemeinschaftlichen Abkömmlinge zu Schlusserben gleicher Teile.

(2) Einsetzung des Ehegatten als Vorerben

Im Rahmen einer Vor- und Nacherbenregelung, die insbesondere dann geboten ist, wenn das Vermögen in seiner Substanz für die Nachkommen erhalten werden soll, werden der überlebende Ehegatte als Vorerbe (§ 2100 BGB) und die Kinder als Nacherben eingesetzt. Der Nachlass des verstorbenen Ehegatten bildet dann ein Sondervermögen.

In solchen Fällen gelten die bereits angeführten Beschränkungen, insbesondere das Verbot des Vorerben, Nachlassgegenstände unentgeltlich zu verschenken und Nachlassimmobilien zu veräußern oder zu belasten. Es besteht jedoch auch hier die Möglichkeit, die gesetzlich stark eingeschränkte Handlungsfähigkeit des Vorerben mithilfe von Befreiungsregelungen zu erweitern (§ 2136 BGB). Eine Befreiung der Regelung in § 2113 Abs. 2 BGB ist allerdings nicht möglich, sodass ein Vorerbe niemals Schenkungen vornehmen kann. Vorteil dieser Lösung ist, dass der Nachlass des verstorbenen Ehegatten ein Sondervermögen bildet, über das der überlebende Ehegatte zu Lebzeiten nur in engen Grenzen verfügen kann. So bleibt das Vermögen des Erstverstorbenen weitestgehend in seiner Substanz für die gemeinsamen Kinder gesichert.

Formulierungsvorschlag

Ehegattentestament mit befreiter Vorerbschaft

Wir, die Eheleute ..., setzen uns gegenseitig zu alleinigen Vorerben ein, wobei der Vorerbe jeweils von allen Beschränkungen und Verpflichtungen, die das Gesetz vorsieht, befreit ist. Nacherbe auf den Tod des Letztversterbenden und im Fall unseres gleichzeitigen Versterbens ist unser gemeinschaftlicher Abkömmling X.

Die Vor- und Nacherbschaft erstreckt sich nicht auf bestimmte Gegenstände, sondern ganz allgemein auf den Nachlass. Wenn also zum einen der Nachlass eine Immobilie umfasst, die in jedem Fall innerhalb der Familie erhalten werden soll, zum anderen über die anderen Vermögensgegenstände aus dem Nachlass frei verfügt werden können soll, darf nicht die Konstruktion der Vor- und Nacherbschaft gewählt werden. In einem solchen Fall ist es sinnvoller, für die Immobilie ein Voraus- und Nachvermächtnis anzuordnen. Der überlebende Ehegatte wird dann uneingeschränkter Erbe des vorverstorbenen Ehegatten und erhält im Wege des Vorvorausvermächtnisses diese Immobilie übertragen. Nach seinem Tod muss die Immobilie dann an die Kinder weitergegeben werden. Damit kann der überlebende Ehegatte in jedem Fall die Immobilie allein verwalten und auch die Erträge daraus für seine Versorgung vereinnahmen.

Der Begriff »Vorvorausvermächtnis« beinhaltet zwei Bedeutungen: Um ein Vorausvermächtnis handelt es sich deshalb, weil der überlebende Ehegatte gleichzeitig Erbe wird und ein Vermächtnis aus dieser Erbschaft erhält. Dieses Vermächtnis unterliegt aber als »Vorvermächtnis« den genannten Beschränkungen.

Es muss dann in jedem Fall auch daran gedacht werden, dass der überlebende Ehegatte als Vorvorausvermächtnisnehmer nicht in der Lage sein wird, die Immobilie mit einer Grundschuld zu belasten. Es könnte jedoch sein, dass er darauf zurückgreifen muss, um zum Beispiel einen Kredit aufzunehmen, den er für die Bezahlung der Reparatur des Daches braucht. Hat er keine anderen Absicherungsmöglichkeiten und stimmen die Nacherben einer Belastung nicht zu, ist eine ordnungsgemäße Verwaltung der Immobilie nicht gewährleistet. Das gilt es zu beachten, wenn Sie von dieser Möglichkeit Gebrauch machen wollen.

(3) Einsetzung des Ehegatten als Vermächtnisnehmer

Oftmals wird übersehen, dass mit der Errichtung des Berliner Testaments und damit verbunden der gegenseitigen Erbeinsetzung der Ehegatten die Kinder enterbt sind und daher gegenüber dem überlebenden Ehegatten bzw. Elternteil ihren Pflichtteil geltend machen können. Dieser Rechtsfolge lässt sich entgegenwirken, indem das pflichtteilsberechtigte Kind mit lebzeitigen Schenkungen inklusive einer Anrechnungsbestimmung auf den Pflichtteil ausgestattet wird. Oder aber es wird versucht, eine Regelung zu finden, die dem möglicherweise Pflichtteilsberechtigten die Entscheidung, seinen Anspruch geltend zu machen, erschwert. Das ist möglich, indem man die Kinder zu Erben einsetzt und dem überlebenden Ehegatten lediglich einzelne Vermögensgegenstände in Form von Vermächtnissen zukommen lässt. Hier wäre auch ein Wohn- oder Nießbrauchrecht denkbar. Mangels Erbenstellung des überlebenden Ehegatten kann dieser dann aber weder über Nachlassgegenstände verfügen noch diese belasten.

Formulierungsvorschlag

Ehegattentestament mit Vermächtnis zugunsten des Ehegatten

Als Erben des Erstversterbenden von uns werden unsere gemeinsamen Abkömmlinge zu gleichen Teilen bestimmt. Dem Überlebenden von uns wird ein lebenslanges Wohnrecht am Einfamilienhaus in …, Flur-Nr. …, eingeräumt.

Soweit der überlebende Ehegatte nicht Erbe, sondern lediglich Vermächtnisnehmer wird, ist in jedem Fall darauf zu achten, dass ihm all diejenigen Wirtschaftsgüter vermächtnisweise übergeben werden, die er für sein Überleben benötigt. Dazu zählen zum Beispiel auch die Bankkonten, der Nießbrauch oder zumindest das Wohnrecht am eigengenutzten Haus etc.

3.6.3 Das Berliner Testament

Wie beschrieben, stellt das Berliner Testament eine besondere Form des gemeinschaftlichen Testaments dar, durch das die Ehegatten sich gegenseitig und zudem einen Dritten, in der Regel die gemeinsamen Abkömmlinge, zu Erben des Überlebenden einsetzen. Da diese Testamentsart aufgrund der verschiedenen Ausgestaltungsmöglichkeiten unterschiedliche Wirkungen haben kann, ist zunächst durch Auslegung zu ermitteln, was die beiden Erblasser damit gewollt haben.

Wollten sie den überlebenden Ehegatten zum alleinigen Vollerben und die Kinder als Schlusserben bestimmen und somit das Vermögen zunächst uneingeschränkt auf den überlebenden Ehegatten übertragen? Oder bezweckten sie mit dieser Regelung die Einsetzung des überlebenden Ehegatten als Vorerben und die Kinder als Nacherben nach dem Letztversterbenden?

Welche Variante von den Ehegatten im Einzelfall gewollt war, ist im Wege der Auslegung zu ermitteln. Bleibt dies ergebnislos, gibt das Gesetz in § 2269 Abs. 1 BGB die Schlussfolgerung vor, dass im Zweifel keine Anordnung einer Vor- und Nacherbschaft gewollt war und dass der überlebende Ehegatte nach dem Tod des Erstverstorbenen dessen Vermögen als Voll- und nicht als Vorerbe erwirbt. Somit wird im Zweifel eine Vermutung hin zum »Einheitsprinzip« angestellt, weil bei dieser Ausgestaltung beim Tod des erstversterbenden Ehegatten dessen Vermögen mit dem des überlebenden Ehegatten rechtlich zu einer Einheit verschmilzt.

Achtung

Ein Berliner Testament zu verfassen scheint leicht zu sein. Viele Formulierungsbeispiele sind aus allen möglichen Quellen zu entnehmen. Dabei wird aber oftmals übersehen, dass das Berliner Testament nicht nur wegen seiner Wechselbezüglichkeit Tücken haben kann. Bereits die Frage, ob der überlebende Ehegatte Vollerbe oder nur Vorerbe werden soll, beeinflusst dessen wirtschaftliche Existenz. Aus diesem Grund ist es äußerst wichtig, sich mit der Ausformulierung dieses Testaments gründlich zu befassen und im Zweifel professionelle Beratung in Anspruch zu nehmen.

3.6.3.1 Wechselbezüglichkeit, Bindungswirkung und Widerruf

In einem gemeinschaftlichen Testament von Ehegatten sind alle letztwilligen Verfügungen zulässig, die auch Inhalt eines Einzeltestaments sein können. Die Besonderheit liegt vor allem darin, dass die Ehegatten bestimmen können, ob ihre letztwilligen Verfügungen voneinander abhängig sein sollen. Das hat zur Folge, dass die Ehegatten an ihre letztwilligen Verfügungen gebunden sind. Nicht alle in einem gemeinschaftlichen Testament enthaltenen letztwilligen Verfügungen unterliegen der Bindungswirkung. Nur diejenigen sind bindend, die deshalb festgelegt wurden, weil der andere Ehegatte eine bestimmte andere Verfügung getroffen hat (§ 2270 Abs. 1 BGB).

In solchen Fällen spricht man von wechselbezüglichen Verfügungen. Wechselbezüglichkeit liegt immer dann vor, wenn nach dem Willen der Ehegatten die Anordnungen des einen mit denen des anderen stehen und fallen sollen, der eine Ehegatte also den anderen nur deshalb als Erben einsetzt, weil auch dieser ihn bedacht hat. Grundsätzlich können die Ehegatten frei bestimmen, ob und welche ihrer letztwilligen Verfügungen im Testament wechselbezüglich sein sollen, wobei als bindend und somit wechselbezüglich nur die Erbeinsetzung, das Vermächtnis und die Auflage angeordnet werden können (§ 2270 Abs. 3 BGB). Andere als die eben genannten Verfügungen, zum Beispiel die Anordnung einer Testamentsvollstreckung, können als einseitige Verfügung ohne Weiteres in das gemeinschaftliche Testament aufgenommen, jedoch nicht mit einer bindenden Wirkung versehen werden. Ist die Wechselbezüglichkeit im Testament nicht ausdrücklich geregelt, muss mit Mitteln der Auslegung für jede einzelne Verfügung getrennt festgestellt werden, ob und inwieweit eine gegenseitige Abhängigkeit der letztwilligen Verfügungen Wille des jeweiligen Ehegatten war. Die Rechtsprechung geht in folgenden Fällen von einem Willen zur Wechselbezüglichkeit aus:

- Die Ehegatten setzen sich zunächst gegenseitig als Alleinerben ein und das gemeinsame Kind als Schlusserben, um es finanziell abzusichern.
- Die Ehegatten setzen jeweils unmittelbar die gemeinsamen Kinder als Erben ein, um sie gleichmäßig am beidseitigen Vermögen zu beteiligen.
- Die Ehegatten haben gleichlautende Verfügungen festgelegt, die zum Beispiel gegenseitige Zuwendungen enthalten oder zugunsten derselben dritten Person getroffen sind.
- Kinderlose Ehegatten setzen sich gegenseitig zu Erben ein und Verwandte des Erstversterbenden von ihnen als Schlusserben.

Hingegen könnte es gegen einen Willen zur Wechselbezüglichkeit sprechen, wenn Ehegatten jeweils unmittelbar nur das gemeinsame Kind als Alleinerben einsetzen. Denn in diesem Fall will jeder Ehegatte im Zweifel unabhängig vom anderen erreichen, dass das Kind sein Erbe wird.

Der Widerruf einer wechselbezüglichen Verfügung zu Lebzeiten beider Ehegatten kann nur durch notariell beurkundete Erklärung erfolgen und muss dem anderen Ehegatten zugehen (§ 2271 Abs. 1 Satz 1 BGB i.V.m. § 2296 Abs. 2 BGB). Ein Problem tritt dann auf, wenn derjenige Ehegatte, dem der Widerruf zugehen soll, nicht mehr geschäftsfähig ist. Dadurch soll der Widerruf nicht blockiert werden, die Formalien für den wirksamen Zugang sind aber dennoch einzuhalten. Demnach muss die Erklärung dem gesetzlichen Vertreter zugehen, also im Zweifel dem Betreuer, der einen entsprechenden Wirkungskreis haben muss, also wenigstens die Vermögenssorge innehat. Gibt es keinen entsprechenden Betreuer oder hat der widerrufende Ehegatte diese Funktion, ist wegen der Interessenkollision und wegen des Verbots des In-sich-Geschäfts (§ 181 BGB) ein Betreuer vom Vormundschaftsgericht zu bestellen. Dadurch ist ein »heimlicher« Widerruf ausgeschlossen. Durch den Widerruf einer wechselbezüglichen Verfügung wird auch die wechselbezügliche Verfügung des anderen Ehegatten unwirksam (§ 2270 Abs. 1 BGB).

Mit dem Tod eines der Ehegatten erlischt für den anderen das Widerrufsrecht. Er kann nunmehr seine wechselbezüglichen Verfügungen nicht mehr aufheben oder abändern (§ 2271 Abs. 2 Satz 1 BGB), es sei denn, die Eheleute haben sich dies in ihrem Testament vorbehalten. Will der überlebende Ehegatte seine eigene Verfügung wieder rückgängig machen, bleibt ihm nur die Möglichkeit, das ihm selbst durch das Testament Zugewendete innerhalb der Ausschlagungsfrist auszuschlagen. Es gibt nur wenige Ausnahmen, in denen der überlebende Ehegatte seine eigene wechselbezügliche Verfügung im Sinne der §§ 2078 f. BGB binnen einer Jahresfrist anfechten kann. Da derartige Fälle sehr komplex sind, bedarf es in jedem Fall einer fachkundigen Beratung.

Neue letztwillige Verfügungen des länger lebenden Ehegatten in einem späteren Testament oder Erbvertrag sind unwirksam, soweit sie die Rechte des durch eine wechselbezügliche Verfügung im gemeinschaftlichen Testament Bedachten beeinträchtigen würden. Wirksam sind dagegen neue Verfügungen, wenn sie den Bedachten rechtlich besserstellen als bisher oder neutralen Charakter haben.

Das gemeinschaftliche Testament scheint auf den ersten Blick eine einfache Lösung zu bieten. Doch die Verfasser erkennen nur selten die Problematik der damit verbundenen Bindungswirkung, zumeist erst viel zu spät, wie die folgenden Beispiele zeigen.

BEISPIEL

Erich Müller und seine Ehefrau Mathilde haben keine eigenen Kinder. Sie setzen sich in einem Berliner Testament gegenseitig zu Alleinerben ein. Nach dem Tod des überlebenden Ehegatten soll Herrn Müllers Nichte Lara die Alleinerbin sein. Lara wird deshalb ausgewählt, weil sie sich schon zu Lebzeiten um die beiden kümmert. Die Ehegatten sind der Meinung, dass sie in Lara die Unterstützung haben werden, die sie im Alter benötigen. Diese Entscheidung wird im Testament nicht niedergeschrieben.

Erich Müller verstirbt, Lara erkrankt kurze Zeit später und ist daher nicht mehr in der Lage, Mathilde zu pflegen. Das übernimmt nunmehr eine Nachbarin von Mathilde.

Grundlage und Wille der Ehegatten war, dass die Erbeinsetzung quasi als Gegenleistung für die zu leistende Pflege erfolgen sollte. Lara konnte diese Leistung jedoch aus tatsächlichen Gründen nicht erbringen. Fraglich ist nun, ob die überlebende Mathilde ihre Nachbarin einsetzen und auf diese Weise die Schlusserbeneinsetzung von Lara nach dem Tod von Erich ändern kann. Im Zweifel wird dies wohl nicht mehr möglich sein. Wenn die beiden Ehegatten einen Widerrufsvorbehalt aufgenommen hätten, dann wäre die Abänderung ohne Weiteres möglich.

Um Auslegungsprobleme zu vermeiden, ist es anzuraten, den eigenen Willen vollständig im Testament niederzulegen. Das wäre auch im vorigen Beispiel hilfreich gewesen. Hier sind nun zwei Sachverhalte zu klären: Wer war Inhaber des wesentlichen Ehegattenvermögens und mit wem war die als Schlusserbin eingesetzte Lara direkt verwandt? War zum Beispiel Erich Alleineigentümer des Mehrfamilienhauses, befand sich sonst im Vermögen der Ehegatten kein weiterer wesentlicher Vermögenswert und handelte es sich bei Lara um eine direkt mit Erich verwandte Person, so wird sich ohne weitere Auslegungshinweise ergeben, dass Mathilde keine Möglichkeit hat, das Testament zu ändern.

Achtung

Zu Lebzeiten von Mathilde kann dieses Problem mit einer Übergabe geregelt werden. Allerdings ist dabei die Folge des § 2287 BGB, nämlich die Herausgabeverpflichtung, zu beachten. § 2287 BGB, der die Konsequenz der Herausgabe von Geschenken vorgibt, gilt nicht nur für die erbvertragliche Bindung, sondern auch für die gemeinschaftlichen Testamente. Sogenannte beeinträchtigende Schenkungen sind nicht erlaubt, daher müssen sie wieder herausgegeben werden.

Der Sachverhalt aus dem vorigen Beispiel wird fortgesetzt, aber mit der Abänderung, dass Lara als Schlusserbin eingesetzt wird, weil sie die Nichte und damit einzige nahe Verwandte ist, nicht weil sie ihre Tante und ihren Onkel pflegen soll.

BEISPIEL

Mathilde ist nach Erichs Tod Alleinerbin geworden, Lara soll nach ihr Schlusserbin sein. Lara hat sich schon zu Erichs Lebzeiten nicht um die beiden gekümmert. Aufgrund einer schweren Erkrankung ist Mathilde nunmehr ständig auf fremde Unterstützung angewiesen, die ihr selbst die alltäglichen Dinge abnimmt. Dieser Person, Paula, möchte sie das Mehrfamilienhaus geben.

Welche Möglichkeiten stehen Mathilde in diesem Fall offen? Aufgrund der Wechselbezüglichkeit des gemeinschaftlichen Testaments wird Mathilde nicht mehr in der Lage sein, die Schlusserbeneinsetzung von Lara zu berichtigen. Hier wäre nun an eine lebzeitige Übergabe zu denken, wobei die Regelung des § 2287 BGB beachtet werden muss.

Die Konsequenz, ein Geschenk wieder herausgeben zu müssen, liegt dann nicht vor, wenn der Schenker – im Beispiel Mathilde – ein lebzeitiges Eigeninteresse an der Schenkung hat, zum Beispiel aufgrund seiner persönlichen Versorgung. Vor diesem Hintergrund wäre die Beeinträchtigungsabsicht gegenüber dem zuvor ausgewählten Erben auszuschließen.

Das lebzeitige Eigeninteresse ist dann gegeben, wenn Mathilde sich mit der Schenkung des Mehrfamilienhauses an Paula absichern möchte, dass sie auch weiterhin von ihr versorgt wird. Die Versorgung kann so aussehen, dass Paula sich tatsächlich um Mathilde kümmert, sie also pflegt und ihr jede Unterstützung zukommen lässt, was sich ansonsten nur mit einem sehr hohen finanziellen Aufwand »einkaufen« ließe. In der Beratungspraxis zeigt sich immer wieder, dass Mitmenschen aus dem Umkreis oftmals bereit sind, viel persönlicher und individueller auf die zu betreuenden Personen einzugehen, als professionelle Dienste es tun (können). Die Profis im Pflegebereich sind oftmals überlastet und können eine ständige Unterstützung nicht oder nicht in diesem Umfang leisten.

In einem solchen Fall sollte eine lebzeitige Übergabe vorgenommen werden. Dabei muss auf die Regelung des § 2287 BGB eingegangen werden. Das heißt, dass auch der Beschenkte sich im Rahmen des Vertrags verpflichtet, die Pflegeleistung zu erbringen.

Achtung

Bei der Übergabe von Immobilien gegen Pflegeleistungen sollte die zu erbringende Leistung so detailliert wie nur möglich definiert werden. Eventuell sollte auch daran gedacht werden, Vertragsstrafen bis hin zum Rücktritt vom Übergabevertrag aufzunehmen, falls die Vereinbarung nicht oder nur unzureichend erfüllt wird. Denken Sie daran, dass eine solche Pflegeunterstützung sehr langwierig sein kann. Was ist also, wenn die pflegende Person selbst nicht mehr in der Lage dazu ist oder, einfach ausgedrückt, keine Lust mehr hat? Derartige Übergabeverträge sind also sehr individuell auszugestalten. Eine professionelle Beratung ist hier in jedem Fall anzuraten.

Art und Umfang der Pflegeleistungen sollte immer daraufhin abgestimmt werden, was die pflegende Person aufgrund ihres Alters und ihrer Möglichkeiten zu leisten fähig und wozu sie bereit ist. Schließlich werden diese Pflegeleistungen als Gegenleistung bewertet; insoweit gilt der Vorgang dann nicht als Schenkung und ist nicht den schenkungsteuerlichen Nachteilen, die mit einer Übergabe an fremde Personen verbunden sind, unterworfen. Zu bedenken ist darüber hinaus, dass dieses Verhältnis nicht als Arbeitsverhältnis ausgestaltet wird und daher das Erworbene nicht wie Einkommen versteuert werden muss.

Inwieweit die Regelungen des § 2287 BGB umgangen werden können und Lara als Schlusserbin nach dem Tod von Mathilde keine Ansprüche auf das Mehrfamilienhaus geltend machen kann, wird sich nie danach richten, welche Regelungen im notariellen Übergabevertrag »ausgedacht und niedergeschrieben« wurden. Es kommt in jedem Fall auf die tatsächliche Umsetzung des Eigeninteresses an.

Achtung

Wer auf die schädlichen Regelungen in § 2287 BGB aufmerksam gemacht und dahin gehend beraten worden ist, sollte in jedem Fall nach Abschluss eines solchen Vertrags ein Tagebuch führen, aus dem sich die tatsächlichen Pflegeleistungen und alle weiteren Hinweise ergeben, die die Versorgung des Schenkenden bestätigen. Im Nachhinein ist es oft schwierig, aus dem Umfeld der zu pflegenden Person Zeugenaussagen zu erhalten. Die behandelnden Ärzte werden im Zweifel auch nach dem Tod zur Verschwiegenheit verpflichtet sein. Und: Neider gibt es immer und überall. Aus diesem Grund ist die lebzeitige Aufzeichnung, eventuell mit Unterschriften der zu pflegenden Person oder der sich im Umfeld befindlichen Personen, äußerst wichtig.

In der Beratungspraxis ergibt sich immer wieder ein Fall, der das Interesse an der eigenen Versorgung ebenfalls beinhaltet und mit dem die schädliche Konsequenz des § 2287 BGB umgangen werden kann.

BEISPIEL

Die Ehegatten Walter und Thea haben ein gemeinschaftliches Testament erstellt. Darin setzten sie sich gegenseitig zu Alleinerben ein, Schlusserbe soll Walters Neffe Nikolas sein. Im Miteigentum der beiden Ehegatten befindet sich ein Einfamilienhaus, in dem die beiden bereits seit ihrer Hochzeit vor 50 Jahren wohnen. Das Haus ist ebenfalls in die Jahre gekommen, es wären einige bauliche Instandhaltungsmaßnahmen vorzunehmen. Die Rente der beiden Ehegatten ist allerdings so gering, dass sie sich das nicht leisten können.

BEISPIEL

Walter stirbt, Thea wird Alleinerbin. Thea möchte das Haus an einen guten Freund der Familie verschenken, allerdings mit der Auflage, dass dieser ihre Pflege übernimmt. Darüber hinaus will sie mit der Schenkung erreichen, dass sie in dem Haus ein Wohnrecht erhält und somit unentgeltlich bis zu ihrem Lebensende darin wohnen kann; gleichzeitig soll der Beschenkte die notwendigen Instandhaltungsmaßnahmen am Haus vornehmen.

Die Wechselbezüglichkeit im gemeinschaftlichen Testament untersagt es Thea grundsätzlich, eine andere letztwillige Verfügung zu treffen. Unter den genannten Aspekten der Pflege von Thea und der finanziellen Entlastung bis zu ihrem Lebensende liegt in diesem Fall aber ein Versorgungsinteresse vor, das eine lebzeitige Verfügung unter Ausschluss der Herausgabe des geschenkten Gegenstands an den Schlusserben gemäß § 2287 BGB ermöglichen könnte. In diesen Fällen muss die überlebende Thea aber noch geschäftsfähig sein, um die Schenkung wirksam vornehmen zu können.

Achtung

Ob die Folge des § 2287 BGB vorliegt oder ein lebzeitiges Eigeninteresse gegeben ist, kann nur mit genauer Kenntnis des Einzelfalls geprüft werden. Papier ist geduldig: Es reicht nicht aus, die Voraussetzungen schriftlich niederzulegen, sie müssen auch tatsächlich gelebt werden.

Die Frage der Wechselbezüglichkeit eines gemeinschaftlichen Testaments sollte aus einem weiteren Grund gut durchdacht werden.

BEISPIEL

Die Ehegatten Martin und Karin haben ein gemeinschaftliches Testament erstellt. Darin setzen sie sich gegenseitig zu Alleinerben ein, Schlusserben sollen ihre beiden Kinder Tamara und Simon sein. Tamara hat bereits eigene Kinder. Martin verstirbt, Karin wird Alleinerbin. Aufgrund eines schweren Unfalls wird Tamara zu einem lebenslangen Pflegefall und wird immer von staatlicher Unterstützung abhängig sein.

Auch in diesem Fall sollte die überlebende Karin die Möglichkeit haben, das Testament zu ändern, um Tamara nicht als Miterbin neben ihrem Sohn Simon einsetzen zu müssen. Denn mit Karins Tod wird Tamara Miterbin. Bisher ausbezahlte Sozialhilfeleistungen können mit der Erbschaft verrechnet werden, sodass nicht nur Tamara gezwungen wäre, das von Karin geerbte Mehrfamilienhaus zu verkaufen, sondern auch der Miterbe und Miteigentümer Simon.

Wenn es um Immobilien geht, sind Einflussnahmen Dritter auf einen Miterben – aber auch auf einen Miteigentümer – besonders drastisch. Werden Zwangsmaßnahmen ergriffen, beziehen sie sich zwar nur auf den Anteil, den der Miterbe innehat. Weil es sich bei einer Immobilie aber um einen nicht aufteilbaren Gegenstand handelt, beeinträchtigen derartige Maßnahmen immer auch die nicht betroffenen Miterben. Aus diesem Grund ist es umso wichtiger, mit einer klugen testamentarischen Regelung auch auf solche Probleme vorbereitet zu sein.

Die Ehegatten haben es selbstverständlich in der Hand, im Testament eine sogenannte Freistellungsklausel aufzunehmen, mit der der überlebende Ehegatte von der Bindungswirkung der wechselbezüglichen Verfügungen befreit wird. Das berechtigt ihn dazu, den bisherigen gemeinsamen Willen nach dem ersten Erbfall vollkommen frei zu ändern oder zu widerrufen.

Formulierungsvorschlag

Freistellungsklausel

Der Überlebende von uns ist berechtigt, nach dem ersten Erbfall seine eigenen letztwilligen Verfügungen in diesem Testament ganz oder teilweise zu ändern. Die letztwilligen Verfügungen des Erstversterbenden von uns bleiben dabei uneingeschränkt gültig.

Auch die Freistellungsklausel lässt sich sehr individuell ausformulieren. So kann beispielsweise der Personenkreis, zu dessen Gunsten eine Änderung erfolgen kann, eingeschränkt werden. Damit würde zum Beispiel sichergestellt, dass der überlebende Ehegatte die Änderungen nur zugunsten der gemeinsamen Kinder vornehmen kann. Ebenfalls sollte festgelegt werden, ob eines der Kinder völlig enterbt und eines insgesamt als Alleinerbe eingesetzt werden kann.

Außerdem kann vereinbart werden, dass nur ein oder mehrere bestimmte Vermögensgegenstände von der Wechselbezüglichkeit erfasst werden sollen. Mit einer solchen Regelung lässt sich erreichen, dass beispielsweise das schon lange in der Familie befindliche Mehrfamilienhaus an bestimmte Familienmitglieder weitervererbt werden muss, wogegen der überlebende Ehegatte über das Bankkonto eigenständig verfügen kann.

Formulierungsvorschlag

Eingeschränkte Freistellungsklausel

Der Überlebende von uns ist berechtigt, nach dem ersten Erbfall seine eigenen letztwilligen Verfügungen zu ändern, allerdings nur zugunsten unserer gemeinschaftlichen Kinder. Diese können insgesamt enterbt oder als Alleinerben eingesetzt werden.

3.6.3.2 Wiederverheiratungsklausel

Es ist nicht ausgeschlossen, dass der überlebende Ehegatte nach dem Tod des erstversterbenden Ehegatten ein weiteres Mal heiratet. Dadurch besteht die Gefahr, dass der vom vorverstorbenen Ehegatten hinterlassene Nachlass – an den gemeinsamen Kindern vorbei – dem neuen Ehegatten und den eventuell aus der neuen Ehe hervorgehenden Kindern zugutekommt. Zwar tritt mit dem Tod eines Ehegatten die Bindung des anderen – überlebenden – Ehegatten an seine wechselbezüglichen Verfügungen ein. Eine Vermögensumschichtung kann aber dennoch drohen, da der länger lebende Ehegatte die Bindungswirkung beseitigen kann, wenn er seine eigenen wechselbezüglichen Verfügungen unter bestimmten Voraussetzungen anficht.

Da das Gesetz keine speziellen Regelungen für die Anfechtung bei einem gemeinschaftlichen Testament enthält, werden die Vorschriften über die Anfechtung von

Erbverträgen entsprechend angewandt. Besonders wichtig ist in der Praxis das Anfechtungsrecht, das infolge einer neuen Eheschließung des überlebenden Ehegatten entsteht. Denn dann ist als Anfechtungsgrund gegeben, dass ein später hinzukommendes Kind oder ein neuer Ehegatte als pflichtteilsberechtigte Person im Testament nicht berücksichtigt wurde (§ 2079 BGB). Die Anfechtung muss dann durch denjenigen erfolgen, zu dessen Gunsten sie sich auswirken würde.

Um eine derartige Vermögensverlagerung zu vermeiden, können die Ehegatten eine sogenannte Wiederverheiratungsklausel in ihr Testament aufnehmen, die abhängig von der Testamentsgestaltung verschiedene Inhalte haben kann. Bei einer Vor- und Nacherbschaftsregelung können die Ehegatten anordnen, dass der Nacherbfall nicht erst mit dem Tod des überlebenden Ehegatten, sondern schon mit seiner Wiederverheiratung einritt. Bei einer Voll- und Schlusserbenregelung kann im gemeinschaftlichen Testament angeordnet werden, dass bei Wiederverheiratung des überlebenden Ehegatten die Erbschaft vorzeitig an den Schlusserben herauszugeben ist. In diesem Fall ist der überlebende Ehegatte bis zur Wiederverheiratung auflösend bedingter Vollerbe und zugleich aufschiebend bedingter Vorerbe. Wenn er wieder heiratet, verliert der überlebende Ehegatte die Stellung als Vollerbe, die Nacherben treten die Erbschaft an (§ 2139 BGB). Bis zur Wiederverheiratung unterliegt der überlebende Ehegatte als bedingter Vorerbe zugunsten der Nacherben den Beschränkungen eines Vorerben (§§ 2113 ff. BGB).

Dieser Sachverhalt ist sehr schwer verständlich. Umso mehr muss davor gewarnt werden, Regelungen dieser Art einfach aus dem Internet zu kopieren, um sie ohne weiteres Hintergrundwissen und ohne eingehende Beratung in ein Testament einzufügen.

Formulierungsvorschlag

Wiederverheiratungsklausel

Wir, die Eheleute …, setzen uns gegenseitig zu Vollerben ein. Schlusserben des überlebenden Ehegatten sind unsere Kinder jeweils zu gleichen Teilen. Für den Fall der Wiederverheiratung des Überlebenden von uns setzen wir unsere Kinder als alleinige Erben zu gleichen Teilen des Erstversterbenden ein. In diesem Fall hat der Überlebende den Nachlass als Vorerbe an unsere Kinder als Nacherben zu gleichen Teilen herauszugeben.

Selbstverständlich ist eine Vermögensumschichtung faktisch möglich, indem der überlebende Ehegatte seinen neuen Lebensgefährten an seinem Vermögen teilhaben lässt und dadurch die Schlusserben vom Vermögen ausgeschlossen werden, da es beim Tod des überlebenden Ehegatten schlichtweg verbraucht ist.

All die genannten Probleme können dadurch vermieden werden, dass der überlebende Ehegatte nicht zum Voll-, sondern nur zum Vorerben eingesetzt wird. Damit erhält er lediglich die Berechtigung, die Erträge zu verbrauchen, nicht aber die Substanz. Für den betreffenden Ehegatten bedeutet das jedoch, ein Leben lang gebunden zu sein. Das wird zum Beispiel dann zum Problem, wenn der erste Ehegatte sehr jung verstirbt und der überlebende Ehegatte wirklich noch ein Leben lang »überleben« muss. In dieser Situation ist es sicherlich nachvollziehbar, wenn der überlebende Ehegatte noch einmal heiratet.

Es ist deshalb wichtig, für jeden Zeitpunkt des Lebens das richtige und für jeden Ehegatten vorteilhafte Testament zu erstellen. Dabei ist auch zu berücksichtigen, dass sich zum Beispiel ein Mehrfamilienhaus schon lange in der Familie eines der Ehegatten befindet. Es sollte dann an dessen leibliche Abkömmlinge weitergegeben werden. Das gilt nicht unbedingt für das übrige Vermögen. Schließlich ist daran zu denken, dass das Vermögen der Ehegatten beim Tod des ersten Ehegatten ganz anders aussehen kann, als es zu einem späteren Zeitpunkt der Fall ist. Auch wie in diesem Fall das Erbe weitergegeben werden soll, lässt sich durch entsprechende testamentarische Regelungen bestimmen. Derartige unterschiedliche Wünsche können nur mit einem durchdachten Testament umgesetzt werden.

3.6.3.3 Pflichtteilsrisiko beim Berliner Testament

Eine Gefahr beim Berliner Testament ist, dass der überlebende Ehegatte mit Pflichtteilsansprüchen belastet werden könnte. Weil die gegenseitige Alleinerbeneinsetzung der Ehegatten zugleich eine Enterbung der Kinder im ersten Erbfall bedeutet, kann der überlebende Ehegatte von den pflichtteilsberechtigten Kindern im Rahmen seiner Pflichtteilshaftung nach §§ 2303 ff. BGB in Anspruch genommen werden. Besteht der Nachlass überwiegend aus einer Immobilie, kann der überlebende Ehegatte in seiner Liquidität eingeschränkt werden, wenn seine oder die Kinder des vorverstorbenen Ehegatten Pflichtteilsansprüche geltend machen. Denn Pflichtteilsansprüche beziehen sich gesetzlich immer auf einen Geldbetrag, der mit dem Erbfall sofort zur Zahlung fällig wird. Falls an diese möglichen Pflichtteilsansprüche nicht gedacht und nichts Entsprechendes festgelegt wird, kann dies sogar zum Zwangsverkauf der Immobilie führen. Darüber hinaus wird dem überlebenden Ehegatten oft die finanzielle Grundlage für das Alter und den Pflegefall entzogen.

Eine der Strategien, um den Anspruch auf Pflichtteile zu vermeiden, besteht darin, dass die Eltern bereits zu Lebzeiten mit ihren Kindern, ggf. gegen Zahlung einer Abfindung, einen notariell zu beurkundenden Pflichtteilsverzicht vereinbaren. Und selbstverständlich sollte bei Schenkungen an die Kinder die Anrechnung auf den Pflichtteil angeordnet werden. Schließlich besteht auch die Möglichkeit, im gemeinschaftlichen Testament anzuordnen, dass derjenige Abkömmling, der beim Tod des ersten Ehegatten seinen Pflichtteil fordert, auch beim zweiten Erbfall nur den Pflichtteil erhalten soll. Man spricht insoweit von einer »Pflichtteilsstrafklausel«.

Formulierungsvorschlag

Berliner Testament mit Wiederverheiratungs- und Pflichtteilsstrafklausel

Wir, die Eheleute ..., setzen uns gegenseitig als alleinige Vollerben ein. Schlusserben des Überlebenden von uns und Erben für den Fall des gleichzeitigen Versterbens sind unsere gemeinsamen Kinder, ersatzweise deren Abkömmlinge, zu gleichen Teilen. Sämtliche Bestimmungen dieses Testaments sind wechselbezüglich. Verlangt eines unserer Kinder auf den Tod des Erstversterbenden gegen den Willen des Überlebenden seinen Pflichtteil, werden es und seine Abkömmlinge von der Schlusserbfolge ausgeschlossen und auf den Pflichtteil beschränkt. Unsere letztwilligen Verfügungen erfolgen unabhängig davon, ob und welche Pflichtteilsberechtigten beim Ableben eines jeden von uns vorhanden sind, sodass wir auf künftige Anfechtungsrechte wegen Irrtums verzichten.

Datum, Ort und Unterschriften

Falls eines von mehreren Kindern nach dem Tod des ersten Elternteils seinen Pflichtteil einfordert, sollten für die Kinder, die das nicht tun, Vermächtnisse ausgesprochen werden. Um die Liquidität des überlebenden Ehegatten und Elternteils nicht zu gefährden, ist die Fälligkeit dieser Vermächtnisse erst mit dem Tod des überlebenden Ehegatten festzusetzen. Das Vermächtnis mindert dann den Pflichtteilsanspruch nach dem Tod des überlebenden Ehegatten, da es eine Nachlassverbindlichkeit des überlebenden Ehegatten geworden ist. Diese Klausel bezeichnet man als »Jastrow'sche Klausel«.

Allerdings wird das Vermächtnis aufgrund dieser Fälligkeitsregelung (»fällig erst mit dem Tod des Verpflichteten«) erbschaftsteuerlich als Vermächtnis nach dem Tod des überlebenden Ehegatten und nicht nach dem Tod des erstverstorbenen Ehegatten behandelt (§ 6 Abs. 4 ErbStG). Daher kann man in diesem Fall nicht die Freibeträge geltend machen, die bei einem Erbe vom erstverstorbenen Elternteil gelten würden.

Achtung

Ein solches Vermächtnis zugunsten eines »braven Kindes« muss nicht nur aus Geld bestehen. Es kann auch der Anteil an einer Immobilie als Vermächtnis weitergegeben werden.

3.6.3.4 Steuerfalle »Berliner Testament«

Insbesondere bei größeren Nachlässen ist mit dem Berliner Testament eine Erbschaftsteuerfalle verbunden, da oft hohe und durchaus vermeidbare Steuerlasten ausgelöst werden können. Dabei wird es nicht nur versäumt, beim Tod des Erstversterbenden die Steuerfreibeträge der Kinder auszunutzen, sondern der auf die Kinder als Schlusserben übergehende Nachlass wird sogar zweimal besteuert – nämlich beim Tod des ersten und beim Tod des zweiten Ehegatten.

Zusätzlich erhöht sich die Steuerlast dadurch, dass sich der Wert des Nachlasses des Überlebenden regelmäßig durch den ersten Erbfall erhöht und damit aufgrund der Steuerprogression ein höherer Steuersatz ausgelöst werden kann.

Im Hinblick auf diese häufig nicht bedachte Steuerfalle ist es ratsam, den Kindern bereits beim Tod des Erstversterbenden zum Beispiel Geldvermächtnisse in Höhe der Freibeträge zuzuwenden. Denn dann kann durch die Ausschöpfung von Steuerfreibeträgen und die Vermeidung eines höheren Steuersatzes letztlich Erbschaftsteuer gespart werden.

BEISPIEL

In einem gemeinschaftlichen Testament setzen sich die Ehegatten gegenseitig als alleinige Vollerben und den gemeinsamen Sohn als Schlusserben ein. Der Nachlass des vorversterbenden Ehemanns beträgt 2.000.000 EUR, sodass sich die von der Ehefrau zu zahlende Erbschaftsteuer ungeachtet eines Versorgungsfreibetrags wie folgt berechnet:

Erbschaft	2.000.000 EUR
abzüglich Freibetrag	500.000 EUR
Bereicherung des Erwerbers	1.500.000 EUR
Tarifliche Erbschaftsteuer 19 %	285.000 EUR

Ein testamentarisches Vermächtnis zugunsten des Sohnes in Höhe seines Freibetrags von 400.000 EUR würde zu folgender Steuerentlastung führen:

Erbschaft	2.000.000 EUR
abzüglich Vermächtnis	400.000 EUR
abzüglich Freibetrag	500.000 EUR
Bereicherung des Erwerbers	1.100.000 EUR
Steuersatz 19 %	209.000 EUR
Steuerersparnis	76.000 EUR

Oft wird das Berliner Testament wegen der steuerlichen Konsequenz als gemeinschaftliches Testament abgelehnt. Doch die Beratungspraxis bestätigt immer wieder, dass es für jeden Zeitpunkt das richtige Testament gibt. Bei der Entscheidung sollten nicht ausschließlich steuerliche Gesichtspunkte berücksichtigt werden, auch wenn es natürlich sinnvoll ist, die steuerlichen Minderungsmöglichkeiten im Auge zu behalten. Dennoch gilt es, als Erstes an die Versorgung des überlebenden Ehegatten zu denken und dann an die Weiterreichung des Familienvermögens an die nächste Generation. Selbst wenn es um Gegenstände geht, die in der Familie bleiben sollen, also insbesondere schon lange in der Familie befindliche Mehrfamilienhäuser oder sonstige

Immobilien, die mittels der erbrechtlichen Möglichkeiten entsprechend abgesichert werden können – im Großen und Ganzen sollte immer die Versorgung des Überlebenden im Vordergrund stehen.

3.6.4 Berliner Testament mit Zweckvermächtnis

Diese Variante wird auch als sogenanntes Supervermächtnis bezeichnet. Hintergrund ist, dass die Freibeträge des Erblassers optimal ausgenutzt werden und die Auszahlung dadurch auch als Nachlassverbindlichkeit beim überlebenden Ehegatten nach § 10 Abs. 5 Nr. 2 ErbStG abgezogen werden kann.

Wichtig in dieser Regelung ist die Tatsache, dass das Vermächtnis mit einer richtigen Fälligkeit vereinbart wird. Denn § 2181 BGB regelt: *»Ist die Zeit der Erfüllung eines Vermächtnisses dem freien Belieben des Beschwerten überlassen, so wird die Leistung im Zweifel mit dem Tode des Beschwerten fällig.«* Dies führt dann auch erbschaftsteuerlich dazu, dass das Vermächtnis steuerlich beim Beschwerten, also beim Zweitversterbenden angesetzt wird: § 6 Abs. 4 ErbStG *»... beim Tod des Beschwerten fällige Vermächtnisse .. stehen den Nacherbschaften gleich.«*

Unsere Empfehlung ist, das Vermächtnis grundsätzlich maximal nach einem Jahr des Todes des Erstversterbenden fällig zu stellen.

Das Supervermächtnis hat auch noch eine maximale Absicherung und Handlungshoheit des überlebenden Ehegatten. Bei dieser Regelung bestimmt nicht der Erblasser die Höhe und den Empfänger des Vermächtnisses. In diesem Fall ist der überlebende Ehegatte berechtigt, selbst darüber zu entscheiden, ob und wenn ja wieviel Vermögen als Vermächtnis auf die Berechtigten zu übertragen sein soll. Damit kann der überlebende Ehegatte auch die Frage klären, wie hoch nach dem Tod des Erstverstorbenen Ehegatten seine finanziellen Möglichkeiten sind.

3.6.5 Ein Mitspracherecht für die Kinder

Auch die Autoren haben noch die Zeiten erlebt, in denen Kindern kaum Mitspracherechte eingeräumt wurden. So ist es oftmals für die Mandanten sehr befremdlich, wenn im Rahmen der Beratung und Vorbereitung von letztwilligen Verfügungen oder auch Übergaben die Frage gestellt wird, wie sich denn die nächste Generation die Verteilung des künftigen Nachlasses vorstellt. Selbstverständlich soll immer der Wille des Mandanten im Vordergrund stehen. Aber was ist denn der Wille des Mandanten? Er ist doch oftmals verbunden mit dem Gedanken, eine gerechte Verteilung vorzunehmen. Spätestens zu diesem Zeitpunkt muss man sich darüber im Klaren sein, dass Gerechtigkeit und Auslegung immer in unterschiedlicher Weise erfolgen können. Dem Geber erscheint es gerecht, wenn er allen seinen Kindern einen gleich hohen Anteil übergibt. Die Erwerber sehen für sich die Gerechtigkeit eher darin, beispielsweise nicht mit den Geschwistern zusammen einen gemeinsamen Vermögensgegenstand verwalten zu müssen.

Soweit die Kinder zu dem Ergebnis gelangen, dass für sie die Aufteilung der Vermögensgegenstände zu einer gerechten Verteilung führen kann, kann auch durch die Kinder die Frage der Ausgleichsregelungen beantwortet werden. Stellen Sie diese Frage, geben Sie sie niemals vor. Die Kinder sollen ihre Entscheidung auch wertemäßig umsetzen. Soweit es sich bei den Vermögensgegenständen um Immobilien handelt, werden diese nie einen gleich hohen Wert haben. Wenn die Kinder dann mit ungleichen Werten einverstanden sind, ist das die Entscheidung der Kinder. Eventuell kann man in diesem Zusammenhang auch über Werteausgleich sprechen. Finden die Kinder keinen Konsens, dann verbleibt es immer noch bei der Möglichkeit, allen Kindern einen gleichen Anteil an allen Vermögensgegenständen zu geben.

3.7 Steuerliche Aspekte

Gerade in Zeiten der sehr hohen steuerlichen Bedarfswerte wird es notwendig sein, die gesamten steuerlichen Belastungen zu verifizieren. Dazu bedarf es einer Vermögensaufstellung. Dabei sollte zunächst eine erste Einschätzung der Werte vorgenommen werden. Anhand dieser Schätzwerte kann man dann auch eine ungefähre Einschätzung der sich zum Zeitpunkt der Aufstellung ergebenden künftigen Erbschaftsteuerbelastung vornehmen. Die Wertfeststellung und die künftige Erbschaftsteuerbelastung muss jedoch ständig auf den neuesten Stand gebracht werden. Aus diesem Grund muss man feststellen, dass die Erstellung eines letzten Willens ein ungeeignetes Mittel sein wird, eine wirkliche Optimierung dieser Erbschaftsteuerbelastung vorzunehmen. Besser wird es sein, bereits zu Lebzeiten Vermögen auf die nächste Generation zu übertragen. Dabei wird das vorgenannte Gespräch unter den Kindern, mit dem die Verteilung festgelegt worden ist, als Grundlage dienen können.

All diese Gedanken werden zum Erhalt des Immobilienvermögens einen großen Beitrag leisten können. Der richtige letzte Wille verbunden mit einer lebzeitigen Übergabe wird sicherstellen, dass die Erbschaftsteuerbelastung optimiert und damit das Immobilienvermögen erhalten werden kann.

4 Das Pflichtteilsrecht

Nach der gesetzlichen Erbfolge und den dafür geltenden Bestimmungen wird der Erblasser von seinen Verwandten beerbt. Im Rahmen seines Rechts, davon abweichende testamentarische Regelungen zu treffen, hat er auch die Möglichkeit, selbst die nächsten Verwandten zu enterben und andere, fremde Personen als Erben einzusetzen. In solchen Fällen ist jedoch an die Pflichtteilshaftung zu denken.

4.1 Grundzüge des Pflichtteilsrechts

Um zu vermeiden, dass die nächsten Verwandten in einem Erbfall völlig leer ausgehen, schafft das Pflichtteilsrecht einen Ausgleich zwischen der gesetzlichen Erbfolge und der völligen Testierfreiheit des Erblassers, indem es für die sogenannten Pflichtteilsberechtigten einen Anspruch in Höhe der Hälfte des Wertes des gesetzlichen Erbteils begründet (§§ 2303 ff. BGB). Das Pflichtteilsrecht sichert den pflichtteilsberechtigten Personen eine Mindestbeteiligung am Nachlass. Dies gilt unter gewissen Vorgaben auch bei Schenkungen des Erblassers zulasten eines Pflichtteilsberechtigten. Das deutsche Pflichtteilsrecht gibt den Berechtigten einen Geldanspruch gegen die Erben, das bedeutet, es beteiligt sie nicht dinglich am Nachlass. Den Pflichtteilsanspruch hat primär der Erbe zu erfüllen, im Fall von Schenkungen des Erblassers eventuell auch der Beschenkte.

4.1.1 Wer ist pflichtteilsberechtigt?

Pflichtteilsberechtigt sind nur die nächsten Angehörigen des Erblassers, namentlich seine Abkömmlinge, sein Ehegatte, sein eingetragener Lebenspartner und seine Eltern (§ 2303 BGB). Die Geschwister und Großeltern sowie weiter entfernte Verwandte sind hingegen nicht pflichtteilsberechtigt. Die Eltern des Erblassers sind nur pflichtteilsberechtigt, wenn dieser selbst kein Kind hinterlässt (§ 1930, § 1925 BGB). Soweit ein näherer Abkömmling den Pflichtteil fordern kann, kommen entferntere Abkömmlinge nicht zum Zug. Lebt demnach beispielsweise ein Kind des Erblassers noch, dann haben im selben Stamm vorhandene Enkel keinen Erbteils- und Pflichtteilsanspruch (§ 1924 Abs. 2, § 1930 BGB).

Grundsätzlich ist ein Pflichtteilsrecht nur dann gegeben, wenn der Pflichtteilsberechtigte durch eine Verfügung von Todes wegen von der Erbfolge ausgeschlossen ist (§ 2303 BGB). Aber auch derjenige Pflichtteilsberechtigte, der als Erbe eingesetzt oder mit einem Vermächtnis bedacht ist, kann unter Umständen pflichtteilsberechtigt sein – so zum Beispiel im gesetzlichen Güterstand lebende Ehegatten nach § 1371 Abs. 3

BGB oder der mit der Anordnung einer Nacherbschaft oder einem Vermächtnis oder einer Testamentsvollstreckung Beschwerte, wenn er die Erbschaft ausschlägt (§ 2306 Abs. 1 BGB). Ferner auch derjenige, der einen nicht ausreichenden Erbteil (§ 2305 BGB) erhält oder nur durch ein Vermächtnis bedacht wurde (§ 2307 BGB).

Achtung

Eine Ausschlagung mit dem Ziel, den Pflichtteil zu erhalten, ist in jedem Fall vorab mit einem Fachmann zu besprechen. Die Ausschlagung kann im Zweifel nicht mehr rückgängig gemacht werden.

4.1.1.1 Abkömmlinge

Pflichtteilsberechtigte Abkömmlinge sind die Kinder, Enkel und Urenkel usw. des Erblassers. Das gilt auch für adoptierte Kinder und bei Erbfällen, die seit dem 29.5.2009 eingetreten sind, auch für nichteheliche Kinder (Zweites Gesetz zur erbrechtlichen Gleichstellung nichtehelicher Kinder vom 12.4.2011). Die Beschränkung der Rückwirkung auf die seit 29.5.2009 eingetretenen Erbfälle ist nach Ansicht des BGH und des Bundesverfassungsgerichts durch sachliche Gründe (Vertrauensschutz) gerechtfertigt und verfassungsrechtlich nicht zu beanstanden. Der BGH hat jedoch in einem Beschluss vom 12.7.2017 unter Hinweis auf den Einzelfall einer nichtehelichen Tochter ein Erbrecht nach ihrem am 13.6.1993 verstorbenen Vater gewährt.

Die Rechtslage für Erbfälle vor dem 29.5.2009 bleibt nach wie vor komplex und wird durch Entscheidungen des BGH, des Bundesverfassungsgerichts und des Europäischen Gerichtshofs für Menschenrechte (EGMR) bestimmt.

Achtung

Über die Regelungen für nichteheliche Kinder, die die vorgenannten Voraussetzungen erfüllen, wurde nach wie vor nicht eindeutig entschieden. Es ist daher fundierter Rechtsrat für diesen Fall einzuholen.

Da das Pflichtteilsrecht auf dem gesetzlichen Erbrecht beruht, ist für die Berechnung des Pflichtteils zunächst die Quote des gesetzlichen Erbteils des Pflichtteilsberechtigten zu ermitteln. Die Hälfte des gesetzlichen Erbteils ist der Pflichtteilsanspruch.

BEISPIEL

Der ledige Erblasser Herr Anders hinterlässt als Vater eines nichtehelichen Sohnes ein Vermögen von 600.000 EUR, das er im Rahmen eines Testaments seiner Lebensgefährtin Dana als Alleinerbin zuwendet. Da der Erblasser in seinem Testament seinen Sohn übergangen und damit enterbt hat, gewährt das Gesetz diesem als Ausgleich einen Pflichtteilsanspruch. Da er als einziger

Sohn des Erblassers nach der gesetzlichen Erbfolge Alleinerbe geworden wäre, aber enterbt wurde, steht ihm ein Pflichtteilsanspruch von 1/2 zu. Er kann gegen die Lebensgefährtin des Erblassers eine Geldforderung in Höhe von 300.000 EUR geltend machen.

Stiefkinder sind nur pflichtteilsberechtigt, wenn sie vom Erblasser adoptiert wurden.

Achtung

Gemeinsame Kinder haben nach ihren Eltern zwei getrennte Pflichtteilsansprüche, auch bei Vorliegen eines gemeinschaftlichen Testaments.

4.1.1.2 Ehegatten und eingetragene Lebenspartner

Der Ehegatte ist nach § 2303 Abs. 2 Satz 1 BGB grundsätzlich pflichtteilsberechtigt. Die Pflichtteilsberechtigung der eingetragenen Lebenspartner ergibt sich aus § 10 LPartG.

Ehegatten verlieren in Folge der Scheidung ihren Pflichtteilsanspruch. Sollte zum Zeitpunkt des Todes die Ehe noch nicht geschieden, jedoch ein Scheidungsverfahren anhängig sein, so entfällt auch in diesen Fällen das Pflichtteilsrecht des Ehegatten, wenn zur Zeit des Todes des Erblassers die Voraussetzungen für die Scheidung der Ehe gegeben waren und der Erblasser die Scheidung beantragt oder ihr zugestimmt hatte. Ebenso steht den Ehegatten kein Erbrecht zu, wenn es sich um eine aufhebbare Ehe handelt und der Ehegatte bei der Eheschließung deren Aufhebbarkeit kannte, so § 1318 Abs. 5 BGB.

Haben Ehegatten in ihrem gemeinschaftlichen Testament oder in einem Erbvertrag durch Voll- und Schlusserbschaft über ihr Vermögen verfügt und heiratet der überlebende Ehegatte nach Vorversterben des anderen wieder, führt die Bindungswirkung dieser vormals getroffenen Regelung häufig zur Enterbung des neuen Ehegatten. Diesem stehen jedoch Pflichtteils- sowie ggf. Zugewinnausgleichsansprüche gegen die Schlusserben – in der Regel die Kinder aus der ersten Ehe – zu, sofern der andere Ehegatte vor diesem verstirbt. Zum Zugewinnausgleich und dessen Berechnung siehe Kapitel 1.2.

Achtung

Will der überlebende Ehegatte bei einer Wiederverheiratung vermeiden, dass für den neuen Ehegatten Pflichtteils- oder Zugewinnausgleichansprüche entstehen, muss bei der Eheschließung zu einem Ehevertrag geraten werden. Mit diesem wird die Zugewinngemeinschaft ausgeschlossen und zugleich der Verzicht auf eventuelle Pflichtteilsansprüche erklärt. Diese beiden Regelungen erfordern die notarielle Beurkundung.

4.1.1.3 Eltern

Eltern sind nur dann pflichtteilsberechtigt, wenn keine Abkömmlinge des Erblassers vorhanden sind.

4.1.2 Die Pflichtteilsquote

Grundsätzlich gilt: Die Höhe des Pflichtteils entspricht der Hälfte des gesetzlichen Erbteils (§ 2303 Abs. 1 Satz 2 BGB). Es ist also zunächst der gesetzliche Erbteil zu ermitteln und dieser dann zu halbieren.

4.1.2.1 Gesetzliche Pflichtteilsquote und Güterstandsregelung der Ehegatten

Unter Beachtung des Grads der Verwandtschaft und der Art des ehelichen Güterstands ergeben sich folgende Pflichtteilsquoten:

Güterstand	Pflichtteil des Ehegatten neben Abkömmlingen			Pflichtteil je Kind, wenn der Erblasser im Erbfall noch verheiratet war		
				Anzahl der hinterlassenen Kinder		
				1	2	3
Zugewinngemeinschaft (erbrechtliche Lösung)	1/4			1/4	1/8	1/12
Zugewinngemeinschaft (güterrechtliche Lösung, jedoch ist Zugewinnausgleich vom Nachlass vorweg abzuziehen)	1/8			3/8	3/16	1/8
Gütertrennung	1 Kind 1/4	2 Kinder 1/6	3 und mehr Kinder 1/8	1/4	1/6	1/8
Gütergemeinschaft	1/8			3/8	3/16	1/8
Wahl-Zugewinngemeinschaft (Zugewinn wird stets rechnerisch ausgeglichen. Steht dem überlebenden Ehegatten ein Ausgleich zu, ist dieser vom Nachlass vorweg abzuziehen. Steht dem Erblasser ein Ausgleich zu, fällt der Anspruch – anders als bei der Zugewinngemeinschaft – in den Nachlass.)	1/8			3/8	3/16	1/8

Tab. 4: Pflichtteilsquote nach Grad der Verwandtschaft und nach Art des ehelichen Güterstands

4.1.2.2 Rechtsstellung des Ehegatten

Wenn die Ehegatten im Güterstand der Gütertrennung oder der Gütergemeinschaft gelebt haben, treten bei der Geltendmachung von Pflichtteilsansprüchen in rechtlicher Hinsicht keine Besonderheiten auf. Der enterbte Ehegatte hat einen Pflichtteilsanspruch in Höhe der Hälfte seines gesetzlichen Erbteils.

Das Pflichtteilsrecht des Ehegatten, der mit dem Erblasser im gesetzlichen Güterstand der Zugewinngemeinschaft gelebt hat, weist hingegen einige Besonderheiten auf. Zu berücksichtigen ist hier, ob der Ehegatte völlig enterbt oder testamentarisch durch Zuwendungen bedacht worden ist. Ist der überlebende Ehegatte durch ein Testament von der Erbfolge ausgeschlossen und auch nicht mit einem Vermächtnis bedacht worden, demnach völlig enterbt, hat er nur die Ansprüche auf den Zugewinnausgleich und auf den »kleinen Pflichtteil« (§ 1371 Abs. 2, § 2303 Abs. 2 BGB). Letzterer bemisst sich nicht nach dem pauschal um 1/4 erhöhten Erbteil im Sinne des § 1371 Abs. 1 BGB, sondern wird nach den erbrechtlichen Bestimmungen des § 1931 Abs. 1 und 2 BGB ermittelt. Falls Abkömmlinge des Erblassers vorhanden sind, beträgt er 1/8, falls der Erblasser neben dem Ehegatten nur Abkömmlinge zweiten Grades hat, macht er 1/4 aus.

Selbst ein nicht vollständig enterbter Ehegatte kann pflichtteilsberechtigt sein. Wird ihm vom Erblasser ein Erbteil oder Vermächtnis zugewendet, entfällt der Anspruch auf den Zugewinnausgleich. Das gilt selbst dann, wenn die Zuwendung von unbeachtlicher Höhe ist. Der Ehegatte kann dann den Erbteil oder das Vermächtnis behalten und ergänzend die »Aufstockung« seines Anspruchs bis zum Wert des »großen Pflichtteils« geltend machen (§§ 2305, 2307 BGB). Maßstab für die Berechnung dieses Pflichtteils(rest) anspruchs ist der erhöhte gesetzliche Erbteil (§ 1931 Abs. 1, § 1371 Abs. 1 BGB).

Alternativ hat der überlebende Ehegatte das Recht, den testamentarisch zugewandten Erbteil oder das Vermächtnis auszuschlagen (§ 1371 Abs. 3, § 2307 Abs. 1 Satz 1 BGB). Das hat zur Folge, dass er dann weder Erbe noch Vermächtnisnehmer ist, aber einen Anspruch auf den Zugewinnausgleich und den kleinen Pflichtteil hat. Dieses Recht steht dem überlebenden Ehegatten auch bei gesetzlicher Erbfolge zu. Macht der Ehegatte von seinem Recht auf Ausschlagung innerhalb von sechs Wochen keinen Gebrauch, nimmt er also den Erbteil oder das Vermächtnis an, hat er das Recht, eine Aufstockung bis zum Wert des großen Pflichtteils zu verlangen.

Achtung

Ein überlebender Ehegatte, der weder Erbe noch Vermächtnisnehmer ist, kann nicht zwischen dem großen Pflichtteil einerseits sowie dem kleinen Pflichtteil und dem Zugewinnausgleich andererseits wählen. Dieser Ehegatte ist auf den Anspruch auf Ausgleich des tatsächlichen Zugewinns und den kleinen Pflichtteil beschränkt.

Um herauszufinden, inwieweit es für einen Ehegatten in seiner Eigenschaft als Erbe oder Vermächtnisnehmer vorteilhaft wäre, die Ausschlagung zu erklären, müssen die Interessen sorgfältig abgewogen und eine Vergleichsrechnung vorgenommen werden.

4.1.3 Wahlrecht zwischen Ausschlagung und Pflichtteilsrecht

Ein Pflichtteilsanspruch entsteht in der Regel nur dann, wenn der pflichtteilsberechtigte Angehörige durch eine Verfügung von Todes wegen von der Erbfolge ausgeschlossen worden ist.

Ausnahmen von dieser Regelung:
- § 2306 BGB
- § 1371 Abs. 3 BGB
- § 2305–§ 2307 BGB

§ 2306 BGB findet nur dann Anwendung, wenn der von der Beschwerung Betroffene pflichtteilsberechtigter Erbe des Erblassers ist. Ist der bedachte Erbe mit folgenden Beschränkungen und/oder Beschwerungen im Sinne von § 2306 BGB belastet, so steht ihm das Recht zu, das Erbe auszuschlagen und den Pflichtteil einzufordern:
- Einsetzung eines Nacherben
- Ernennung eines Testamentsvollstreckers
- Teilungsanordnung
- Vermächtnisanordnung
- Auflage

§ 2306 Abs. 1 BGB räumt dem Erben die Wahlmöglichkeit ein, bei Bestehen der oben genannten Beschränkungen oder Belastungen unabhängig von der Höhe seines Erbteils entweder den Erbteil mit allen Belastungen und Beschwerungen anzunehmen oder ihn auszuschlagen und den Pflichtteil einzufordern.

BEISPIEL

Der pflichtteilberechtigte Alleinerbe ist mit einem Geldvermächtnis belastet. In diesem Fall kann er das Erbe nach § 2306 Abs. 1 BGB ausschlagen und seinen Pflichtteil geltend machen. Alternativ kann der Erbe die Erbschaft annehmen und das Vermächtnis erfüllen.

Da die Ausschlagung nur innerhalb kurzer Fristen nach dem Tode des Erblassers, in der Regel sechs Wochen nach Kenntnis des Todes und der Erbfolge, erfolgen kann, muss schnell eine Entscheidung getroffen werden. Die Einholung einer eingehenden rechtlichen Beratung ist dringend anzuraten.

BEISPIEL

Erhält der Pflichtteilsberechtigte nur ein Vermächtnis, kann er es ausschlagen und den Pflichtteil gemäß § 2307 Abs. 1 Satz 1 BGB verlangen. Schlägt er nicht aus, muss er sich den Wert des Vermächtnisses auf seinen Pflichtteilsanspruch anrechnen lassen (§ 2307 Abs. 1 Satz 2 BGB).

Achtung

Die weitverbreitete Meinung, dass ein Erbe bei Ausschlagung auf jeden Fall den Pflichtteil erhält, ist in der derzeitigen Fassung des Gesetzes nicht verankert. Die sogenannte taktische Ausschlagung bedarf daher immer der vorgenannten Prüfung und einer eingehenden Beratung.

4.1.4 Berechnung des Pflichtteilsanspruchs

Dem Pflichtteilsberechtigten steht nur ein Geldanspruch gegen den Erben bzw. den Beschenkten zu. Er wird also nicht Miterbe und erlangt auch keinen Anteil an der Erbschaft. Mangels Erbenstellung kann er weder die Übertragung einzelner Gegenstände aus der Erbschaft noch die Übertragung eines Miteigentumsanteils an einem Grundstück verlangen. Vielmehr hat er einen Anspruch auf Zahlung eines Geldbetrags in Höhe der Hälfte des Wertes des gesetzlichen Erbteils (§ 2303 Abs. 1 Satz 2 BGB). Es ist also zunächst der gesetzliche Erbteil zu ermitteln und dieser dann zu halbieren.

4.1.4.1 Wertermittlung

Bei der Berechnung des Pflichtteilsanspruchs als Geldanspruch werden der Bestand und der Wert des Nachlasses zur Zeit des Erbfalls zugrunde gelegt (§ 2311 BGB). Folge des sogenannten Stichtagsprinzips ist, dass Risiken durch Wertverluste in der Zeit bis zur Zahlung des Pflichtteilanspruchs im Verhältnis zum Pflichtteilsberechtigten beim Erben liegen, aber auch spätere Wertminderungen unberücksichtigt bleiben. Zum Beispiel kam angesichts zahlreicher Börsencrashs immer wieder die Frage auf, ob sich etwa der Absturz von Aktienwerten nicht auch auf den Pflichtteilsberechtigten auswirken sollte. Die Antwort ist ganz eindeutig: Nein! Gerade dieses Beispiel zeigt, dass der Pflichtteilsberechtigte nicht immer benachteiligt ist.

Ähnlich kompliziert kann es sein, wenn über den Wert zu vererbender Immobilien nachgedacht wird. Befindet sich im Nachlass zum Beispiel ein Mehrfamilienhaus und hat der Erblasser ein Kind, das er unbedingt ausschließen will, wird immer zuerst an Enterbung gedacht. Damit erhält das pflichtteilsberechtigte Kind zwar vermögensmäßig weniger, jedoch ist das Mehrfamilienhaus für den oder die Erben zunächst eine Belastung. Sie bekommen zwar einen sehr hohen Vermögenswert, tragen aber gleichzeitig die Last, dieses Vermögen zu erhalten. Sie müssen die Instandhaltungsmaßnahmen mit den Mieteinnahmen bezahlen – was nicht immer gelingt –, sich weiter mit dem Mieter aus dem ersten Stock auseinandersetzen, der schon seit Jahren für jeden Mangel der Wohnung eine Mietminderung geltend macht, und die Regelungen der Energieeinsparverordnung umsetzen.

Diesen Pflichten der Erben ist der Genuss des enterbten, aber pflichtteilsberechtigten Kindes gegenüberzustellen. Es erhält einen Geldbetrag und darf – auch wenn es ihn sich gerichtlich erstreiten muss – frei darüber verfügen. Natürlich läuft es nicht immer so ab, wie hier beschrieben. Man sollte sich aber in jedem Fall darüber Gedanken machen, ob es sinnvoll ist, das ungeliebte Kind zu enterben. Es wäre auch möglich, dieses Kind in eine Familiengesellschaft einzubinden. Es erhält dann seinen gesetzlichen Anteil, ist aber den dort zu beachtenden Regeln unterworfen (siehe Kapitel 6.3).

Der Pflichtteilsberechtigte kann den Pflichtteil nur aus dem schuldenfreien Nachlass verlangen. Deshalb ist zunächst der Wert des Nachlasses zu ermitteln, von dem dann die Verbindlichkeiten abzuziehen sind. Für die Bewertung der Aktiva, zu denen alle vererblichen Vermögensgegenstände des Erblassers gehören, kommt es auf den Verkehrswert an. Das ist grundsätzlich der beim Verkauf erzielbare Preis, also nicht der seinerzeitige oder derzeitige Kaufpreis. Wenn der Verkehrswert von Grundstücken, Geschäften, freiberuflichen Praxen, Handwerksbetrieben etc. streitig ist, empfiehlt es sich, ein Sachverständigengutachten einzuholen. Ansonsten gelten folgende Vorgaben:

- Für Wertpapiere – Anleihen und Aktien – ist der Kurswert am Todestag anzusetzen.
- Gesellschaftsanteile sind, soweit der Gesellschaftsvertrag nichts anderes vorsieht, mit ihrem vollen tatsächlichen Wert zu berücksichtigen. Das ist der Wert, den ein Außenstehender normalerweise als Kaufpreis zahlen würde.
- Der Wert eines Handelsgeschäfts oder Betriebs, also einer Arztpraxis, einer Anwaltskanzlei oder eines Architektenbüros, setzt sich aus dem Sachwert der Einrichtungsgegenstände sowie dem ideellen Wert (»good will«) zusammen.
- Lebensversicherungen sind dem Nachlass nur dann zuzurechnen, wenn der Erblasser selbst bezugsberechtigt war, nicht hingegen, wenn der Erblasser der Versicherung einen Dritten als Bezugsberechtigten genannt hat.

Bei der Bewertung von Grundstücken und Immobilien ist zu unterscheiden, ob es sich um bebaute oder unbebaute Grundstücke handelt und ob die Immobilien selbst genutzt werden oder der Erzielung von Einkünften dienen.

Von den Aktiva sind für die Berechnung des Pflichtteils sämtliche Passiva abzuziehen. Zu dem für § 2311 BGB relevanten Nachlass zählen nur die Schulden, Lasten und Verpflichtungen, die auch beim Eintritt der gesetzlichen Erbfolge zu zahlen wären. Auszuklammern sind demnach solche Verpflichtungen, die durch die testamentarische Verfügung des Erblassers entstanden sind.

Als Nachlassverbindlichkeiten können demnach sämtliche Schulden des Verstorbenen (§ 1967 Abs. 1 BGB) und Erbfallschulden (§ 1967 Abs. 2 BGB), zum Beispiel die Kosten der Beerdigung (§ 1968 BGB), in Abzug gebracht werden. Pflichtteils- und Vermächtnisansprüche, Auflagen, die Erbschaftsteuerschuld des Erben sowie die Ansprüche von Erbersatzberechtigten sind hingegen nicht abzugsfähig (§ 1969 BGB).

Wenn ein Sachverständigengutachten eingeholt werden muss, um den Wert einer Nachlassimmobilie zu ermitteln, werden die Kosten dafür aus dem Nachlass beglichen (§ 2314 Abs. 2 BGB). Sie mindern dann als Nachlassverbindlichkeit den Nachlasswert. Letztlich trägt der Pflichtteilsberechtigte diese Kosten gemäß seiner Erbquote mit.

4.1.4.2 Pflichtteilsrestanspruch

Besonderheiten ergeben sich, wenn der Erblasser pflichtteilsberechtigte Personen nicht völlig enterbt, sondern ihnen Zuwendungen zugesprochen hat, die weniger als die Hälfte des gesetzlichen Erbteils wert sind.

Wenn einer Person, die zum pflichtteilsberechtigten Personenkreis gehört, ein Erbteil hinterlassen wird, der kleiner als die Hälfte des gesetzlichen Erbteils ist, kann sie gemäß § 2305 BGB von den anderen Miterben die Differenz zwischen dem Erlangten und dem ihr zustehenden ordentlichen Pflichtteil verlangen. Der Pflichtteilsrestanspruch ist nicht mit dem Pflichtteilsergänzungsanspruch nach § 2325 BGB zu verwechseln (siehe hierzu Kapitel 4.2).

Auch der in Zugewinngemeinschaft verheiratete Ehegatte kann einen Pflichtteilsrestanspruch nach § 2305 BGB geltend machen, wenn ihm ein Erbteil zugewendet wurde, der unter seinem erhöhten Pflichtteil nach § 1371 Abs. 1 BGB liegt. In diesem Fall scheidet aber ein Zugewinnausgleich aus, da der Ehegatte dann Erbe geworden ist.

Schlägt der Ehegatte gemäß § 1371 Abs. 3 BGB den ihm zugewandten Erbteil aus, kann er neben dem »kleinen Pflichtteil« den Zugewinnausgleich verlangen. Ein Pflichtteilsrestanspruch mit dem Ziel, bis zum Wert des großen Pflichtteils aufzustocken, besteht dann jedoch nicht.

Der Pflichtteilsrestanspruch bezieht sich wie der Pflichtteilsanspruch auf Geld. Bei der Ermittlung seines Wertes sind Anrechnungs- und Ausgleichsrechte bzw. -pflichten nach § 2315 f. BGB zu berücksichtigen.

BESPIEL

Der ledige Erblasser Herr Müller hinterlässt zwei Töchter, Agnes und Vera, sowie einen Nachlass von 1.000.000 EUR, der im Wesentlichen aus einem Einfamilienhaus im Wert von 750.000 EUR und einer Eigentumswohnung im Wert von 250.000 EUR besteht. Durch Testament hat Herr Müller das Haus Agnes und die Eigentumswohnung Vera vermacht.

Da der gesetzliche Erbteil für jedes der beiden Kinder 500.000 EUR und der Pflichtteil die Hälfte hiervon, also 250.000 EUR beträgt, kann Vera gegenüber ihrer Schwester Agnes keinen Pflichtteilsrestanspruch geltend machen. Der Wert der Eigentumswohnung entspricht genau dem Wert ihres Pflichtteils. Dies gilt, obwohl Vera gegenüber Agnes im Testament vom Wert her deutlich benachteiligt ist.

Etwas anderes würde gelten, wenn der Wert der zugewendeten Eigentumswohnung unter dem Pflichtteil liegt. Dann stünde Vera neben der Eigentumswohnung als »Aufstockung« ein Pflichtteilsrestanspruch in Höhe der Differenz zwischen Pflichtteil und zugewendetem Wert zu (§ 2305 BGB).

4.1.4.3 Ausgleichung und Anrechnung lebzeitiger Zuwendungen

Um für eine gerechte Verteilung des Nachlasses unter Miterben zu sorgen und aus der Sicht der Pflichtteilsberechtigten einen Mindestanteil am gesamten lebzeitigen Vermögen des Erblassers zu gewährleisten, hat das Gesetz die Ausgleichung und die Anrechnung geschaffen (§ 2315 f. BGB). Hat ein Pflichtteilsberechtigter noch zu Lebzeiten des Erblassers eine Zuwendung von ihm erhalten, gewährleistet die Anrechnung nach § 2315 BGB, dass der spätere Erbe diesem Pflichtteilsberechtigten nicht den vollen Pflichtteil zu zahlen hat, sondern vielmehr dieser Vorempfang auf den individuellen Pflichtteil angerechnet wird. Eine Anrechnung auf den ordentlichen Pflichtteil erfolgt jedoch immer nur auf Anordnung des Erblassers, während die Anrechnung eines sogenannten Eigengeschenks, also eines Geschenks des Erblassers an den Pflichtteilsberechtigten, auf den Pflichtteilsergänzungsanspruch nach § 2327 BGB automatisch erfolgt. Die Anrechnung auf den Pflichtteil vermindert den Pflichtteilsanspruch und führt damit zu einer Begünstigung des Erben.

Mit § 2316 BGB und der darin festgelegten Ausgleichung verfolgt der Gesetzgeber ebenfalls grundsätzlich das Ziel, unter Abkömmlingen – und nur unter diesen – eine gerechte Bemessung des Pflichtteils eines jeden Berechtigten zu erreichen, indem frühere Vorempfänge berücksichtigt werden. Denn auch bei der Auseinandersetzung einer Erbengemeinschaft, die aus Abkömmlingen besteht, mindern Zuwendungen zu Lebzeiten, die ausgleichspflichtig sind, die Ansprüche der einzelnen Miterben. Derartige Vorempfänge beeinflussen die Höhe des Pflichtteilsanspruchs von Abkömmlingen.

Dabei ist unter Verweis auf die §§ 2050 ff. BGB stets von den Ausgleichspflichten auszugehen, die unter Abkömmlingen bei der gesetzlichen Erbfolge bestehen würden. Die Ausgleichung bei der Erbauseinandersetzung betrifft immer nur tatsächlich quotengleiche Abkömmlinge, also nie den Ehegatten, die Eltern des Erblassers oder fremde Dritte.

Zu den ausgleichspflichtigen Zuwendungen gehören Ausstattungen (§§ 2050 Abs. 1, 1624 BGB), Zuschüsse zum Unterhalt und Kosten für die Berufsausbildung, soweit sie die Vermögensverhältnisse des Erblassers überschritten haben (§ 2050 Abs. 1 und 2 BGB), sowie sonstige Zuwendungen, deren Ausgleichungspflicht der Erblasser bei der Zuwendung angeordnet hat (§ 2050 Abs. 3 BGB). Wenn mehrere Abkömmlinge vorhanden sind, muss ein hypothetischer Ausgleich unter ihnen durchgeführt werden, um festzustellen, was jedem einzelnen nach den Regeln der gesetzlichen Erbfolge zustehen würde. Für die Berechnung des Pflichtteils nach den Ausgleichungsvorschriften kommt es allein auf den hypothetischen gesetzlichen Erbteil an.

In Abgrenzung zur Anrechnung führt die Ausgleichung lediglich zu einer Umverteilung der Anteile der jeweiligen pflichtteilsberechtigten Abkömmlinge. Die Summe der Pflichtteilsansprüche bleibt im Ergebnis gleich mit der Folge, dass es zu keiner Begünstigung der Erben kommt.

Die Anrechnung von Zuwendungen auf den Pflichtteil nach § 2315 BGB und die Ausgleichung von Vorempfängen nach § 2316 Abs. 1 BGB unterscheiden sich darüber hinaus wie folgt:

- Während die Ausgleichung nur für Abkömmlinge gilt, trifft die Anrechnung jeden Pflichtteilsberechtigten, also sowohl Abkömmlinge und Ehegatten als auch Eltern.
- Bei der Anrechnung wird die Zuwendung direkt vom Pflichtteil abgezogen; bei der Ausgleichung geht es hingegen um die Höhe des gesetzlichen Erbteils, der für den Pflichtteil erheblich ist.
- Eine Zuwendung der in § 2050 Abs. 1 BGB bezeichneten Art (beispielsweise eine Ausstattung) kann der Erblasser nicht zum Nachteil eines Pflichtteilsberechtigten von der Berücksichtigung ausschließen (§ 2316 Abs. 3 BGB). Lässt ein Erblasser demnach einem Abkömmling zu Lebzeiten eine solche Zuwendung zukommen, kann er zwar bestimmen, dass sie bei der Auseinandersetzung zwischen den Miterben nicht ausgleichspflichtig sein soll. Doch für die Berechnung des Pflichtteils wäre diese Bestimmung des Erblassers unwirksam. Der Erblasser kann bei solchen Vorempfängen nicht verhindern, dass hinsichtlich des betreffenden Pflichtteilsberechtigten bei der Berechnung des Pflichtteils von dem erhöhten Nachlasswert (Nachlass plus Zuwendung) ausgegangen wird. Dagegen ist bei sonstigen Zuwendungen im Sinne des § 2050 Abs. 3 BGB eine Ausgleichsanordnung des Erblassers notwendig.

BEISPIEL

Der im gesetzlichen Güterstand der Zugewinngemeinschaft verheiratete Erblasser Herr Michalski hinterlässt seine Ehefrau Doris und seine beiden Kinder Anton und Beate. Der Nachlass beträgt 800.000 EUR. Durch letztwillige Verfügung hat Herr Michalski Doris zur Alleinerbin eingesetzt. Bereits zu Lebzeiten hat Anton für die Gründung seines Unternehmens 80.000 EUR erhalten und Beate bei der Eheschließung eine Aussteuer von 20.000 EUR, ohne dass Herr Michalski dabei eine Anrechnungsanordnung getroffen hat.

Da die pflichtteilsberechtigten Abkömmlinge bereits zu Lebzeiten von Herrn Michalski Vorempfänge erhalten haben, ohne dass diese mit der Bestimmung zugewendet worden sind, sie auf den Pflichtteil anzurechnen (§ 2315 Abs. 1 BGB), kommt wegen der gerechten Bemessung des Pflichtteils eine Ausgleichung nach § 2316 BGB in Betracht.

Verringert man den Nachlass von 800.000 EUR um den hypothetischen gesetzlichen Erbteil für Doris von 1/2, namentlich 400.000 EUR, verbleibt ein Restnachlass von 400.000 EUR. Diesem Betrag sind zunächst die ausgleichpflichtigen Zuwendungen an die Abkömmlinge hinzuzurechnen, dann die gesetzlichen Erbteile zu ermitteln und wiederum daraus die Pflichtteile zu berechnen.

Der Restnachlass wird um die ausgleichpflichtigen Zuwendungen in Höhe von 80.000 EUR und 20.000 EUR erhöht, damit belaufen sich die gesetzlichen Erbteile der Abkömmling auf je 250.000 EUR. Auf diesen Betrag muss sich Anton die Zuwendung von 80.000 EUR anrechnen lassen. Sein Pflichtteil macht die Hälfte des Betrags von 170.000 EUR aus, er bekommt also 85.000 EUR. Beate muss sich auf ihren Erbteil von 250.000 EUR die Zuwendung von 20.000 EUR anrechnen lassen. Die Hälfte des Differenzbetrags von 230.000 EUR macht ihren Pflichtteil von 115.000 EUR aus.

Dieses Beispiel gibt Ihnen einen Eindruck davon, welche Fallstricke es beim Vererben gibt und was alles zu beachten ist. Letztlich zeigt es auch, dass nur ein erfahrener Fachanwalt die einzelnen Punkte aufeinander abstimmen kann, damit tatsächlich das gewünschte Ergebnis zustande kommt.

Nachträgliche Anrechnung von Zuwendungen auf den Pflichtteil

Lebzeitige Zuwendungen muss sich der Pflichtteilsberechtigte nach § 2315 Abs. 1 BGB nur dann auf seinen Pflichtteil anrechnen lassen, wenn der Erblasser vor oder spätestens bei der Zuwendung eine Anrechnungsbestimmung getroffen hat. Ist der Pflichtteilsberechtigte bei der Schenkung nicht damit einverstanden, dass sich sein

Pflichtteil verringert, kann er die Zuwendung ablehnen. Die Regelung des § 2315 Abs. 1 BGB zur Anrechnung von Zuwendungen auf den Pflichtteil ist sehr formalistisch und wenig praxisnah ausgestaltet. Vielen Erblassern ist auch nicht bekannt, dass eine unterlassene Anrechnungsbestimmung später nicht mehr einseitig nachgeholt werden kann.

Achtung

Die Bemühungen des Gesetzgebers diese praxisferne Regelung zu erleichtern, so zum Beispiel dem Erblasser die Möglichkeit einzuräumen, die Anrechnungsbestimmung auch noch in seinem Testament treffen zu können, sind leider gescheitert. Es ist bei der alten Regelung des § 2315 BGB geblieben, wonach die Anrechnungsbestimmung des Schenkers gegenüber dem Beschenkten vor oder bei der Zuwendung erfolgen muss. Die Anrechnungsbestimmung ist an keine besondere Form gebunden. Zu Beweiszwecken ist jedoch dringend darauf zu achten, dass die Anrechnungsbestimmung vor oder bei der Zuwendung in Schriftform erfolgt.

Anrechnung von Zuwendungen an Minderjährige

Nach der derzeit herrschenden Meinung ist eine unentgeltliche Zuwendung an Minderjährige unter Anrechnungsbestimmung auf deren Pflichtteil ein »nicht lediglich rechtlich vorteilhaftes Rechtsgeschäft«. Aus diesen Gründen ist es bei Zuwendungen an Minderjährige unter einer Anrechnungsbestimmung in jedem Fall anzuraten, einen Ergänzungspfleger zu bestellen und die vormundschaftsgerichtliche Genehmigung einzuholen.

4.1.5 Auskunfts- und Wertermittlungsanspruch

Der Pflichtteilsberechtigte kann vom Erben gemäß § 2314 Abs. 1 Satz 1 BGB Auskunft über den Bestand des Nachlasses verlangen. Dieser Anspruch erstreckt sich auf die beim Erbfall tatsächlich vorhandenen Nachlassgegenstände und -verbindlichkeiten. Außerdem hat der Erbe auf Verlangen des Pflichtteilsberechtigten gemäß § 2314 Abs. 1 Satz 2 BGB den Wert des Nachlasses zu ermitteln. Der Pflichtteilsberechtigte kann die Aufstellung eines sogenannten Nachlassverzeichnisses fordern, das sämtliche Aktiva und Passiva im Einzelnen enthält, auf Verlangen auch die Zuwendungen des Erblassers, die bei der Berechnung des Pflichtteils gemäß § 2316 BGB auszugleichen sind. Ferner sind darin Schenkungen des Erblassers an Dritte zu erfassen, die dem Pflichtteilsberechtigten einen Ergänzungsanspruch nach § 2325 BGB geben könnten. Die Kosten des Verzeichnisses fallen dem Nachlass zur Last (§ 2314 Abs. 2 BGB). Wenn der Erbe trotz Bemühungen keine umfassende Auskunft über Schenkungen des Erblassers an Dritte erteilen kann, begründet das einen Anspruch des Pflichtteilsberechtigten auf Auskunft gegen den Beschenkten selbst.

Die Auskunftsansprüche sind zwar gesetzlich verankert. Doch wenn jemand bewusst einen Vermögensgegenstand oder einen Sachverhalt nicht erwähnt, der zu einem Pflichtteils- oder Pflichtteilsergänzungsanspruch führt, hat man in einem Zivilprozess nur dann die Möglichkeit, weitere Recherchen durchzuführen, wenn man das Gericht davon überzeugen kann, dass etwas verschwiegen wird. Im Übrigen ist ein Beweis, der durch »Ausforschung« erbracht wird, zivilrechtlich unwirksam. Man hat auch nicht ohne Weiteres den Anspruch darauf, dass Kontoauszüge der letzten zehn Jahren vorgelegt werden, wenn man nicht beweisen kann, dass innerhalb dieser Zeit Schenkungen an Dritte erfolgt sind.

Um die Glaubwürdigkeit des Gegners und seiner Auskünfte zu erschüttern, ist es in jedem Fall sinnvoll, selbst Informationen einzuholen. Hier besteht zum Beispiel eine Möglichkeit darin, die Einträge im Grundbuch aus früheren Jahren einzusehen. Dabei sollte man auch sein rechtliches Interesse verweisen. Nicht jeder ist berechtigt, eine Kopie dieser Verträge zu erhalten. Wer aber gegenüber dem Grundbuchamt ein berechtigtes Interesse an der Einsichtnahme geltend macht – unter Hinweis auf die Pflichtteils- und Pflichtteilsergänzungsansprüche gelingt dies in den meisten Fällen –, erhält den Vertrag, aus dem sich eventuell weitere Hinweise entnehmen lassen.

Bewertung einer Immobilie

Immobilien machen oftmals den Großteil des Nachlassvermögens aus, daher ist besonders interessant, wie ihr Wert bestimmt wird. Für die Berechnung des Pflichtteilsanspruchs ist grundsätzlich der Verkehrswert einer Immobilie festzustellen. Der »wahre« Wert ist in jedem Fall durch einen Verkauf zu ermitteln, denn ein fremder Dritter wird nur den Preis bezahlen, der ihm für diese Immobilie als gerechtfertigt erscheint.

Soweit der Wert nicht anhand eines tatsächlich erzielten Kaufpreises bestimmt werden kann – und das wird nur sehr selten der Fall sein –, stellt sich die Frage, nach welcher Methode die Immobilienbewertung durchzuführen ist. Generell gibt es verschiedene Arten von Grundstücken, ihre Bewertung richtet sich jeweils nach unterschiedlichen Grundsätzen. Für unbebaute Grundstücke gilt Folgendes:

- Unbebaute Grundstücke sind grundsätzlich nach der Vergleichswertmethode zu bewerten. Maßgeblich für den so zu ermittelnden Bodenrichtwert sind tatsächlich erzielte Kaufpreise für Grundstücke, die aufgrund ihrer Lage, Beschaffenheit, Größe und Alter dem zu bewertenden Grundstück gleichartig und somit richtungweisend sind.
- Handelt es sich bei dem unbebauten Grundstück um Bauerwartungsland und unterscheidet sich das Grundstück dadurch von im Übrigen vergleichbaren Grundstücken, ist der Richtwert um einen angemessenen Aufschlag zu erhöhen.

- Die Ermittlung des gemeinen Wertes von bebauten Grundstücken erfordert eine nochmalige Unterscheidung zwischen eigengenutzten Immobilien und solchen, die aus Gründen der Einkünfteerzielung fremdvermietet sind.
- Der Wert der selbst genutzten Eigentumswohnung bzw. des selbst genutzten Einfamilienhauses wird nach dem Sachwertverfahren ermittelt. Diese Methode orientiert sich an den Herstellungskosten, die heute aufgewendet werden müssten, um das betreffende Haus oder die Wohnung zu bauen. Der Sachwert ist dann je nach Alter und Abnutzung der zu bewertenden Immobilie zu kürzen.
- Eine vermietete Nachlassimmobilie wird nach dem Ertragswertverfahren bewertet. Dabei ist der nachhaltig erzielbare jährliche Reinertrag maßgeblich.

Belastungen eines Grundstücks mit Rechten Dritter, die die wirtschaftliche Verwertbarkeit mindern, sind im Rahmen angemessener Wertabschläge zu berücksichtigen. Um eine solche Belastung handelt es sich zum Beispiel bei einem Nießbrauch, der zugunsten einer anderen Person eingetragen ist. Auch wenn im Grundbuch Baubeschränkungen eingetragen sind, zum Beispiel zugunsten des Nachbarn festgelegte einzuhaltende Bauabstandstiefen, wird das letztendlich einen Bewertungsabschlag begründen.

Darüber hinaus wirkt sich je nach Einzelfall die Tatsache, dass der Erblasser nur Miteigentümer des Grundstücks war oder sich der Grundstücksteil gar noch in einer Miterbengemeinschaft befindet, ebenfalls wertmindernd aus, da damit die Verwertbarkeit des Grundstücks nachhaltig eingeschränkt wird.

Befindet sich landwirtschaftliches Vermögen im Nachlass, das von einem pflichtteilsberechtigten Erben fortgeführt wird, so erfolgt die Bewertung zum Zwecke dessen Erhalts nach § 2312 BGB nach dem Ertragswertverfahren. Bei dieser privilegierten Behandlung ist der kapitalisierte jährliche Reinertrag des landwirtschaftlichen Betriebs entscheidend.

4.1.6 Fälligkeit und Verjährung des Pflichtteilsanspruchs

Der Pflichtteilsanspruch entsteht mit dem Erbfall und ist sofort fällig (§ 2317 Abs. 1 BGB, § 271 BGB). Muss er gerichtlich durchgesetzt werden, ist das Prozessgericht zuständig. Steht der zahlungspflichtige Erbe unter Testamentsvollstreckung, so muss der Erbe auf den Pflichtteil verklagt werden (§ 2213 Abs. 1 Satz 3 BGB). Dies gilt auch für die Auskunfts- und Wertermittlungsansprüche. Der Testamentsvollstrecker ist jeweils auf Duldung zu verklagen.

Der Pflichtteilsanspruch verjährt gemäß § 2332 Abs. 1 BGB nach drei Jahren. Die Frist beginnt, wenn der Pflichtteilsberechtigte von dem Eintritt des Erbfalls und der ihn beeinträchtigenden Verfügung erfährt, spätestens 30 Jahre nach Eintritt des Erbfalls. Die Verjährung ist eine Einrede und wird nicht von Amts wegen berücksichtigt (§ 214 BGB). Aus diesem Grund wird es immer notwendig sein, dass der eigentliche Pflichtteilsverpflichtete sich auf die Verjährung beruft. Die Einrede, also die Geltendmachung der Verjährung, kann auch noch im gerichtlichen Verfahren vorgenommen werden, muss aber auf jeden Fall rechtzeitig erfolgen.

Achtung

Bei der Frage, wann die Frist der Verjährung beginnt, ist grundsätzlich anzuraten, vom Todestag des Erblassers auszugehen. Damit besteht eine sichere Berechnungsgrundlage.

Hintergrund ist die Tatsache, dass in gerichtlichen Verfahren vom Pflichtteilsverpflichteten oftmals unter Hinweis auf schriftliche Aufzeichnungen oder Zeugen die Einrede der Verjährung geltend gemacht wird, und zwar mit der Begründung, der Pflichtteilsberechtigte habe bereits zu Lebzeiten des Erblassers Kenntnis erhalten, dass er enterbt werde. Doch auch wenn die Kenntnis noch zu Lebzeiten erfolgte, beginnt die Frist erst mit dem Todestag des Erblassers zu laufen.

Kaum jemand zieht gerne vor Gericht, daher versuchen viele Pflichtteilsberechtigte, mit den Erben einen »good will« auszuhandeln. Sie warten auf Angebote von der Gegenseite und begeben sich erst im letzten Augenblick zu einem Fachanwalt, um die Pflichtteilsansprüche doch noch gerichtlich durchzusetzen. Ganz abgesehen davon, dass man dann nicht mehr optimiert beraten werden kann – die Verjährungsfristen drohen abzulaufen –, besteht auch keine Möglichkeit mehr, zusammen mit dem Berater dem pflichtteilsverpflichteten Erben ein Angebot zur Güte zu machen. So bleibt dem Fachanwalt nur, dem pflichtteilsverpflichteten Erben zu vermitteln, dass er mit der gerichtlichen Durchsetzung Ernst machen wird.

Mit der Schuldrechtsreform haben sich die Verjährungsfristen sowie die zugrunde liegenden Regeln maßgeblich geändert. § 203 BGB besagt Folgendes: Wenn »Verhandlungen über den Anspruch oder die den Anspruch begründenden Tatsachen schweben«, läuft die Verjährung in dieser Zeit nicht weiter. Allerdings ist auch hier Vorsicht geboten: Zur Hemmung der Verjährung muss der Pflichtteilsberechtigte rechtzeitig vor Ablauf der Verjährungsfrist entweder beim Prozessgericht Klage einreichen oder eine rechtsverbindliche Erklärung des Erben vorweisen können, mit der anerkannt wird, dass ein Pflichtteilsanspruch besteht. Die bloße Aufforderung zur Zahlung oder zur Anerkennung des Pflichtteilsanspruchs reicht zur Hemmung der Verjährung nicht aus.

4.1.7 Stundung des Pflichtteilsanspruchs (§ 2331a BGB)

Nach § 2331a BGB kann der Erbe die Stundung des Pflichtteilsanspruchs verlangen, wenn die sofortige Erfüllung des gesamten Anspruchs wegen der Art der Nachlassgegenstände für ihn eine unbillige Härte wäre.

Das Gesetz sieht einen derartigen Härtefall dann vor, wenn der Erbe zur Aufgabe des Familienheims oder zur Veräußerung eines Wirtschaftsguts gezwungen wird, das für den Erben und seine Familie die wirtschaftliche Lebensgrundlage bildet. Entscheidend kommt es dabei darauf an, dass das Wirtschaftsgut, das veräußert werden müsste, die wirtschaftliche Lebensgrundlage des Erben und seiner Familie bildet. Ungünstige Aktienkurse oder Familienerbstücke, an denen ein besonderes ideelles Interesse hängt, berechtigen nicht zum Stundungsantrag.

Bei der Entscheidung über den Stundungsantrag sind die Interessen des Pflichtteilsberechtigten angemessen zu berücksichtigen. Es ist somit in jedem Einzelfall eine umfassende Interessenabwägung durchzuführen. In der Regel werden die Interessen des Pflichtteilsberechtigten durch eine dingliche Sicherung seines Anspruchs gewährleistet. Je nach Dauer der Stundung kann auch an eine Ratenzahlung gedacht werden.

Die Stundungsmöglichkeit besteht für den ordentlichen Pflichtteilsanspruch nach §§ 2303 ff. BGB sowie dem Pflichtteilsergänzungsanspruch nach §§ 2325 ff. BGB.

Grundsätzlich ist für die Entscheidung über ein Stundungsverfahren das Nachlassgericht zuständig. Sollte bereits der Pflichtteilsanspruch rechtshängig sein, so entscheidet das Prozessgericht über den vom Erben gestellten Stundungsantrag.

Hinweis

In jedem Fall führt die Geltendmachung des Stundungsantrags zu Verzögerungen der Auszahlung des Pflichtteilsanspruchs und kann zur Herstellung der Vergleichsbereitschaft der Gegenseite genutzt werden.

4.1.8 Nichtbestehen oder Wegfall des Pflichtteilsanspruchs

Ein Pflichtteilsanspruch besteht nicht oder entfällt, wenn

- der Berechtigte auf seinen Pflicht- oder Erbteil notariell verzichtet hat (§ 2348 BGB),
- der Pflichtteilsberechtigte nach dem Erbfall im Rahmen einer Anfechtungsklage für erbunwürdig erklärt wird (§ 2339 BGB) oder
- der Erblasser in seiner letztwilligen Verfügung unter Angabe der ausschlaggebenden Gründe einen Entzug angeordnet hat (§§ 2333 bis 2337 BGB).

4.2 Wie wirken sich lebzeitige Schenkungen auf den Pflichtteilsergänzungsanspruch aus?

Der Erblasser kann zu Lebzeiten über sein Vermögen frei verfügen und dieses bis zu seinem Tod entsprechend vermindern. Dabei ist insbesondere an lebzeitige Schenkungen zu denken, die den Nachlass verringern. Nicht selten sind Erblasser der Ansicht, sie könnten die Pflichtteilsansprüche von Kindern oder ihres Ehegatten dadurch aushöhlen, dass sie bereits zu Lebzeiten Schenkungen vornehmen. Dabei handelt es sich jedoch um einen Trugschluss, da Geschenke, die der Erblasser in einem bestimmten Zeitraum vor seinem Tod einem Dritten gemacht hat, zum Nachlass hinzugerechnet werden. Demnach unterscheidet man vom Pflichtteilsanspruch, der aus dem vorhandenen Nachlass errechnet wird, den sogenannten Pflichtteilsergänzungsanspruch nach § 2325 BGB, der auf Grundlage des um die lebzeitigen Schenkungen erhöhten fiktiven Gesamtnachlasses errechnet wird.

4.2.1 Schenkung an Dritte

Gemäß § 2325 Abs. 1 BGB kann der Pflichtteilsberechtigte einen Pflichtteilsergänzungsanspruch gegen den oder die Erben geltend machen, wenn der Erblasser einem Dritten eine Schenkung gemacht hat. Die Höhe des Pflichtteilsergänzungsanspruchs hängt von dem Betrag ab, um den sich der Pflichtteil erhöht, wenn der verschenkte Gegenstand wertmäßig dem Nachlass hinzugerechnet wird. Für das Vorliegen einer Schenkung ist eine objektive Bereicherung des Dritten und eine Einigung zwischen Erblasser und Zuwendungsempfänger über die Unentgeltlichkeit der Zuwendung maßgebend.

Dem Pflichtteilsergänzungsanspruch unterliegt immer nur der unentgeltliche Teil einer Zuwendung. Wurde eine gemischte Schenkung vereinbart, ist daher bei der Ermittlung des Ergänzungsanspruchs stets die Gegenleistung zu berücksichtigen und in Abzug zu bringen.

Eine gemischte Schenkung liegt vor, wenn bei einem einheitlichen Vertrag der Wert der Leistung nur zum Teil dem Wert der Gegenleistung entspricht und die Parteien sich darüber einig sind, dass der die Gegenleistung übersteigende Wert unentgeltlich zugewendet sein soll. Gegenleistungen, für die neben einfachen Geldzahlungen beispielsweise eine Schuldenübernahme, die Einräumung eines Nießbrauchrechts, die Einbringung wiederkehrender Leistungen oder die Vereinbarung eines Wohnrechts in Betracht kommen, mindern stets den für die Berechnung des Ergänzungsanspruchs maßgeblichen Wert der Zuwendung. Hat der Erblasser sich ein Nießbrauchrecht vorbehalten, ergeben sich bei der Berechnung Besonderheiten (siehe hierzu Kapitel 5.2.3 oder 10.11.7).

Dritter im Sinne des § 2325 Abs. 1 BGB ist im Übrigen jede Person mit Ausnahme des Anspruchstellers selbst. Demnach fallen unter den Begriff des Dritten auch der Erbe, der Miterbe oder ein anderer Pflichtteilsberechtigter. »Pflichtteilsberechtigte« im Sinne des § 2325 BGB sind sämtliche Personen, die zum Kreis der Pflichtteilsberechtigten nach § 2303 BGB gehören. Nicht erforderlich für einen Anspruch nach § 2325 BGB ist hingegen, dass tatsächlich auch ein Pflichtteilsanspruch laut § 2303 BGB besteht. Derjenige, der durch Testament oder kraft Gesetzes Alleinerbe oder Miterbe wurde, kann somit ebenfalls einen Ergänzungsanspruch geltend machen und diesen auch durchsetzen.

Den Pflichtteilsergänzungsanspruch gemäß § 2325 BGB hat auch derjenige, der Erbe oder Vermächtnisnehmer wurde und dadurch so viel erhalten hat, dass der ordentliche Pflichtteil des § 2303 BGB ausscheidet (§ 2326 Satz 1 BGB). Insgesamt kann eine zum Kreis der Pflichtteilsberechtigten nach § 2303 BGB gehörende Person nicht mehr als die Summe aus Pflichtteil und Pflichtteilsergänzung beanspruchen. Sie muss sich dabei immer das ihr Zugewendete abziehen lassen (§ 2326 Satz 2 BGB).

BEISPIEL

Herr Zuger hinterlässt ein Testament, mit dem er seine beiden Kinder Frank und Nina zu Miterben einsetzt. Frank hat bereits vor fünf Jahren eine Immobilie im Wert von 120.000 EUR erhalten. Der beim Tod von Herrn Zuger vorhandene Nachlass reicht gerade aus, um die Beerdigungskosten zu decken.

Aufgrund der Tatsache, dass Nina neben Frank zur Miterbin eingesetzt worden ist, ist sie nicht enterbt. Aus diesem Grund hat sie zunächst keine Pflichtteilsansprüche. Dennoch steht ihr ein Pflichtteilsergänzungsanspruch zu, da Frank innerhalb der letzten zehn Jahre ein Geschenk erhalten hat, das nun bei dieser Berechnung wieder auszugleichen ist.

Die Praxis zeigt immer wieder, dass die Geltendmachung von Pflichtteilsansprüchen sehr komplex ist. Daher empfiehlt es sich unbedingt, hier einen Fachanwalt heranzuziehen. Und: Für die Berechnung von Pflichtteils- und Pflichtteilsergänzungsansprüchen gilt ein Zeitrahmen von drei Jahren. Warten Sie aber mit der Mandatsaufnahme nicht bis zum Ende der Verjährungsfrist. Oft muss die Beratung dann in Eile vorgenommen werden, sodass in keinem Fall das beste Ergebnis erzielt werden kann.

Hat der Pflichtteilsberechtigte selbst ein Geschenk vom Erblasser ohne Anrechnungsbestimmung erhalten, wird dessen Wert auf die Pflichtteilsergänzungsforderung des § 2325 BGB angerechnet (§ 2327 Abs. 1 Satz 1 BGB). Wenn der Pflichtteilsberechtigte selbst ein Geschenk vom Erblasser erhalten und dieser bestimmt hat, dass das Geschenk auf den Pflichtteil anzurechnen ist (§ 2315 BGB), muss sich der Pflichtteilsberechtigte das Geschenk nicht nur auf die Ergänzung, sondern auch auf den ordentlichen Pflichtteil anrechnen lassen (§ 2327 Abs. 1 Satz 2 BGB).

4.2.2 Wann beginnt die Zehnjahresfrist nach einer Schenkung zu laufen?

Für die Berechnung des Pflichtteils ist grundsätzlich der Bestand des Nachlasses zum Zeitpunkt des Erbfalls maßgeblich (§ 2311 Abs. 1 Satz 1 BGB). Hat der Erblasser durch lebzeitige Schenkungen diesen Nachlassbestand reduziert, kann dem Pflichtteilsberechtigten ein Pflichtteilsergänzungsanspruch (§ 2325 BGB) zustehen. Es werden jedoch in der Regel nur Schenkungen berücksichtigt, die zum Zeitpunkt des Erbfalls innerhalb der letzten zehn Jahre erfolgt sind.

Dabei wird die Schenkung nur noch im ersten Jahr vor dem Erbfall zu 100% berücksichtigt. Für jedes weitere Jahr vor dem Erbfall wird der Wertansatz des Pflichtteilsergänzungsanspruches um 1/10 reduziert.

Leistung des Schenkungsgegenstands erfolgt im	Berücksichtigung des Schenkungswerts zu ...
1. Jahr vor dem Erbfall	100%
2. Jahr vor dem Erbfall	90%
3. Jahr vor dem Erbfall	80%
4. Jahr vor dem Erbfall	70%
5. Jahr vor dem Erbfall	60%
6. Jahr vor dem Erbfall	50%
7. Jahr vor dem Erbfall	40%
8. Jahr vor dem Erbfall	30%
9. Jahr vor dem Erbfall	20%
10. Jahr vor dem Erbfall	10%
11. Jahr vor dem Erbfall oder früher	0%

Tab. 5: Reduzierung des Wertansatzes = Abschmelzungsmodell

Achtung

Sollte die Zehnjahresfrist nicht in Gang gesetzt worden sein, gilt das Abschmelzungsmodell nicht.

Bei Schenkungen des Erblassers an seinen Ehegatten beginnt die Zehnjahresfrist nicht vor Auflösung der Ehe. Solange die Ehegatten verheiratet sind, beginnt somit weder der Zehnjahreszeitraum noch gilt das oben dargestellte Abschmelzungsmodell.

Wird die Ehe durch Tod geschieden, so sind sämtliche Schenkungen während der Ehezeit, mögen diese auch Jahrzehnte vor dem Erbfall stattgefunden haben, im Rahmen der Pflichtteilsergänzung zu berücksichtigen.

Für diejenigen, die Pflichtteilsergänzungsansprüche geltend machen möchten, bedeutet das, dass die Frage von lebzeitigen Schenkungen nicht nur den Zehnjahreszeitraum umfassen darf, sondern bei Ehegatten den gesamten Zeitraum seit der Eheschließung.

4.2.2.1 Zuwendung unter Vorbehaltsnießbrauch

Eine Schenkung, definiert als Zuwendung, durch die der Beschenkte aus dem Vermögen des Schenkers bereichert wird und über deren Unentgeltlichkeit sich beide Teile einig sind (§ 516 BGB), erfordert einen spürbaren Vermögensverlust des Erblassers. Die Rechtsprechung hat aber in der Vergangenheit die Zehnjahresfrist des § 2325 Abs. 3 BGB bei Schenkungen des Erblassers dahin gehend erweitert, dass auch Zuwendungen, die nicht endgültig aus dem wirtschaftlichen Verfügungsbereich des Erblassers ausgegliedert wurden und bei denen kein unmittelbar spürbarer Vermögensverlust eintritt, dem Pflichtteilsergänzungsanspruch unterliegen.

Behält sich der Erblasser bei der Schenkung einer Immobilie den Nießbrauch oder ein lebenslanges Wohnrecht uneingeschränkt vor, gibt er seinen Genuss nicht auf. Eine Leistung, die sein Vermögen mindert, gilt trotz Umschreibung im Grundbuch als noch nicht erfolgt. Obwohl vom Tag der Eintragung in das Grundbuch mehr als zehn Jahre bis zum Tod des Erblassers vergangen sind, ist die Schenkung demnach ausnahmsweise bei der Pflichtteilsberechnung zu berücksichtigen. Und zwar deshalb, weil der Erblasser den verschenkten Gegenstand weiter nutzen kann, demnach keinen spürbaren Vermögensverlust erleidet und somit die Zehnjahresfrist nicht zu laufen beginnt. Diese Frist fängt erst an zu laufen, wenn das Wohnungs- bzw. Nießbrauchrecht erlischt oder der Berechtigte davon keinen Gebrauch mehr macht. Das bedeutet, dass vorbehaltene Nutzungsrechte auch zukünftig dazu führen, dass die »Abschmelzung« von 10 % pro Jahr nicht in Gang gesetzt wird.

Die Tatsache, dass der vorbehaltene Nießbrauch den Beginn der Zehnjahresfrist hemmt, ist mittlerweile durchaus bekannt.

Ein wichtiger Unterschied zwischen Nießbrauch und Wohnrecht besteht bei lebzeitiger Übergabe auch für die Berechnung von Pflichtteilsergänzungsansprüchen. Die Zehnjahresfrist bei Pflichtteilsergänzungsansprüchen beginnt nicht zu laufen, wenn sich der Übergeber bei der Übergabe des Hauses ein Wohnrecht am gesamten Haus vorbehalten hat. Wenn es sich dagegen um ein Wohnrecht für einzelne dem Gesamtobjekt untergeordnete Teile handelt, so soll die Zehnjahresfrist bereits mit der notariellen Beurkundung beginnen – es sei denn, es liegen andere Gründe vor, die diese Frist hemmen können.

Das OLG Nürnberg hat in einem Urteil vom 27.6.2025 (1 U 1335/24) entschieden, dass, soweit die Vertragsparteien bei der Schenkung eines vermieteten Grundstücks eine durch Reallast gesicherte lebenslange Leibrente zugunsten des Erblassers in Höhe der erzielten Nettomieteinnahmen des Objekts vereinbaren, auch in diesem Fall ein Genussverzicht und damit der Anlauf der Zehnjahresfrist nicht stattfindet.

4.2.2.2 Vorbehaltene Rückforderungsrechte

Ob und inwieweit ein bei der Schenkung vorbehaltenes Rückforderungsrecht dem Beginn der Zehnjahresfrist entgegensteht, ist nach wie vor sehr umstritten. So hat das OLG Düsseldorf (NJW Spezial 2008, 743) in seiner Entscheidung das »Ingangsetzen der Zehnjahresfrist« für derartige Sachverhalte verwehrt: Der Schenker hatte sich die Rückübertragung der Immobilie für den Fall vorbehalten, dass der Beschenkte die ihm übertragene Immobilie ohne Zustimmung des Schenkers veräußert oder belastet.

Die herrschende Literaturmeinung geht jedoch davon aus, dass das tatbestandlich eingeschränkte Rückforderungsrecht, das heißt wie auch bei dem Fall des OLG Düsseldorf, bei der Berechnung der Zehnjahresfrist unbeachtlich ist und somit keine Berücksichtigung findet.

Sollten die vorbehaltenen Rückforderungsrechte jedoch dazu führen, dass die Zuwendung frei widerruflich ist, so ist die Zehnjahresfrist nicht in Gang gesetzt.

Allerdings hat das OLG Naumburg in seiner Entscheidung vom 4.8.2022 (2 U 162/21) den Fristablauf nicht akzeptiert, wenn eine unentgeltliche Grundstücksüberlassung unter dem Vorbehalt eines lebenslangen Wohnrechts des Erblassers (...) und einer durch einen Rückübertragungsanspruch gesicherten Verpflichtung des Erwerbers erfolgen würde, dass das Grundstück bis zum Tod des Erblassers nicht veräußert oder belastet werden dürfte. Man könnte hier der Meinung sein, dass der Fristablauf nur wegen des vereinbarten Wohnungsrechts nicht möglich sei. Die Tatsache, dass man auch auf dieses – eigentlich sehr oft vereinbarte – Rücktrittsrecht ebenfalls verwies, lässt den Verweis zu, dass sich hier eventuell ebenfalls Änderungen ergeben.

Dies zeigt auch, dass sich bei den gesamten Regelungen des Erbrechts in den nächsten Jahren immer wieder Neuerungen in der Rechtsprechung ergeben werden.

Achtung

Auch im Hinblick auf die beschriebene Rechtsprechung empfiehlt es sich, notarielle Schenkungsverträge, selbst wenn sie mehr als zehn Jahre vor dem Tod des Erblassers zustande gekommen sind, daraufhin prüfen zu lassen, ob die Gefahr von Pflichtteilsergänzungsansprüchen besteht und in welcher Weise sie beseitigt werden können.

Pflicht- und Anstandsschenkungen im Sinne des § 2330 BGB begründen hingegen keinen Pflichtteilsergänzungsanspruch. Während zu den Anstandsschenkungen kleinere

Zuwendungen zu bestimmen Anlässen, sei es zum Geburtstag, zu Weihnachten oder zur Hochzeit, zählen, können Pflichtschenkungen hingegen einen ganz erheblichen Wert haben. Sie müssen aber sittlich geboten sein, das bedeutet, es kann sich beispielsweise um Zuwendungen zur Versorgung eines nichtehelichen Lebenspartners, für unbezahlte langjährige Dienste im Haushalt oder für die Pflege und die Versorgung einer Person handeln.

Achtung

Um zu verhindern, dass eine Schenkung nach dem Tod zu Pflichtteilsergänzungsansprüchen führt, sollte man von einer Schenkung absehen und stattdessen ein Rechtsgeschäft mit Leistung und Gegenleistung abschließen.

Gläubiger des Pflichtteilsergänzungsanspruchs ist nicht nur derjenige, der durch Verfügung von Todes wegen enterbt ist, sondern es zählen auch die gesetzlichen Erben gemäß § 2326 BGB dazu.

4.2.3 Bewertung der Schenkung

Im Rahmen der Bewertung einer lebzeitigen Schenkung ist zwischen verbrauchbaren und nicht verbrauchbaren Gegenständen zu unterscheiden. Verbrauchbare Gegenstände, zu denen beispielsweise Geld und Wertpapiere gehören, sind mit dem Wert zum Zeitpunkt der Schenkung anzusetzen. Bei der Bewertung von nicht verbrauchbaren Sachen, beispielsweise von Grundstücken, ist gemäß § 2325 Abs. 2 Satz 2 BGB grundsätzlich der Wert zur Zeit des Erbfalls maßgeblich. Hatte das Grundstück zur Zeit der Schenkung einen geringeren Wert, kommt dieser zum Ansatz (»Niederstwertprinzip«).

4.2.4 Immobilienübergabe unter Vorbehalt von Nutzungsrechten

Da sich künftige Erblasser bei der lebzeitigen Schenkung einer Immobilie regelmäßig ein lebenslanges Wohn- oder Nießbrauchrecht vorbehalten, erlangt der Beschenkte kein uneingeschränktes Eigentum. Das Wohnrecht beinhaltet die mietfreie Benutzung eines Gebäudes oder eines Teils davon unter Ausschluss des Eigentümers. Nach dem Gesetz ist das Wohnrecht höchstpersönlich gestaltet, eine Überlassung an Dritte muss gesondert vereinbart werden.

Ein Vorbehaltsnießbrauch kommt insbesondere dann in Betracht, wenn der Übergeber die umfassende Nutzung der Immobilie weiterhin für sich in Anspruch nehmen möchte. Er bleibt in diesem Fall wirtschaftlicher Eigentümer, ihm stehen in Zukunft entweder die Miet- und Pachteinnahmen oder die Gewähr der unentgeltlichen Eigennutzung zu.

Im Pflichtteilsergänzungsrecht führt der Vorbehalt von Nutzungsrechten dazu, dass der Wert der Schenkung gemindert wird. Da es sich um eine gemischte Schenkung handelt, ist das Grundstück bzw. die Immobilie nicht mit dem vollen Wert zu berücksichtigen, sondern der kapitalisierte Wert des Wohn- bzw. Nießbrauchrechts wird davon abgezogen. Die Immobilie ist als ein den Nachlass erhöhendes Geschenk nur insoweit anzusetzen, als ihr Wert den kapitalisierten Wert der Nutzungen übersteigt. Der Wert der vorbehaltenen Nutzung wird anhand der statistischen Lebenserwartung des Schenkers zum Zeitpunkt der Schenkung ermittelt.

BEISPIEL

Der ledige Erblasser Herr Marek hat in seinem Testament seine Tochter Michaela als Alleinerbin eingesetzt. Seinen Sohn Sven hat er nicht bedacht. Schon zu Lebzeiten hat Herr Marek seiner Tochter das Mehrfamilienhaus geschenkt. Bei der Schenkung hat er sich den Nießbrauch vorbehalten. Der Nachlass beträgt null EUR.

Wie berechnet sich in diesem Fall der Pflichtteilsergänzungsanspruch von Sven? Dabei sind folgende Daten und Wertermittlungen wichtig:

- Alter des Herrn Marek zum Zeitpunkt der Schenkung: 66 Jahre
- Die Schenkung erfolgte am 1.1.2015, Wert der Schenkung zu diesem Zeitpunkt: 1.200.000 EUR
- Höhe der Nettomieteinnahmen p.a. zum Zeitpunkt der Schenkung: 70.000 EUR p.a.
- Wert der Schenkung zum Zeitpunkt des Todes am 1.1.2025: 1.800.000 EUR

Hier kommt das Niederstwertprinzip zum Tragen, das sich danach richtet, ob der Wert zum Zeitpunkt der Schenkung oder der Wert zum Zeitpunkt des Todes höher ist. Ad hoc könnte man meinen, dass die Schenkung zum Zeitpunkt der Schenkung mehr wert war. Hier müssen aber die beiden Werte verglichen werden, indem der Wert zum Zeitpunkt der Schenkung auf den Todestag hochindexiert wird. Dabei bedient man sich der Indexberechnung, wie sie auch im Bereich der Zugewinnausgleichsberechnung für das Anfangsvermögen verwendet wird.

Unter Berücksichtigung eines Schätzwerts für den Jahresindex zum 1.1.2025 ergibt sich ein berichtigter Wert von 1.550.400 EUR, sodass der Wert zum Zeitpunkt der Schenkung der niedrigere Wert ist. So sind 1.550.400 EUR für die Berechnung der Pflichtteilsergänzungsansprüche anzusetzen. In diesem Fall ist dann auch der Nießbrauch in Abzug zu bringen.

Der Nießbrauchwert berechnet sich aus den Nettomieteinnahmen, kapitalisiert mit dem Faktor 11,054. Dieser Faktor ergibt sich aus der Tabelle 9 zu § 14 Abs. 1 Bewertungsgesetz (BewG) des Jahres 2015 und berücksichtigt die Sterbetafel. Bei der

Berechnung durch einen Sachverständigen würde dieser richtigerweise die aktuellen Sterbetafeln zugrunde legen und sicher auch einen Abzug für übernommene Instandhaltungskosten vornehmen. Der Einfachheit halber wird aber der vorgenannte Kapitalisierungsfaktor übernommen. Damit ergibt sich ein Betrag von 773.780 EUR (70.000 EUR Jahreswert des Nießbrauchs × 11,054). Für die Pflichtteilsergänzungsansprüche werden somit 776.620 EUR (1.550.400 EUR ./. 773.780 EUR) angesetzt.

Das Berechnungsbeispiel zeigt, dass es durchaus sinnvoll sein kann, ein Mehrfamilienhaus schon zu Lebzeiten zu verschenken. Eventuelle Pflichtteilsergänzungsansprüche können durch den Abzug des vorbehaltenen Nießbrauchrechts noch einmal deutlich reduziert werden. Allerdings geht die Rechnung nur dann auf, wenn sich seit der Schenkung der Wert der Immobilie auch tatsächlich erhöht hat.

4.2.5 Verjährung des Pflichtteilsergänzungsanspruchs

Die Verjährung des Pflichtteilsergänzungsanspruchs beträgt drei Jahre (§ 195 BGB). Die Verjährung beginnt mit Ablauf des Kalenderjahres, in dem der Pflichtteilsberechtigte Kenntnis von der Verfügung von Todes wegen sowie von der beeinträchtigenden Verfügung/Schenkung hat. Bei mehreren Schenkungen, die nacheinander erfolgt sind, läuft die Verjährungsfrist jeweils mit Kenntniserlangung der einzelnen Schenkung.

Achtung

Trotz Verjährung des Pflichtteilsanspruchs nach § 2303 BGB besteht durchaus die Möglichkeit, dass Pflichtteilsergänzungsansprüche nach § 2325 BGB noch nicht verjährt sind.

Der Pflichtteilsberechtigte hat Kenntnis vom Erbfall, sobald er vom Tod des Erblassers erfährt. Die Kenntnis von der beeinträchtigenden Verfügung setzt voraus, dass der Berechtigte erkannt hat, dass er aufgrund der Verfügung von Todes wegen von der Erbfolge ausgeschlossen ist. Hat der Erblasser zu Lebzeiten einen Vermögensgegenstand verschenkt und ist der Pflichtteilsberechtigte hierdurch benachteiligt, so ist darin die beeinträchtigende Verfügung zu sehen. Auch darüber muss der Pflichtteilsberechtigte Bescheid wissen.

Wird der Pflichtteilsergänzungsanspruch gegenüber dem Beschenkten geltend gemacht (§ 2329 BGB), beginnt die Verjährungsfrist für diesen Anspruch bereits mit dem Erbfall zu laufen. Der Anspruch verjährt binnen drei Jahren nach dem Erbfall. Der Pflichtteilsberechtigte muss hier also gerade keine Kenntnis von der ihn beeinträchtigenden Verfügung unter Lebenden erlangt haben.

4.2.6 Schuldner des Pflichtteilsergänzungsanspruchs

Der Pflichtteilsberechtigte muss den Pflichtteilsergänzungsanspruch als Nachlassverbindlichkeit in erster Linie gegen den Erben geltend machen. Der Erbe kann den gegen sich gerichteten Pflichtteils- oder Pflichtteilsergänzungsanspruch verweigern, wenn er selbst pflichtteilsberechtigt ist und wenn ihm anderenfalls ein eigener Pflichtteil nebst Pflichtteilsergänzung nicht verbleiben würde (§ 2328 BGB). In solchen Fällen hat der Erbe die Möglichkeit, die Haftung auf das geerbte Vermögen zu beschränken und so sein Eigenvermögen zu schützen. Das ist dann sinnvoll, wenn der ihm verbleibende Nachlass weniger wert ist als der Pflichtteilsergänzungsanspruch.

BEISPIEL

Der verwitwete Erblasser Herr Franke hinterlässt seine Kinder Gert und Frauke. Sein Nachlass beträgt 200.000 EUR. Herr Franke hat im Rahmen einer letztwilligen Verfügung Gert zum Alleinerben eingesetzt. Fünf Jahre vor Eintritt des Erbfalls hat Herr Franke eine Schenkung an einen Dritten namens Dirk in Höhe von 400.000 EUR vollzogen. Der Pflichtteil der enterbten Tochter macht 1/4 aus. Macht die enterbte Frauke ihre Pflichtteils- und Pflichtteilsergänzungsansprüche gegen Gert geltend, muss dieser lediglich den Pflichtteil in Höhe von 50.000 EUR auszahlen, die Pflichtteilsergänzung von 100.000 EUR kann er hingegen verweigern. Insoweit muss sich Frauke an den beschenkten Dirk wenden.

Nicht immer ist den Beschenkten bewusst, dass ein solches Geschenk dazu führen kann, dass Pflichtteilsergänzungsansprüche gegen sie entstehen. Ein berühmter Fall hat sich im Zusammenhang mit dem Aufbau der Dresdner Frauenkirche ergeben (BGH, NJW 2004, 1382). Der Erblasser hat zu Lebzeiten eine Stiftung errichtet mit dem Zweck, den Aufbau zu unterstützen. Leider verstarb er innerhalb der Zehnjahresfrist. Die Stiftung als Beschenkte musste einen Teil des Betrags zur Zahlung der Pflichtteilsergänzungsansprüche wieder abgeben.

Ist der Erbe zur Pflichtteilsergänzung nicht verpflichtet, setzt sich der Pflichtteilsergänzungsanspruch gegen den Beschenkten fort. Der Pflichtteilsberechtigte kann vom Beschenkten gemäß § 2329 BGB die Herausgabe des Geschenks fordern, damit der fehlende Betrag ausgeglichen wird.

Der Beschenkte hat das Recht, die Herausgabe des Geschenks zu verweigern, wenn er den fehlenden Betrag an den Pflichtteilsberechtigten auszahlt. Ein Anspruch auf Zahlung besteht allerdings nur, wenn Geld verschenkt worden ist. Ist das Geschenk beim Dritten nicht mehr vorhanden und dieser in rechtlicher Hinsicht nicht mehr bereichert (§ 818 Abs. 3 BGB), entfällt der Anspruch des Pflichtteilsberechtigten gegen den Dritten.

4.3 Pflichtteilsvermeidungsstrategien für Immobilieneigentümer

4.3.1 Entziehung des Pflichtteils

Das Gesetz sieht die Entziehung des Pflichtteils (§ 2333 BGB) vor, wenn der Abkömmling, die pflichtteilsberechtigten Eltern oder Ehegatten

- dem Erblasser, dem Ehegatten des Erblassers, einem anderen Abkömmling oder einer dem Erblasser ähnlich nahestehenden Person nach dem Leben trachten oder
- sich eines Verbrechens oder eines schweren vorsätzlichen Vergehens gegen eine der oben bezeichneten Personen schuldig machen oder
- die ihnen dem Erblasser gegenüber gesetzlich obliegende Unterhaltspflicht böswillig verletzen oder
- wegen einer vorsätzlichen Straftat zu einer Freiheitsstrafe von mindestens einem Jahr ohne Bewährung rechtskräftig verurteilt werden und die Teilhabe des Pflichtteilsberechtigten am Nachlass deshalb für den Erblasser unzumutbar ist.
- Gleiches gilt, wenn die Unterbringung des Pflichtteilsberechtigten in einem psychiatrischen Krankenhaus oder in einer Erziehungsanstalt wegen einer ähnlich schwerwiegenden vorsätzlichen Tat rechtskräftig angeordnet ist.

Der im Gesetz niedergelegte Katalog der Entziehungsgründe ist abschließend, die Voraussetzungen müssen exakt vorliegen. Die Regelung kann also nicht auf andere ähnliche Sachverhalte angewandt werden (keine Analogie).

Sollte die Annahme bestehen, dass die oben dargestellten Pflichtteilsentziehungsgründe greifen, so ist eine umfassende Beratung erforderlich. Das Recht der Entziehungsgründe ist von der Rechtsprechung geprägt, sodass hier Beratungsbedarf bei einem Fachanwalt besteht.

Die Gründe für die Pflichtteilsentziehung müssen zur Zeit der Errichtung des Testaments oder des Erbvertrags bestehen und wenigstens als Kernsachverhalt der Verfehlung in der letztwilligen Verfügung enthalten sein (§ 2336 Abs. 2 BGB). Nach § 2337 BGB entfällt der Pflichtteilsentzug, wenn der Erblasser dem Pflichtteilsberechtigten später verziehen hat.

4.3.2 Pflichtteilsbeschränkung in guter Absicht

Neben der Entziehung des Pflichtteils sieht das Gesetz in § 2338 BGB eine Beschränkung des Pflichtteils zum Schutz pflichtteilsberechtigter Abkömmlinge vor. Das ist insbesondere in Fällen angebracht, in denen Eltern feststellen müssen, dass ihre Kinder überschuldet sind oder an Verschwendungssucht leiden und somit vor Gläubigern bzw. vor sich selbst geschützt werden sollten. Dieser Schutz kann durch die Anordnung einer Vor- und Nacherbschaft oder einer Verwaltungstestamentsvollstreckung gewährleistet werden. Das Kind ist dann berechtigt, aus dem Vermögen Einkünfte zu beziehen, darf aber selbst nicht über die Substanz des Vermögens verfügen. Anordnung und Grund einer Beschränkung des Pflichtteils haben im Rahmen einer letztwilligen Verfügung zu erfolgen.

Achtung

Die Pflichtteilsbeschränkung in guter Absicht kommt in der Praxis kaum vor. Soweit man die Voraussetzungen kennt und der Erblasser bereits zu Lebzeiten mit der pflichtteilsberechtigten Person die entsprechenden Vorkehrungen trifft, ist diese Rechtsnorm geeignet, um nach dem Tod des Erblassers Zugriffe von Gläubigern auf das Vermögen abzuwehren.

4.3.3 Unwürdigkeit des Pflichtteilsberechtigten

Bei bestimmten schweren Verfehlungen des Erben gegen den Erblasser geht der Schutz der freien Entscheidung (sogenannte Testierfreiheit) vor. In diesem Fall kann der Erbe ausgeschlossen oder sein Erbrecht beschränkt werden. Das kann oft durch eine Enterbung der betreffenden Person erreicht werden. Sie scheidet als Mittel zum Zweck jedoch aus, wenn der Erblasser zu einer letztwilligen Verfügung nicht mehr in der Lage ist oder nichts von der Tat weiß. Hierbei kommen die gesetzlichen Regeln über die Erbunwürdigkeit zum Tragen, die sowohl für die gesetzliche als auch für die gewillkürte Erbfolge gleichermaßen gelten.

Erbunwürdigkeit liegt vor, wenn der Erbe sich eines der in § 2339 BGB genannten Vergehen gegenüber dem Erblasser schuldig gemacht hat. Dabei werden von der Erbunwürdigkeit nicht nur Erben, sondern auch Vermächtnisnehmer und Pflichtteilsberechtigte erfasst (§ 2345 BGB). Die Erbunwürdigkeit zieht demnach grundsätzlich auch die Pflichtteilsunwürdigkeit nach sich. Die Gründe für Erb- bzw. Pflichtteilsunwürdigkeit sind in § 2339 BGB abschließend geregelt. Unwürdig ist danach,

- wer den Erblasser vorsätzlich und widerrechtlich getötet oder zu töten versucht oder in einen Zustand versetzt hat, infolgedessen der Erblasser bis zu seinem Tod unfähig war, eine Verfügung von Todes wegen zu errichten oder aufzuheben.
- wer den Erblasser vorsätzlich und widerrechtlich gehindert hat, eine Verfügung von Todes wegen zu errichten oder aufzuheben.
- wer den Erblasser durch arglistige Täuschung oder widerrechtlich durch Drohung gezwungen hat, eine Verfügung von Todes wegen zu errichten oder aufzuheben.
- wer sich in Ansehung einer Verfügung des Erblassers von Todes wegen einer Straftat nach den §§ 267, 271 bis 274 StGB schuldig gemacht hat.

Die Erbunwürdigkeit hat zur Folge, dass der Erbe von der Erbfolge ausgeschlossen wird und der Pflichtteilsberechtigte (Erbe) somit auch keinen Anspruch auf den Pflichtteil hat. Die Feststellung der Erbunwürdigkeit und der damit verbundene Ausschluss von der Erbfolge muss durch Anfechtungsklage von den Erben oder demjenigen, dem der Wegfall des potenziell Erbunwürdigen zustattenkommt, vor den ordentlichen Gerichten geltend gemacht werden (§ 2342 BGB).

4.3.4 Pflichtteilsstrafklausel

Wie bei den Ausführungen zum gemeinschaftlichen Testament von Ehegatten beschrieben, haben diese das Privileg, sich im Rahmen eines gemeinschaftlichen Testaments gegenseitig zu Erben einzusetzen und zugleich zu bestimmen, dass nach dem Tod des Letztversterbenden von ihnen der Nachlass an die gemeinsamen Kinder fallen soll. Diese Art des Testaments hat jedoch zur Folge, dass die Kinder im ersten Erbfall enterbt sind und ihnen daher Pflichtteilsansprüche gegenüber dem überlebenden Ehegatten zustehen.

Weil die Erfüllung solcher Pflichtteilsansprüche den überlebenden Ehegatten in erhebliche finanzielle Schwierigkeiten stürzen kann und dieser unter Umständen gezwungen ist, das während der Ehe geschaffene Eigenheim zu veräußern, gilt es, durch Aufnahme einer Pflichtteilsstrafklausel in das gemeinschaftliche Testament der Geltendmachung von Pflichtteilsansprüchen vorzubeugen. Die Pflichtteilsstrafklausel legt fest, dass die als Schlusserben eingesetzten Kinder und deren Abkömmlinge nach dem Tod des überlebenden Ehegatten auf den Pflichtteil beschränkt werden, wenn sie bereits beim Tod des Erstversterbenden ihren Pflichtteil verlangen.

Die Pflichtteilsstrafklausel stellt zwar kein Hindernis dar, die Pflichtteilsansprüche geltend zu machen. Da aber der Pflichtteilsberechtigte seine Stellung als Schlusserbe verliert, wenn er die Pflichtteilsansprüche geltend macht, besteht zumindest eine Wahrscheinlichkeit, dass er die nachteiligen Folgen nicht in Kauf nehmen wird.

4.3.5 Pflichtteilsverzicht

Durch einen notariell beurkundeten Vertrag (§ 2346 Abs. 2, § 2348 BGB) kann auf den Pflichtteil verzichtet werden. Ein wirksamer Pflichtteilsverzicht hat zur Folge, dass von Anfang an keine Pflichtteilsansprüche des Verzichtenden entstehen. Er umfasst regelmäßig, soweit nichts anderes vereinbart ist, den Pflichtteilsrestanspruch laut § 2305 und § 2307 BGB sowie den Pflichtteilsergänzungsanspruch nach den §§ 2325 ff. BGB. Genauso, wie teilweise auf das gesetzliche Erbrecht verzichtet werden kann, ist auch ein teilweiser Verzicht auf das Pflichtteilsrecht (»beschränkter Pflichtteilsverzicht«) möglich.

Wird der Verzicht auf das Pflichtteilsrecht beschränkt (§ 2346 Abs. 2 BGB), geht das Erbrecht des Verzichtenden nicht verloren. Der Verzicht auf das Pflichtteilsrecht führt dazu, dass nicht nur die Pflichtteilsansprüche des Verzichtenden selbst, sondern die des ganzen Stammes entfallen.

BEISPIEL

Herr Hansen und seine Ehefrau Sina setzen sich in einem Berliner Testament gegenseitig zu Alleinerben ein. Der gemeinsame Sohn Severin ist damit beim ersten Erbfall enterbt, soll aber im zweiten Erbfall Schlusserbe sein. Herr Hansen verstirbt am 1.1.2009, Sina wird Alleinerbin. Da Severin ein braver Sohn ist, macht er seinen Pflichtteilsanspruch gegenüber Sina nicht geltend. Severin stirbt noch zu Lebzeiten von Sina.

Severin hat zwei Kinder, die allerdings seit seiner Scheidung bei der ehemaligen Ehefrau wohnen. Nachdem der Pflichtteilsanspruch noch nicht verjährt ist, können die Enkelkinder ihn gegen die Großmutter Sina geltend machen.

Zwar ist die Vereinbarung eines Erb- bzw. Pflichtteilsverzichts eine geeignete Gestaltungsmöglichkeit für die Vermögensnachfolge, um Streitigkeiten zwischen den Erben zu vermeiden. In der Praxis zeigt sich jedoch, dass eine zu erwartende Erbschaft oder ein Pflichtteil nur selten ohne Gegenleistung aufgegeben wird. Daher ist die Erklärung eines Erb- und Pflichtteilsverzichts regelmäßig mit einer Abfindung verknüpft, deren Begründung zur Absicherung in den notariell zu beurkundenden Vertrag aufgenommen werden sollte.

4.3.6 Anrechnungsbestimmungen

Im Rahmen lebzeitiger Schenkungen von Immobilien ist es durchaus denkbar, dass der Übergeber eine andere Person als den Übernehmer zum Erben einsetzen möchte oder eine gedachte Erbeinsetzung wieder aufgibt, weil Konflikte mit dem Übernehmer entstanden sind. Deshalb sollte auf jeden Fall eine Anrechnungsbestimmung auf den Pflichtteil getroffen werden, sonst könnte es geschehen, dass der Empfänger der Immobilie später zusätzlich noch einen Pflichtteilsanspruch erhält und damit im Verhältnis zu anderen Erben oder Pflichtteilsberechtigten begünstigt wird. Eine solche Anrechnungsbestimmung kann zusätzlich zu einer Ausgleichungsbestimmung vereinbart werden.

4.3.7 Lebzeitige Regelungen

Wer über den Pflichtteilsanspruch eines Kindes nachdenkt, verbindet damit oft die Konsequenz des Enterbens. Das »böse« Kind soll auf den Pflichtteil gesetzt werden, weil es sich zu Lebzeiten der Eltern nicht so verhalten hat, wie sie es sich vorgestellt haben. Mit einer Enterbung wird fast immer verbunden, dass das betreffende Kind gar nichts bekommen soll. Dabei wird selten daran gedacht, dass der Pflichtteilsanspruch eigentlich der einfachste und bequemste Anspruch ist, den man aber gerade dem am wenigsten geliebten Kind gibt: Es erhält einen Geldbetrag, den es sofort für sich verwenden kann, der also sofort zum Ausgeben bereitsteht.

Es steht außer Zweifel, dass die Pflichtteilsansprüche in der Regel nicht »sofort« nach dem Erbfall zur Verfügung stehen. Oftmals gehen der Auszahlung lange, unter Umständen sogar gerichtliche Auseinandersetzungen voraus. Davon ist aber nicht nur das »böse« Kind betroffen, sondern auch die anderen Kinder. In vielen Fällen verbirgt sich dahinter eine Auseinandersetzung, die die Eltern zu Lebzeiten nicht führen wollten und damit auf die nächste Generation verlagert haben. Aus diesem Grund wird bei der Vererbung auch selten daran gedacht, »böse« Kinder aktiv in die Vermögensverwaltung einzubeziehen – natürlich immer verbunden mit dem Gedanken, dass sie weniger erhalten sollen als die »guten« Kinder.

Eine aktive Einbeziehung könnte dadurch geregelt werden, dass den »bösen« Kindern bereits zu Lebzeiten Schenkungen zuteilwerden, verbunden mit entsprechenden Anrechnungsbestimmungen. Oder man beteiligt sie an Familiengesellschaften und teilt ihnen dabei eine Gesellschafterposition zu, die im Vergleich zu den anderen Beteiligten weniger Einfluss erlaubt. Gerade diese letzte Möglichkeit wird selten gewählt. Dabei spielt vor allem die Unwissenheit der Beteiligten eine sehr belastende Rolle.

Achtung

Wichtig ist es, sich gründlich mit der Thematik auseinanderzusetzen, wenn man eine Familiengesellschaft gründen will. Am besten sollte man dies unter Anleitung eines Fachanwalts tun. Kommt man dann zu dem Ergebnis, alles beim Alten zu belassen, hat man sicher eine wohldurchdachte Entscheidung getroffen.

Mit den nachfolgenden Möglichkeiten sollte man sich auseinandersetzen, um die unliebsame Konsequenz der Pflichtteils- oder Pflichtteilsergänzungsansprüche einzuschränken oder gänzlich zu vermeiden.

- **Überlassung von Vermögen an die zu bedenkenden Kinder unter Auslösung der sogenannten Zehnjahresfrist gemäß § 2325 BGB:** Zu denken ist hier an Geldzuwendungen oder die Überlassung von Wertgegenständen, deren Vorbehaltsnießbrauch zugunsten der Schenker nicht erforderlich ist.

- **Anordnung einer Vor- und Nacherbschaft oder eines Vor- und Nachvermächtnisses:** Ehegatten mit Kindern aus erster Ehe wollen sich gegenseitig als Alleinerben einsetzen, jedoch verhindern, dass die erstehelichen Kinder über ihr Pflichtteilsrecht am Nachlass des erstverstorbenen Ehegatten teilhaben. Durch die Anordnung einer Vor- und Nacherbfolge kann dies erreicht werden.
- **Güterstandswechsel:** Wie bereits dargestellt, hat der Güterstand der Ehegatten Einfluss auf das Pflichtteilsrecht der Kinder. So besteht beispielsweise auch die Möglichkeit, in der intakten Ehe eine Gütertrennung zu begründen und den Zugewinn, der bis dahin erwirtschaftet wurde, auszugleichen.
  Auf diesem Wege kann Vermögen von dem einen auf den anderen Ehegatten übertragen werden. Die herrschende Meinung in der Literatur sieht diese Verfahrensweise als pflichtteilsfest an. Entscheidend ist jedoch, dass hier auch tatsächlich ein Zugewinn erwirtschaftet wurde und rechnerisch ermittelt werden kann. Eine gesicherte Rechtsprechung liegt derzeit noch nicht vor.

5 Die Übergabe zu Lebzeiten

Die Gerechtigkeit, das Bestehen von Pflichtteils- und Pflichtteilsergänzungsansprüchen und nicht zuletzt die steuerlichen Konsequenzen können berücksichtigt werden, wenn man zu Lebzeiten die Übergabe einer Immobilie plant und gestaltet. Solange der Übergeber/die Eltern noch mit am Tisch sitzen, können aufkeimende Konflikte besser gelöst werden als zu einem Zeitpunkt, da die Erbengemeinschaft als Zufallsgemeinschaft schon entstanden ist. Die lebzeitige Übergabe ist auch finanziell gestaltbar. Der Stichtag der Übergabe ist bekannt und damit auch die schenkungsteuerlichen Indikationen. Sie erfahren nun, unter welchen Voraussetzungen eine solche Übergabe umgesetzt werden kann.

5.1 Das können Sie im Übergabevertrag regeln

Es gibt keine gesetzlichen Vorgaben, wie Übergabeverträge auszusehen haben. Gemeint sind solche Verträge, die die Vermögensnachfolge vornehmlich des Grundbesitzes oder Betriebsvermögens an die nächste Generation regeln. Sie sind vom Gedanken geprägt, das Eigentum auf die nächste Generation zu übertragen, sich selbst als Übergeber je nach Interessen- und Versorgungslage die Erträge zu sichern und den Immobilienbesitz der Familie zu erhalten. In der täglichen Praxis werden unterschiedliche Formen von Übergabeverträgen geschlossen.

Es lassen sich grundsätzlich folgende Typen des Übergabevertrages unterscheiden:

- Übergabe eines Wohnhauses/Mehrfamilienhauses/einer Eigentumswohnung im Wege der vorweggenommenen Erbfolge gegen Wohnrechtsvorbehalt oder Vorbehaltsnießbrauch
- Betriebsübergabe
- Wohnhausübergabe/Mehrfamilienhausübergabe/Übergabe einer Eigentumswohnung gegen Rente und/oder Pflegeverpflichtung
- Übergabe auf den Tod des Schenkers

Vor allem im Bereich der vorweggenommenen Erbfolge von Immobilien sind nachfolgende Gestaltungen häufig vorzufinden und je nach Sachverhalt zu empfehlen. Bitte beachten Sie auch hier, dass in jedem Fall eine eingehende Beratung unter Berücksichtigung des Familienvermögens erforderlich ist.

5.1.1 Überlassung des Immobilienbesitzes unter Vorbehaltsnießbrauch

Der Gestaltungsrahmen bei der Übergabe von Immobilienbesitz an die nächste Generation unter Vorbehaltsnießbrauch gibt dem Nießbrauchberechtigten/Übergeber die Möglichkeit, nach wie vor alle Nutzungen des Grundstücks zu ziehen (§ 1030 BGB). Dem Nießbrauchberechtigten/Übergeber steht das ausschließliche Nutzungs- und Verwaltungsrecht für den Immobilienbesitz zu. Er kann somit nach wie vor über den Abschluss der Mietverträge, die Höhe der Mieten und die Beendigung eines Mietverhältnisses entscheiden. Ebenso steht ihm selbstverständlich das Recht zu, die Immobilien selbst zu nutzen.

An den Eigentümer/Beschenkten geht dagegen die rechtliche Verfügungsbefugnis über den Grundbesitz. Er hat somit rechtlich die Möglichkeit, den Immobilienbesitz zu veräußern und zu belasten. Dieser Belastung steht grundsätzlich der im Grundbuch eingetragene Nießbrauch entgegen. Da eine Veräußerung oder eine Belastung des Grundbesitzes durch den Beschenkten nicht gewünscht ist, sind Regelungen für diesen Fall erforderlich (siehe Kapitel 5.1.4, vertragliche Rückforderungsrechte).

5.1.1.1 Mehrere Nießbrauchberechtigte

Soll das Recht zur ausschließlichen Grundstücksnutzung mehreren Personen zustehen, zum Beispiel bei Übergabe des Immobilienbesitzes beiden übergebenden Elternteilen, dann kann der Vertrag wie folgt gestaltet werden:

- Es können mehrere Nießbrauchrechte im Gleichrang untereinander gestellt und eingetragen werden oder
- der Nießbrauch kann für die berechtigten Elternteile als Gesamtgläubiger nach § 428 BGB bestellt werden.

Die zweite Regelung bewirkt, dass ohne ausdrückliche Klausel dem länger lebenden Elternteil der Nießbrauch ungeschmälert zusteht. Sie hat sich in der Praxis durchgesetzt.

Formulierungsvorschlag

Nießbrauch für beide Eigentümer/Elternteile

Die Übergeber behalten sich als Gesamtberechtigte gemäß § 428 BGB, der Überlebende ungeschmälert, an dem Vertragsobjekt den lebenslangen unentgeltlichen Nießbrauch vor, dessen Eintragung im Grundbuch mit der Maßgabe beantragt wird, dass zu seiner Löschung der Todesnachweis des jeweiligen Berechtigten genügen soll.

Ist nur ein Ehegatte Eigentümer des zu übertragenden Grundbesitzes und wird der Nießbrauch für beide Ehegatten als Gesamtberechtigte eingeräumt (§ 428 BGB), gilt dieses Nießbrauchrecht für den Ehegatten, der nicht Eigentümer ist, als »steuerpflichtiger Zuwendungsnießbrauch«. Zum einen führt dies zum Verlust der Abschreibungen, zum anderen kann dadurch ein Schenkungsteuertatbestand ausgelöst werden.

5.1.1.2 Nachfolgende Nießbrauchrechte

Um den oben genannten Steuernachteil zu vermeiden, empfiehlt es sich, in derartigen Fällen zwei aufeinanderfolgende Nießbrauchrechte zu regeln.

Formulierungsvorschlag

Nießbrauch nach dem Tod des Übergebers

Weiterhin erhält Martha einen durch den Tod von Viktor aufschiebend bedingten Nießbrauch gleichen Inhalts, dessen Eintragung im Grundbuch im Rang nach dem Nießbrauch von Viktor mit der Maßgabe beantragt wird, dass zu seiner Löschung der Todesnachweis der Berechtigten genügen soll.

Bei der steuerlichen Bewertung derartiger Nießbrauchrechte ist zu beachten, dass der Nießbrauch an den Nichteigentümer-Ehegatten unter einer Bedingung bzw. Befristung steht. Deshalb bleibt es gemäß § 5 f. BewG bis zum Eintritt der Bedingung/Befristung unbeachtet. Erst dann kann dieses Nießbrauchrecht steuermindernd berücksichtigt werden.

Dazu muss der mit Nießbrauch belastete Steuerpflichtige einen Antrag stellen, damit der aufschiebend bedingte Nießbrauch neu berechnet und wieder als Verbindlichkeit bei der Erbschaftsteuer geltend gemacht werden kann. Hierbei ist die Jahresfrist des § 5 Abs. 2 Satz 2 BewG zu beachten, innerhalb derer die Neuberechnung beantragt werden muss.

5.1.1.3 Bruchteilsnießbrauch/Quotennießbrauch

Ein Nießbrauchrecht kann sich auf einen Miteigentumsanteil beziehen (Bruchteilsnießbrauch) oder nur auf einen Teil eines Grundstücks (Quotennießbrauch). Wird ein Quotennießbrauch eingeräumt, stehen die Nutzungen des Grundstücks dem Eigentümer und dem Nießbrauchberechtigten im Verhältnis ihrer Berechtigung zu. Die Besitz- und Verwaltungsrechte werden gemeinsam ausgeübt. Damit sind sowohl der Eigentümer als auch der Nießbrauchberechtigte Vermieter. Hierauf ist bei gestaltenden Willenserklärungen, zum Beispiel bei Kündigungen, dringend zu achten.

Achtung

Das Nießbrauchrecht kann nicht für eine bestimmte Wohnung in einem Mehrfamilienhaus eingeräumt werden. In diesen Fällen ist auf ein Wohnrecht mit Vermietungserlaubnis zurückzugreifen.

5.1.1.4 Klare Kostenregelung zwischen Eigentümer und Nießbrauchberechtigtem

In den Übergabeverträgen ist besonderes Augenmerk auf eine klare Kostenregelung zwischen dem Eigentümer und dem Nießbrauchberechtigten zu legen. Nach den gesetzlichen Regelungen hat der Nießbrauchberechtigte Ausbesserungen und Erneuerungen am Grundstück und an darauf befindlichen Gebäuden nach § 1041 BGB nur insoweit zu tragen, als sie zur gewöhnlichen Unterhaltung des Grundstücks gehören. Außergewöhnliche Ausbesserungen oder Instandhaltungen und Erneuerungen obliegen somit dem Eigentümer. Die Kosten für eine notwendige Dach- und Fassadensanierung würden nach der gesetzlichen Regelung den Eigentümer treffen. Einen einklagbaren Anspruch auf die Durchführung solcher Maßnahmen steht dem Nießbrauchberechtigten nicht zu. Da der Eigentümer des mit Nießbrauch belasteten Grundstücks keine Einkünfte aus Vermietung und Verpachtung erzielt, kann er die Ausgaben für die von ihm zu tragenden außerordentlichen Instandhaltungen und Erneuerungen steuerlich nicht als Werbungskosten absetzen.

Weiter ist der Nießbrauchberechtigte nach § 1047 BGB verpflichtet, die laufenden öffentlichen und privaten Lasten zu tragen, zum Beispiel die Grundsteuer sowie die Gebühren für Kanalisation, Straßenreinigung, Müllabfuhr und Kaminkehrer. Die auf den Stammwert des Grundstücks gelegten Lasten, beispielsweise Erschließungsbeiträge, sind vom Eigentümer zu entrichten. Werden Darlehen aufgenommen, hat der Nießbrauchberechtigte lediglich die laufenden Zinsen zu entrichten, die Tilgung muss der Eigentümer übernehmen.

Aufgrund dieser vor allem unter steuerlichen Gesichtspunkten ungünstigen Kostenregelung im Gesetz muss in die notariellen Übergabeverträge dringend eine erweiterte Kostenregelung zulasten des Nießbrauchberechtigten aufgenommen werden.

Formulierungsvorschlag

Pflichten des Nießbrauchberechtigten

In Abweichung von der gesetzlichen Lastenverteilung wird vereinbart, dass der Nießbraucher während der Dauer des Nießbrauchs alle Lasten des Grundstücks trägt, die sonst der Eigentümer tragen müsste, insbesondere auch die Kosten außerordentlicher Ausbesserungen, außerordentlicher Instandhaltungen und Instandsetzungen sowie Erneuerungen. Gleiches gilt für die Tilgungsleistungen des Darlehens mit der Nr. …

Achtung

Bei der Übertragung von Immobilienbesitz unter Vorbehaltsnießbrauch ist dringend auf eine dingliche Sicherung des Nießbrauchrechts im Grundbuch zu achten. Wenn ein Rangrücktritt des Nießbrauchs hinter Grundpfandrechten erklärt wird, so wird das Nießbrauchrecht bei einer Zwangsversteigerung nicht in das geringste Gebot aufgenommen. Der Nießbrauch erlischt dann mit dem Zuschlag (§ 52, § 91 ZVG). Dem Nießbrauchberechtigten steht in solchen Situationen nach § 92 ZVG nur der Anspruch auf Wertersatz aus dem Versteigerungserlös zu. Dieser wird durch Zahlung einer Geldrente befriedigt. Würde also der Nießbrauchberechtigte seinen Nießbrauch dadurch geltend machen, dass er in der Immobilie wohnt, würde er mit dieser finanziellen Abfindung aus der Wohnung ausziehen müssen. Bei einer Rangrücktrittserklärung des Nießbrauchs muss daher das Risiko des Verlusts dieses Nießbrauchrechts abgewogen werden.

5.1.1.5 Wer ist Vermieter bei der Nießbrauchbelastung durch Vorbehaltsnießbrauch oder Zuwendungsnießbrauch einer Immobilie?

Da dem jeweiligen Nießbrauchberechtigten das Recht zum Besitz und der Verwaltung der Immobilie zusteht, ist er auch Vermieter der Mietverhältnisse. Wie bereits dargestellt, wird bei einem Quotennießbrauch sowohl der Nießbrauchberechtigte als auch der Eigentümer Vermieter. Damit gestaltende Willenserklärungen, so zum Beispiel Kündigungen, korrekt ausgesprochen werden, ist es von besonderer Bedeutung, gerade im Bereich der vorweggenommenen Erbfolge die Vermieterstellung genau zu bestimmen, da alle Vermieter die Kündigung aussprechen müssen.

Nach § 1056 Abs. 1 BGB erlöschen die Mietverhältnisse nicht, wenn der Nießbraucher die Immobilie über die Dauer des Nießbrauchs hinaus vermietet hat. Auch finden die Mieterschutzvorschriften der §§ 566, 566a, 566b Abs. 1 und 566c bis 566e, 567b BGB entsprechende Anwendung. Dem Eigentümer räumt das Gesetz bei Beendigung des Nießbrauchs ein Sonderkündigungsrecht nach § 1056 Abs. 2 BGB ein. Dabei ist zu beachten, dass es sich um eine ordentliche Kündigung handelt und daher auch hier die Kündigungsschutzvorschriften Geltung haben, so im Wohnraummietbereich die §§ 573 ff. BGB. Aus diesen Gründen muss der Eigentümer in einem solchen Fall regelmäßig einen Kündigungsgrund haben.

Die Überlassung unter Vorbehaltsnießbrauch kommt vor allem bei fremdvermieteten Immobilien infrage und hat aufgrund der steuerlichen Abzugsmöglichkeit des Nießbrauchrechts bei der Berechnung des Schenkungsteuerwertes an Attraktivität gewonnen. Bei der Überlassung unter Vorbehaltsnießbrauch wird der Bedarfswert der Immobilie durch Abzug des Nießbrauchrechts reduziert.

Achtung

Wird eine Eigentumswohnung unter Vorbehaltsnießbrauch überlassen, so ist darauf zu achten, dass der Nießbrauchberechtigte von dem Erwerber eine umfassende Vollmacht erhält, diesen in den Eigentümerversammlungen zu vertreten.

5.1.2 Wohnrechtsvorbehalt

§ 1093 BGB räumt die Möglichkeit ein, am Immobilienbesitz eine beschränkte persönliche Dienstbarkeit mit dem Inhalt des Wohnrechts zu bestellen. Das bedeutet, dass ein Gebäude oder auch ein Teil eines Gebäudes unter Ausschluss des Eigentümers als Wohnung genutzt werden kann. In Abgrenzung zum Nießbrauchrecht ist beim Wohnrecht der Hauptzweck im Wohnen zu sehen. Dies beinhaltet, dass es dem Wohnrechtsinhaber nicht erlaubt ist, die Räume weiterzuvermieten – etwas anderes müsste in der notariellen Urkunde gesondert geregelt werden.

Ebenso kann das Wohnrecht an einzelnen Räumen oder an einzelnen Zimmern eingeräumt werden – das ist beim Nießbrauchrecht hingegen nicht möglich. Zum Belastungsgegenstand des Wohnrechts wird das Grundstück, dessen wesentlicher Bestandteil das zum Wohnen bestimmte Gebäude ist. Soweit der Übergeber nur einen Miteigentumsanteil an dem Grundstück hat, kann dieses nicht mit einem Wohnrecht belastet werden, da es nicht möglich ist, ein Wohnrecht quotenmäßig beschränkt auf bestimmte Räumlichkeiten zu regeln.

Achtung

Wird an einer Eigentumswohnung ein Wohnrecht oder Nießbrauchrecht eingeräumt, ist hinsichtlich der Stimmrechtsausübung durch den Wohnungs- bzw. Nießbrauchberechtigten an eine Stimmrechtsvollmacht zu denken. Die Stimmrechte stehen nach dem Wohnungseigentumsrecht dem jeweiligen Eigentümer zu. Will nunmehr der Wohnungs- bzw. Nießbrauchberechtigte Versammlungen der Wohnungseigentümergemeinschaft besuchen und seine Stimme abgeben, kann er das nur auf Grundlage einer Stimmrechtsvollmacht tun. Allerdings muss eine solche im Rahmen der Teilungserklärung auch möglich sein.

5.1.2.1 Umfang des Wohnrechts

Bei der Einräumung eines Wohnrechts ist dringend auf Klarheit zu achten. So muss die Lage der Räumlichkeiten und der Umfang des Wohnrechts genau beschrieben werden. Ebenso ist – wie beim Nießbrauchrecht – eine klare Kostenregelung zu treffen. Nach der gesetzlichen Vorgabe hat der Wohnungsberechtigte sowohl die gewöhnlichen Reparaturen als auch die privaten Kosten und öffentlichen Abgaben, zum Beispiel für Wasser, Müll, Beleuchtung etc., zu tragen.

Formulierungsvorschlag

Wohnrechtsvorbehalt

Der Übergeber behält sich an dem Vertragsgegenstand ein lebenslanges Wohnrecht nach § 1093 BGB des Inhalts vor, dass er die Wohnung im 2. OG des Hauses … gemäß beigefügtem Lageplan, dort rot umrandet, unter Ausschluss des Eigentümers zum Wohnen nutzen darf.

Das Nutzungsobjekt darf Dritten entgeltlich oder unentgeltlich überlassen werden.

Der Wohnungsberechtigte hat das Recht zur Mitbenutzung der gemeinschaftlichen Anlagen, insbesondere des gemeinschaftlichen Trocken- und Waschraums sowie des Gartens.

Der jeweilige Eigentümer ist verpflichtet, diese Wohnung so zu erhalten, dass sie jederzeit bewohnbar ist. Er hat dafür zu sorgen, dass sie ausreichend beheizt werden kann.

Die Kosten für Strom, Wasser, Heizung und Schönheitsreparaturen sowie sonstige umlagefähige Betriebskosten gemäß § 2 BetrKV trägt der Wohnungsberechtigte. Die Kosten werden vom Eigentümer jährlich gegenüber dem Wohnungsberechtigten abgerechnet. Vorauszahlungen hat er darauf nicht zu entrichten.

Da das Gesetz dem jeweiligen Eigentümer zwar die Instandhaltungs- und Erneuerungsmaßnahmen aufbürdet, dem Wohnungsberechtigten aber keinen einklagbaren Anspruch zugesteht, ist eine Instandhaltungsverpflichtung des Eigentümers in die notarielle Urkunde aufzunehmen.

5.1.2.2 Entgelt

In dem schuldrechtlichen Vertrag zum Wohnrecht kann sowohl die Entgeltlichkeit als auch die Unentgeltlichkeit des Wohnrechts geregelt werden.

5.1.2.3 Erlöschen des Wohnrechts

In der Praxis führt oft die Pflegebedürftigkeit des Wohnberechtigten dazu, dass er persönlich nicht mehr in der Lage ist, sein Wohnrecht auszuüben und die Wohnung zu Wohnzwecken zu nutzen. Der Eigentümer ist aber aufgrund des lebenslangen unentgeltlichen Wohnrechts verpflichtet, diese Wohnung dem Berechtigten vorzuhalten. Um solche nachteiligen wirtschaftlichen Folgen zu vermeiden, empfiehlt es sich dringend, für den Fall, dass sich der Wohnungsberechtigte nicht mehr dauerhaft in der Wohnung aufhalten kann, eine Löschungsregelung in die notarielle Urkunde aufzunehmen.

5.1.3 Übergabe gegen Versorgungsleistungen

5.1.3.1 Übergabe gegen Rente/dauernde Last

Wird die Übergabe gegen eine Rentenverpflichtung bzw. eine dauernde Last vereinbart, übergibt der Schenker das ausschließliche Nutzungs- und Verwaltungsrecht an den Beschenkten. Dieser ist nur noch verpflichtet, einen bestimmten monatlichen Betrag an den Übergeber zu entrichten. Diese Gestaltung hat aufgrund der Neuregelung bzw. des Wegfalls des damaligen § 10 Abs. 1 Nr. 1a EStG, die zum 1.1.2008 wirksam geworden ist, an Attraktivität verloren. Seitdem ist es bei einer Übertragung von Immobilienbesitz gegen Zahlung einer monatlichen dauernden Last für den Beschenkten nicht mehr möglich, diese Last als Sonderausgabe einkommensteuermindernd anzusetzen. Wer dennoch eine derartige Gestaltung wünscht, muss unbedingt fachkundigen Rat einholen.

5.1.3.2 Übergabe gegen Pflegeverpflichtungen/ Dienstleistungsverpflichtungen

Das Interesse des Übergebenden an einer gesicherten persönlichen Versorgung im Alter oder bei Gebrechlichkeit ist groß. Ein Übergabevertrag ermöglicht es, eine Person zur Wart und Pflege zu verpflichten, die einem vertraut ist und von der man die bestmögliche Versorgung erwartet. Auch in Zeiten ständig steigender Pflegekosten gewinnt diese Gestaltungsform an Bedeutung. Bevor aber derartige Wart- und Pflegeverpflichtungen vereinbart werden, muss der Übergeber sehr sorgfältig erwägen, mit wem er diese Verpflichtung verabreden will, und mit der betreffenden Person vorbereitende Gespräche führen.

Besonderes Augenmerk ist auf die Festlegung des Umfangs der jeweiligen Pflegeverpflichtung zu legen. Die Inhalte einer Pflegeverpflichtung müssen ausdrücklich in einem notariellen Vertrag geregelt werden. Dabei sollten die Tätigkeiten explizit genannt werden, zum Beispiel:

- hauswirtschaftliche Verrichtungen, zum Beispiel Einkaufen, Zubereiten der Mahlzeiten, Reinigen der Kleider und Säubern der Wohnung
- Erfüllung des pflegebedingten hauswirtschaftlichen Bedarfs, zum Beispiel Bettenmachen bei Bettlägerigkeit oder Leeren des Nachttopfs etc.
- personenbezogene Verrichtungen der Grundpflege, zum Beispiel Hilfe beim Aufstehen und Zubettgehen, beim An- und Auskleiden, bei der Nahrungsaufnahme und Körperpflege
- medizinisch indizierte Pflege, zum Beispiel das Verabreichen von Umschlägen, Medikamenten etc.

Außerdem ist dringend festzulegen, unter welchen Voraussetzungen die oben genannten Tätigkeiten geschuldet werden, zum Beispiel erst ab Eintritt des Pflegegrades 2. Um eine klare Regelung für alle Beteiligten zu treffen, sollten auch der zeitliche Umfang sowie die Zumutbarkeitsgrenze der Pflegetätigkeit geregelt werden. Dabei kann man sich an den Pflegegraden orientieren.

- **Pflegegrad 1:** körperlich und geistig noch recht bewegliche, geringfügig hilfebedürftige Personen, wenn ein Gutachter eine »geringe Beeinträchtigung der Selbstständigkeit festgestellt hat«.
- **Pflegegrad 2:** Aussicht auf Zuweisung von Pflegegrad 2 und entsprechende Leistungen haben Personen, die laut Gutachter in ihrer Selbstständigkeit erheblich beeinträchtigt sind. Die ehemalige Pflegestufe 1 wurde in den Pflegegrad 2 ohne erneute Begutachtung überführt. Pflegegrad 2 setzt erhebliche Beeinträchtigungen der Selbstständigkeit voraus.
- **Pflegegrad 3:** Die Person weist schwere Beeinträchtigungen der Selbstständigkeit nach dem unten stehenden Kriterienkatalog aus.
- **Pflegegrad 4:** schwerste Beeinträchtigungen der Selbstständigkeit.
- **Pflegegrad 5:** schwerste Beeinträchtigungen der Selbstständigkeit mit besonderen Anforderungen für die pflegerische Versorgung.

Angaben zur Oberflächenbeschaffenheit (GPS)

nach neuer Norm DIN EN ISO 21920-1 (2022-12)

Kurzübersicht

Grafische Symbole profilhafter „–" (flächenhafter ▱) Oberflächenbeschaffenheit[1] — vgl. DIN EN ISO 21920-1

Alle Fertigungsprozesse zulässig	Material muss abgetragen werden	Material darf nicht abgetragen werden	Flächenhafte Oberflächenbeschaffenheit nach DIN EN ISO 25178-1

Vollständige Angabe von R-Parametern z. B. Ra, Rq, Rt, Rk, Rz[1] — vgl. DIN EN ISO 21920-2

[s] [t]

[a]<b> <c>[d] / [e][f] – [g][h]([m])[n][pl / [q][r][u]

[u]

< > Mindestangaben

[ ] Platzhalter der spezifiziert werden kann, falls vom Default oder einer zusätzlichen Anforderung abweichend

- a Toleranztyp
- b Symbol für R-Parameter
- c numerischer Grenzwert des Parameters
- d Toleranzakzeptanzregel
- e Typ des Profil-S-Filters
- f Nesting-Index des Profil-S-Filters
- g Typ des Profil-L-Filters
- h Nesting-Index des Profil-L-Filters
- m Messstrecke
- n Typ und Verfahren des Profil-F-Operators
- p Nesting-Index des Profil-F-Operators
- q Verfahren der Profilierfassung
- r Platzhalter für das OR(n)-Symbol für andere Anforderungen
- s Fertigungsprozess
- t Oberflächenrillen und Richtung der Bearbeitungsspuren
- u Profilrichtung, falls in Bezug auf Oberflächenrillen angegeben

Position und Ausrichtung des grafischen Symbols — vgl. DIN EN ISO 21920-1

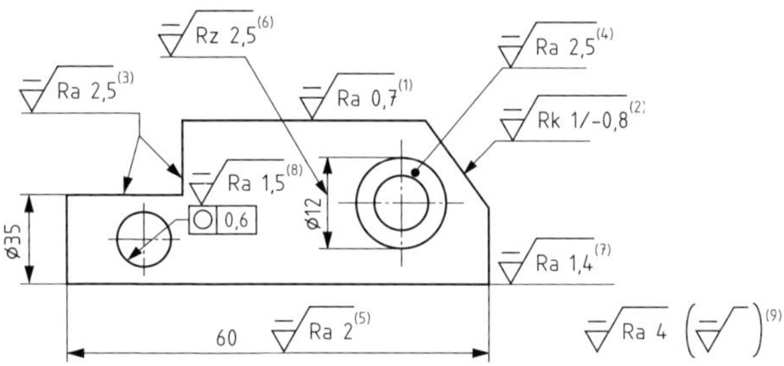

Eintragung der Symbole auf
(1) der Oberfläche,
(2) Hinweislinie mit Pfeil,
(3) divergierenden Hinweislinien,
(4) Hinweislinie mit Punkt,
(5) Maßlinie eines Größenmaßes,
(6) Hinweislinie auf Maßlinie,
(7) Maßhilfslinie,
(8) einem Toleranzrahmen oder
(9) vereinfachte Angabe für die Mehrheit von Geometrieelementen.

Sinnbilder für Rillenrichtung — vgl. DIN EN ISO 21920-1

Darstellung der Rillenrichtung	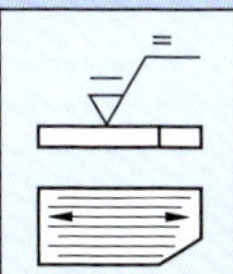	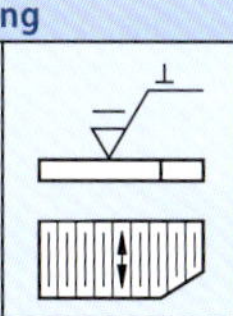	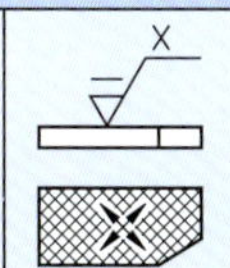	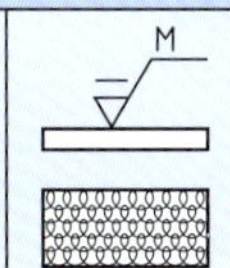	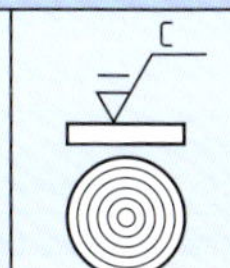	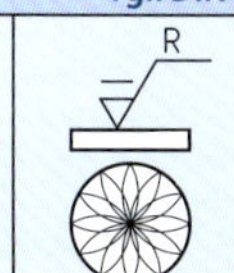	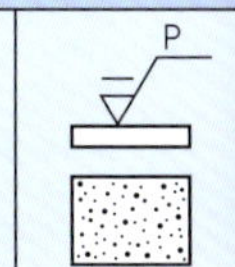
Sinnbild	=	⊥	X	M	C	R	P
Rillenrichtung	parallel zur Projektionsebene	senkrecht zur Projektionsebene	gekreuzt in zwei schrägen Richtungen	viele Richtungen	annähernd zentrisch zum Mittelpunkt	annähernd radial zum Mittelpunkt	nichtrillige Oberfläche, ungerichtet oder muldig

Beispiel

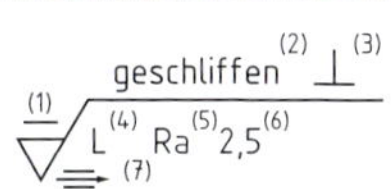

Material muss abgetragen werden (1); Fertigungsprozess schleifen (2), Richtung der Bearbeitungsspuren senkrecht zur Projektionsfläche (3);Toleranztyp Untergrenze (4); R-Parameter Ra (5); Grenzwert 2,5 µm (6); Profilrichtung parallel zur Schleifrichtung (7); restliche Parameter [d] bis [r] sind Defaultwerte (vgl. DIN EN ISO 21920-3.

[1] Symoble, die nicht mehr verwendet werden:

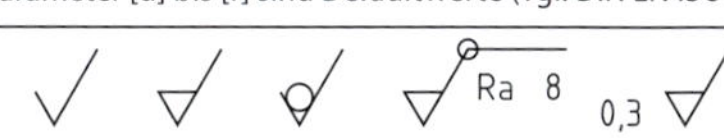

Der Grad der Selbstständigkeit wird an folgenden Aktivitätsbereichen überprüft:

- Mobilität
- kognitive und kommunikative Fähigkeiten
- Verhaltensweisen und psychische Problemlagen
- Selbstversorgung
- Bewältigung und selbstständiger Umgang mit krankheits- oder therapiebedingten Anordnungen und Belastungen
- Gestaltung des Alltagslebens und sozialer Kontakte

Formulierungsvorschlag

Pflegeverpflichtung

Soweit der Veräußerer hierzu nicht mehr selbst in der Lage ist, hat der Erwerber auf Verlangen unentgeltlich dessen Haushalt zu führen, also insbesondere die Mahlzeiten zuzubereiten, die Wohnung sauber zu halten, Wäsche zu waschen sowie Besorgungen und Fahrdienste zu erledigen.

Soweit der Erwerber hierzu – vor allem ohne Inanspruchnahme fremder Pflegekräfte – zumutbarerweise in der Lage ist, hat er bei Krankheit und Gebrechlichkeit des Veräußerers ferner dessen häusliche Grundpflege zu übernehmen. Dazu zählt insbesondere die Hilfe beim Aufstehen und Zubettgehen, beim An- und Auskleiden, bei der Nahrungsaufnahme, bei Körper- und hygienischer Pflege, bei der Verabreichung von Medikamenten, Umschlägen, Einreibungen und Ähnlichem. Dauerpflege ist allerdings nur in dem Umfang zu erbringen, dass die notwendigen hauswirtschaftlichen Verrichtungen nach dem Urteil des Hausarztes des Veräußerers einem durchschnittlichen täglichen Zeitaufwand von insgesamt nicht mehr als eineinhalb Stunden entsprechen.

Vorstehende Verpflichtungen ruhen, soweit Pflegesachleistungen im Rahmen gesetzlicher Ansprüche, etwa auf Haushaltshilfe, häusliche Krankenpflege oder häusliche Pflegehilfe, erbracht werden. Die Verpflichtungen sind nicht vererblich, bestehen jedoch auch bei Verlust des Eigentums fort.

Darüber hinaus ist darauf zu achten, dass sich die Leistungen, die zu erbringen sind, bei der auswärtigen Unterbringung des Veräußerers nicht erhöhen. Oftmals werden Wart- und Pflegeverpflichtungen mit einer monatlichen, wertgesicherten, dauernden Last verbunden. Das führt dazu, dass der Veräußerer statt der eigentlich geschuldeten Tätigkeit einen finanziellen Ausgleich erhält. Das steht unter dem Vorbehalt des § 323 ZPO und orientiert sich somit an der Leistungsfähigkeit des Erwerbers sowie der Bedürftigkeit des Veräußerers. Bei derartigen Regelungen ist dringend darauf zu achten, dass der Enderwerber aufgrund der Vereinbarung einer dauernden Last später nicht mit Heimunterbringungskosten des Veräußerers belastet wird.

Formulierungsvorschlag

Deckelung eines Pflegemehrbedarfs

Verlässt der Veräußerer das übergebene Anwesen, gleich aus welchem Grund, führt etwaiger Mehrbedarf in seiner Person jedoch zu keiner Anpassung der dauernden Last.

Ebenso muss geregelt werden, zu welchen Leistungen der Verpflichtete bei einer Heimunterbringung des Berechtigten noch verpflichtet sein soll.

Formulierungsvorschlag

Befristung des Wohnrechts

Diese Rechte und Leistungen ruhen, solange der Veräußerer das übergebene Anwesen, gleich aus welchem Grund, verlassen hat.

Geldersatz steht ihm nur zu, wenn der Erwerber den Wegzug nach Artikel 20 f. BayAGBGB veranlasst hat, anderenfalls werden Ersatzansprüche aus jedem Rechtsgrund ausgeschlossen.

Die genannten Rechte erlöschen endgültig, sobald ein Facharzt schriftlich festgestellt hat, dass eine Rückkehr zur vereinbarten häuslichen Betreuung mit hoher Wahrscheinlichkeit ausgeschlossen ist.

Zur Vervollständigung von Wart- und Pflegeverpflichtungen sollte außerdem eine Regelung aufgenommen werden, die den Umgang mit Pflegesachleistungen und Pflegegeld regelt.

Formulierungsvorschlag

Überleitung von Pflegegeld

Soweit dem Veräußerer künftig wegen Pflegebedürftigkeit Geldleistungen nach sozialrechtlichen Vorschriften oder aus Versicherungsverträgen zustehen, kann die Übernahme derjenigen Pflege, für die diese Geldleistungen gewährt wird, davon abhängig gemacht werden, dass der Anspruch auf Auszahlung des Betrags insoweit an die pflegende Person abgetreten wird bzw. dieser Betrag an sie ausgekehrt wird.

Die Ausführungen dazu, was bei einer Wart- und Pflegeverpflichtung zu beachten ist, zeigen, dass diese Gestaltung gut durchdacht werden muss und hier dringend vor der Beurkundung fachlicher Rat eingeholt werden sollte.

5.1.4 Vertragliche Rückforderungsrechte

Neben den gesetzlich geregelten Rückforderungsrechten wegen Notbedarfs des Schenkers nach § 528 BGB und dem Widerrufsrecht wegen groben Undanks des Beschenkten nach § 530 BGB sollten in Übergabeverträgen weitere vertragliche Rückforderungsrechte aufgenommen werden. In der Praxis hat sich die Vereinbarung eines eigenständigen, rein vertraglichen Rückforderungsrechts durchgesetzt.

Rückforderungsrechte dienen vornehmlich dem Erhalt von Immobilienbesitz innerhalb der Familie. Sie kommen beispielsweise in folgenden Fällen in Betracht:

- Veräußerung oder Belastung des Grundstücks durch den Erwerber ohne Zustimmung des Veräußerers
- Antrag auf eine Teilungsversteigerung durch den Erwerber bei Miteigentum
- Insolvenz des Erwerbers oder Zwangsvollstreckungsmaßnahmen in das übergebene Grundstück
- Vorversterben des Erwerbers vor dem Veräußerer
- Vereinbarung von Gütergemeinschaft durch den Erwerber, es sei denn, der Empfang wird zum Vorbehaltsgut erklärt
- Ehescheidung des Erwerbers zu Lebzeiten des Veräußerers
- Soweit für den Erwerber Betreuung angeordnet wird

Gerade der letzte Grund wird oft gar nicht angesprochen. Nicht nur der Veräußerer kann unter Betreuung gestellt werden. In dem Fall, dass eine solche Betreuung für den Erwerber angeordnet wird, muss davon ausgegangen werden, dass mit dem Erwerber etwas geschehen ist (beispielsweise ein Unfall), mit dem die Beteiligten nicht gerechnet haben. Insbesondere dann sollte eine ursprüngliche Übergabe noch einmal zurückgenommen werden können.

Die hier aufgeführten Rückforderungsrechte können jederzeit erweitert werden. Der Rückforderungsanspruch muss durch Bestellung einer sogenannten Rückauflassungsvormerkung dinglich gesichert werden. Damit wird dieser Anspruch im Grundbuch auch gegenüber Dritten bekannt gemacht. Anderenfalls besteht die Gefahr, dass er nicht mehr durchgesetzt werden kann.

5.1.4.1 Vereinbarung eines jederzeitigen Widerrufsrechts

Zivilrechtlich ist die Vereinbarung eines jederzeitigen freien Rückerwerbsrechts durchaus möglich. Bei der Beachtung von Pflichtteilsergänzungsansprüchen führt die Vereinbarung der freien Widerruflichkeit jedoch dazu, dass die Zehnjahresfrist nach § 2325 Abs. 3 BGB nicht zu laufen beginnt. Das gilt nur dann nicht, wenn der Rückerwerb nicht willkürlich herbeigeführt werden kann. Bei der Beachtung von Pflichtteilsergänzungsansprüchen scheidet daher die Gestaltung einer freien Widerruflichkeit aus.

In schenkungsteuerrechtlicher Hinsicht ist die Schenkung trotz eines vereinbarten jederzeitigen Rückforderungsvorbehalts wirksam und vollzogen, so zumindest derzeit noch die Rechtsprechung des BFH. In ertragsteuerrechtlicher Hinsicht wird die Schenkung jedoch in der Regel nicht anerkannt. Die Einkunftsquelle und die damit verbundenen Erträge werden somit ertragsteuerrechtlich weiterhin dem Veräußerer zugerechnet. Wenn nicht gleichzeitig ein Nießbrauch vereinbart worden ist, kann dies einkommensteuerlich zu fatalen Folgen führen.

5.1.4.2 Vereinbarung einer Belastungs- und Verfügungsvollmacht

Nicht selten wird die Immobilie nur zu einem kleineren Anteil übergeben, beispielsweise wenn es sich um das eigenbewohnte Haus handelt, das aufgrund der Immobilienpreisentwicklung extrem im Wert gestiegen ist und nunmehr in kleinen Teilen (zur Geltendmachung der persönlichen Freibeträge) an die Kinder weitergegeben wird. Da man nicht weiß, ob man beispielsweise noch einen Kredit aufnehmen muss – zur eigenen Versorgung oder für größere Renovierungsarbeiten –, ist es gut, sich im Rahmen dieser Überlassung in jedem Fall eine Belastungsvollmacht einzuräumen. Ebenso sollte die Frage, ob man bis zum eigenen Tod in der Immobilie wohnen kann oder ein Umzug in ein Pflegeheim erfolgen muss, dadurch abgesichert sein, dass man aufgrund einer Verfügungsvollmacht eigenständig, also ohne Zustimmung der anderen Miteigentümer, über eine Veräußerung entscheiden kann. Natürlich geht es dann auch immer darum, ob man noch geschäftsfähig ist.

Wie man den verschiedenen Themen entnehmen kann, ist es außerordentlich wichtig, dass alle Blickrichtungen berücksichtigt werden.

5.2 Was spricht für eine Übergabe zu Lebzeiten?

In jedem Fall empfiehlt es sich, darüber nachzudenken, welche Vorteile eine lebzeitige Übergabe mit sich bringt. Die folgenden Ausführungen sollen bei dieser Entscheidung helfen.

5.2.1 Steuerliche Aspekte

Wichtigstes Argument für eine Übergabe zu Lebzeiten ist sicherlich die steuerliche Optimierung, die damit einhergeht. Auch nach der Erbschaftsteuerreform wird es Möglichkeiten geben, umfangreiches Immobilienvermögen ohne große Steuerbelastung auf die nächste Generation zu übertragen.

Voraussetzung ist natürlich, dass man früh genug damit beginnt, um zum Beispiel die Freibeträge alle zehn Jahre neu ausnutzen zu können. Entscheidend wird dabei auch sein, dass eine durchdachte Vermögensplanung für die Eheleute bzw. Eltern erfolgt, sodass deren Versorgung gesichert ist.

5.2.2 Das Rücktrittsrecht

Zu beachten ist auf jeden Fall, dass der Übergeber sich Regelungen vorbehält, die es ihm ermöglichen, bei Störungen in Bezug auf die übernehmende Generation Einfluss zu nehmen und sich ggf. über Rücktrittsrechte das Immobilienvermögen zurückzuholen (siehe Kapitel 5.1.4).

Wer über eine solche Gestaltung nachdenkt, muss sich aber darüber im Klaren sein, dass die Rücktrittsrechte nur so lange geltend gemacht werden können, wie der Übergeber, der sich diese vorbehalten hat, lebt. Oftmals werden die Rücktrittsrechte nach dem Tod des Übergebers (also aufschiebend bedingt) auf den Ehegatten und somit anderen Elternteil übertragen. Aber auch hier sind zeitliche Grenzen gesetzt. Nach dem Tod dieser berechtigten Person gibt es niemanden mehr, der die Rücktrittsrechte geltend machen kann. Ab diesem Zeitpunkt kann also auf Störungen, die bei den Kindern entstehen, keine Reaktion mehr erfolgen.

5.2.3 Der Vorbehaltsnießbrauch

Mit dem vorbehaltenen Nießbrauch, der aufgrund der steuerlichen Abzugsmöglichkeit ein noch stärker wirkendes Instrument zur Steuerminderung geworden ist, behält sich der Übergeber auch die Verwaltung vor, sodass letztlich nur die Substanz an die nächste Generation weitergegeben wird. Dieser Nießbrauch wird im Zweifel ebenfalls auf den Ehegatten und damit anderen Elternteil übertragen, fällt aber genauso mit dem Tod der beiden Berechtigten weg.

6 Wozu dient eine Familiengesellschaft?

Mit den Regelungen, die eine Familiengesellschaft bietet, ist es möglich, nachhaltig und in verschiedenen Bereichen vorausschauende und verbindliche Vereinbarungen zu treffen – sowohl in Bezug auf Verwaltungsthemen als auch auf Nachfolgeregelungen.

Mit dem Tod der Eltern geht die Verwaltungsbefugnis an die Kinder über, die bis zu dem Zeitpunkt vielleicht noch nie mit dieser Tätigkeit konfrontiert waren. In einem solchen Moment müssen folgende Aspekte berücksichtigt werden: Zum einen stehen die Kinder vor der Aufgabe, die Verwaltung der Immobilie auch nach dem Tod der Eltern klug vorzunehmen. Andererseits fällt mit dem Tod der Eltern das Familienoberhaupt weg, die Kinder stehen zum ersten Mal gleichberechtigt nebeneinander. Nun muss die »Rangordnung« erst einmal geklärt werden. Nachdem die Frage, wer die Verwaltung nach dem Tod der Eltern übernehmen soll und kann, selten zu Lebzeiten der Eltern gestellt und entschieden wird, beginnen in dieser Situation oftmals lang andauernde Streitigkeiten.

6.1 Familiengesellschaft: die Fortführungsgarantie

Die Familiengesellschaft bietet zahlreiche Möglichkeiten, das weitere Geschehen auch nach dem Tod der übergebenden Generation mitzugestalten. Das gilt umso mehr, wenn mehrere Geschwister an der Nachfolge beteiligt sind. Die Gründung der Familiengesellschaft wird im Wesentlichen noch von der übergebenden Generation beeinflusst. Die Familiengesellschaft wird zum Zeitpunkt der lebzeitigen Übergabe gegründet, entfaltet ihren Zweck aber erst mit dem Wegfall der übergebenden Generation, also zu einem Zeitpunkt, zu dem die Immobilienverwaltung in den alleinigen Verantwortungsbereich der übernehmenden Generation gelegt wird.

6.1.1 Das Unternehmen »Immobilienbesitz«

Im Zusammenhang mit dem Begriff »Unternehmen« stellen sich die meisten Menschen einen großen Betrieb vor, der Werkzeuge herstellt oder Dienstleistungen anbietet. Die wenigsten verbinden damit die Verwaltung einer Immobilie, insbesondere wenn die Immobilie einkommensteuerlich nicht als Betriebsvermögen erfasst ist, sondern im einkommensteuerlichen Privatvermögen gehalten wird. Mit der Immobilie werden Einkünfte aus Vermietung und Verpachtung erzielt, es fällt keine Gewerbesteuer an und der Verkaufserlös ist mit Ausnahme der sogenannten Spekulationssteuer gemäß § 23 EStG – beim Verkauf innerhalb von zehn Jahren – nicht der Einkommensteuer zu unterwerfen.

Handelt es sich um eine Eigentumswohnung innerhalb einer im Übrigen fremden Wohnungseigentümergemeinschaft, dann übernimmt die Verwaltung der Immobilie eine damit beauftragte Hausverwaltung. Lediglich für die Vermietung, die Durchführung von Instandhaltungsmaßnahmen im Sondereigentum – also innerhalb der Wohnung – und alle damit verbundenen Fragen und Maßnahmen ist der Eigentümer selbst zuständig, es sei denn, es ist auch damit eine Verwaltung, die sogenannte Sonderverwaltung, beauftragt worden.

Handelt es sich um ein Mehrfamilienhaus, wird die Immobilie nicht selten von den Eigentümern, den Ehegatten oder anderen Familienmitgliedern, verwaltet. Zumeist erfolgt das als »Nebenbeschäftigung« neben der geregelten Arbeitszeit. Die wenigsten sind in der Lage, als – wie es früher geheißen hat – »Privatiers« tätig zu sein. Hintergrund ist sicherlich die Tatsache, dass die Mieteinnahmen oftmals in bauliche Erweiterungen (Aufzug, Dachgeschossausbau etc.) oder in Instandhaltungsmaßnahmen reinvestiert werden und somit zum persönlichen Verbrauch nicht zur Verfügung stehen.

Immobilieneigentümer sind meist ein Leben lang damit befasst, die Verwaltung ihrer Immobilie selbst zu erledigen. Während für den Erhalt eines Unternehmens im klassischen Sinne geeignete Nachfolger oder alternative Möglichkeiten gesucht werden, taucht dieser Gedanke oft gar nicht auf, wenn es um die Vorsorge in Bezug auf Immobilien geht. Grund ist sicherlich, dass sich viele Eigentümer nicht darüber im Klaren sind, dass auch sie ein Unternehmen aufgebaut haben und aus diesem Grund unternehmerisch denken müssten, wenn sie mehrere Wohnungen und erst recht ein Mehrfamilienhaus besitzen.

Nicht nur die Unternehmen müssen sich ständig neu ausrichten. Auch das Immobilienvermögen ist immer wieder dem veränderten Markt anzupassen. Man denke nur an die sich ständig ändernden gesetzlichen Regelungen im Bereich des Mietrechts. Die Betriebskostenabrechnung ist zu einem Werk geworden, dessen Regelungen nur schwer zu verstehen sind. Plötzlich wird es notwendig, Bestätigungen zu erstellen, die der Mieter dann seinerseits im Rahmen der Einkommensteuererklärung vorzeigen kann, um eine Einkommensteuerminderung zu bewirken. Die Energieeinsparverordnung ist ein weiterer Faktor, mit dem man sich plötzlich auseinandersetzen muss. Letztlich erfordert auch das Durchführen von Instandhaltungsmaßnahmen unternehmerisches Denken.

In unserer Gesellschaft werden Immobilieneigentümer oftmals nicht als Unternehmer betrachtet. Sie werden als Vermögensverwalter gesehen und daher den Aktieninhabern und an Fondsgesellschaften Beteiligten gleichgestellt. Doch dieser Vergleich ist bei genauer Betrachtung nicht richtig. Auch der Immobilieneigentümer selbst sieht sich nicht als Unternehmer und erkennt deshalb auch nicht, dass er seine Nachfolge unternehmerisch überdenken muss.

Ein klassischer Unternehmer stellt sich frühzeitig die Frage, ob eines seiner Kinder einmal in der Lage sein wird, seine Nachfolge anzutreten. Diese Überlegungen werden von der Frage mitbestimmt, ob der potenzielle Nachfolger die berufliche Qualifikation dafür mitbringt. In vielen Betrieben ist es notwendig, dass der Unternehmer einen Meisterbrief oder eine akademische Ausbildung hat oder sonstige Voraussetzungen erfüllt, um die Nachfolge antreten zu können und erfolgreich zu sein.

Falls sich der klassische Unternehmer mit seiner Nachfolge noch nicht auseinandergesetzt hat, wird er das spätestens dann tun müssen, wenn er einen Kredit beantragt. Bei der Entscheidung, ob ein Kredit bewilligt wird, und wenn ja, zu welchen Konditionen, spielt unter anderem auch der Aspekt eine Rolle, ob schon eine Nachfolgeregelung getroffen wurde. Das ist nämlich eine der Voraussetzungen nach Basel II, also den Richtlinien, nach denen die Kreditinstitute Kredite vergeben dürfen.

Immobilieneigentümer müssen sich scheinbar mit diesem Problem nicht auseinandersetzen. Viele von ihnen sind selbst in die Verwaltung hineingewachsen und haben oftmals auch keine Ausbildung als Immobilienfachwirt oder Ähnliches. Die Kinder, die eventuell die Nachfolge übernehmen sollen, werden selten mit dem Thema belastet. In der Beratung hören wir oft, dass die Kinder ja gar keine Zeit hätten. Berufliche Ausbildung, die Gründung der eigenen Familie und der Hausbau werden dabei immer wieder als Gründe genannt, weshalb die Kinder nicht in die Verwaltung eingebunden werden und ihnen keine Verantwortung übergeben wird.

Kommt der Unternehmer zu dem Schluss, dass keines seiner Kinder geeignet ist, die Nachfolge anzutreten, macht er sich mit dem Gedanken vertraut, sein Unternehmen zu verkaufen. Der seit Generationen in Familienbesitz befindliche Handwerksbetrieb wird dann geschlossen oder verkauft. Die meisten Immobilieneigentümer sehen es dagegen nach wie vor als ihr vordringliches Ziel an, die Immobilie weiterhin in der Familie zu halten – auch wenn objektiv kein geeigneter Nachfolger vorhanden ist.

6.1.2 Die Psychologie der Familie

Um die Familiengesellschaft als ein sinnvolles Instrument bei der Übergabe von Immobilieneigentum zu verstehen, hilft ein Blick in die Psychologie der Familie. Entschließen sich die Eltern, ihren Kindern gemeinsam etwas zu vererben oder zu schenken, bilden die Geschwister damit eine neue Einheit. Eine Einheit, die in Zukunft die Geschicke der Immobilienverwaltung gemeinsam lenken muss.

Im Vordergrund stehen hier nicht nur die harten Regeln, die für ein Unternehmen gelten, das ausschließlich auf Erfolg und damit verbunden auf Gewinn ausgerichtet ist. In dieser Einheit kommen menschliche und sehr persönliche Aspekte hinzu, da sich die

Geschwister schon sehr lange kennen. Jedes von ihnen hat seinen Platz in der Familie eingenommen.

Solange die Eltern diese Einheit noch leiten, unterwerfen sich die Geschwister. Fällt die Führung weg, stehen die Geschwister bei der neuen Aufgabe erstmals gleichberechtigt nebeneinander. Jedes wird versuchen, die Leitungsposition für sich zu beanspruchen.

Dabei ist nicht immer davon auszugehen, dass automatisch das älteste Kind diese führende Rolle übernimmt. Vielmehr entscheiden zum Beispiel die Ausbildung der Geschwister oder der Stand, den sie durch ihre Verehelichung erreicht haben, über die Rangordnung. Alte Konflikte brechen auf und es kann zu sehr langen und schädlichen Streitigkeiten kommen. Es ist also wichtig, dass die Eltern zu Lebzeiten die Geschwister in diese Einheit einführen und damit gewissermaßen die Basis für die neue Konstellation errichten. Um eine solche Weichenstellung innerhalb der Familiengesellschaft vornehmen zu können, ist vorab eine Bestandsaufnahme erforderlich.

Achtung

Es ist ratsam, schon vor dem Gespräch ein Organigramm über das gesamte Familienvermögen zu erstellen. Neben der Frage, wie groß das Vermögen ist und was alles dazugehört, sollte auch geklärt werden, wer einmal was erhalten soll. Gibt es mehrere gleichwertige Vermögensgegenstände, ist es sinnvoll, diese nicht auf alle Kinder gemeinsam zu übertragen. Vermieden werden sollte auch, dass die Eltern die Entscheidung, wer später welchen Vermögensgegenstand erhalten soll, allein treffen. Zielführender ist es, die Kinder an der Entscheidung zu beteiligen.

Ergibt sich im Verlauf der Gespräche, dass gewisse Vermögensgegenstände nur auf die Kinder gemeinsam übertragen werden können, dann sollten sich die Eltern mit der Frage auseinandersetzen, ob es in ihrem Fall sinnvoll ist, eine Familiengesellschaft zu gründen. Bei den Beratungen werden immer wieder die folgenden Fragen zum Thema gestellt:

- Warum benötigt man eine Familiengesellschaft?
- In welcher Rechtsform wird eine Familiengesellschaft geführt?
- Wer führt die Geschäfte im Rahmen einer solchen Gesellschaft?
- Wer kann Grundstücke kaufen oder verkaufen?
- Welche Rechte haben die übrigen Gesellschafter?
- Können die Gesellschafter ihre Anteile an dieser Gesellschaft verkaufen?
- Was passiert, wenn in der Person eines der Gesellschafter finanzielle oder andere Probleme entstehen?
- Zu welchem Preis scheidet der Gesellschafter aus der Gesellschaft aus?
- Wer kann nach dem Tod des Gesellschafters dessen Nachfolge antreten?
- Benötigen die Beteiligten ein Testament?
- Wie können die Enkelkinder in diese Gesellschaft eingebunden werden?
- Welche Position haben die übergebenden Eltern in dieser Gesellschaft, solange sie leben?

6.1.3 Diesen Problemen kann eine Familiengesellschaft vorbeugen

Nicht jede Familie benötigt bei der Übertragung von Immobilienvermögen eine Familiengesellschaft. Bei der Entscheidung, ob dieser Weg in Betracht kommt, sind zunächst einmal die möglichen Alternativen zu bedenken.

(1) Miteigentumsgemeinschaft

Die wohl häufigste Form der Übergabe ist die Verteilung von Miteigentumsanteilen. Jedes der Geschwister wird am Mehrfamilienhaus in der Weise beteiligt, dass es je einen Anteil an jeder Wohnung, an jedem Ziegel dieses Hauses erhält. Bei der Miteigentumsgemeinschaft sind die Vorschriften über die Gemeinschaft nach Bruchteilen anzuwenden. Diese sind in den §§ 741 ff. BGB und in §§ 1009 ff. BGB geregelt.

Darüber hinaus sind alle Vorschriften zum Alleineigentum auch auf das Miteigentum anzuwenden. Der Miteigentümer ist also quasi wie ein Alleineigentümer zu behandeln. Er kann über seinen Miteigentumsanteil selbstständig verfügen. Wie die Verwaltung des Gegenstandes erfolgt, bestimmt er selbst, und er hat einen Anspruch auf den gesamten Ertrag, der mit diesem Gegenstand erzielt wird.

BEISPIEL

Richard Zottler hat drei Kinder: Achim, Bernd und Christa. In seinem Eigentum befindet sich ein Mehrfamilienhaus, das er zu Lebzeiten auf seine drei Kinder überträgt, wobei jedes einen Miteigentumsanteil in Höhe von 1/3 erhält. Richard Zottler behält sich den Nießbrauch vor und verwaltet die Immobilie bis zu seinem Tod.

Nach Herrn Zottlers Tod ergibt sich eine ganze Reihe von Problemen. Achim möchte zur Werterhöhung des Mehrfamilienhauses das Dachgeschoss ausbauen. Bei diesem Ausbau handelt es sich um eine Maßnahme, die einstimmig beschlossen werden muss. Solange sich Bernd weigert, der Maßnahme zuzustimmen, kann sie nicht durchgeführt werden. Das gilt im Übrigen auch für alle gewöhnlichen Instandhaltungsmaßnahmen. Auch wenn es darum geht, einen Mietvertrag abzuschließen, bedarf die Entscheidung der Einstimmigkeit aller Miteigentümer.

Nun möchte Achim für die künftigen Instandhaltungsmaßnahmen eine Rücklage bilden und behält aus diesem Grund einen Teil des Gewinns, der mit der Vermietung und Verpachtung erzielt worden ist, ein. Bernd dagegen möchte den auf seinen Anteil entfallenden Ertrag ausbezahlt bekommen. Hier gibt die gesetzliche Regelung des § 742 Abs. 1 BGB die Lösung vor: »Jedem Teilhaber gebührt ein seinem Anteil entsprechender Bruchteil der Früchte.« Zwar beinhaltet die Regelung des § 748 Satz 1 BGB, dass jeder Teilhaber sich gemäß seinem Anteil auch an den Kosten der Erhaltung beteiligen muss. Es stellt sich aber dann die Frage, inwieweit gerade die von Achim gewollte Instandhaltungsmaßnahme eine Erhaltung im Sinne dieser Regelung ist.

Bernd möchte seinen Miteigentumsanteil verkaufen: Zunächst ist festzustellen, dass jeder Miteigentümer berechtigt ist, dies zu tun. Dabei ist er nicht gezwungen, seinen Anteil den übrigen Miteigentümern anzubieten – er kann ihn ebenso gut einer fremden Person verkaufen. Bezüglich des Kaufpreises gibt es ebenfalls keine Vorgaben. Bernd kann an denjenigen Interessenten verkaufen, der ihm das beste Angebot macht. Soweit eine fremde Person den Zuschlag erhält, haben die übrigen Mitgesellschafter kein gesetzliches Vorkaufsrecht.

Bernd verkauft seinen Miteigentumsanteil an den Bauträger Faller. Der wird die übrigen Miteigentümer auffordern, an ihn zu verkaufen. Soweit sie dem nicht zustimmen, wird Faller die Auseinandersetzung der Gemeinschaft durch Teilungsversteigerung beantragen. Inwieweit die übrigen Miteigentümer dann in der Lage sind, den Versteigerungspreis zu bezahlen, ist fraglich.

Christa führt ein Einzelunternehmen. Aufgrund einer Fehlentscheidung muss sie Insolvenz anmelden. Einer ihrer Gläubiger leitet Zwangsvollstreckungsmaßnahmen ein, die ihren Miteigentumsanteil am Mehrfamilienhaus betreffen. Auch wenn die übrigen Miteigentümer für die Verbindlichkeiten von Christa nicht haften müssen, so stehen sie dennoch über den Anteil am Mehrfamilienhaus faktisch in gemeinsamer Haftung. Entweder schaffen sie es, dem Gläubiger den Miteigentumsanteil abzukaufen und somit den Fortbestand des Hauses zu sichern. Oder aber der Gläubiger beantragt die Zwangsversteigerung des gesamten Mehrfamilienhauses.

Selbstverständlich können die Eltern bei der Übergabe von Miteigentumsanteilen Regeln vorgeben, die dann nach ihrem Tod Wirksamkeit entfalten und den vorgenannten Problemen entgegenwirken. Daran wird aber in den seltensten Fällen gedacht.

(2) Wohnungseigentumsgemeinschaft

Die Übergabe von Wohnungseinheiten wird oft als Lösung angesehen. Dabei wird das Mehrfamilienhaus in einzelne Wohnungseigentumseinheiten aufgeteilt und jedes Kind erhält mehrere Wohnungen. Hintergrund dabei ist die Idee, dass damit die unterschiedlichen Pläne der Kinder leichter umzusetzen sind. Doch auch diese Konstruktion kann letztlich keine Probleme verhindern.

Zunächst können auch hier Ungerechtigkeiten bei der Verteilung auftreten: Nicht alle Wohnungen befinden sich auf dem gleichen Instandhaltungsniveau. Das Gleiche gilt für die vereinbarten Mieten. Es wird nicht gelingen, alle Wohnungen zum exakt gleichen Mietpreis zu vermieten.

Im Übrigen ergeben sich nach der Verteilung der Wohnungen auf die einzelnen Geschwister ebenfalls Probleme, an die vorab nicht gedacht wurde. Gehen wir von der gleichen Konstellation aus wie im Beispiel mit Herrn Zottler und seinen Kindern: Bernd vermietet seine Eigentumswohnung an ein Ehepaar mit drei Kindern. Aber: Die Mieter der übrigen Eigentumswohnungen sind in der Regel ältere Herrschaften. In der Zeit, als die Eltern das Haus verwalteten, haben sie versucht, die Mietstruktur sinnvoll abzustimmen. Dabei haben sie auf eine gesunde Mischung von »Jung und Alt« geachtet. Dies wird natürlich schwierig, wenn mehrere Wohnungseigentümer hierzu unterschiedliche Ideen umsetzen wollen.

Nun ist es Christa, die ihre Wohnungen verkaufen will. Auch bei der Wohnungseigentumsgemeinschaft besteht kein gesetzliches Vorkaufsrecht für die übrigen Wohnungseigentümer – wenn sie überhaupt finanziell dazu in der Lage wären.

Noch schwieriger wird es dann, wenn die drei Wohnungseigentümer über eine Instandhaltungsmaßnahme entscheiden müssen. Ihr Beschluss hat bestimmten Formalien zu entsprechen, die das Wohnungseigentumsgesetz (WEG) vorgibt. Doch auch darüber kommt keine Einigung zustande.

Als Bernd stirbt, stellt sich heraus, dass er in seinem Testament seine langjährige Lebensgefährtin eingesetzt hat, obwohl er sich schon lange vor seinem Tod von ihr getrennt hatte. Wie über die Miteigentumsanteile kann auch über die Eigentumswohnungen frei verfügt werden. Das betrifft auch die Festlegung, wer den Miteigentumsanteil oder die Eigentumswohnung einmal von Todes wegen erhalten wird. Ob damit dem Wunsch der Eltern und ursprünglichen Eigentümer entsprochen wird, oder – wie im Beispiel – dem Willen der Beteiligten, ist fraglich.

Diese Beispiele machen deutlich, dass sich innerhalb solcher Gemeinschaften immer wieder Fragen ergeben, die die Verwaltung, die Verfügungsmöglichkeiten oder die erbrechtliche Nachfolge betreffen. Mit der Übergabe durch die Eltern und deren Absicherungen sind diese – wie gezeigt wurde – nicht gelöst, da dabei nur eine Folgegeneration berücksichtigt wurde.

6.2 Rechtsform und Gestaltungsmöglichkeiten

Viele verwechseln den Begriff »Gesellschaft« mit »Betriebsvermögen«. Die Immobilie bleibt jedoch nach wie vor im Privatvermögen, letztlich ändert sich bei der Gründung einer Familiengesellschaft nur, wer Eigentümer der Immobilie ist. Im Grundbuch steht in diesem Fall nicht mehr Richard Zottler als Alleineigentümer, sondern die Zottler-Gesellschaft.

Regelmäßig wird die Form der Gesellschaft bürgerlichen Rechts oder kurz »BGB-Gesellschaft« gewählt. Hierzu finden sich in den §§ 705 ff. BGB gesetzliche Regelungen, die jedoch an die individuellen Bedürfnisse der jeweiligen Familien angepasst werden können. Viele vermuten, dass diese Gesellschaftsform der Erbengemeinschaft ähnelt. Das ist jedoch nicht der Fall.

Eine Erbengemeinschaft entsteht, wenn eine Mehrzahl von Erben durch gesetzliche Erbfolge oder durch eine letztwillige Verfügung (Testament) Nachfolger werden. Zwar setzt sich eine Familiengesellschaft auch aus einer Mehrheit von Gesellschaftern zusammen. Dieser Zusammenschluss entsteht aber nicht zufällig. Durch die gesellschaftsrechtlichen Regelungen erfolgt die Abstimmung auf die individuellen Bedürfnisse einer jeden Familie. Aus diesem Grund ist es wichtig, sich für die Familiengespräche ausreichend Zeit zu nehmen und alle Beteiligten einzubeziehen. Nur dann erkennen alle die Wichtigkeit bestimmter Regelungen.

BEISPIEL

Herr Odert hat drei Kinder: Peter, Miriam und Clarissa. In seinem Eigentum befindet sich ein Mehrfamilienhaus. Herr Odert wünscht sich, dass sein Sohn Peter einmal die Verwaltung dieses Hauses übernimmt, da er ihn dafür für am besten geeignet hält.

Hier wird der Fokus auf die Frage gerichtet, wer einmal nach Herrn Odert die Verwaltung übernehmen soll. Wie schon mehrmals angedeutet, ist es in diesem Fall sehr wichtig, dass die Entscheidung nicht von den Eltern getroffen und vorgegeben wird, auch wenn selbstverständlich alle wissen sollten, was sich die Eltern wünschen. Es ist ratsam, die Entscheidung im Rahmen eines Familiengesprächs gemeinsam zu treffen. Nur dann wird man Peter nach dem Tod des Vaters als Verwalter akzeptieren. Eventuell sollte auch darauf hingewirkt werden, dass Peter schon zu Lebzeiten von Herrn Odert in die Verwaltungstätigkeiten eingeführt wird.

BEISPIEL

Herr Grau hat ein landwirtschaftliches Grundstück, das einmal Bauland werden wird. Bereits heute steht die Entscheidung fest, dass dann das Grundstück bestmöglich verkauft werden soll. Herr Grau geht davon aus, dass von seinen drei Kindern Ben einmal das richtige Näschen für einen solchen Verkauf haben wird.

Auch in diesem Fall wäre es sinnvoll, eine Familiengesellschaft zu gründen. Nachdem für die Gesellschaft keine großartigen Verwaltungsmaßnahmen nötig sind, wird es wichtig sein, dass der Verwalter, also Ben, vor allem zum Verkauf des Grundstücks die alleinige Berechtigung erhält. Diese Festlegung ist im Rahmen der gesellschaftsrechtlichen Regeln aufzunehmen.

BEISPIEL

Herr Neuner ist Alleineigentümer eines Dreifamilienhauses. Die mittlere der drei Wohnungen bewohnt er mit seiner Familie selbst. Wichtig ist ihm, dass das Haus weiterhin im Familienbesitz bleibt. Seine drei Kinder sollen die Verwaltung einmal gemeinsam vornehmen. Damit keines der Kinder überstimmt wird, sollen die Beschlüsse einstimmig erfolgen. Herrn Neuner ist klar, dass so eventuell Pattsituationen entstehen, die letztlich eine Entscheidung unmöglich machen.

Zwar ist zu berücksichtigen, dass einstimmige Regelungen nicht oder nur schwer umsetzbar sein werden, doch auch hier wurde eine Lösung gefunden, die mit den gesetzlichen Vorschriften nicht möglich gewesen wäre: Falls keine Einstimmigkeit erzielt werden kann, haben sich die Gesellschafter einer Schiedsklausel unterworfen. Das heißt, dass ein gerichtliches Verfahren ausgeschlossen ist, selbst wenn sich die Geschwister nicht einigen können.

Als Schiedsrichter sollen solche Personen handeln, denen die Verwaltung einer Immobilie nicht fremd ist und die die damit verbundenen Probleme kennen. Nur dann werden sie auch passende Lösungen anbieten können.

Formulierungsvorschlag

Schiedsklausel

Soweit die Gesellschafter bei einer notwendigerweise einstimmigen Entscheidung keine einvernehmliche Entscheidung erzielen, vereinbaren die Gesellschafter bereits heute, ein Schiedsgutachten einzuholen. Dabei wird der jeweilige Vorsitzende des Haus- und Grundbesitzervereins München und Umgebung e. V., ersatzweise dessen Stellvertreter, die Entscheidung treffen. Dieser darf wiederum Gutachter hinzuziehen. Die Kosten dieses Verfahrens hat die Gesellschaft zu tragen. Die Gesellschafter vereinbaren bereits heute, die sich hieraus ergebende Entscheidung zu akzeptieren.

Selbstverständlich können die Regeln, wann genau eine schiedsrichterliche Einflussnahme möglich sein soll, genau beschrieben werden. In jedem Fall verhindert ein solches Verfahren, dass sich Streitigkeiten lange hinziehen. Und es ist wahrscheinlicher, dass sich die Beteiligten schon frühzeitig einigen, bevor eine fremde Person eine Entscheidung trifft, die letztlich keinem der Beteiligten genehm ist.

Im eben beschriebenen Beispiel hat sich im Verlauf der Familiengespräche zudem die Frage ergeben, welches Geschwister nach dem Tod der Eltern berechtigt sein soll, in die elterliche Wohnung einzuziehen, und zu welchen Bedingungen. Auch hier sind unterschiedliche Regelungen möglich. Im vorliegenden Fall wollten die Beteiligten diese Frage mit dem Losverfahren entscheiden. In der Diskussion, die hierüber geführt wurde, standen mehrere Vorschläge im Raum, etwa »Das älteste der drei Geschwister darf die Entscheidung treffen«, »Derjenige darf einziehen, der die meisten Kinder hat« und »Derjenige ist berechtigt einzuziehen, der am wenigsten verdient«. Dieser Fall zeigt, welche Argumente angeführt werden würden, sobald die Entscheidung zu treffen wäre. Es war also sehr hilfreich, diesen Streit schon vorab auszutragen, um ein vernünftiges Ergebnis zu finden.

Um festzulegen, zu welchen Konditionen die Nutzung erfolgen soll, musste zunächst über den Mietzins entschieden werden. Da einkommensteuerliche Argumente keine Rolle spielten, entschied man sich dazu, 60% des ortsüblichen Mietzinses als Nutzungsentgelt zu verlangen. Gleichzeitig sollte der Nutzer nicht nur die gegenüber einem Mieter umlegbaren Betriebskosten bezahlen, sondern auch die Instandhaltungskosten, die sich in Bezug auf die Räumlichkeiten ergeben würden. Um den ortsüblichen Mietzins als Grundlage für die zu zahlende Miete festzulegen, empfiehlt sich im Bereich München folgende Klausel.

Formulierungsvorschlag

Person des künftigen Schiedsrichters

Die Gesellschafter verpflichten sich, einen im Haus- und Grundbesitzerverein München und Umgebung e. V. tätigen Rechtsanwalt mit der Feststellung des ortsüblichen Mietzinses für die in der ... Straße in München gelegene Wohnung zu beauftragen, wie er in der Regel für Mieterhöhungsverlangen eingeholt wird (derzeit amtlicher Mietspiegel der Landeshauptstadt München).

Der so ermittelte Nettomietzins wird dann von allen Gesellschaftern akzeptiert.

6.3 Wichtige gesellschaftsrechtliche Regelungen

Alle auftretenden Fragen können im Rahmen einer gesellschaftsrechtlichen Regelung geklärt werden. Dabei ist es unabdingbar, dass diese gesellschaftsrechtlichen Regelungen von den Eltern und den möglichen Nachfolgern gemeinsam besprochen und festgelegt werden.

6.3.1 Wer führt die Geschäfte?

Grundsätzlich steht gemäß § 709 Abs. 1 BGB die Führung der Geschäfte allen Gesellschaftern gemeinschaftlich zu. Selbstverständlich kann im Rahmen der individuellen Regelungen aber auch einem oder mehreren ausgewählten Gesellschaftern die Geschäftsführungsbefugnis übertragen werden. Der Geschäftsführer vertritt dann die Gesellschaft nach außen, das heißt, er schließt die Mietverträge ab, organisiert die Instandhaltungsmaßnahmen etc.

Genauso wie in einem Unternehmen kann die Kompetenz eines Geschäftsführers der Familiengesellschaft eingeschränkt werden. Die Unterscheidung erfolgt in »Entscheidungen des gewöhnlichen Geschäftsbetriebs« und solche, die »über den gewöhnlichen Geschäftsbetrieb hinausgehen«. Im zweiten Fall müssen alle Gesellschafter bestimmen. Zu welchen Bedingungen dies zu geschehen hat – also mehrheitlich oder einstimmig –, kann dann ebenfalls geregelt werden.

Die Frage, was zu der einen oder zu der anderen Kategorie zählt, muss ebenfalls ganz individuell geregelt werden. Manche Vereinbarungen geben den Geschäftsführern weitreichende Kompetenzen, zum Beispiel bis hin zur Möglichkeit, ein Mehrfamilienhaus zu verkaufen oder zu belasten. Andere Vereinbarungen enthalten strengere Maßstäbe und gestatten dem Geschäftsführer lediglich die Entscheidungen über Instandsetzungsmaßnahmen bis zu einem Betrag von 5.000 EUR pro Einzelfall.

Soweit Gesellschafter, die die Geschäftsführung nicht ausüben, auch in dem Mehrfamilienhaus wohnen, wird es wohl angebracht sein, sie an der Entscheidung, mit wem ein Mietvertrag geschlossen wird, teilhaben zu lassen.

Die Befugnis, ein Grundstück zu kaufen oder zu verkaufen, kann entweder dem Geschäftsführer übertragen oder auf die Gesellschafterebene verlagert werden. Das Gleiche gilt für die Situation, in der zu entscheiden ist, ob das Grundstück mit einer Grundschuld belastet werden darf.

Formulierungsvorschlag

Über den gewöhnlichen Geschäftsbetrieb hinausgehend

Über den gewöhnlichen Geschäftsbetrieb hinausgehend und damit beschlussbedürftig sind unter anderem folgende Geschäfte:

- Alle kostenauslösenden Maßnahmen, die einkommensteuerlich als Herstellungskosten gelten
- Instandhaltungsmaßnahmen von im Einzelfall mehr als 5.000 EUR
- Der Abschluss von Mietverträgen

- Sämtliche Verfügungen, Belastungen von Grundstücken sowie der Erwerb von Grundstücken und grundstücksgleichen Rechten
- Die Begründung von Geldanlagegeschäften, die den Betrag der Instandhaltungsrücklage betreffen

6.3.2 Welche Rechte haben die übrigen Gesellschafter?

Alle Angelegenheiten, die einem Geschäftsführer übertragen werden, sind auch auf dieser Ebene zu entscheiden. Die anderen Entscheidungen treffen die Gesellschafter. Wichtig ist festzulegen, in welcher Form die Gesellschafter ihre Beschlüsse fassen müssen: einstimmig, mit einfacher oder mit absoluter Mehrheit der abgegebenen Stimmen. Dazu ist die Frage zu beantworten, welchem Gesellschafter wie viele Stimmen zustehen. Im Zweifel müssen die Stimmanteile entsprechend den Anteilen, die die Gesellschafter an der Gesellschaft halten, verteilt werden. Was »Einstimmigkeit« bedeutet, ergibt sich schon aus dem Begriff: Alle Gesellschafter müssen einer Entscheidung zustimmen. Eventuell sollten Schiedsklauseln aufgenommen werden, für den Fall, dass eine solche Entscheidung nicht zustande kommt.

»Einfache Mehrheit« bedeutet, dass die bei der Entscheidung anwesenden Gesellschafter mehrheitlich einer Meinung sind. »Absolute Mehrheit« dagegen setzt voraus, dass mehr als die Hälfte aller möglichen Stimmen für einen Entschluss sprechen. Soweit man eine solche Unterscheidung treffen will, muss man aber auch gleichzeitig die Formalien festlegen, die für eine Beschlussfassung notwendig sind: Hierzu wird aufgenommen, wann die Einladung mit dem Hinweis auf die anstehende Beschlussfassung zugestellt werden muss.

Wie ein Beschluss gefasst werden soll, kann zudem abhängig von der Art der Entscheidung variieren. So lässt sich zum Beispiel festlegen, dass Instandhaltungsmaßnahmen, die zwar einen gewissen Betrag überschreiten und deshalb nicht mehr in die Geschäftsführungsbefugnis fallen, jedoch einen bestimmten Betrag unterschreiten, mit Mehrheit beschlossen werden können. Instandhaltungsmaßnahmen, die wiederum über diese Kostengrenze hinausgehen, erfordern in jedem Fall Einstimmigkeit. Das gilt auch, wenn es sich um Neuherstellungsmaßnahmen handelt, etwa den Dachgeschossausbau oder den Lifteinbau.

Es sei darauf hingewiesen, dass solche Regelungen nicht einfach in die Vereinbarung aufgenommen werden sollten, sondern individuell an die Familienverhältnisse anzupassen sind. Diese Festlegungen vereinfachen Entscheidungen, die schnell getroffen werden müssen. Sie erschweren dagegen Entscheidungen, die eventuell eine Finanzierung erfordern oder größere Auswirkungen haben.

Und noch eine weitere wichtige Frage ist vorab zu beantworten: Wer hat denn überhaupt Beschlusskompetenz?

BEISPIEL

Die Kinder Dennis, Elsa und Frieder haben von ihrem Vater Gisbert ein Mehrfamilienhaus übertragen bekommen. Für die Verwaltung wurde die Form der Familiengesellschaft gewählt. Vorab wird die Frage diskutiert, ob für den Fall, dass Dennis verstirbt und seine minderjährigen Kinder seine Nachfolge antreten, diese ebenfalls Beschlusskompetenz erhalten sollen. Wenn ja, wer soll sie dann ausführen dürfen?

Solange Elsa und Frieder am Leben sind, sollten diese eventuell die alleinige Entscheidung treffen können. Ergebnis wäre dann, dass die Kinder von Dennis – unerheblich ob sie minderjährig oder volljährig sind – keine Beschlusskompetenz erhalten, solange die Mitglieder der Generation vor ihnen Gesellschafter sind.

Formulierungsvorschlag

Beschlusskompetenz nur innerhalb einer Generation

Beschlusskompetenz haben nur diejenigen Gesellschafter, die zum Kreis der Gründungsgesellschafter gehören. Sollten weitere Gesellschafter nachrücken, dann ruhen deren Beschlusskompetenzen, solange aus einer Generation Gesellschafter vorhanden sind.

Ebenso ist es möglich, die Beschlusskompetenz an das Erreichen eines bestimmten Alters oder ganz einfach an die Volljährigkeit zu koppeln.

Formulierungsvorschlag

Beschlusskompetenz für alle Gesellschafter, die ein bestimmtes Alter erreicht haben

Beschlusskompetenz haben nur diejenigen Gesellschafter, die zum Kreis der Gründungsgesellschafter gehören. Sollten weitere Gesellschafter nachrücken, dann ruhen deren Beschlusskompetenzen solange, bis sie das 25. Lebensjahr vollendet haben.

In dem Fall, dass allen nachrückenden Gesellschaftern eine Beschlusskompetenz zusteht, das bedeutet auch minderjährigen Kindern, sollte in jedem Fall geklärt werden, ob jeweils der Vormund für das minderjährige Kind handeln kann. Möglich wäre es hier, für diesen Anteil einen Testamentsvollstrecker zu bestimmen. Dabei kann auch einer der Mitgesellschafter zum Testamentsvollstrecker gewählt werden.

Formulierungsvorschlag

Wer wird Testamentsvollstrecker?

Die Anordnung einer Testamentsvollstreckung für die Geschäftsanteile ist nur zulässig, wenn Testamentsvollstrecker einer der Mitgesellschafter ist.

Schließlich sollte auch die Frage besprochen werden, wie die Stimmrechte ausgeübt werden können, wenn mehrere Personen Nachfolger für einen Geschäftsanteil werden.

BEISPIEL

Die Kinder Martin, Paul und Renate haben von ihrem Vater ein Mehrfamilienhaus übertragen bekommen. Dabei wurde die Form der Familiengesellschaft gewählt. Martin hat bereits drei Kinder. Stirbt Martin und folgen diese in den Gesellschaftsanteil nach, stellt sich die Frage, ob sie den Geschäftsanteil von 1/3 nur gemeinsam wahrnehmen können, sodass sie intern eine Entscheidung treffen müssen. Oder erhält jedes der drei Kinder jeweils ein eigenständiges Stimmrecht von 1/9?

6.3.3 Können die Gesellschafter ihre Anteile an der Gesellschaft verkaufen?

Anders als bei Miteigentumsanteilen oder Wohnungseigentum kann bei Geschäftsanteilen an einer Gesellschaft geregelt werden, dass sie nur mit Zustimmung der anderen Gesellschafter veräußert oder belastet werden können. So lässt sich verhindern, dass fremde Personen in die Gesellschaft eintreten.

Formulierungsbeispiel

Veräußerungs- und Belastungsentscheidung nur einstimmig

Die Veräußerung oder Belastung bedarf zu ihrer Wirksamkeit der Zustimmung aller Gesellschafter.

Was ist, wenn in der Person eines der Gesellschafter finanzielle oder andere Probleme entstehen?

Solange die Eltern am Leben sind, können sie über die Rücktrittsrechte, die sie sich bei der Übergabe des Immobilienvermögens vorbehalten haben, bei entsprechenden Problemen Einfluss nehmen, indem sie vom Rücktrittsrecht Gebrauch machen (siehe Kapitel 5.1.4). Mit dem Tod der Eltern fällt diese Möglichkeit weg.

BEISPIEL

Mirko ist neben seinen Geschwistern Anette und Sandra Mitgesellschafter innerhalb der Familiengesellschaft. Mirko hat sich privat verschuldet. Ein Gläubiger hat einen Titel gegen ihn erhalten und vollstreckt nunmehr aus diesem Titel in das Vermögen von Mirko.

Gläubiger werden sich stets die Vermögenswerte aussuchen, in die einfach vollstreckt werden kann. Hat Mirko seinen Anteil als Miteigentümer erhalten, so ist eine Vollstreckung in diesen ohne Weiteres möglich, in einen Wohnungseigentumsanteil erst recht. Das Gleiche gilt, wenn Mirko einen Insolvenzantrag stellen muss. In derartigen Fällen sollte der Zugriff auf das Vermögen durch die Gläubiger respektive den Insolvenzverwalter ausgeschlossen sein.

Formulierungsvorschlag

Außerordentliche Gründe zur Kündigung einer Gesellschafterstellung

1. Ein Gesellschafter, in dessen Person ein wichtiger Grund vorliegt, der die übrigen Gesellschafter nach § 723 Abs. 1 Satz 2 BGB zur außerordentlichen Kündigung berechtigen würde, kann aus der Gesellschaft ausgeschlossen werden.
2. Ein wichtiger Grund liegt insbesondere dann vor, wenn
   - über das Vermögen des betroffenen Gesellschafters rechtskräftig das Insolvenzverfahren eröffnet oder die Eröffnung mangels Masse abgelehnt und die Eröffnung nicht innerhalb der nächsten drei Monate wieder aufgehoben wird.
   - ein Gläubiger gemäß § 725 BGB kündigt oder wenn Zwangsvollstreckungsmaßnahmen in den Anteil des Gesellschafters unternommen und von ihm auf schriftliches Verlangen eines Gesellschafters nicht innerhalb von drei Monaten beseitigt worden sind.
   - ein Gesellschafter oder dessen – auch künftiger – Ehegatte Antrag auf Scheidung der Ehe stellt und der Scheidungsantrag innerhalb von zwei Monaten zurückgenommen wird und zwischen den Ehegatten nicht Gütertrennung oder modifizierte Zugewinngemeinschaft in der Weise vereinbart wurde, dass das heute übertragene Vermögen samt Wertsteigerung und Surrogat nicht vom Zugewinnausgleich ausgenommen wird.
3. Die Ausschließung erfolgt durch einstimmigen Beschluss der übrigen Gesellschafter. Mit dem Zugang des Ausschließungsbeschlusses scheidet der betroffene Gesellschafter aus der Gesellschaft aus. Die Gesellschaft wird von den übrigen Gesellschaftern fortgesetzt.

Die Ausschließungsgründe sollten genau besprochen werden. Die Liste lässt sich selbstverständlich erweitern. Mit einem solchen Beschluss scheidet der betroffene Gesellschafter aus. Es ist zu klären, zu welchen Bedingungen das geschieht, also insbesondere welcher Abfindungsanspruch dem Gesellschafter zusteht.

Soweit es sich um eine Gesellschaft handelt, die zwischen fremden Gesellschaftern gegründet worden ist, hat der BGH entschieden, dass eine Abfindung unter dem Verkehrswert nicht zulässig ist und daher auch nicht wirksam vereinbart werden kann. Bei der Ausgestaltung dieser gesellschaftsrechtlichen Regelungen ist deshalb besonders darauf hinzuweisen, dass die Gesellschaft aus einem Geschenk entstanden ist und so anderen Vorgaben unterworfen werden muss. Dieser Hinweis sollte in die Präambel des Gesellschaftsvertrags aufgenommen werden, also gewissermaßen als Eingangssatz und Zielvorstellung für die Familiengesellschaft.

Formulierungsvorschlag

Präambel – die Einleitung in eine Familiengesellschaft

Familie Meier hat ein Mehrfamilienhaus. Im Hinblick auf dieses Mehrfamilienhaus hat sie sich dazu entschlossen, dieses auf ihre beiden Töchter zu übertragen, um damit auch den langfristigen Erhalt innerhalb der Familie zu sichern. Dabei wurde die Form der Gesellschaft bürgerlichen Rechts gewählt. Die Töchter wurden eingehend über die Regeln des Gesellschaftsvertrags und deren Hintergrund aufgeklärt. Sie haben sich dazu bereiterklärt, die nachfolgenden Gesellschaftsregelungen zu akzeptieren und damit verbunden eine intensivere Bindung einzugehen, als wenn sie diese Gesellschaft selbst gegründet hätten. Die nachfolgenden gesellschaftsrechtlichen Regelungen wurden also vor allem im Hinblick auf diesen Erhalt innerhalb der Familie eingegangen und können daher mit einer Gesellschaft, die zwischen fremden Dritten eingegangen worden ist, nicht verglichen werden.

Wird also eine Abfindung festgelegt, deren Höhe bereits zum Zeitpunkt der Gründung der Gesellschaft den Verkehrswert bei Weitem nicht erreicht, könnte man sich auf die vorgenannte Präambel beziehen. Dennoch ist Vorsicht geboten: Sollte die Abfindungsregelung unwirksam sein, so muss im Zweifel der Verkehrswert als Abfindung gezahlt werden.

Formulierungsvorschlag

Abfindungspreis

Scheidet ein Gesellschafter aus der Gesellschaft aus, so erhält er als Abfindung 80% des Verkehrswerts des Gesellschaftsvermögens bezogen auf seinen Geschäftsanteil. Soweit eine Einigung hierüber nicht zustande kommt, ist ein Gutachten durch einen Grundstückssachverständigen einzuholen.

Neben der Höhe des Abfindungsanspruchs sollte festgelegt werden, wie die Zahlung zu erfolgen hat. Dabei würde sich eine Ratenzahlung anbieten.

Formulierungsvorschlag

Zahlungsregelung für eine Abfindung

Das Abfindungsguthaben ist in fünf gleichen Jahresraten zu zahlen, beginnend mit dem auf das Ausscheiden folgenden Monatsersten.

6.3.4 Wer kann nach dem Tod des Gesellschafters dessen Nachfolge antreten?

Diese Frage betrifft einen der wichtigsten Punkte, warum eine Familiengesellschaft auch in diesem Fall den Erhalt des Immobilienvermögens innerhalb der Familie langfristig sichern kann. Grundsätzlich ist jeder in der Entscheidung, wen er nach seinem Tod als Gesamtrechtsnachfolger einsetzen möchte oder welches Vermögen er vermächtnisweise übertragen möchte, frei. Diese Freiheit möchten die Eltern selbstverständlich dahin gehend einschränken, dass die Nachfolge in diese Gesellschaft nur Personen antreten können, die auch leibliche Abkömmlinge der Eltern sind, also zum Beispiel die Enkelkinder.

Grundsätzlich kann das nur erreicht werden, indem der übergebende Elternteil mit seinem Kind einen Erbvertrag schließt, der regelt, dass dieses Vermögen nur an leibliche Kinder weitergegeben werden darf. Im Rahmen von gesellschaftsrechtlichen Regelungen kann hier eine Vorgabe bezüglich der Gesellschaftsnachfolge vorgenommen werden. Das Gesellschaftsrecht gibt daher den Personenkreis der Nachfolgeberechtigten vor.

Formulierungsvorschlag

Nachfolgeregelungen innerhalb einer Gesellschaft

1. Durch den Tod eines Gesellschafters wird die Gesellschaft nicht aufgelöst.
2. Die Gesellschafterbeteiligung ist vererblich, jedoch nur an leibliche Abkömmlinge, ersatzweise an Mitgesellschafter.

Soweit im Rahmen der erbrechtlichen Nachfolge die Bestimmung nicht eingehalten wird, also nicht nachfolgeberechtigte Personen die Nachfolge antreten, werden diese nicht Gesellschafter. Das zeigt, dass die gesellschaftsrechtlichen Regelungen den erbrechtlichen Regelungen vorgehen. Andererseits hat der Gesellschafter aber die Möglichkeit, unter seinen nachfolgeberechtigten Kindern dasjenige auszusuchen, das einmal die Gesellschaftsbeteiligung erhalten soll.

6.3.5 Benötigen die Beteiligten ein Testament?

Die Nachfolgeregelungen im Rahmen des Gesellschaftsvertrags ersetzen nicht die erbrechtlichen Formalien jedes einzelnen Gesellschafters. Daher wird es in jedem Fall notwendig sein, dass alle Beteiligten ein Testament erstellen und die Inhalte jeweils auf die gesellschaftsrechtlichen Regelungen abstimmen.

6.3.6 Wie können Enkelkinder eingebunden werden?

Normalerweise sollte die Übergabe nur an die nächste Generation erfolgen. Die Beteiligung der Enkelkinder ist insoweit problematisch, da der Erblasser nicht weiß, wie sich diese entwickeln werden. Bei Eintritt der Volljährigkeit haben die Enkelkinder insbesondere eine eigenständige Entscheidungsfreiheit.

Da sich die Freibeträge für die Übergabe auf Enkelkinder von 52.000 auf 200.000 EUR erhöht haben, ist es vor allem aus steuerlichen Gründen sinnvoll, über die Einbindung von Enkelkindern nachzudenken. Aus diesem Grund wird es umso notwendiger sein, die gesellschaftsrechtlichen Regelungen so abzustimmen, dass sie auch dann greifen, wenn das Enkelkind volljährig wird. Allerdings ist bei der Übergabe an minderjährige Kinder in jedem Fall eine vormundschaftliche Genehmigung einzuholen.

6.3.7 Welche Position haben die übergebenden Eltern in dieser Gesellschaft, solange sie leben?

Selbstverständlich müssen die Eltern während der Zeit, in der sie leben, alle Befugnisse erhalten bzw. behalten, die nunmehr für die Zeit nach ihrem Tod verteilt werden. Am besten ist es, diese Position an den Zeitrahmen zu binden, für den die Eltern die Nießbrauchrechte haben. Das sollte sich dann auch in den gesellschaftsrechtlichen Regelungen niederschlagen.

6.3.8 Neuerung durch das Gesetz zur Modernisierung des Personengesellschaftsrechts (MoPeG)

Dieses Gesetz ist am 1.1.2024 in Kraft getreten und hat viele Neuerungen für bestimmte Gesellschaften in Gang gesetzt. Mit dem MoPeG sind die Gesellschaften bürgerlichen Rechts (GbR) sozusagen rechtsfähig geworden, sodass es zivilrechtlich kein Gesamthandsvermögen mehr gibt. Das Gesamthandsvermögen gehörte bisher den an der Gesellschaft beteiligten Gesellschaftern. Nun wird das Vermögen der GbR eigenständig von ihr verwaltet und die GbR kann selbst Träger von Rechten und Pflichten sein. Ein wichtiger Teil der Änderungen ist die Einführung des sogenannten elektronischen Gesellschaftsregisters. Mit der Eintragung wird aus der GbR eine sogenannte eGbR. Dieser Eintrag ist nunmehr einer der wichtigsten Bestandteile, wenn beispielsweise Grundbuchänderungen erfolgen: Die GbR möchte eine der Immobilien im Bestand veräußern.

Aus diesem Grund ist es extrem wichtig, alle diese Gesellschaften, die bereits vorher gegründet wurden, zu überarbeiten, damit jederzeit eine Handlungsmöglichkeit besteht.

Nach Einführung des MoPeG herrschte große Unsicherheit im Hinblick auf die Grunderwerbsteuer. Lange war nicht bekannt, ob bei der Übertragung von Gesellschaftsanteilen nicht eine Grunderwerbsteuer anfallen würde. Der Deutsche Bundestag hat im Zuge des Kreditzweitmarktförderungsgesetzes beschlossen, dass die grunderwerbsteuerliche Begünstigung für Personengesellschaften zunächst erhalten bleibt. Auch diese Neuerungen weisen darauf hin, dass sich Sichtweisen immer wieder verändern. Es ist enorm wichtig, dass der Berater hierauf einen Blick hat.

6.4 Schenkungsteuerliche Aspekte

Die Gründung einer Familiengesellschaft führt für sich selbst genommen zu keinerlei Schenkungsteuerminderung. Sie ist lediglich eine Möglichkeit, die Übergabe von Immobilien vorzubereiten und damit den langfristigen Erhalt der Immobilie zu sichern. Die schenkungsteuerlichen Vorteile ergeben sich aus der »frühzeitigen« Übergabe, mit der erreicht wird, dass die Immobilie zum Stichtag bewertet wird.

Wohnungsunternehmen
Mit den Neuregelungen des Erbschaftsteuergesetzes zum 1.1.2009 wurde die Steuerbefreiung von klassischen Vermietungsgesellschaften völlig abgeschafft. Der Vermögensteil wurde ab diesem Zeitpunkt als schädliches Verwaltungsvermögen unterstellt. Aus diesem Grund sind die bis zu dieser Einführung möglichen Unternehmenssteuerbefreiungen für Immobiliengesellschaften in der Form beispielswiese der GmbH & Co. KG nicht mehr möglich gewesen. Eine einzige Ausnahme fand sich noch in § 13b Abs. 4 Nr. 1 d) ErbStG, der Befreiung der sogenannten Wohnungsunternehmen.

Diese Gesetzesregelungen haben im Jahre 2018 wahre Kapriolen geschlagen: Der BFH hat mit seinem Urteil vom 24.10.2017(II R 44/15) die Voraussetzungen konkretisiert, die eine Wohnungsvermietungsgesellschaft erfüllen muss, um an die Erbschaft- und Schenkungsteuervergünstigung für Unternehmen zu gelangen, die begünstigtes Vermögen im Sinne des § 13b ErbStG in ihrem Betriebsvermögen halten.

Der Gesetzeswortlaut begünstigt Immobilienvermögen einer Personen- oder Kapitalgesellschaft, das Dritten zur Nutzung überlassen wird, sofern der Hauptzweck des Unternehmens in der Vermietung von Wohnungen besteht und dessen Erfüllung einen wirtschaftlichen Geschäftsbetrieb im Sinne der Abgabenordnung erfordert.

Die Finanzverwaltung vertritt in ihren Richtlinien eine von der BFH-Rechtsprechung abweichende Auffassung, wann ein solches »begünstigtes« Wohnungsunternehmen vorliegen soll. Die Finanzverwaltung hat Indizien festgelegt, die für das Vorliegen eines wirtschaftlichen Geschäftsbetriebs sprechen. Danach sollen der Umfang der Geschäfte, das Unterhalten eines Büros, eine umfangreiche Organisationsstruktur, Werbemaßnahmen und das Anbieten der Wohnungen einer breiten Öffentlichkeit für das Vorliegen eines wirtschaftlichen Geschäftsbetriebs sprechen. Außerdem soll die Buchführung und Bilanzierung zur Gewinnermittlung für dessen Vorliegen sprechen. Alternativ hat die Finanzverwaltung eine quantitative Fiktion vorgenommen. Das Vorliegen eines wirtschaftlichen Geschäftsbetriebs ist regelmäßig dann anzunehmen, wenn das Unternehmen mehr als 300 eigene Wohnungen hält. Hier hat sich die Beraterpraxis schon immer gefragt, ob sich ein Wohnungsbestand von 290 von einem Wohnungsbestand von 310 derart unterscheidet, dass für die Inanspruchnahme der steuerlichen Vergünstigungen keine weiteren Nachforschungen für das Vorliegen eines wirtschaftlichen Geschäftsbetriebs notwendig sind.

Die Finanzverwaltung ist sogar noch einen Schritt weiter gegangen und hat in ihren Richtlinien ausgeführt, dass der wirtschaftliche Geschäftsbetrieb nicht direkt bei der Personen- bzw. Kapitalgesellschaft vorliegen muss, sondern auch auf ein externes Dienstleistungsunternehmen übertragen werden kann.

Dieser zwar großzügigen, aber auch unklaren Abgrenzung des »begünstigten Wohnungsunternehmens« hat der BFH jetzt in seinem Urteil vom 24.10.2017 (II R 44/15) ein Ende gesetzt. Nach Auffassung der Bundesrichter liegt ein »begünstigtes Wohnungsunternehmen« nur noch vor, wenn das Unternehmen neben der Vermietung der Wohnungen im Rahmen eines wirtschaftlichen Geschäftsbetriebs Zusatzleistungen erbringt, die das übliche Maß bei langfristigen Vermietungen überschreiten. Ferner stellt der BFH eindeutig klar, dass es auf die Anzahl der vermieteten Wohnungen nicht ankommen kann.

In der Urteilsbegründung finden sich umfangreiche Ausführungen, wann der BFH das Vorliegen eines wirtschaftlichen Geschäftsbetriebs bejaht. Als Grundgedanken erfordert der wirtschaftliche Geschäftsbetrieb im Sinne der Abgabenordnung eine eigene originäre gewerbliche Tätigkeit des Unternehmens. Hierunter zählt nicht allein die Verwaltung und Bewirtschaftung von Wohnungen. Ein gewerblicher Charakter wird erst dann erfüllt, wenn der Vermieter eine Tätigkeit entfaltet, die über das normale Maß einer Vermietertätigkeit hinausgeht. Hierunter fallen sogenannte nicht übliche Sonderleistungen, wie zum Beispiel die Übernahme der Reinigung der Wohnräume, die Gestellung eines Wachdienstes, die Gestellung und Wechsel von Bettwäsche und Handtüchern, das Bereithalten und Ausstatten eines Aufenthaltsraumes und ähnliche Leistungen, die über die reine Vermietung des Wohnraumes hinausgehen. Die Bundesrichter stellen darauf ab, dass es auf das Gesamtbild der Verhältnisse ankommt.

Der BFH stellt somit klar, dass die Vermietung von Grundbesitz auch dann eine vermögensverwaltende Tätigkeit bleibt, wenn an eine Vielzahl von Mietern vermietet wird und das Unternehmen einen in kaufmännischer Weise eingerichteten Geschäftsbetrieb unterhält.

Selbst ein großer Wohnungsbestand, dessen Vermietung einen erheblichen Einsatz von Arbeitskraft, Fremdkapital und Sachkunde erfordert, rechtfertigt nicht die Annahme eines »begünstigten Wohnungsunternehmens« im erbschaftsteuerlichen Sinne.

Die Reaktion der Finanzverwaltung auf dieses Urteil ließ nicht lange auf sich warten. Im gleichlautenden Erlass der obersten Finanzbehörden der Länder vom 23.4.2018 (www.bundesfinanzministerium.de) setzt sich die Finanzverwaltung mit einer gewissen Nonchalance über die Rechtsprechung des BFH hinweg. Sie hat entschieden, dieses grundlegende Urteil für vergleichbare Fälle nicht anzuwenden. Die Finanzverwaltung bleibt bei ihrer Auffassung, dass bei Vermietung und Verpachtung ein Wohnungsbestand über 300 Wohnungen generell unter die Vergünstigungen für Unternehmen fallen kann, während ein Wohnungsbestand darunter üblicherweise nicht ausreicht. Obwohl es im Urteil eindeutig heißt, dass es auf die Tätigkeit des Vermieters und nicht auf die Zahl der vermieteten Wohnungen ankommt, will die Finanzverwaltung an der Zahl von 300 Wohnungen festhalten. Hier werden Vermieter ohne sachlichen Grund in zwei Lager aufgeteilt – die Großen und die nicht so Großen.

Insbesondere vor dem Hintergrund, wie das Urteil des BFH die gesetzlichen Regelungen zu einem Urteil zusammenführt, ist die Auffassung der Finanzverwaltung steuersystematisch nicht haltbar. Sie benachteiligt Immobilieneigentümer, die einen Wohnungsbestand unter 300 Wohnungen besitzen. Es bleibt die weitere Reaktion der Rechtsprechung und der Finanzverwaltung abzuwarten. Bis zum heutigen Zeitpunkt hat sich an der Zahl der Wohnungen, die in diesem Wohnungsunternehmen vorhanden sein müssen, nichts geändert.

Der BFH hatte in seinem Urteil vom 28.2.2024 (II R 27/21), dem sogenannten Parkhausurteil, zu einem sehr wichtigen Punkt Stellung genommen. Im Rahmen eines Parkhausbetriebs würden Dritten zur Nutzung überlassene Parkplätze erbschaftsteuerrechtlich nicht begünstigtes Verwaltungsvermögen darstellen. Eine einschränkende Auslegung der entsprechenden Normen sei weder aus systematischen noch aus verfassungsrechtlichen Gründen geboten. Hintergrund war, dass der Erblasser im Vermögen einer GmbH & Co. KG, also einer aufgrund der Rechtsform sogenannten gewerblich geprägten Gesellschaft, Betriebsvermögen hatte. Es handelte sich dabei um einen Parkhausbetrieb.

Der BFH entschied zurecht, dass die Unternehmenssteuerbefreiungen hier nicht in Betracht kamen, da es sich nicht um ein klassisches Unternehmen handeln würde, sondern um sogenanntes schädliches Immobilienvermögen, das eben diese Unternehmenssteuerbefreiung seit den Neuregelungen ab 1.1.2009 nicht mehr erhalten konnte.

7 Vorsorgemöglichkeiten für den Fall der Geschäftsunfähigkeit

Ein wichtiger Punkt neben den Bereichen der Vorsorge durch ein Testament oder eine lebzeitige Verfügung ist die Frage, ob man Vorsorge für den Fall der Geschäftsunfähigkeit und auch für den Fall einer schweren Krankheit getroffen hat.

7.1 Generalvollmacht

Die Geschäftsunfähigkeit wird gedanklich meist dem »letzten« Lebensabschnitt zugeordnet. Man sollte aber wissen, dass vor allem junge Menschen durch Krankheit oder Unfall in die Situation der Handlungsunfähigkeit geraten. Unter solchen Umständen muss für die betroffene Person ein Vertreter bestellt werden und das Vormundschaftsgericht wird ein Betreuungsverfahren in die Wege leiten.

Wer zum Betreuer eingesetzt wird, ist nicht vorhersehbar. Wer der Meinung ist, man würde als Ehegatte, Sohn oder Tochter automatisch zum Betreuer eingesetzt, der irrt. Selbstverständlich wird das Vormundschaftsgericht im Zweifel einen nahen Angehörigen einsetzen. Die Entscheidung wird aber unter dem Aspekt des »Wohls des Betreuten« getroffen. Soweit es für das Vormundschaftsgericht Anhaltspunkte gibt, dass der Betreute durch seine nahen Angehörigen nicht ausreichend vertreten wird, setzt es im Zweifel auch eine fremde Person ein.

Doch selbst wenn ein naher Angehöriger als Betreuer benannt wird, ist er nicht automatisch berechtigt, alle Rechtshandlungen für den Betreuten vorzunehmen. So ist insbesondere zu bedenken, dass der Betreuer nur mit Zustimmung des Vormundschaftsgerichts in der Lage ist, über eine Immobilie zu verfügen oder eine Immobilie zu belasten.

BEISPIEL

Die Ehegatten Magda und Frank Müller sind Miteigentümer einer Eigentumswohnung, die sie auch selbst bewohnen. Nachdem er einen Herzinfarkt erlitten hat, wird Frank zum Pflegefall. Da Magda aufgrund ihres Alters nicht mehr in der Lage ist, für Frank zu sorgen, entschließt sie sich, zusammen mit ihm in ein Altersheim zu ziehen. Weil die Rente hierfür nicht ausreicht, möchte Magda die Eigentumswohnung verkaufen.

Auch wer Miteigentümer einer Immobilie ist, darf nur über seinen eigenen Eigentumsanteil verfügen. Über Franks Miteigentumsanteil kann Magda nicht verfügen. Sie wird gegenüber dem Vormundschaftsgericht zunächst den Antrag stellen, dass sie für Frank zur Betreuerin bestellt wird. Inwieweit das Vormundschaftsgericht diesem Antrag zustimmt, hängt im Wesentlichen davon ab, ob Magda aufgrund ihres Alters und ihrer gesundheitlichen Verfassung überhaupt dazu in der Lage ist, Frank zu vertreten. Aber auch in dem Fall, dass sie zur amtlichen Vertreterin ihres Ehemannes bestellt wird, muss sie für den Verkauf des hälftigen Miteigentumsanteils die Zustimmung des Vormundschaftsgerichts einholen. Diese Zustimmung wird wohl in diesem Fall erteilt werden, allerdings stellt sich die Frage, wie lange das Zustimmungsverfahren dauern wird.

Abhilfe kann dadurch geschaffen werden, dass sich Ehegatten gegenseitig eine Generalvollmacht erteilen, solange sie geschäftsfähig sind. Diese Generalvollmacht sollte sie dazu berechtigen, einander in allen Rechtsvorgängen zu vertreten. Wenn auch über Immobilieneigentum zu bestimmen ist, muss diese Vollmacht notariell beurkundet werden. Es soll zwar auch eine Beglaubigung genügen, doch um die volle Rechtssicherheit zu gewährleisten, sollte in jedem Fall eine Beurkundung erfolgen.

BEISPIEL

Herr Gracht ist Alleineigentümer eines Mehrfamilienhauses. Nach einem Unfall wird er geschäftsunfähig. Während dieser Zeit läuft die Zinsbindung eines Kredits aus, der Kredit müsste verlängert werden. Der Mieter im ersten Obergeschoss befindet sich zudem mit zwei Monatsmieten im Rückstand.

Die hier erforderlichen, eigentlich einfachen Handlungen kann Herr Gracht nicht ausführen. Soweit eine Generalvollmacht zugunsten einer Person besteht, kann sie für Herrn Gracht handeln. Anzuraten ist es, auch bei der Bank entsprechende Bankvollmachten zu erteilen. Diese sollten sich in Fällen wie im Beispiel auch auf Fragen der Kreditaufnahmen (Verlängerung oder Neuvalutierung) beziehen.

Um ein Mietverhältnis wirksam kündigen zu können, muss der Ausführende bei der Kündigung eine Vertretungsvollmacht im Original vorlegen. Weitere Formalien sind hier nicht einzuhalten, sodass es genügt, wenn der Immobilieneigentümer bzw. Vermieter dem Bevollmächtigten eine solche Vertretungsvollmacht – eventuell in mehrfacher Ausführung – unterzeichnet.

Zuletzt sei noch auf die wichtigen Regelungen der §§ 1904 ff. BGB hingewiesen.

§ 1904 Genehmigung des Betreuungsgerichts bei ärztlichen Maßnahmen

(1) Die Einwilligung des Betreuers in eine Untersuchung des Gesundheitszustands, eine Heilbehandlung oder einen ärztlichen Eingriff bedarf der Genehmigung des

Betreuungsgerichts, wenn die begründete Gefahr besteht, dass der Betreute auf Grund der Maßnahme stirbt oder einen schweren und länger dauernden gesundheitlichen Schaden erleidet. Ohne die Genehmigung darf die Maßnahme nur durchgeführt werden, wenn mit dem Aufschub Gefahr verbunden ist.

(2) Die Nichteinwilligung oder der Widerruf der Einwilligung des Betreuers in eine Untersuchung des Gesundheitszustands, eine Heilbehandlung oder einen ärztlichen Eingriff bedarf der Genehmigung des Betreuungsgerichts, wenn die Maßnahme medizinisch angezeigt ist und die begründete Gefahr besteht, dass der Betreute auf Grund des Unterbleibens oder des Abbruchs der Maßnahme stirbt oder einen schweren und länger dauernden gesundheitlichen Schaden erleidet.

(3) Die Genehmigung nach den Absätzen 1 und 2 ist zu erteilen, wenn die Einwilligung, die Nichteinwilligung oder der Widerruf der Einwilligung dem Willen des Betreuten entspricht.

(4) Eine Genehmigung nach den Absätzen 1 und 2 ist nicht erforderlich, wenn zwischen Betreuer und behandelndem Arzt Einvernehmen darüber besteht, dass die Erteilung, die Nichterteilung oder der Widerruf der Einwilligung dem nach § 1901a festgestellten Willen des Betreuten entspricht.

(5) Die Absätze 1 bis 4 gelten auch für einen Bevollmächtigten. Er kann in eine der in Absatz 1 Satz 1 oder Absatz 2 genannten Maßnahmen nur einwilligen, nicht einwilligen oder die Einwilligung widerrufen, wenn die Vollmacht diese Maßnahmen ausdrücklich umfasst und schriftlich erteilt ist.

§ 1905 Sterilisation

(1) Besteht der ärztliche Eingriff in einer Sterilisation des Betreuten, in die dieser nicht einwilligen kann, so kann der Betreuer nur einwilligen, wenn

1. die Sterilisation dem Willen des Betreuten nicht widerspricht,
2. der Betreute auf Dauer einwilligungsunfähig bleiben wird,
3. anzunehmen ist, dass es ohne die Sterilisation zu einer Schwangerschaft kommen würde,
4. infolge dieser Schwangerschaft eine Gefahr für das Leben oder die Gefahr einer schwerwiegenden Beeinträchtigung des körperlichen oder seelischen Gesundheitszustands der Schwangeren zu erwarten wäre, die nicht auf zumutbare Weise abgewendet werden könnte, und
5. die Schwangerschaft nicht durch andere zumutbare Mittel verhindert werden kann.

Als schwerwiegende Gefahr für den seelischen Gesundheitszustand der Schwangeren gilt auch die Gefahr eines schweren und nachhaltigen Leides, das ihr drohen würde, weil betreuungsgerichtliche Maßnahmen, die mit ihrer Trennung vom Kind verbunden wären (§§ 1666, 1666a), gegen sie ergriffen werden müssten.

(2) Die Einwilligung bedarf der Genehmigung des Betreuungsgerichts. Die Sterilisation darf erst zwei Wochen nach Wirksamkeit der Genehmigung durchgeführt werden. Bei der Sterilisation ist stets der Methode der Vorzug zu geben, die eine Refertilisierung zulässt.

§ 1906 Genehmigung des Betreuungsgerichts bei freiheitsentziehender Unterbringung und bei freiheitsentziehenden Maßnahmen

(1) Eine Unterbringung des Betreuten durch den Betreuer, die mit Freiheitsentziehung verbunden ist, ist nur zulässig, solange sie zum Wohl des Betreuten erforderlich ist, weil

1. auf Grund einer psychischen Krankheit oder geistigen oder seelischen Behinderung des Betreuten die Gefahr besteht, dass er sich selbst tötet oder erheblichen gesundheitlichen Schaden zufügt, oder
2. zur Abwendung eines drohenden erheblichen gesundheitlichen Schadens eine Untersuchung des Gesundheitszustands, eine Heilbehandlung oder ein ärztlicher Eingriff notwendig ist, die Maßnahme ohne die Unterbringung des Betreuten nicht durchgeführt werden kann und der Betreute auf Grund einer psychischen Krankheit oder geistigen oder seelischen Behinderung die Notwendigkeit der Unterbringung nicht erkennen oder nicht nach dieser Einsicht handeln kann.

(2) Die Unterbringung ist nur mit Genehmigung des Betreuungsgerichts zulässig. Ohne die Genehmigung ist die Unterbringung nur zulässig, wenn mit dem Aufschub Gefahr verbunden ist; die Genehmigung ist unverzüglich nachzuholen.

(3) Der Betreuer hat die Unterbringung zu beenden, wenn ihre Voraussetzungen weggefallen sind. Er hat die Beendigung der Unterbringung dem Betreuungsgericht unverzüglich anzuzeigen.

(4) Die Absätze 1 bis 3 gelten entsprechend, wenn dem Betreuten, der sich in einem Krankenhaus, einem Heim oder einer sonstigen Einrichtung aufhält, durch mechanische Vorrichtungen, Medikamente oder auf andere Weise über einen längeren Zeitraum oder regelmäßig die Freiheit entzogen werden soll.

(5) Die Unterbringung durch einen Bevollmächtigten und die Einwilligung eines Bevollmächtigten in Maßnahmen nach Absatz 4 setzen voraus, dass die Vollmacht schriftlich erteilt ist und die in den Absätzen 1 und 4 genannten Maßnahmen ausdrücklich umfasst. Im Übrigen gelten die Absätze 1 bis 4 entsprechend.

So bestimmen die §§ 1904 und 1906 BGB, dass das Betreuungsgericht auch bei Vorliegen einer Generalvollmacht die Genehmigung erteilen muss, und zwar bei Zustimmung oder Ablehnung von ärztlichen Maßnahmen (§ 1904 BGB) und bei der Unterbringung des Betreuten mit ärztlichen Maßnahmen (§ 1906 BGB). Soweit der

Vollmachtgeber die Vollmacht schriftlich erteilt hat und die Einwilligung und Ablehnung die im Gesetz genannten Maßnahmen ausdrücklich umfasst, kann auch der Bevollmächtigte diese Genehmigung einholen. Soweit ein solcher Hinweis nicht vorliegt, ist für die Maßnahmen nach § 1906 BGB zwingend ein Verfahrenspfleger zu bestellen. Die vorliegenden Generalvollmachten sind also dringend auf diesen Stand zu überprüfen und bedürfen eventuell einer entsprechenden Ergänzung.

7.2 Patientenverfügung

In einer Patientenverfügung bestimmt der Betroffene, ob bestimmte ärztliche Maßnahmen eingeleitet oder unterlassen werden sollen. Die Verfügung wendet sich also an den zukünftig behandelnden Arzt und das Behandlungsteam. Auch zur Umsetzung des Willens in diesem Zusammenhang ist der nahe Angehörige nicht automatisch berechtigt. Erteilt der Betroffene auch hierfür einer Person eine Vollmacht, so ist sie berechtigt, seinen Willen zu vertreten und gegenüber den behandelnden Ärzten durchzusetzen.

Achtung

Den Inhalt von Vollmachten kann man in zahlreichen Büchern und im Internet nachlesen. Dennoch sollten Sie in jedem Fall fachlichen Rat einholen, damit eine optimale Vertretung gewährleistet ist und Ihre individuellen Bedürfnisse gesichert werden.

8 Tod des Immobilieneigentümers – was nun?

Derjenige, der sich auf ein Erbrecht beruft, muss diesen Anspruch im Zweifel nachweisen. Das ist insbesondere dann notwendig, wenn eine Eigentumsumschreibung im Grundbuch erforderlich ist.

8.1 Ist ein Erbschein nötig?

Der zuständige Rechtspfleger wird eine Umschreibung im Grundbuch nur vornehmen, wenn ihm gemäß § 35 Abs. 1 Satz 1 GBO ein Erbschein vorliegt. Die Umschreibung des Grundbuchs erfolgt kostenlos, wenn der Antrag auf Eigentumsumschreibung innerhalb von zwei Jahren nach dem Todesfall gestellt wird.

Wie schon erwähnt, ist der Erbschein nicht notwendig, wenn dieser Nachweis anderweitig geführt werden kann. § 35 Abs. 1 Satz 2 GBO verweist dabei auf die Möglichkeit, die Erbfolge mit einer öffentlichen Urkunde – dem notariellen Testament – nachzuweisen. Dann ist dem Grundbuchamt das notarielle Testament vorzulegen, das die Niederschrift über die Eröffnung der Verfügung von Todes wegen enthält. Eine solche Niederschrift besteht in einem Stempel mit dem Aufdruck »eröffnet am …« und dem entsprechenden Datum.

Achtung

Wer als Alleinerbe die geerbte Eigentumswohnung verkaufen will, sollte in jedem Fall bereits als Eigentümer im Grundbuch eingetragen sein.

Das Erbscheinverfahren kann unter Umständen sehr langwierig sein. Hat das dafür zuständige Nachlassgericht schließlich den Erbschein auf eine oder mehrere Personen ausgestellt, gilt dieser nur als Beweismittel gegenüber Dritten. Im Rahmen eines zivilrechtlichen Verfahrens, das mit dem vorgenannten Erbscheinverfahren überhaupt nicht in Zusammenhang steht, kann aber die Erbenstellung noch einmal überprüft werden. Das Zivilgericht ist nicht verpflichtet, die Entscheidung des Nachlassgerichts zu übernehmen.

Achtung

Dass das Zivilgericht nicht an die Entscheidung des Nachlassgerichts gebunden ist, ist oftmals nicht bekannt, sollte aber im Rahmen von Verfahren, in denen die Erbenstellung fraglich und streitig sein könnte, berücksichtigt werden. Wenn ein solches Verfahren ansteht, ist es unabdingbar, einen erfahrenen Prozessanwalt mit dessen Durchführung zu beauftragen.

8.2 Die Stellung des Hausverwalters beim Tod des Immobilieneigentümers

Befindet sich im Nachlass eine Eigentumswohnung, stellt sich die Frage, was der von der Hauseigentümergemeinschaft bestellte Hausverwalter zu beachten hat. Grundsätzlich ergibt sich aus der Gesamtrechtsnachfolge des oder der Erben, dass dieser oder diese automatisch in die Rechtsstellung des Erblassers nachrücken. Damit tritt der Erbe/treten die Erben automatisch in sämtliche Verträge der Wohnungseigentümergemeinschaft ein, also auch zum Beispiel in den Hausverwaltervertrag.

Der Hausverwalter wird im Zweifel ebenfalls einen Nachweis über die Erbenstellung erhalten wollen. Das ist kein Problem, wenn der Erbe oder die Erben als Eigentümer im Grundbuch eingetragen sind. Solange der Erbe aber noch nicht feststeht, weil beispielsweise die Erbfolge streitig oder der Aufenthalt eines Erben unbekannt ist, wird das Nachlassgericht für die Zeit, bis die Erbenstellung verbindlich geklärt ist, einen Nachlasspfleger bestellen. Der nimmt in dieser Zeit die Erbenstellung wahr und wird daher auch Ansprechpartner für den Hausverwalter sein.

9 Erbschaftsteuerrecht allgemein

Die Erbschaft- und Schenkungsteuer wird auf unentgeltliche Vermögenserwerbe erhoben. Dabei kann der Vermögenserwerb auf einem Erwerb von Todes wegen – Erbfall – oder auf einem Erwerb zu Lebzeiten – Schenkung – beruhen. In der Regel bedarf es somit eines bestimmten Ereignisses, das die Steuer auslöst. Etwas anderes gilt nur bei Familienstiftungen und Familienvereinen: Diese werden in regelmäßigen Abständen zur Erbschaftsteuer veranlagt.

Das deutsche Erbschaftsteuer- und Schenkungsteuergesetz besteuert ausschließlich die Bereicherung des Erben oder Beschenkten und somit den Vermögenszuwachs. Es ist im Wesentlichen geprägt durch die Beschlüsse des Bundesverfassungsgerichts vom 22.6.1995, 7.11.2006 sowie 17.12.2014. Der letzte Beschluss des Bundesverfassungsgerichts vom 17.12.2014 wurde in dem Gesetz zur Anpassung der Erbschaftsteuer- und Schenkungsteuer vom 4.11.2016, BGBL I 2016, 2464, umgesetzt. Dabei handelt es sich um den zweiten Versuch des Gesetzgebers, die Steuerbegünstigung von Produktivvermögen (§§ 13a, 13b Erbschaftsteuergesetz) verfassungskonform auszugestalten.

9.1 Persönliche Steuerpflicht

Die persönliche Steuerpflicht, geregelt in § 2 ErbStG, entscheidet darüber, welche Vermögensmassen der Besteuerung unterworfen werden und welche Freibeträge Geltung haben. Bei der Frage nach der persönlichen Steuerpflicht ist zwischen der unbeschränkten und der beschränkten Steuerpflicht zu unterscheiden.

Steuerpflicht	Besteuerte Vermögensmasse	Freibetrag
Unbeschränkte Steuerpflicht	Der gesamte Erwerb unterliegt der Besteuerung.	Es gelten die üblichen Freibeträge (§ 16 Abs. 1 ErbStG).
Beschränkte Steuerpflicht	Es wird nur das Inlandsvermögen besteuert (§ 121 BewG).	§ 16 Abs. 2 ErbStG n. F.; gewährt Freibetrag in einem quotalen Verhältnis.

Tab. 6: Unbeschränkte und beschränkte Steuerpflicht

9.1.1 Neuregelung des § 16 Abs. 2 ErbStG zur beschränkten Steuerpflicht

Bis zum 24.6.2017 enthielt § 16 Abs. 2 ErbStG a. F. für beschränkt Steuerpflichtige nur einen von dem Verwandtschaftsverhältnis unabhängigen Freibetrag von 2.000 EUR (§ 2 Abs. 1 Nr. 3 ErbStG a. F. i. V. m. § 121 BewG).

Der EuGH sah darin eine EU-rechtswidrige Vorschrift. Der deutsche Gesetzgeber hat deshalb im Steuerumgehungsbekämpfungsgesetz vom 23.6.2017 § 2 Abs. 3 ErbStG ersatzlos abgeschafft. Gleichzeitig wurde die Regelung des § 16 Abs. 2 ErbStG abgeändert. Nach § 16 ErbStG müssen die persönlichen Freibeträge von beschränkt Steuerpflichtigen nun nach folgenden Vorgaben konkret berechnet werden:

Der jeweilige Freibetrag nach § 16 Abs. 1 ErbStG gemäß den dort geregelten Verwandtschaftsverhältnissen dient nur als Ausgangspunkt der Berechnung des konkreten anwendbaren Freibetrags in Fällen der beschränkten Steuerpflicht.

Der Freibetrag nach § 16 Abs. 1 ErbStG ist um den Teilbetrag zu mindern, der dem Verhältnis der nicht beschränkt steuerpflichtigen Erwerbe zwischen den gleichen Personen aus dem gleichen Erwerb und innerhalb der vergangenen zehn Jahre zum Wert des gesamten Vermögenanfalls entspricht. Damit wird eine Relation gebildet, die letztlich den Freibetrag nur im Umfang des beschränkt steuerpflichtigen Vermögens in Relation zum gesamten Vermögensanfall gewährt. Dabei ist eine Gesamtbetrachtung ähnlich dem § 14 ErbStG vorzunehmen und alle innerhalb der vergangenen zehn Jahre von derselben Person angefallenen Vermögensvorteile zu erfassen und zu berechnen. Dabei sind die früheren Erwerbe mit ihren früheren Werten anzusetzen.

Der Freibetrag nach § 16 ErbStG wird somit entsprechend der Werterelation zwischen beschränkt steuerpflichtigem Inlandsvermögen und dem gesamten Vermögensanfall innerhalb der letzten zehn Jahre von derselben Person berechnet.

BEISPIEL

Frau Huber lebt in Australien, ihre Tochter Gerda in England. Frau Huber hat in Deutschland drei Immobilien, die sie im Jahr 2017 an ihre Tochter Gerda überträgt. Der Wert der Immobilien beträgt 1.000.000 EUR. In den letzten zehn Jahren davor, somit bis zum Jahr 2007, hat Frau Huber ihrer Tochter bereits ein kleines unbebautes Grundstück in Australien mit einem Wert von 100.000 EUR übertragen.

Der Gesamterwerb innerhalb der zehn Jahre beträgt somit:

Grundstücke Deutschland 2017	1.000.000,00 EUR
zzgl. Grundstücksschenkung Australien	100.000,00 EUR
Gesamt	1.100.000,00 EUR

Das Verhältnis der beschränkt steuerpflichtigen Zuwendungen im Inland zum gesamten Vermögensanfall beträgt somit 90,90 %. Der Freibetrag von 400.000 EUR gemäß § 16 Abs. 1 ErbStG wird in Höhe von 90,90 % gewährt, somit in Höhe von 400.000 EUR, davon 90,90 % = 363.600 EUR.

9.1.2 Inländereigenschaft als Auslöser der unbeschränkten Steuerpflicht

Die unbeschränkte Steuerpflicht knüpft nicht an die Staatsangehörigkeit, sondern an die Eigenschaft als Inländer an. Sie besteht, wenn der Erblasser, der Schenker oder der Erwerber bei Entstehung der Steuer Inländer ist. Unbeschränkt steuerpflichtiger Inländer ist, wer in Deutschland seinen Wohnsitz oder gewöhnlichen Aufenthalt hat (§§ 8 f. AO). Wenn der Erblasser oder der Schenker die Inländereigenschaft hat, unterliegt das gesamte Vermögen der deutschen Steuerpflicht – auch Auslandsvermögen. Das Gleiche gilt, wenn der Erbe oder Beschenkte Inländer ist: Das ihm zufallende Vermögen ist in Deutschland steuerpflichtig, auch Auslandsvermögen.

Das Erbschaftsteuer- und Schenkungsteuergesetz betrifft durch die Anknüpfung der Steuerpflicht an den Wohnsitz oder gewöhnlichen Aufenthalt im Inland eine Vielzahl von Erb- und Schenkungsfällen.

9.1.3 Wegzug zur Vermeidung der Steuerpflicht?

Für deutsche Staatsangehörige hat der Gesetzgeber in § 2 Abs. 1 Nr. 1b ErbStG die sogenannte erweiterte unbeschränkte Steuerpflicht, auch »Wegzugsbesteuerung« genannt, geregelt. Deutsche Staatsangehörige, die sich nicht länger als fünf Jahre dauernd im Ausland aufgehalten haben, sowie solche, die, ohne einen inländischen Wohnsitz zu haben, in einem Dienstverhältnis zu einer inländischen öffentlich-rechtlichen Körperschaft stehen, fallen nach wie vor unter die unbeschränkte deutsche Erbschaft- und Schenkungsteuerpflicht.

Achtung

Zur Vermeidung der Steuerpflicht in Deutschland genügt es nicht, wenn der Erblasser oder Schenker Deutschland verlässt. Vielmehr müssen sowohl Erbe und Erblasser als auch Schenker und Beschenkter ihren Wohnsitz für mehr als fünf Jahre ins Ausland verlegt haben und es darf kein Inlandsvermögen mehr vorhanden sein.

9.1.4 Antrag des Erwerbers auf unbeschränkte Steuerpflicht imEU-Wirtschaftsraum

Gemäß § 2 Abs. 3 kann der Erwerber einen Vermögensanfall, zu dem Inlandsvermögen im Sinne des § 121 BewG gehört, insgesamt als unbeschränkt steuerpflichtig behandeln lassen, wenn der Erblasser zur Zeit seines Todes, der Schenker zur Zeit der Ausführung der Schenkung oder der Erwerber zur Zeit der Entstehung der Steuer seinen Wohnsitz in einem Mitgliedstaat der Europäischen Union oder einem Staat hat, auf den das Abkommen über den Europäischen Wirtschaftsraum anwendbar ist (§ 2 Abs. 3 ErbStG).

9.1.5 Beschränkte Steuerpflicht/steuerpflichtiges Inlandsvermögen

Sind sowohl Erblasser/Schenker als auch Erbe/Beschenkter zum Zeitpunkt des Erbfalls oder der Ausführung der Schenkung keine Inländer im oben genannten Sinne, so entsteht grundsätzlich keine Steuerpflicht. Etwas anderes gilt jedoch bei vorhandenem Inlandsvermögen.

Inlandsvermögen nach § 121 BewG ist zum Beispiel

- inländisches land- und forstwirtschaftliches Vermögen,
- inländisches Grundvermögen,
- inländisches Betriebsvermögen sowie
- inländisches sonstiges Vermögen, darunter zum Beispiel wesentliche Beteiligungen, Erfindungen oder grundpfandrechtlich gesicherte Forderungen.

Nicht zum Inlandsvermögen gehören Wertpapiere, Sparbücher oder Bargeldbestände, auch wenn sie im Inland aufbewahrt werden.

Achtung

Um die Besteuerung von Inlandsvermögen bei Immobilienschenkungen von beschränkt Steuerpflichtigen zu vermeiden, empfiehlt es sich in einem ersten Schritt, dem Beschenkten den Geldbetrag zu schenken. Dieser erwirbt mit dem geschenkten Geldbetrag sodann die im Inland belegene Immobilie. Bei dieser Gestaltung liegt kein Inlandsvermögen vor, sodass in Deutschland kein Steuervorgang erfasst wird.

9.1.6 Erweiterte beschränkte Steuerpflicht nach dem Außensteuerrecht/erweitertes Inlandsvermögen

Die erweiterte beschränkte Steuerpflicht nach dem Außensteuerrecht tritt dann ein, wenn ein Wohnsitzwechsel in ein sogenanntes Niedrigsteuergebiet stattfindet und der Erblasser oder Schenker in den letzten zehn Jahren vor der Auswanderung als deutscher Staatsangehöriger insgesamt mindestens fünf Jahre unbeschränkt steuerpflichtig gewesen ist. Darüber hinaus müssen wesentliche Wirtschaftsinteressen im Inland bestehen. Die Regelungen des Außensteuergesetzes sind komplex, sodass bei einem Wegzug in ein Niedrigsteuerland in Bezug auf Erbschaft- und Schenkungsteuer der Rat eines Fachanwalts einzuholen ist.

9.2 Welche Erwerbsvorgänge unterliegen der Erbschaft- und Schenkungsteuer?

Der Erbschaftsteuer/Schenkungsteuer unterliegen

- der Erwerb von Todes wegen,
- die Schenkung unter Lebenden,
- die Zweckzuwendung sowie
- das Vermögen einer Familienstiftung oder eines Familienvereins in Zeitabschnitten von je 30 Jahren.

Die Einzelheiten des Erwerbs von Todes wegen sind in § 3 ErbStG und für die Schenkungen zu Lebzeiten in § 7 ErbStG geregelt. Hier seien nur beispielhaft die wichtigsten Fälle aufgezählt.

- Erwerb durch Erbanfall (§ 1922 BGB)
- Erwerb durch Vermächtnis (§§ 2147 ff. BGB)
- Erwerb durch geltend gemachte Pflichtteilsansprüche (§§ 2303 BGB)
- Erwerb durch Schenkungen auf den Todesfall (§ 2301 BGB)
- Vermögensübertragungen auf eine Stiftung
- Erwerb durch Erfüllung einer vom Erblasser angeordneten Auflage oder Bedingung
- Abfindungen für einen Verzicht auf den entstandenen Pflichtteilsanspruch oder für die Ausschlagung einer Erbschaft
- Abfindung für ein aufschiebend bedingtes, betagtes (bei dem eine zeitliche Voraussetzung zu erfüllen ist) oder befristetes Vermächtnis vor dem Zeitpunkt des Eintritts der Bedingung und nach Ablauf der Ausschlagungsfrist
- Entgelte für die Übertragung der Anwartschaft des Nacherben
- Herausgabeansprüche nach § 2287 BGB

9.2.1 Erwerb von Todes wegen (§ 1922 BGB)

Mit dem Tod des Erblassers (Erbfall) geht dessen Vermögen nach § 1922 BGB als Ganzes auf eine oder mehrere Personen (Erben) über. Geht Vermögen auf mehrere Personen über und sind sämtliche als Miterben bestimmt, entsteht eine Erbengemeinschaft. Jeder Miterbe ist entsprechend seiner Erbquote an dem Nachlass beteiligt. Da das Erbschaftsteuerrecht nur die Bereicherung jedes einzelnen Erben besteuert, ist für die Erbschaftsteuer jeweils die Erbquote von entscheidender Bedeutung. Die Erbquote kann in Erbfällen wie folgt bestimmt werden:

- bei Eintritt der gesetzlichen Erbfolge durch die gesetzlich festgelegten Erbquoten oder
- bei testamentarischen Anordnungen durch den Erblasser entsprechend den von ihm festgelegten Erbquoten.

Achtung

Sofern ein Erbschein vorliegt, wird das Finanzamt die dort niedergelegten Erbquoten der Besteuerung zugrunde legen. Das gilt nicht, wenn gewichtige Gründe gegen die Richtigkeit des Erbscheins vorliegen, so zum Beispiel bei einem anhängigen Rechtsstreit über die Erbquote.

Auch das Ergebnis einer späteren Erbauseinandersetzung ist erbschaftsteuerlich grundsätzlich ohne Bedeutung, es bleibt bei der Erbquote. Sie ändert nichts an dem gemeinsamen Erwerb der Erbschaft durch die Miterben im Verhältnis ihrer Erbquote.

Ausnahme: Erhält ein Miterbe bei der Auseinandersetzung auf Kosten eines anderen Miterben mehr, als ihm nach der Erbquote zustehen würde, so kann darin ein außerhalb des Erbfalls liegender steuerpflichtiger Vorgang gesehen werden. Hier ist besondere Aufmerksamkeit geboten.

Vielfach wenden Erblasser in letztwilligen Verfügungen den Erben nur einzelne Gegenstände zu, so zum Beispiel der Tochter das Mehrfamilienhaus und dem Sohn das Kapitalvermögen. Die Erbquoten werden in derartigen Fällen durch eine Gegenüberstellung der Werte Mehrfamilienhaus und Kapitalvermögen ermittelt, sofern der Erblasser dadurch über sein wesentliches Vermögen verfügt hat.

Bei Streitigkeiten über die Erbquote legt in der Regel das Gericht die betreffenden Werte fest oder es wird ein Erbvergleich abgeschlossen. Die so ermittelte Erbquote ist für die Besteuerung entscheidend.

Der Erblasser hat die Möglichkeit, durch letztwillige Verfügung Anordnungen für die Auseinandersetzung des Nachlasses zu treffen. Dabei kann er eine Verteilung der Nachlassgegenstände unter den Miterben mit der Wirkung vorschreiben, dass jeder der Erben einen Anspruch gegen die Miterben auf eine entsprechende Auseinandersetzung erhält (§ 2048 BGB).

Solche Teilungsanordnungen, die nicht die Stellung des Erben beim Erbfall verändern, sondern lediglich in die steuerlich nicht relevante Erbauseinandersetzung eingreifen, sind für die Besteuerung des Erbfalls und somit der einzelnen Miterben ohne Bedeutung. Das kann für einen Miterben, der zum Beispiel mit einer Miterbenquote von 1/4 als Erbe eingesetzt wurde und durch die Teilungsanordnung nur einen Wert des Nachlassvermögens von 1/5 zugeordnet erhält, steuerliche Nachteile mit sich bringen – die angeordnete Teilungsanordnung bleibt bei der Besteuerung nämlich unberücksichtigt.

Achtung

In solchen Fällen geht es um sogenannte reine Teilungsanordnungen, die steuerlich unberücksichtigt bleiben. Sie haben keinen Einfluss auf die Erbquote.

Von der reinen Teilungsanordnung, die für die Besteuerung unerheblich ist, muss diejenige unterschieden werden, die mit einer Erbquotenbestimmung verbunden wird. Dabei handelt es sich um die Teilungsanordnung, die zu einer genaueren Eingrenzung der Erbquote führt. Hat der Erblasser bestimmte Vermögensgegenstände oder -gruppen verschiedenen Beteiligten zugewiesen, zum Beispiel Mehrfamilienhaus und Kapitalvermögen, kann darin – entgegen der Auslegungsregelung in § 2078 Abs. 2 BGB – eine Erbeinsetzung liegen.

BEISPIEL

Meine Tochter Adelheid erhält das Grundstück in München und mein Sohn Bernhard mein Depot bei der K-Bank. Weiteres wesentliches Vermögen ist im Todesfall nicht vorhanden.

Teilungsanordnungen mit Erbquotenbestimmung liegen dann vor, wenn durch die Teilungsanordnung über den Nachlass weitgehend verfügt wird, sodass sich die Erbquote nach den zugewandten Gegenständen richtet. Dies ist auch bei der Besteuerung zu beachten.

Achtung

In der Praxis ist die Abgrenzung zwischen der reinen Teilungsanordnung und der Teilungsanordnung mit Erbquotenbestimmung schwierig. In Zweifelsfällen muss fachkundiger Rat eingeholt werden.

9.2.2 Teilungsanordnung/Vorausvermächtnis

Ein Vorausvermächtnis nach § 2150 BGB ist dann gegeben, wenn einem Erben zusätzlich zu seinem Erbteil ein weiterer Vermögensvorteil, zum Beispiel ein Nachlassgegenstand, zugewandt wird.

BEISPIEL

Herr Herbst setzt seine beiden Kinder Mareike und Benedikt zu gleichen Teilen als Erben ein. Weiter bestimmt er, dass Benedikt zusätzlich das Einfamilienhaus als Alleineigentum erhalten soll.

Die Erbengemeinschaft, bestehend aus Mareike und Benedikt, ist verpflichtet, Benedikt das Einfamilienhaus als Vorausvermächtnis zu Alleineigentum zu übergeben. In steuerrechtlicher Hinsicht findet in solchen Fällen die Besteuerung des Vorausvermächtnisses beim Bedachten, hier also bei Benedikt, statt. Die Erbengemeinschaft aus Mareike und Benedikt kann das Vorausvermächtnis als Nachlassverbindlichkeit in Abzug bringen.

Achtung

In der Praxis ist die Abgrenzung zwischen Teilungsanordnung und Vorausvermächtnis oftmals problematisch. Wollte der Erblasser gerade einem Miterben zusätzlich neben dem Erbteil noch einen weiteren Vermögensgegenstand zuwenden, so liegt ein Vorausvermächtnis vor. Ist das nicht der Fall, liegt eine Teilungsanordnung vor und der begünstigte Miterbe kann sogar zum Wertausgleich verpflichtet sein.

Vielfach sind letztwillige Verfügungen aufgrund der nicht eingehaltenen Formvorschriften unwirksam, zum Beispiel wenn die persönliche Unterschrift fehlt oder der Erblasser nicht testierfähig ist. Im Steuerrecht kommt es jedoch auf die zivilrechtliche Rechtswirksamkeit der Verfügung dann nicht an, wenn die Erben eine unwirksame Verfügung erfüllen und entsprechend verfahren. In solchen Fällen wird das Finanzamt auch die aufgrund einer unwirksamen Verfügung erfolgten Zuwendungen den erbschaftsteuerrechtlichen Vorschriften der Besteuerung unterwerfen und insoweit ein unwirksames, zivilrechtliches Testament beachten. Das Finanzamt bzw. die Finanzverwaltung leitet diesen Rechtsgedanken aus § 41 Abs. 1 AO ab. Darin ist festgelegt, dass die Unwirksamkeit von Rechtsgeschäften oder von Verfügungen unerheblich ist, soweit die Beteiligten sie verwirklichen.

BEISPIEL

Kurz vor seinem Tod teilt Herr Queren seinem Sohn Tobias mit, dass er seiner Hausangestellten Marianne nach seinem Tod vermächtnisweise einen Geldbetrag von 10.000 EUR zuwenden möchte und einen Nachtrag zu seinem handschriftlichen Testament fertigen will. Kurz darauf verstirbt Herr Queren. Den Nachtrag zu seinem Testament konnte er nicht mehr fertigstellen.

In solchen Fällen wird das Finanzamt – bei Erfüllung des Vermächtnisanspruchs in Höhe von 10.000 EUR gegenüber der Angestellten Marianne – die wenn auch nur mündlich getroffene letztwillige Verfügung berücksichtigen. Der Alleinerbe Tobias kann somit das Vermächtnis steuermindernd ansetzen. Die Bedachte muss den Geldbetrag versteuern.

Vermächtnisse sind dem Erwerb durch Erbanfall gleichgestellt. Der Vermächtnisnehmer erwirbt ein Forderungsrecht gegenüber den beschwerten Erben. Dieses beschränkt sich auf einzelne Vermögensgegenstände. Bei angeordneten Vermächtnissen und Auflagen entsteht die Erbschaftsteuer mit dem Erbfall. Für den Vermächtnisnehmer geschieht dies unabhängig davon, wann ihm der Vermögensgegenstand tatsächlich zugeht.

BEISPIEL

Der ledige Volker setzt seine Nichte Nina zur Alleinerbin ein und belastet sie mit einem Wohnrechtsvermächtnis zugunsten seiner früheren Lebensgefährtin Larissa. Die ist allerdings schon lange aus der Eigentumswohnung von Volker ausgezogen.

Larissa erhält das Wohnrechtsvermächtnis mit dem Erbfall, also bei Volkers Tod, unabhängig davon, ob sie es überhaupt wahrnehmen möchte. Will Larissa das Wohnrechtsvermächtnis nicht ausüben und wahrnehmen, so empfiehlt es sich hier, die Ausschlagung des Vermächtnisses nach § 2180 Abs. 1 BGB auszusprechen, um den steuerpflichtigen Erwerb des Wohnrechtsvermächtnisses zu verhindern.

Oftmals werden in der Praxis in sogenannten Berliner Testamenten Vermächtnisse oder Auflagen (§§ 4, 5 BewG) zugunsten der Kinder oder anderer Personen angeordnet, die erst bei Tod des letztversterbenden Ehegatten zu erfüllen sind.

BEISPIEL

Die Eheleute Ilona und Bernd setzen sich gegenseitig als Alleinerben ein. Der jeweilige Erbe wird jedoch mit dem Vermächtnis belastet, bei seinem Tod 100.000 EUR an den gemeinsamen Sohn auszuzahlen.

Das angeordnete Vermächtnis steht unter der Bedingung/Befristung, dass es erst bei Tod des länger lebenden Elternteils an den gemeinsamen Sohn zur Auszahlung fällig wird.

Oft wurde diese Gestaltung gewählt, um bei den Berliner Testamenten den steuerlichen Freibetrag nach dem Tod des erstversterbenden Elternteils nicht zu verlieren. In § 4 BewG ist hierzu geregelt, dass derartig aufschiebend bedingte/befristete Vermächtnisse erst berücksichtigt werden, wenn die Bedingung/Befristung eingetreten ist. Das bedeutet, dass der Erbe, der mit dem aufschiebend bedingten oder befristeten Vermächtnis bzw. der aufschiebend bedingten oder befristeten Auflage belastet ist, diese nicht als Nachlassverbindlichkeit beim Erbanfall in Abzug bringen kann. Beim Bedachten entsteht die Erbschaftsteuer erst, wenn die Bedingung/Befristung eintritt (§ 9 Abs. 1 Nr. 1a ErbStG).

Für das oben stehende Beispiel heißt das, dass der länger lebende Elternteil das zugunsten des Kindes angeordnete Vermächtnis nicht steuermindernd als Nachlassverbindlichkeit ansetzen kann und das bedachte Kind noch keine Erbschaftsteuer auf das Vermächtnis entrichten muss.

9.2.3 Pflichtteilsanspruch

Der Pflichtteilsanspruch ist ein Geldanspruch und wird anhand der Verkehrswerte des Nachlasses und der Pflichtteilsquote ermittelt. Die Besteuerung des Pflichtteilsanspruchs entsteht erst, wenn und soweit der Anspruch geltend gemacht ist. Der Begriff »Geltendmachen« setzt hier voraus, dass der Gläubiger (Pflichtteilsberechtigter) für den Schuldner (Erbe) erkennbar ernstlich darauf besteht, dass sein Anspruch erfüllt wird.

Diese Geltendmachung hat unwiderrufliche Konsequenzen.

BEISPIEL

Herr Rheina verstirbt und hinterlässt ein erhebliches Vermögen. Er hat mit seiner Ehefrau ein Berliner Testament gefertigt, wonach seine Ehefrau Alleinerbin nach seinem Tod ist. Sohn Gernot ist aufgrund der angeordneten Verfügungen von Todes wegen von der Erbfolge nach seinem Vater ausgeschlossen. Ihm stehen Pflichtteilsansprüche zu, die er unmittelbar nach dem Tod seines Vaters aufgrund der großen Enttäuschung schriftlich gegenüber seiner Mutter geltend macht. Nach einem persönlichen Gespräch mit seiner Mutter verzichtet der Sohn auf den bereits geltend gemachten Pflichtteilsanspruch.

Vorfälle dieser Art lösen eine zweifache Steuerpflicht aus. Zum einen muss der Sohn den geltend gemachten Pflichtteil nach dem Tod seines Vaters der Erbschaftsteuer unterwerfen, zum anderen führt der Verzicht auf den geltend gemachten Pflichtteil gegenüber der Mutter zu einem Schenkungsteuertatbestand. Derart steuerlich ungünstige Gestaltungen lassen sich durch eine fachkundige Beratung vermeiden.

Tritt der Pflichtteilsberechtigte nach Ablauf der Verjährungsfrist mit dem Verlangen der Pflichtteilszahlung an den Erben heran, so muss steuerrechtlich folgende Unterscheidung getroffen werden:

- Wenn sich der Erbe auf die Einrede der Verjährung beruft, wird der Anspruch entweder nicht geltend gemacht oder als geltend gemachter Anspruch wertlos. Ein steuerpflichtiger Erwerb ist zu verneinen.
- Verzichtet der Erbe dagegen auf die Erhebung der Einrede der Verjährung, stehen der Geltendmachung keine Hindernisse entgegen. Der Erbe kann den Pflichtteil dann auch nachträglich in seine Steuerberechnung als Nachlassverbindlichkeit einfügen und eine Steuererstattung beantragen. Bei dem Pflichtteilsberechtigten tritt die Steuerpflicht ein.

Die Steuer entsteht hier allerdings nicht in dem Zeitpunkt des Geltendmachens, sondern erst in dem der Erfüllung, da die Anspruchsrealisierung dann nicht mehr allein von der Entschließung des Berechtigten, sondern auch von der Leistungswilligkeit des Verpflichteten abhängt.

In diesem Zusammenhang ist folgender Fall strittig.

BEISPIEL

Die Ehegatten Sigrid und Heinz Behring haben ein Berliner Testament erstellt, in dem sie sich gegenseitig als Alleinerben und als Schlusserben ihre gemeinsamen Kinder einsetzen. Sigrid verstirbt am 18.12.2021. Heinz wird Alleinerbe. Die Kinder machen den Pflichtteil nach der verstorbenen Mutter nicht geltend. Heinz verstirbt am 30.9.2025. Die Kinder werden nunmehr Alleinerben nach der verstorbenen Mutter.

Fraglich ist, ob bei Tod des letztversterbenden Ehegatten/Elternteils die schon verjährten Pflichtteilsansprüche der Kinder gegenüber dem erstversterbenden Ehegatten noch steuermindernd geltend gemacht werden können.

Nach § 10 Abs. 3 ErbStG gelten die in Folge des Erbanfalls durch Vereinigung von Recht und Verbindlichkeit oder von Recht und Belastung erloschenen Rechtsverhältnisse als nicht erloschen. Die Kinder sind einerseits Erben nach der verstorbenen Mutter und damit auch Schuldner möglicher Pflichtteilsansprüche. Andererseits sind sie Gläubiger des Pflichtteilsanspruchs nach dem verstorbenen Vater. Nach dem Gesetzeswortlaut gemäß § 11 Abs. 3 ErbStG müsste somit der Pflichtteilsanspruch nach dem erstverstorbenen Elternteil bei Tod des letztversterbenden steuermindernd in Ansatz gebracht werden können. Der BFH entschied mit Urteil vom 5.2.2020 (II R 17/16), dass die Pflichtteilsansprüche nach dem Tod des Pflichtteilsverpflichteten (Erblasser) »fiktiv« durch den Pflichtteilsberechtigten/den Erben des Pflichtteilsverpflichteten noch geltend gemacht werden könnten, auch wenn die Verpflichtung des Erblassers mit der Berechtigung des Erben in einer Konfusion zusammengefallen ist. Hier greift § 10 Abs. 3 ErbStG, wonach bei Vereinigung von Recht und Verbindlichkeit die Rechtsverhältnisse noch nicht als erloschen gelten. Die Verjährung der Pflichtteilsansprüche beträgt allerdings drei Jahre. Soweit die Verjährung bereits eingetreten ist, reicht diese Fiktion des § 10 Abs. 3 ErbStG jedoch nicht mehr.

9.2.4 Vor- und Nacherbschaft (§ 6 ErbStG)

9.2.4.1 Vorerbschaft

Der Vorerbe gilt als Erbe. Er hat den Nachlass voll zu versteuern, unabhängig davon, ob der Nacherbfall bei seinem Tod oder zu einem anderen vom Erblasser bestimmten Zeitpunkt eintritt, zum Beispiel bei Wiederverheiratung des überlebenden Ehegatten. Für die Besteuerung des Vorerben ist es gleichgültig, ob er über den Nachlass frei verfügen kann (befreiter Vorerbe) oder ob er hinsichtlich seiner Verfügungsbefugnis beschränkt ist (nicht befreiter Vorerbe) (Näheres hierzu siehe Kapitel 3.5.3). In beiden Fällen ist der Vorerbe insoweit beschränkt, als er das Anwartschaftsrecht des Nacherben nicht beeinträchtigen darf.

Dem nicht befreiten Vorerben stehen lediglich die Nutzungen des Nachlasses zu. Wirtschaftlich gesehen besteht zwischen den rechtlichen Möglichkeiten des nicht befreiten Vorerben und dem Nießbrauch am Nachlass kein wesentlicher Unterschied. Entscheidend ist nach dem Erbschaftsteuerrecht aber allein die bürgerlich-rechtliche Gestaltung. Der Vorerbe ist Gesamtrechtsnachfolger nach § 1922 BGB und wird steuerrechtlich so behandelt – obwohl er wirtschaftlich gesehen lediglich Nießbraucher des Vermögens ist. Der Vorerbe unterscheidet sich somit nicht vom Vollerben, was die anfallenden Erbschaftsteuern angeht.

9.2.4.2 Nacherbschaft

Mit dem Erbfall hat der Nacherbe bereits ein dingliches Anwartschaftsrecht erhalten, über das er, wenn keine Beeinträchtigungen vorliegen, auch verfügen darf. Obwohl dieses Anwartschaftsrecht ein Wirtschaftsgut darstellt, unterliegt es bei Eintritt des Vorerbfalls nicht der Erbschaftsteuer. Verwertet der Nacherbe jedoch dieses Anwartschaftsrecht, indem er es an einen Dritten überträgt, so gilt das dafür erzielte Entgelt als vom Erblasser zugewandt (§ 3 Abs. 2 Nr. 6 ErbStG). Tritt der Nacherbfall ein, haben diejenigen, auf die das Vermögen übergeht, den Erwerb als vom Vorerben stammend zu besteuern (§ 6 Abs. 2 ErbStG).

Gibt der Vorerbe an den Nacherben mit Rücksicht auf die angeordnete Nacherbschaft vor ihrem Eintritt etwas heraus, wird diese Zuwendung gemäß der Regelung des § 6 Abs. 2 ErbStG als Schenkung des Vorerben behandelt. Die vorzeitige Herausgabe der gesamten Erbschaft wird dabei wirtschaftlich und auch steuerlich dem Eintritt der Erbschaft bzw. des Nacherbfalls gleichgestellt.

9.2.4.3 Nachteil der Vor- und Nacherbschaft: doppelte Besteuerung

Bei der Anordnung einer Vor- und Nacherbschaft tritt eine doppelte Besteuerung ein, ein erstes Mal beim Vorerben und ein zweites Mal beim Nacherben. Zur Minderung der Steuerlast kann auf Antrag des Nacherben bei der Versteuerung des Nacherbfalls das Verhältnis des Nacherben zum Erblasser zugrunde gelegt werden. Das kann unter

Umständen höhere Freibeträge und niedrigere Steuersätze mit sich bringen, je nach Verwandtschaftsverhältnis.

BEISPIEL

Der verwitwete Jakob setzt seinen Bruder Nils als nicht befreiten Vorerben ein. Als Nacherben bestimmt er seinen einzigen Sohn Leon. Jakob stirbt am 11.3.2004, Nils stirbt ein Jahr später. Leon beerbt durch Nils' Tod den Vorerben. Auf den Erbfall ist die Steuerklasse II anzuwenden. Der Freibetrag beträgt lediglich 20.000 EUR. Stellt Leon den Antrag, dass der Versteuerung das Verhältnis Nacherbe zum Erblasser zugrunde gelegt wird, findet die Steuerklasse I Anwendung. Der Freibetrag beträgt dann 400.000 EUR.

9.2.5 Schenkungen unter Lebenden

Nach dem Erbschaftsteuer- und Schenkungsteuergesetz werden alle freigebigen Zuwendungen an Dritte der Besteuerung unterworfen. Dazu gehören nach § 7 ErbStG:

- Jede freigebige Zuwendung unter Lebenden, auch unbenannte Zuwendungen unter Eheleuten, soweit der Bedachte durch sie auf Kosten des Zuwendenden bereichert wird
- Die Bereicherung, die ein Ehegatte oder ein Lebenspartner bei Vereinbarung der Gütergemeinschaft (§ 1415 BGB) erfährt
- Abfindungen für einen Erbverzicht
- Was ein Vorerbe dem Nacherben mit Rücksicht auf die angeordnete Nacherbschaft vor ihrem Eintritt herausgibt
- Übergang von Vermögen aufgrund eines Stiftungsgeschäfts unter Lebenden

Und was genau ist eine »Schenkung«? Darunter versteht man eine Zuwendung, durch die jemand aus seinem Vermögen einen anderen bereichert. Voraussetzung ist, dass sich beide Parteien darüber einig sind, dass die Zuwendung unentgeltlich erfolgt (§ 516 Abs. 1 BGB). Aufgrund dieser breiten Definition sind kaum Fälle denkbar, die eine schenkweise Vermögensübertragung als nicht steuerpflichtig erscheinen lassen. Jedoch liegt dann keine Schenkung vor, wenn der Bedachte seine Rechtsposition zugunsten eines anderen ausschlägt und/oder darauf verzichtet (§ 517 BGB).

Unter Bezugnahme auf die erwähnte Definition liegt eine steuerpflichtige Schenkung unter folgenden Voraussetzungen vor:

- Die Zuwendung muss unentgeltlich sein, das heißt zu einer Vermögensverschiebung führen: beim Schenker zu einer Entreicherung und beim Beschenkten zu einer Bereicherung.
- Der Zuwendende (Schenker) muss den Willen zur Unentgeltlichkeit gehabt haben (Bereicherungswille).

9.2.6 Gemischte Schenkungen

Von einer gemischten Schenkung wird dann gesprochen, wenn der Beschenkte sich zu einer Gegenleistung verpflichtet, die den Wert der Schenkung nicht erreicht. Die Überlassung des Vermögensgegenstands erfolgt somit teils entgeltlich und teils unentgeltlich.

BEISPIEL

Herr Hund überlässt seinem Sohn Marcel ein Grundstück mit einem Grundstückswert (gemeiner Wert) von 3.000.000 EUR und einem steuerlichen Bedarfswert von 2.500.000 EUR gegen Zahlung von 1.000.000 EUR oder eine Schuldübernahme von 1.000.0000 EUR.

Seit der Erbschaftsteuerreform 2009 erfolgt die Berechnung einer sogenannten gemischten Schenkung mit dem Steuerwert der Schenkerleistung und dem Abzug der Gegenleistung des Beschenkten.

In oben benanntem Beispiel wird somit der Wert der Schenkung wie folgt ermittelt:

Steuerwert der Leistung des Schenkers = Bedarfswert der Immobilie	2.500.000 EUR
abzgl. Verkehrswert der Gegenleistung des Beschenkten	1.000.000 EUR
Bereicherung des Beschenkten	1.500.000 EUR

Achtung

Auch Schenkungen unter einer Nutzungs- oder Duldungsauflage, zum Beispiel einem Vorbehaltsnießbrauch, werden nach den oben benannten Grundsätzen besteuert, sodass der Wert des Nießbrauchrechts steuermindernd in Ansatz gebracht werden kann.

Achtung

Bei gemischten Schenkungen müssen die Themen »Spekulationsgeschäfte« (§ 23 EStG) und »Grunderwerbsteuer« überprüft werden. Denn die Übernahme einer Gegenleistung bedeutet stets eine Anschaffung.

9.2.7 Schenkung unter Auflage

Bei der Schenkung unter Auflage ist die Verpflichtung des Beschenkten anders mit der Schenkerleistung verknüpft als die Verpflichtung zur Gegenleistung bei der gemischten Schenkung, so zum Beispiel Schenkung unter der Leistungsauflage »Ausgleichszahlung an Geschwister« oder »Rentenzahlungen«.

Diese Fälle werden mit gemischten Schenkungen gleichgestellt, sodass der Steuerwert der Auflage den Schenkungssteuerwert kürzt.

10 Steuerrecht Spezial

10.1 Steuerklassen, Freibeträge und Tarife

§ 15 ErbStG teilt je nach Erwerber die anzuwendenden Steuerklassen zu.

10.1.1 Die Steuerklassen

10.1.1.1 Steuerklasse I

Unter Steuerklasse I fallen Ehegatten, eingetragene Lebenspartner, Kinder und Stiefkinder, Abkömmlinge der Kinder und Stiefkinder, Eltern und Voreltern bei Erwerben von Todes wegen.

Zu den Kindern im Sinne der Steuerklasse I zählen die ehelichen Kinder, die nichtehelichen Kinder, die Adoptivkinder und die Stiefkinder. Stiefkinder im Sinne dieser Vorschrift sind die Kinder des anderen Ehepartners, und zwar ohne Rücksicht darauf, ob es sich um in der Ehe oder außerhalb der Ehe geborene Kinder, Adoptivkinder oder sonstige Personen handelt, denen die rechtliche Stellung ehelicher Kinder zukommt. Das nur von einem Ehegatten adoptierte Kind ist daher im Verhältnis zum anderen Ehegatten Stiefkind im Sinne der Steuerklasse I.

Das Gleiche gilt für das außerhalb der Ehe geborene Kind des Ehemanns im Verhältnis zu dessen Mutter. Pflegekinder gehören nicht zu den Kindern im Sinne der Steuerklasse I.

10.1.1.2 Steuerklasse II

Unter Steuerklasse II fallen Eltern und Voreltern, soweit sie nicht zur Steuerklasse I gehören, Geschwister, Abkömmlinge ersten Grades von Geschwistern, Stiefeltern, Schwiegerkinder, Schwiegereltern sowie geschiedene Ehegatten.

10.1.1.3 Steuerklasse III

In Steuerklasse III fallen alle übrigen Erwerber und Empfänger von Zweckzuwendungen.

Achtung

Die Steuerklassen I und II Nr. 1 bis 3 ErbStG gelten auch dann, wenn die Verwandtschaft durch Annahme als Kind bürgerlich-rechtlich erloschen ist (§ 15 Abs. 1a ErbStG), zum Beispiel im Fall von Erwachsenenadoption.

10.1.2 Freibeträge

Bei der Regelung der Freibeträge fällt sofort ins Auge, dass der Gesetzgeber die Erwerber der Steuerklasse I, also Ehegatten und Kinder, begünstigt – ebenso die eingetragenen Lebenspartner. Verlierer des Erbschaftsteuer- und Schenkungsteuergesetzes sind die Steuerklassen II und III.

Erwerber	Freibeträge § 16 Abs. 1 ErbStG (in EUR)
Ehegatte	500.000
Eingetragene Lebenspartner	500.000
Kinder im Sinne der Steuerklasse I Nr. 2 und Kinder verstorbener Kinder im Sinne der Steuerklasse I Nr. 2	400.000
Kinder der Kinder im Sinne der Steuerklasse I Nr. 2 (Enkelkinder)	200.000
Übrige Personen der Steuerklasse I (Eltern und Großeltern bei Erwerb von Todes wegen wie auch die Urenkelkinder)	100.000
Erwerber im Sinne der Steuerklasse II	20.000
Erwerber im Sinne der Steuerklasse III	20.000
Beschränkt Steuerpflichtige	Quotaler Freibetrag § 16 Abs. 2 ErbStG

Tab. 7: Freibeträge nach Erwerbern

10.1.2.1 Besonderer Versorgungsfreibetrag (§ 17 ErbStG) von Todes wegen

Neben dem Freibetrag nach § 16 Abs. 1 Nr. 1 ErbStG in Höhe von 500.000 EUR wird dem überlebenden Ehegatten und dem gleichgeschlechtlichen Lebenspartner ein besonderer Versorgungsfreibetrag von 256.000 EUR gewährt. Dieser Freibetrag wird um die von Todes wegen erworbenen kapitalisierten Versorgungsbezüge, zum Beispiel die Witwenrente, gekürzt. Er wird nur in Todesfällen gewährt.

BEISPIEL

Nach dem Tod ihres Ehepartners bekommt die Witwe Frau Greiler eine monatliche Witwenrente von 1.500 EUR. Sie ist zum Zeitpunkt des Todes ihres Ehemanns 78 Jahre alt.

Jahreswert der Rente: 1.500 EUR × 12 Monate = 18.000 EUR

18.000 EUR × 8,672 (Vervielfältiger gemäß BMF-Schreiben vom 21.10.2025 (IV D 4 – S 3104/00002/013/003) zu § 14 Abs. 1 BewG bei einem Alter von 78 Jahren) = 1456.096 EUR (kapitalisierter Wert der Rente)

Besonderer Versorgungsfreibetrag	256.000 EUR
abzüglich kapitalisierte Witwenrente	156.096 EUR
Verbleibender besonderer Versorgungsfreibetrag	99.904 EUR

10.1.2.2 Besonderer Versorgungsfreibetrag für Kinder von Todes wegen

Neben dem Freibetrag nach § 16 Abs. 1 Nr. 2 ErbStG wird Kindern im Sinne der Steuerklasse I Nr. 2 für Erwerbe von Todes wegen ein besonderer Versorgungsfreibetrag gewährt. Die jeweilige Höhe können Sie Tabelle 8 entnehmen.

Alter	Freibetrag
Bis zu 5 Jahre	52.000 EUR
Mehr als 5 bis zu 10 Jahre	41.000 EUR
Mehr als 10 bis zu 15 Jahre	30.700 EUR
Mehr als 15 bis zu 20 Jahre	20.500 EUR
Mehr als 20 Jahre, bis zur Vollendung des 27. Lebensjahres	10.300 EUR

Tab. 8: Höhe des besonderen Freibetrags für Kinder

Diese Versorgungsfreibeträge für Kinder sind ebenfalls um den Kapitalwert von Versorgungsbezügen, die dem Kind aus Anlass des Todes des Erblassers zustehen, zu kürzen. Das könnte zum Beispiel eine Waisenrente sein.

10.1.3 Steuertarif § 19 ErbStG

Wert des steuerpflichtigen Erwerbs (§ 10)	Prozentsatz in Steuerklasse		
	I	II	III
Bis 75.000 EUR	7	15	30
Bis 300.000 EUR	11	20	30
Bis 600.000 EUR	15	25	30
Bis 6.000.000 EUR	19	30	30
Bis 13.000.000 EUR	23	35	50
Bis 26.000.000 EUR	27	40	50
Über 26.000.000 EUR	30	43	50

Tab. 9: Besteuerung nach Erwerbswert und Steuerklasse

Wie bereits dargelegt, sind die Steuerklassen II und III mit einer hohen Erbschaft- und Schenkungsteuer belastet. Zum einen durch die niedrigen Freibeträge und zum zweiten durch die hohe Steuerprogression. Zur Verdeutlichung, wie groß dieser Nachteil für die Erwerbe der Steuerklassen II und III ist, folgt ein Beispiel.

BEISPIEL

Tante Tessa überträgt an ihre Nichte Lena einen Grundbesitz mit einem Bedarfswert von 800.000 EUR.

Wert der Zuwendung	800.000 EUR
abzüglich Freibetrag Steuerklasse II (§ 16 Abs. 1 Nr. 5 ErbStG)	20.000 EUR
	780.000 EUR

Steuerlast 780.000 EUR × 30 % = 234.000 EUR

10.2 Bewertung von Nachlass- und Schenkungsteuergegenständen

Da weder ein Nachlass noch eine Schenkung in den seltensten Fällen aus einem Geldbetrag besteht, muss für alle anderen Wirtschaftsgüter, zum Beispiel Wertpapierdepots, Grundvermögen, Betriebsvermögen oder Renten- und Nutzungsrechte, eine Bewertung vorgenommen werden. Die entsprechenden Regelungen sind im Bewertungsgesetz sowie in § 12 ErbStG festgelegt. Nach den Vorgaben des Bundesverfassungsgerichts sollen sämtliche Vermögensgegenstände gleichermaßen mit ihrem gemeinen Wert (Verkehrswert) angesetzt werden.

Gegenstand	Gesetzliche Regelung	Bewertungsvorschrift Wertansatz
Körperliche Gegenstände	§ 9 BewG	Gemeiner Wert
Börsennotierte Wertpapiere und Schuldbuchforderungen	§ 11 Abs. 1 BewG	Niedrigster Stichtagskurswert im amtlichen Handel
Kapitalforderungen und Schulden	§ 12 Abs. 1 BewG	Nennwert
Uneinbringliche Forderungen	§ 12 Abs. 2 BewG	Werden nicht angesetzt
Nicht fällige Ansprüche aus Lebens-, Kapital- oder Rentenversicherungen	§ 12 Abs. 4 BewG	Rückkaufswert
Ansprüche auf wiederkehrende Nutzungen und Leistungen	§§ 13 ff. BewG	Kapitalwert, Vielfaches des Jahreswerts
Kosten aus wiederkehrenden Verpflichtungen	§§ 13 ff. BewG	Kapitalwert, Vielfaches des Jahreswerts

Tab. 10: Bewertung einzelner Vermögensgegenstände

10.2.1 Die Bewertung lebenslänglicher Nutzungen und Leistungen (§§ 14, 16 BewG)

Zu lebenslänglichen Nutzungen und Leistungen gehören zum Beispiel

- das Nießbrauchrecht,
- das Wohnrecht sowie
- die Pflegeverpflichtung.

Der Kapitalwert lebenslänglicher Nutzungen und Leistungen wird aus dem Jahreswert der Nutzung oder der Leistung ermittelt (§ 14 Abs. 1 BewG). Dieser Jahreswert ist zu kapitalisieren. Der dafür notwendige Vervielfältiger ist unter Beachtung der mittleren Lebenserwartung des von der Nutzung oder Leistung Begünstigten und eines Zinsfußes von 5,5 % zu berechnen. Nach dem neuen Erbschaftsteuer- und Schenkungsteuergesetz sind hier nach § 14 Abs. 1 Satz 2 BewG die vom statistischen Bundesamt veröffentlichten Sterbetafeln ab 1. Januar des der Veröffentlichung folgenden Kalenderjahres anzuwenden. Durch die Aktualisierung der Sterbetafeln kommt es nach neuem Recht durch den Anstieg der mittleren Lebenserwartung zu einer Erhöhung des jeweiligen Steuerwerts.

Nachdem diese Berechnung sehr umständlich war, gibt das Bundesministerium der Finanzen nunmehr regelmäßig die Vervielfältiger für die Bewertung einer lebenslänglichen Nutzung oder Leistung für Bewertungsstichtage bekannt.

Hinweis

Die aktuell gültige Tabelle zu den Vervielfältigern (Stand 1/2026, BMF-Schreiben vom 21.10.2025, V D 4 – S 3104/00002/013/003) finden Sie auf der Homepage des BMF (www.bundesfinanzministerium.de). Sie wird in der Regel jährlich überarbeitet.

Beispiele: Kapitalwertermittlung für Nutzungen und Leistungen

BEISPIEL: BEWERTUNG EINER RENTENVERPFLICHTUNG

Herr Lehmann verpflichtet seinen Sohn Sven, an seine Ehefrau eine monatliche Rente von 5.000 EUR zu entrichten. Zum Zeitpunkt des Todes von Herrn Lehmann ist seine Ehefrau 70 Jahre alt.

Jahreswert der Rente: 5.000 EUR × 12 = 60.000 EUR

Jahreswert der Rente 60.000 EUR × 11,050 (Vervielfältiger gemäß Anlage zu § 14 Abs. 1 BewG)

Der Wert der Rentenverpflichtung beträgt 663.000 EUR.

BEISPIEL: WERT EINES NIESSBRAUCHRECHTS

Die verwitwete Frau Arnika setzt ihre beiden Enkel Michael und Thomas zu Alleinerben ein. Ihr Sohn Raimund erhält im Wege des Vermächtnisses ein Nießbrauchrecht an dem Grundbesitz. Der Grundbesitzwert liegt bei 1.000.000 EUR, die Nettomieteinnahmen betragen 100.000 EUR pro Jahr. Sohn Raimund ist zum Zeitpunkt des Todes seiner Mutter 57 Jahre alt.

Bei der Bewertung der Nießbrauchrechte ist die Ermittlung des Jahreshöchstbetrags nach § 16 BewG zu beachten. Der Jahreswert beträgt höchstens den 18,6-fachen Teil des genutzten Wirtschaftsguts, bewertet nach den Bewertungsvorschriften.

$$\frac{1.000.000 \text{ EUR}}{18,6} = 53.763,44 \text{ EUR Jahreswert}$$

53.763,44 EUR × 14,442 (Vervielfältiger gemäß Anlage zu § 14 Abs. 1 BewG)

Der Nießbrauchwert beträgt 776.451,60 EUR.

10.2.2 Die Bewertung von Grundvermögen

Mit welcher Steuerlast eine Grundstücksüberlassung zu Lebzeiten oder der Erwerb eines Grundstücks von Todes wegen, zum Beispiel durch die Anordnung eines Vermächtnisses, mit Erbschaft- und Schenkungsteuer belastet wird, hängt entscheidend von der Bewertung des jeweiligen Grundvermögens ab. Das Bundesverfassungsgericht hat mit Beschluss vom 7.11.2006 die einheitliche Bewertung der dem Erbschaftsteuer- und Schenkungsteuergesetz unterliegenden Vermögen ausgerichtet an den gemeinen Werten gefordert. Die bis zum 31.12.2008 gültigen Bewertungsvorschriften entsprachen dieser Vorgabe nicht. Der Gesetzgeber war somit gehalten, neue Regelungen zu schaffen, die sich an dem Ziel einer gleichmäßigen Bewertung sämtlicher Vermögenswerte mit dem Verkehrswert orientieren.

Zum Grundvermögen gehört Folgendes:

- der Grund und Boden, die Gebäude, die sonstigen Bestandteile und das Zubehör,
- das Erbbaurecht sowie
- Wohnungseigentum, Teileigentum, Wohnungserbbaurecht und Teilerbbaurecht nach dem WEG.

Soweit das Grundvermögen dem land- und forstwirtschaftlichen Vermögen zuzurechnen ist, finden die Bewertungsvorschriften Land- und Forstwirtschaft Anwendung (§§ 158 ff. BewG).

Der Gesetzgeber hat die Vorgabe des Bundesverfassungsgerichts in § 177 BewG niedergelegt. Dort ist festgeschrieben, dass den Bewertungen gemäß den §§ 179 und 182 bis 196 (Bewertung bebauter Grundstücke, Erbbaurechte, Gebäude auf fremdem Grund und Boden und Grundstücke im Zustand der Bebauung) der gemeine Wert (Verkehrswert) § 9 BewG zugrunde zu legen ist.

Bei der Ermittlung des Verkehrswerts zur Bewertung von Grundvermögen hat sich der Gesetzgeber an der bereits gültigen Verordnung über die Grundsätze zur Ermittlung der Verkehrswerte von Grundstücken, der Wertermittlungsverordnung (WertV), orientiert. Anerkannt ist, dass es sich dabei nur um die Ermittlung eines Marktwertniveaus handeln kann, da es für Grundvermögen keinen absoluten und sicheren Marktwert gibt.

10.2.3 Die Bewertung von Ansprüchen aus Lebensversicherungen

Lebens-, Kapital- und Rentenversicherungen stellen in aller Regel schon vor Eintritt des Versicherungsfalles einen Vermögenswert dar. Derartige Ansprüche aus noch nicht fälligen Lebens-, Kapital- und Rentenversicherungen werden mit dem sogenannten Rückkaufswert bewertet. Dies ist der Betrag, den das Versicherungsunternehmen im Falle einer vorzeitigen Aufhebung des Versicherungsverhältnisses zu erstatten hätte.

10.3 Bewertung von unbebauten und bebauten Grundstücken

Auf die Bewertung bebauter und unbebauter Grundstücke hat die Vorgabe des Bundesverfassungsgerichts entscheidenden Einfluss gehabt. So musste ein Regelwerk erstellt werden, das eine Ermittlung des sogenannten gemeinen Wertes ermöglicht. Geregelt ist die Bewertung von bebauten und unbebauten Grundstücken nunmehr in den §§ 176 ff. BewG.

10.3.1 Bewertung unbebauter Grundstücke

Zu den unbebauten Grundstücken zählen Grundstücke, auf denen sich keine benutzbaren Gebäude befinden oder deren vorhandene Gebäude auf Dauer keiner Nutzung zugeführt werden können. Darunter fallen auch Grundstücke, deren aufstehende Gebäude durch Zerstörung oder Verfall keinen auf Dauer benutzbaren Raum mehr darstellen.

Achtung

Ist das Gebäude aufgrund baulicher Mängel vorübergehend nicht benutzbar, handelt es sich um ein bebautes Grundstück.

Der Wert unbebauter Grundstücke bestimmt sich nach § 179 Abs. 1 Satz 1 BewG regelmäßig nach der Fläche und den Bodenrichtwerten. Die Formel lautet:

Grundstücksfläche in m^2 × aktueller Bodenrichtwert

BEISPIEL: BEWERTUNG EINES UNBEBAUTEN GRUNDSTÜCKS

Grundstückfläche unbebaut: 800 m^2

Bodenrichtwert: 250 EUR bei einer Geschossflächenzahl von 0,6

800 m^2 × 250 EUR = 200.000 EUR

Da die Bodenrichtwerte eine zentrale Größe bei der Bewertung des Grundvermögens darstellen, ist deren Ermittlung eine große Beachtung zu schenken. Den Gutachterausschüssen wurden hier zentrale Aufgaben zugewiesen, die Bodenrichtwerte flächendeckend festzusetzen. Leider sind noch heute große Unterschiede zwischen den Gutachterausschüssen in großen Städten und dem ländlichen Bereich zu verzeichnen. Oftmals finden gerade im ländlichen Bereich geringe bis gar keine Veräußerungen von Grundstücken statt, sodass eine Aktualisierung der Bodenrichtwerte nicht vorgenommen werden kann.

10.3.1.1 Flächendeckender Bodenrichtwert

Mithilfe der Kaufpreissammlungen, die von den örtlichen Gutachterausschüssen alle zwei Jahre (vereinzelt auch alljährlich) überarbeitet und bekannt gegeben werden, sind nunmehr Bodenrichtwerte flächendeckend zu ermitteln, wobei die unterschiedlichen Entwicklungszustände des Bodens zu berücksichtigen sind. Von den Gutachterausschüssen wird in der Regel der Bodenrichtwert für baureifes Land ermittelt. Angaben zu Rohbauland und/oder Gartenland fehlen vielfach. Sollten die Gutachterausschüsse hierzu keine Festsetzungen treffen, so sind von den Werten eines baureifen Landes folgende Abschläge vorzunehmen:

- Bauerwartungsland: abzüglich 25 %
- Rohbauland: abzüglich 50 bis 75 %

10.3.1.2 Aktueller Bodenrichtwert

Bei der Wertermittlung unbebauter Grundstücke ist stets der Bodenrichtwert anzusetzen, der vom Gutachterausschuss zuletzt zu ermitteln war (aktueller Bodenrichtwert).

Der vom Gutachterausschuss mitgeteilte Bodenrichtwert ist bezüglich der Geschossflächenzahl (GFZ) an das zu bewertende Grundstück, das heißt an die tatsächliche GFZ anzupassen. Dies gilt für unbebaute Grundstücke, die durch einen Bebauungsplan oder durch die nähere Umgebungsbebauung eine höhere GFZ als im Richtwertgrundstück angegeben zulassen, sowie für bebaute Grundstücke, deren Bebauung über der GFZ des Richtwertgrundstücks liegt.

BEISPIEL: ABWEICHENDE GESCHOSSFLÄCHENZAHL

Der zuletzt ermittelte Bodenrichtwert eines Grundstücks beträgt nach Auskunft des Gutachterausschusses 400 EUR pro m^2 Grundstücksfläche bei einer GFZ von 0,6. Die tatsächliche und auch rechtlich mögliche Bebauung des Grundstücks ermittelt jedoch eine GFZ von 0,8. Der Bodenrichtwert von 400 EUR für die GFZ von 0,6 ist nunmehr an die tatsächliche Bebauung GFZ 0,8 anzupassen.

Bei der GFZ handelt es sich vereinfacht ausgedrückt um das Verhältnis der bebauten Fläche zur Grundstücksfläche. Befinden sich also auf einem Grundstück von 600 m^2 drei Wohnungen mit einer bebauten Fläche von 240 m^2, ergibt sich eine GFZ von 0,4 (240 m^2 : 600 m^2). In dem Beispielsfall ist der Bodenwert wegen der abweichenden – höheren – Bebauung von 0,8 GFZ umzurechnen.

Um die tatsächliche Bebauung in die vorgegebenen GFZ-Zahlen des Richtwertgrundstücks umzurechnen, werden sogenannte Umrechnungskoeffizienten veröffentlicht. Ermittelt der jeweilige Gutachterausschuss keine Umrechnungskoeffizienten, so ist auf die Umrechnungskoeffizienten des Gesetzes zurückzugreifen.

In dem oben genannten Beispielsfall ergibt sich somit die tatsächliche GFZ mit 0,8. Das Richtwertgrundstück gibt eine GFZ von 0,6 an. Der Bodenrichtwert ist nunmehr an die tatsächliche Bebauung anzupassen. Die Anpassung der Bodenrichtwerte an die tatsächliche Bebauung geschieht in der Regel durch die Anwendung von Umrechnungskoeffizienten. Im Gesetz sind diese Umrechnungskoeffizienten in der Richtlinie HB 179.2 zu § 179 BewG niedergelegt (siehe Tab. 11).

Geschossflächenzahl	Umrechnungs-koeffizient	Geschossflächenzahl	Umrechnungs-koeffizient
0,4	0,66	1,5	1,24
0,5	0,72	1,6	1,28
0,6	0,78	1,7	1,32
0,7	0,84	1,8	1,36
0,8	0,90	1,9	1,41
0,9	0,95	2,0	1,45
1,0	1,00	2,1	1,49
1,1	1,05	2,2	1,53
1,2	1,10	2,3	1,57
1,3	1,14	2,4	1,61
1,4	1,19		

Tab. 11: Die Umrechnungskoeffizienten nach der Richtlinie HB 179.2 zu § 179 BewG

Wendet man diese Umrechnungskoeffizienten auf den Beispielsfall an, so errechnet sich der Bodenwert wie folgt:

Umrechnungskoeffizient GFZ 0,6 = 0,78

Umrechnungskoeffizient GFZ 0,8 = 0,90

Korrigierter Bodenwert des Beispielfalls:

400 EUR × 0,9 : 0,78 = 461,53 EUR

Achtung

Falls von den Gutachterausschüssen Umrechnungskoeffizienten in Abhängigkeit von der bebauten Fläche veröffentlicht werden, sind diese und nicht die Richtlinie HB 179.2 zu § 179 BewG anzuwenden.

Es ist dringend darauf zu achten, dass die Anpassung des Bodenwerts an die tatsächliche GFZ durchgeführt wird und die veröffentlichten Umrechnungskoeffizienten richtig angewandt werden.

Schon jetzt sei darauf hingewiesen, dass tatsächlich erhöhte Bebauungen immer zu berücksichtigen sind, wogegen tatsächlich niedrigere Bebauungen nur dann Berücksichtigung finden, wenn dies baurechtlich verbindlich vorgeschrieben ist, so zum Beispiel durch einen Bebauungsplan, Denkmalschutz oder Baulinien.

In Bezug auf die Umsetzung des Bebauungsplans traf das FG München ein Urteil (7.2.2024, 4 K 1385/23). Im Rahmen dieser Entscheidung wurde anlässlich des Bebauungsplans eine bestimmte wertrelevante Geschossflächenzahl (WGFZ) festgestellt. Der tatsächliche Baubestand war weitaus höher. Man konnte also davon ausgehen, dass eventuell ein »Schwarzbau« vorlag. Hinsichtlich dieses Sachverhalts hatte das FG München entschieden, dass der Bodenrichtwert nicht auf die am Bewertungsstichtag auf dem Grundstück tatschlich verwirklichte Bebauung mit einer höheren GFZ angepasst werden könnte, selbst wenn die Bebauung Bestandsschutz genieße.

Der steuerliche Bedarfswert über den Ansatz des Bodenwerts ist zwar durch das Bewertungsgesetz fest vorgeschrieben. Aufgrund der Feststellung der Bodenrichtwerte alle zwei Jahre – nächster Stichtag ist der 1.1.2028 nach der Anpassung zum 1.1.2026 – ändert sich der steuerliche Bedarfswert regelmäßig.

10.3.2 Bewertung bebauter Grundstücke

Bebaute Grundstücke sind gemäß § 180 BewG solche Grundstücke, auf denen sich benutzbare Gebäude befinden. Wird ein Gebäude in Bauabschnitten errichtet, ist der fertiggestellte Teil als benutzbares Gebäude anzusehen. Als bebaut gelten auch Grundstücke, auf denen Gebäude stehen, die einem anderen als dem Eigentümer des Grund und Bodens zuzurechnen sind, sogenannte »Gebäude auf fremdem Grund und Boden«. Das Bewertungsgesetz unterscheidet bei bebauten Grundstücken zwischen verschiedenen Grundstücksarten. Je nach Grundstücksart, schreibt das Bewertungsgesetz ein anderes Bewertungsverfahren vor. Die Eingruppierung in die Grundstücksarten ist daher von besonderer Bedeutung (siehe Tab. 12).

Grundstücksarten	Bewertungsverfahren	Rechtsgrundlagen
Wohnungseigentum, Teileigentum, Einfamilienhäuser, Zweifamilienhäuser	Vergleichsverfahren	§ 182 Abs. 2 i. V. m. § 183 BewG
Mietwohngrundstücke, Geschäftsgrundstücke und gemischt genutzte Grundstücke, für die sich auf dem örtlichen Grundstücksmarkt eine übliche Miete ermitteln lässt	Ertragswertverfahren	§ 182 Abs. 3 i. V. m. §§ 184 bis 188 BewG
Wohnungseigentum, Teileigentum, Einfamilienhäuser, Zweifamilienhäuser, soweit *kein Vergleichswert vorliegt;* Geschäftsgrundstücke und gemischt genutzte Grundstücke, für die sich auf dem örtlichen Grundstücksmarkt *keine übliche Miete* ermitteln lässt; sonstige bebaute Grundstücke	Sachwertverfahren	§ 182 Abs. 4 i. V. m. §§ 189 bis 191 BewG

Tab. 12: Übersicht über die Bewertungsverfahren nach Grundstücksart

Es sind drei Bewertungsverfahren zu beachten:
- Vergleichswertverfahren
- Sachwertverfahren
- Ertragswertverfahren

Zur Bewertung des Grundvermögens hat das Bundesverfassungsgericht anerkannt, dass es keinen absoluten und sicher realisierbaren Marktwert (Verkehrswert) gibt, sondern allenfalls ein Marktwertniveau. Auf dieser Basis wird von einer Streubreite von 20% der Verkaufspreise für ein und dasselbe Objekt ausgegangen. Das Marktwertniveau wird auch mithilfe den drei genannten Bewertungsverfahren ermittelt.

10.3.2.1 Vergleichswertverfahren

Bei der Anwendung des Vergleichswertverfahrens wird der Marktwert des bebauten Grundstücks aus tatsächlich realisierten Kaufpreisen von anderen Grundstücken abgeleitet, die in Lage, Nutzung, Bodenbeschaffenheit, Zuschnitt und sonstiger Beschaffenheit hinreichend mit dem zu vergleichenden Grundstück übereinstimmen. Die Grundlage dieses Verfahrens bilden die Kaufpreissammlungen der Gutachterausschüsse. Die Auskünfte hieraus sind an das zu bewertende Grundstück nach Lage, Größe, Baujahr und Zuschnitt anzupassen.

Falls keine aktuellen Kaufpreise von Vergleichsgrundstücken zur Verfügung stehen, können auch Vergleichsfaktoren herangezogen werden, die von den Gutachterausschüssen für geeignete Bezugseinheiten, insbesondere Flächeneinheiten des Gebäudes, ermittelt und mitgeteilt werden.

Im Vergleichswertverfahren werden nach den Regelungen des § 182 Abs. 2 BewG folgende Grundstücksarten bewertet:
- Wohnungseigentum
- Teileigentum
- Einfamilienhäuser
- Zweifamilienhäuser

Nach § 181 Abs. 2 BewG werden Ein- und Zweifamilienhäuser, die bis zu zwei Wohnungen enthalten, die kein Wohnungseigentum darstellen, als Wohngrundstücke definiert. Daran ändert sich nichts, wenn weniger als 50% der Wohnnutzfläche zu anderen als Wohnzwecken genutzt werden – die Eigenschaft als Ein- und Zweifamilienhaus bleibt unverändert bestehen.

Eine Wohnung ist gemäß § 181 Abs. 9 BewG die Zusammenfassung einer Mehrheit von Räumen, die in ihrer Gesamtheit so beschaffen sein müssen, dass die Führung eines selbstständigen Haushalts möglich ist. Es muss sich um eine baulich getrennte und in sich abgeschlossene Wohneinheit handeln, die über einen eigenen Zugang verfügt.

Zur Führung des selbstständigen Haushalts ist es erforderlich, dass die notwendigen Nebenräume – Küche, Bad oder Dusche und Toilette – vorhanden sind. Die Wohnfläche muss mindestens 23 m^2 betragen.

Der örtliche Gutachterausschuss der Landeshauptstadt München hat im aktuellen Grundstücksmarktbericht (2024) für Wohnungen mit mehr als 45 m^2 im Wiederverkauf differenziert nach Baujahr und durchschnittlicher Wohnfläche sowie für Wohnungen in durchschnittlicher Lage folgende Vergleichsfaktoren veröffentlicht:

Baujahrsgruppen	Anzahl der Verkäufe	Ø Wohnfläche (in m^2)	Ø EUR pro m^2 Wohnfläche
1950–1959	48	63	6.800
1960–1969	403	70	6.400
1970–1979	321	74	6.250
1980–1989	196	69	6.600
1990–1999	112	67	7.200
2000–2004	124	74	7.950

Tab. 13: Preise für Reihenmittelhäuser, Wiederverkauf (durchschnittliche und gute Lagen, alle Größen und Ausstattungsstandards)

BEISPIEL: BEWERTUNG EINES REIHENMITTELHAUSES

Auch für die Bewertung von Ein- und Zweifamilienhäusern, Doppelhaushälften sowie Reihenhäusern sind grundsätzlich die Vergleichsfaktoren anzusetzen. In der Regel werden die veröffentlichten Faktoren von der Finanzverwaltung nicht akzeptiert. Also ist immer wieder die Frage zu stellen, ob der Ansatz in den Marktberichten der Gutachterausschüsse auch akzeptiert wird. In jedem Fall ist stets der aktuelle Marktbericht des örtlichen Gutachterausschusses einzuholen und inhaltlich abzustimmen.

Stehen die notwendigen Auskünfte des Gutachterausschusses nicht zur Verfügung und liegen Vergleichswertzahlen nicht in hinreichender Anzahl oder nicht vollständig vor, so sind Eigentumswohnungen, Teileigentumseinheiten oder Ein- und Zweifamilienhäuser nach dem Sachwertverfahren zu bewerten (§ 182 Abs. 4 Satz 1 Nr. 1 BewG), das im Folgenden beschrieben wird.

10.3.2.2 Sachwertverfahren

Wie erwähnt wird das Sachwertverfahren dann angewendet, wenn Vergleichswerte für die Anwendung des Vergleichswertverfahrens fehlen. Das ist vor allem dann der Fall, wenn die Gutachterausschüsse über keine ausreichenden Vergleichswerte verfügen. Beim Sachwertverfahren werden der Bodenwert und der Wert des Gebäudes getrennt ermittelt, der Verkehrswert ergibt sich durch die Addition von Bodenwert und Gebäudewert.

Der Bodenwert des zu bewertenden Grundstücks ist nach den Regeln der Bewertung für unbebaute Grundstücke zu ermitteln (§ 179 BewG, siehe Kapitel 10.3.1) Der Gebäudewert wird anhand der gewöhnlichen Herstellungskosten aus den allgemeinen Baukostentabellen in Abhängigkeit vom Flächen- oder Rauminhalt ermittelt. Dabei findet eine Indexierung auf die Herstellungskosten eines vergleichbaren Gebäudes zum Bewertungsstichtag statt.

Aus steuerlichen Gründen wurde das Sachwertverfahren, das zur Ermittlung der Verkehrswerte auch in der Werteverordnung geregelt ist, vereinfacht. Es wird das Berechnungsschema, das in Abb. 2 zu sehen ist, angewendet (§§ 189, 190 und 194 BewG).

Mit der Bruttogrundfläche (BGF) ist die Fläche definiert, die sich aus der Summe der Grundflächen aller Grundrissebenen eines Gebäudes ergibt. Nicht dazu zählen die Grundflächen von nicht nutzbaren Dachflächen und von konstruktiv bedingten Hohlräumen wie in belüfteten Dächern oder über abgehängten Decken.

Zu den nicht nutzbaren und damit nicht der BGF zuzurechnenden Flächen gehören in der Regel außerdem Außentreppen, Kellerschächte, Kriechkeller und Kriechböden bzw. nicht ausgebaute Dachflächen mit Raumhöhen unter 1,5 Metern. Die BGF ist pro Geschoss zu ermitteln. Die Werte werden dann anschließend zusammengerechnet.

Für die Berechnung der BGF sind die äußeren Maße der Bauteile einschließlich Bekleidung, zum Beispiel Putz, in Fußbodenhöhe anzusetzen. Konstruktive und gestalterische Vor- und Rücksprünge an den Außenflächen bleiben unberücksichtigt. Die Grundfläche unterteilt sich in folgende Bereiche:

- **Bereich a:** überdeckt und allseitig in voller Höhe umschlossen, zum Beispiel Keller, Erdgeschoss, erstes Obergeschoss, ausgebautes und nicht ausgebautes Dachgeschoss
- **Bereich b:** überdeckt, jedoch nicht allseitig in voller Höhe umschlossen, zum Beispiel überdachte Terrasse und Loggia
- **Bereich c:** nicht überdeckt, zum Beispiel Balkon mit Dachüberstand, nicht überdachte Terrasse
- **Bereich d:** nicht nutzbare Grundrissebenen, zum Beispiel Kriechkeller, Kellerschächte, Außentreppen, Hohlräume und nicht zugängliche ausgebaute und nicht ausgebaute Dachflächen mit einer Raumhöhe unterhalb der Grenze von 1,5 Metern

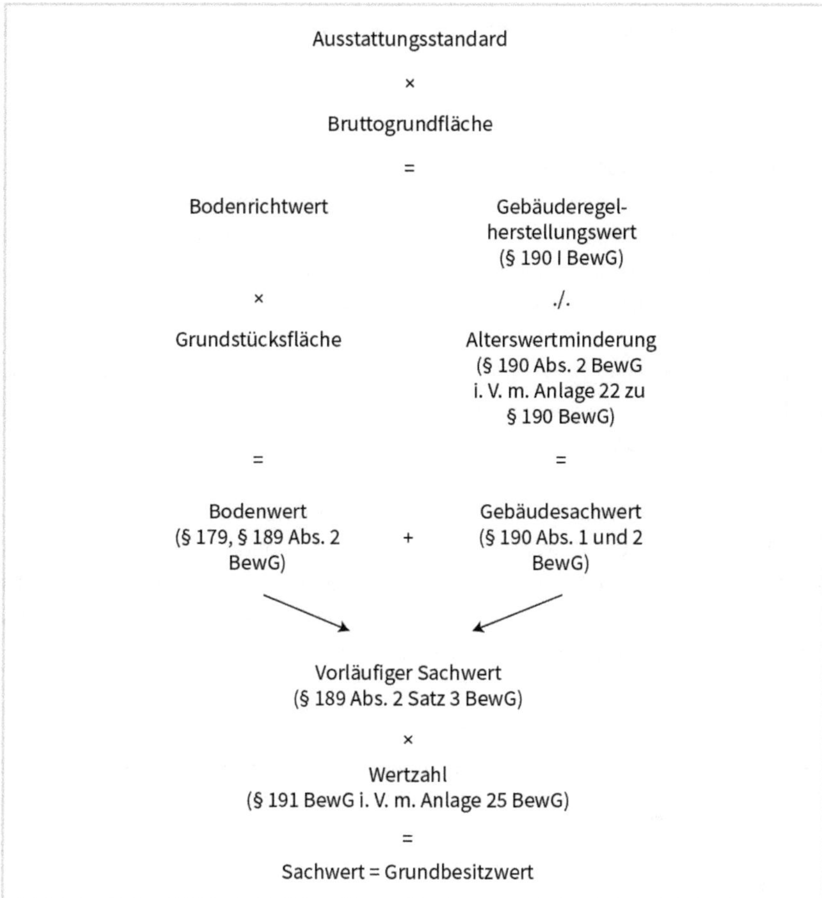

Abb. 2: Bewertungsschema Sachwertverfahren

Die Bereiche a und b fließen in die Ermittlung der BGF vollumfänglich ein, die Bereiche c und d bleiben bei der Berechnung komplett unberücksichtigt.

Die Regelherstellungskosten ergeben sich aus der Anlage 24 zu § 190 Abs. 1 BewG. Die Regelherstellungskosten unterscheiden Gebäudeart und Ausstattungszustand. Außenanlagen und sonstige Anlagen bleiben unberücksichtigt.

Die über die Anlage 24 zum BewG ermittelten Regelherstellungskosten pro Quadratmeter BGF werden indexiert und sodann mit der ermittelten BGF multipliziert. So ergibt sich der Gebäudesachwert ohne Alterswertminderung.

Da mit den Regelherstellungskosten der Wert eines Neubaus ermittelt wird, muss auf das tatsächliche Baujahr noch eine Alterswertminderung gemäß Anlage 22 zu § 190 BewG vorgenommen werden. Bei der Ermittlung ist von einer gleichmäßigen jährlichen Wertminderung über die wirtschaftliche Gesamtnutzungsdauer des Gebäudes auszugehen.

Als Baujahr ist das Jahr der Bezugsfertigkeit nach Herstellung des Gebäudes zu berücksichtigen. Sind durchgreifende Instandhaltungs- und Modernisierungsmaßnahmen am Gebäude durchgeführt worden, ist die Restnutzungsdauer des Gebäudes zu verlängern. Ein früheres Baujahr ist dann anzunehmen, wenn ein Gebäude dem durchschnittlichen Ausstattungsstandard, gemessen an den gewöhnlichen Verhältnissen auf dem Grundstücks- und Mietmarkt, nicht entspricht.

Das Jahressteuergesetz 2022 hat die gesetzlichen Regelungen des Bewertungsgesetzes ab dem 1.1.2023 enorm verschärft. Hintergrund war die Änderung der Immobilienwertermittlungsverordnung im Jahr 2021.

Eine Änderung betrifft die Bestimmung der Gesamtnutzungsdauer, wie sie in Anlage 22 zu § 185 Abs. 3 Satz 3 BewG (für das Ertragswertverfahren) und § 190 Abs. 6 Satz 1 und 2 BewG (für das Sachwertverfahren) enthalten sind. Danach wurde die Restnutzungsdauer unter anderem für Ein- und Zweifamilienhäuser, Mietwohngrundstücke und Mehrfamilienhäuser von 70 auf 80 Jahre erhöht.

Achtung

Bei der Alterswertminderung ist eine Höchstbegrenzung zu beachten. Gemäß § 190 Abs. 4 Satz 5 BewG ist der Abzug der Alterswertminderung beschränkt, es sind immer mindestens 30 % der Gebäudeherstellungskosten als Gebäudesachwert anzusetzen.

Im Sachwertverfahren ist nun auch der sogenannte Regionalfaktor gemäß § 190 Abs. 3 Satz 1 i. V. m. Abs. 5 Satz 3 BewG anzusetzen. Er beträgt, soweit die örtlichen Gutachterausschüsse keine Regionalfaktoren mitteilen, 1,0. Der örtliche Gutachterausschuss der Landeshauptstadt München teilte im Marktbericht 2022 einen Regionalfaktor von 1,573 mit, im Marktbericht 2023 von 1,606. Im aktuellen Marktbericht liegt dieser nunmehr bei 1,549. Dieser Multiplikator erhöht den Sachwert – in München nicht unerheblich um über 50 %.

Eine weitere fast dramatische Änderung durch das Jahressteuergesetz 2022 erfolgte hinsichtlich der Wertzahlen (R B 191 ErbStR 2019). Dabei ist zur Angleichung an den gemeinen Wert der vorläufige Sachwert des Grundstücks mit einer Wertzahl zu multiplizieren. Auch hier wird zunächst auf die von den örtlichen Gutachterausschüssen mitgeteilten Wertzahlen Bezug genommen. Soweit solche nicht existieren, sind die in der Anlage 25 BewG dargestellten Wertzahlen zu verwenden.

Vorläufiger Sachwert § 189 Absatz 3	Bodenrichtwert oder abgeleiteter Bodenwert in EUR/m² nach § 179 Satz 4			
	250 EUR/m²	350 EUR/m²	500 EUR/m²	1 000 EUR/m²
50 000 EUR	1,7	1,7	1,8	1,8
100.000 EUR	1,5	1,5	1,6	1,7
150.000 EUR	1,3	1,4	1,5	1,6
200.000 EUR	1,3	1,4	1,5	1,6
300.000 EUR	1,2	1,3	1,4	1,5
400.000 EUR	1,2	1,3	1,4	1,5
500.000 EUR	1,1	1,2	1,3	1,4

Tab. 14: Auszug aus Anlage 25 BewG – Vorläufiger Bodenrichtwert oder abgeleiteter Bodenwert in EUR/m² nach § 179 Satz 4

In der Regel liegen die Bodenrichtwerte im Bereich München und Umgebung bei 1.000 EUR/m² und mehr. Erreicht der vorläufige Sachwert – also die Summe des Bodenwerts und des Sachwerts – 500.000 EUR, ist eine Wertzahl von 1,4 anzusetzen.

Wie beschrieben soll der Ansatz der Wertzahl den gemeinen Wert wiedergeben. Eine Erhöhung allein des Bodenwerts um 40% ist völlig widersinnig als Ansatz des gemeinen Werts.

Die im Gesetz abgedruckten Wertzahlen werden nur dann angewendet, wenn vom jeweils zuständigen Gutachterausschuss keine geeigneten Sachwertfaktoren zur Verfügung gestellt werden.

BEISPIEL: SACHWERTVERFAHREN

Ein Grundstück mit einer Grundstücksgröße von 500 m² ist bebaut mit einem Zweifamilienhaus mittlerer Ausstattung, Baujahr 1976. Das Dachgeschoss ist nicht ausgebaut, das Gebäude ist unterkellert. Die BGF umfasst 300 m². Der aktuelle Bodenrichtwert beträgt 1.200 EUR pro m², Bewertungsstichtag ist der 1.1.2025. Die Regelherstellungskosten betragen 730 EUR pro m², Gesamtnutzungsdauer 80 Jahre, Restnutzungsdauer 31 Jahre.

1. Berechnung Bodenwert

500 m² × 1.200 EUR = 600.000 EUR

2. Berechnung Gebäudewert
In einem ersten Schritt sind die Regelherstellungskosten zu ermitteln und zu indexieren:

730 EUR × 183,3% (letzter Baupreisindex laut BMF-Schreiben vom 21.1.2025 = 805,92 EUR; bitte immer wieder die Neuerungen der Baupreisindizes überprüfen)

300 m^2 BGF × 1.338,09 EUR Regelherstellungskosten = 2401.427 EUR

abzüglich Alterswertminderung (Nutzungsdauer Ein- und Zweifamilienhäuser: 80 Jahre), hier Nutzungsjahre 31 × 100 : 80 = Altersabschlag 0,387%

Vorläufiger Gebäudesachwert, wie oben ermittelt	401.421 EUR
Multipliziert mit dem Regionalfaktor, soweit der Gutachterausschuss einen solchen nicht mitgeteilt hat, wird 1,0 angesetzt	401.421 EUR
Ansatz mit dem Alterswertminderungsfaktor 0,387 × 401.421	
Vorläufiger Sachwert	155.352 EUR

3. Bedarfswert

Bodenwert, wie oben ermittelt	600.000 EUR
zzgl. vorläufiger Sachwert	155.352 EUR
Vorläufiger Sachwert	755.352 EUR

755.352 EUR × 1,4 (Wertzahl gemäß Anlage 25 zum BewG) = 1.057.492 EUR

10.3.2.3 Ertragswertverfahren

Mit dem Ertragswertverfahren (§§ 184 bis 188 BewG) werden folgende bebaute Grundstücke bewertet:

- Mietwohngrundstücke, die zu über 80% Wohnzwecken dienen und nicht Ein- oder Zweifamilienhäuser oder Eigentumswohnungen sind
- Geschäftsgrundstücke, die zu mehr als 80% eigenen oder fremden betrieblichen oder öffentlichen Zwecken dienen und nicht Teileigentum sind
- Gemischt genutzte Grundstücke, die mehreren Nutzungen zugänglich sind, ohne die oben benannten Voraussetzungen einer anderen Grundstücksart zu erfüllen

Folgendes bebautes Grundvermögen wird damit nicht bewertet:

- Ein- oder Zweifamilienhäuser
- Wohnungseigentum/Teileigentum

Eine weitere Voraussetzung dafür, dass das Ertragswertverfahren angewendet werden kann, ist die Ermittlung der auf dem Grundstücksmarkt erzielbaren üblichen Miete.

Wie das Sachwertverfahren ist auch das Ertragswertverfahren dadurch bestimmt, dass der Bodenwert nach § 179 BewG festgestellt wird und der Gebäudeertragswert, ermittelt nach den Regelungen der §§ 184 ff. BewG, hinzugerechnet wird. Daraus ergibt sich dann der Grundbesitzwert. Angewendet wird das Berechnungsschema nach §§ 184 ff. BewG (siehe Abb. 3).

Rohertrag (Jahresmiete/übliche Miete)
(§ 186 Abs. 1 BewG)

./.

Bewirtschaftungskosten
(§ 187 BewG i. V. m. Anlage 23 zu § 187 BewG)

=

Reinertrag des Grundstücks

./.

Bodenwertverzinsung
(§ 188 BewG)

=		=
Bodenrichtwert		Gebäudereinertrag
×		×
Grundstücksfläche		Vervielfältiger (§ 185 Abs. 3 BewG i. V. m. Anlage 21 zu § 185 Abs. 3 BewG)
=		=
Bodenwert	+	Gebäudeertragswert (≥ 0 Euro)
↓		↓
Ertragswert	=	Grundbesitzwert

Abb. 3: Bewertungsschema Ertragswertverfahren

Der Rohertrag der bebauten Immobilie ist das Entgelt, das für die Benutzung des bebauten Grundstücks nach den am Bewertungsstichtag geltenden vertraglichen Vereinbarungen für den Zeitraum von zwölf Monaten zu zahlen ist. Anzusetzen ist die Nettomiete, da Umlagen, die zur Deckung der Betriebskosten gemäß § 2 BetrKV gezahlt werden, nicht einzubeziehen sind (§ 186 Abs. 1 BewG). Anzusetzen ist somit die vereinnahmte Nettomiete gerechnet auf das Jahr vor dem Stichtag.

Auch bei einer verbilligten Nutzungsüberlassung, die mehr als 20% unter der ortsüblichen Miete liegt, ist die übliche Miete festzustellen und bei der Ermittlung des Rohertrags in Ansatz zu bringen. Die übliche Miete ist in Anlehnung an die Miete zu schätzen, die für Räume gleicher oder ähnlicher Art nach Lage, Baujahr und Ausstattung regelmäßig gezahlt wird.

Bei den selbst genutzten, ungenutzten oder derzeit leer stehenden Flächen ist die ortsübliche Miete zu ermitteln und beim Rohertrag zu berücksichtigen.

Die ortsübliche Miete kann nach § 186 BewG i.V.m. R B 186.5 ErbStR 2011 durch einen Mietspiegel, Vergleichsmieten oder Sachverständigengutachten ermittelt werden.

Zu den Bewirtschaftungskosten gehören die Kosten der Verwaltung, nicht umlagefähige Betriebskosten, Instandhaltungskosten sowie das Mietausfallwagnis (§ 187 Abs. 1 BewG). Beim Ertragswertverfahren werden nicht die tatsächlichen Kosten angesetzt, sondern pauschalierte Bewirtschaftungskosten. Auch bei der Berechnung der Bewirtschaftungskosten hat sich durch das Jahressteuergesetz 2022 eine enorme Erhöhung der Werte ergeben: Wurde vormals der Ansatz mit einem Kapitalisierungsfaktor vorgenommen, ist jetzt Anlage 23 (zu § 187 Abs. 2 und 3 BewG) Bewirtschaftungskosten anzusetzen.

I. Bewirtschaftungskosten für Wohnnutzung	
1. Verwaltungskosten (Basiswerte)	
Jährlich je Wohnung*	230 EUR
Jährlich je Garage oder ähnlichen Einstellplatz	30 EUR
2. Instandhaltungskosten (Basiswerte)	
Jährlich je m^2 Wohnfläche	9 EUR
Jährlich je Garage oder ähnlichen Einstellplatz	68 EUR
3. Mietausfallwagnis	
Jährlicher Rohertrag	2%
II. Bewirtschaftungskosten für Nichtwohnnutzung	
1. Verwaltungskosten	
Jährlicher Rohertrag	3%
2. Instandhaltungskosten	
Jährlich je m^2 Nutzfläche (alle Gebäudearten der Anlage 24, Teil II., mit Ausnahme der nachfolgend genannten Gebäudearten)	100% der Instandhaltungskosten je m^2 Wohnfläche gemäß Nummer I.2

Jährlich je m^2 Nutzfläche (Gebäudeart 13 der Anlage 24, Teil II.)	50 % der Instandhaltungskosten je m^2 Wohnfläche gemäß Nummer I.2
Jährlich je m^2 Nutzfläche (Gebäudearten 15 bis 16 und 18 der Anlage 24, Teil II.)	30 % der Instandhaltungskosten je m^2 Wohnfläche gemäß Nummer I.2
Jährlich je Garage oder ähnlichem Einstellplatz	100 % der Instandhaltungskosten je Garage oder ähnlichem Einstellplatz gemäß Nummer I.2
3. Mietausfallwagnis	
Jährlicher Rohertrag	4 %
Die Anpassung der Basiswerte nach den Nummern I.1 und I.2 erfolgt jährlich mit dem Prozentsatz, um den sich der vom Statistischen Bundesamt festgestellte Verbraucherpreisindex für Deutschland für den Monat Oktober 2001 gegenüber demjenigen für den Monat Oktober des Jahres, das dem Bewertungsstichtag vorausgeht, erhöht oder verringert hat. Die Werte für die Instandhaltungskosten pro Quadratmeter sind auf eine Nachkommastelle und bei den Instandhaltungskosten pro Garage oder ähnlichem Einstellplatz sowie bei Verwaltungskosten kaufmännisch auf volle EUR zu runden. * Für Wohnräume, die keine Wohnungen im Sinne des § 181 Absatz 9 darstellen, sind als Verwaltungskosten 3 % des hierauf entfallenden jährlichen Rohertrags anzusetzen.	

Tab. 15: Anlage 23 (zu § 187 Absatz 2 und 3 BewG) Bewirtschaftungskosten
Quelle: BGBl I 2022, 2317

Nach § 187 Abs. 3 BewG sind diese Bewirtschaftungskosten wiederum an den vom Statistischen Bundesamt festgestellten Verbraucherindex anzupassen. Festgestellt wurde, dass dennoch die Bewirtschaftungskosten und damit der Abzug um ein Vielfaches geringer ausfallen, als wenn ein Prozentanteil angesetzt wird.

Der Reinertrag des Gebäudes ergibt sich aus dem Rohertrag abzüglich der Bewirtschaftungskosten. Da im Ertragswertverfahren der Bodenwert und der Gebäudewert getrennt ermittelt werden, ist bei der Ermittlung des Reinertrags die Verzinsung des Bodenwerts in Abzug zu bringen. Hierbei muss der Liegenschaftszinssatz zugrunde gelegt werden; vorrangig sind das die Werte, die der örtlich zuständige Gutachterausschuss bekannt gibt. Der Begriff des Liegenschaftszinssatzes ergibt sich ebenfalls aus dem Sachverständigenbereich. Gemäß § 11 Abs. 2 WertV handelt es sich dabei um den Zinssatz, mit dem der Verkehrswert von Liegenschaften im Durchschnitt marktüblich verzinst wird. Sollte es an Angaben des örtlich zuständigen Gutachterausschusses fehlen, so ist der Liegenschaftszinssatz gemäß § 188 Abs. 2 BewG wie folgt anzusetzen:

- 53,5 % für Mietwohngrundstücke
- 4,5 % für gemischt genutzte Grundstücke mit einem gewerblichen Anteil von bis zu 50 %, berechnet nach der Wohn- und Nutzfläche
- 5,0 % für gemischt genutzte Grundstücke mit einem gewerblichen Anteil von mehr als 50 %, berechnet nach der Wohn- und Nutzfläche
- 6,0 % für Geschäftsgrundstücke

Durch den Abzug der Bodenwertverzinsung ergibt sich der Gebäudereinertrag.

Der ermittelte Gebäudereinertrag wird mit einem Vervielfältiger multipliziert. Der Vervielfältiger wird unter Berücksichtigung des Liegenschaftszinssatzes und der Restnutzungsdauer des Gebäudes ermittelt. Letztere ist mindestens mit 30% der wirtschaftlichen Gesamtnutzungsdauer gemäß Anlage 22 zu § 185 Abs. 3 Satz 5 BewG in Ansatz zu bringen.

Grundbesitzwert = Gebäudeertragswert + Bodenwert

BEISPIEL: ERTRAGSWERTVERFAHREN

Ein Mehrfamilienhaus in zentraler Großstadtlage soll bewertet werden. Eigenschaften: ausschließliche Wohnraumnutzung, Fertigstellungsjahr 1970, Jahresnettomieten 144.960 EUR, Größe des Grundstücks 690 m^2, Bodenrichtwert nach Auskunft des Gutachterausschusses derzeit 3.500 EUR.

1. Ermittlung des Bodenwerts

690 m^2 × 3.500 EUR = 2.415.000 EUR

2. Ermittlung des Gebäudeertragswerts

Rohertrag = Jahresnettomiete/übliche Miete	144.960 EUR
Bewirtschaftungskosten Restnutzungsdauer 22 Jahre (aus Anlage 22 und 23)	./. 17.690 EUR
Reinertrag des Grundstücks	127.270 EUR
Bodenwertverzinsung: Liegenschaftszinssatz nach § 188 Abs. 2 BewG für Mietwohngrundstücke 3,5%; 3,5% aus Bodenwert 2.415.000 EUR	./. 84.525 EUR
Gebäudereinertrag	42.745 EUR

42.745 EUR × 16,48152 Vervielfältiger gemäß Anlage 21 zu § 185 Abs. 3 BewG (Liegenschaftszinssatz 3,55%, Restnutzungsdauer 24 Jahre) = 704.501 EUR Gebäudeertragswert

Bodenwert	2.415.000 EUR
Gebäudeertragswert	+ 704.501 EUR
Grundbesitzwert	3.119.501 EUR

Bei dieser Berechnung sind die Steuerbefreiungen für zu Wohnzwecken vermietete Grundstücke (§ 13d ErbStG) zu berücksichtigen. Für Grundstücke, die ausschließlich zu Wohnzwecken vermietet sind, gibt es einen Abschlag von 10% als Freibetrag (§ 13d ErbStG). Im Beispiel reduziert sich der ermittelte Grundbesitzwert um 10%, somit:

Grundbesitzwert	3.119.501,00 EUR
abzüglich 10%	311.950,10 EUR
	2.807.550,90 EUR

10.3.3 Bewertung von Erbbaurecht und mit Erbbaurecht belasteten Grundstücken

Die Werte für die wirtschaftliche Einheit Erbbaurecht (aufstehendes Gebäude) und für die wirtschaftliche Einheit des belasteten Erbbaugrundstücks (Grundstück) sind gesondert zu ermitteln. Nach § 193 BewG sind dabei neben dem Bodenwert und dem Gebäudewert bei bebauten Grundstücken die Höhe des Erbbauzinses, die Restlaufzeit des Erbbaurechts und die Höhe der Heimfallentschädigung angemessen zu berücksichtigen.

10.3.3.1 Bewertung des Erbbaurechts (§ 193 BewG)

Vorrangig ist der Wert des Erbbaurechts im Vergleichswertverfahren zu ermitteln, sofern Vergleichskaufpreise oder aus Kaufpreisen abgeleitete Vergleichsfaktoren in ausreichender Menge vorliegen. Sollte es daran fehlen, ist das Erbbaurecht aus dem Bodenwertanteil und dem Gebäudewertanteil zu berechnen:

Die Berechnung wird anhand eines Beispielfalls erläutert.

BEISPIEL: BERECHNUNG DES BODENWERTANTEILS

Auf dem Erbbaugrundstück befindet sich ein Einfamilienhaus. Der Bodenrichtwert beträgt 200 EUR, die Grundstücksfläche 300 m^2. Der Erbbauzinssatzzinssatz beträgt 3%. Der erzielbare Erbbauzins per anno liegt bei 550 EUR. Die Restlaufzeit des Erbbaurechts beträgt noch 50 Jahre. Ein Vergleichspreis für das Erbbaurecht liegt nicht vor.

Bewertung des Grund und Bodens gemäß § 179 BewG:

Fläche 300 m^2 × Bodenrichtwert 200 EUR = 60.000 EUR

Ermittlung des Verzinsungsbetrags des Bodenwertes gemäß Liegenschaftszinssatz des Gutachterausschusses oder gemäß § 194 Abs. 2 BewG:

60.000 EUR × Abzinsungsfaktor 0,2281% = abgezinster Bodenwert	13.686 EUR
abzgl. Jahreswert der vertraglich vereinbarten Erbbauzinsen (550 EUR), multipliziert mit dem Vervielfältiger für die Restlaufzeit des Erbbaurechts, in diesem Fall 25,7298 =	

Barwert der vereinbarten jährlichen Erbbauzinsen	14.151 EUR

Der Bodenwertanteil des Erbbaurechts beträgt 32.163 EUR.

BEISPIEL: BERECHNUNG DES GEBÄUDEWERTANTEILS

Auf dem Erbbaugrundstück befindet sich ein Einfamilienhaus. Der Bodenrichtwert beträgt 200 EUR, die Grundstücksfläche 300 m^2. Der Liegenschaftszinssatz beträgt 3%. Der erzielbare Erbbauzins per anno liegt bei 550 EUR. Die Restlaufzeit des Erbbaurechts beträgt noch 50 Jahre. Ein Vergleichspreis für die Erbbaurechte liegt nicht vor. Das Gebäude ist 30 Jahre alt, unterkellert, mittlere Ausstattung. Die Bruttogrundfläche beträgt 130 m^2.

Bewertung des Gebäudes im Sachwertverfahren nach §§ 189 ff. BewG
BGF × Regelherstellungskosten gemäß Anlage 24 zum BewG

130 m^2 × 975,28 EUR =	126.786,40 EUR
abzgl. Alterswertminderung 1,43 × 40 Jahre = 57,20% aus 126.786,40 EUR =	72.521,82 EUR
Gebäudesachwert	54.264,58 EUR

Es ergibt sich folgender Wert des Erbbaurechts:

Bodenwertanteil	32.163,00 EUR
zzgl. Gebäudesachwert	54.264,58 EUR
Gesamtwert	86.427,58 EUR

10.3.3.2 Bewertung des Erbbaurechtsgrundstücks (§ 194 BewG)

Der Wert des mit dem Erbbaurecht belasteten Grundstücks (Erbbaurechtsgrundstück) wird ebenfalls vorrangig nach dem Vergleichswert ermittelt. Fehlt es an Vergleichswerten, wovon in der Praxis auszugehen ist, muss der Wert des Erbbaugrundstücks anhand des Bodenwertanteils nach § 194 Abs. 3 BewG ermittelt werden. Dieser Wert ist dann um den Gebäudewertanteil zu erhöhen, wenn der Wert des Gebäudes vom Eigentümer des Erbbaugrundstücks bei Beendigung des Erbbaurechts nicht oder nur teilweise zu entschädigen ist.

BEISPIEL: ERLÄUTERUNG ZUR BEWERTUNG

Auf dem Erbbaugrundstück befindet sich ein Einfamilienhaus. Der Bodenrichtwert beträgt 200 EUR pro Quadratmeter Grundstücksfläche. Die Grundstücksfläche beträgt 300 m^2. Der Liegenschaftszinssatz beträgt 3%. Der erzielbare Erbbauzins beträgt jährlich 550 EUR. Die Restlaufzeit des Erbbaurechtes beträgt noch 50 Jahre. Ein Vergleichspreis für das Erbbaurecht liegt nicht vor. Das Gebäude ist 42 Jahre alt, unterkellert, mittlere Ausstattung/ Basisausstattung. Die Bruttogrundfläche beträgt 130 m^2.

Bewertung von Grund und Bodens gemäß § 179 BewG

Fläche × Bodenrichtwert = 300 m^2 × 200 EUR =	60.000 EUR
Abzinsung des Bodenwertes gemäß Faktor aus Anlage 26 (bei 50 Jahren Restlaufzeit und 3% Liegenschaftszinssatz) 0,2281 × 60.000,00 EUR =	13.686 EUR
Kapitalwert der Erbbauzinsen für die Restlaufzeit gemäß Anlage 21 zum BewG 550 EUR × 25,7298 =	14.151 EUR

13.686 EUR + 14.151 EUR = 27.837 EUR (Bodenwert des Erbbaugrundstücks)

Sollte das aufstehende Gebäude bei Beendigung des Erbbaurechts nicht entschädigt oder nur teilweise entschädigt werden, so ist der Gebäudesachwert zu ermitteln und hinzuzurechnen. Der Gebäudesachwert ist dabei auf den Zeitpunkt des Ablaufs des Erbbaurechts zu ermitteln. Bezüglich der Sachwertermittlung wird auf die Darstellungen in Kapitel 10.3.2.2 verwiesen.

10.3.4 Verkehrswertnachweis

Nach § 198 BewG hat der Steuerpflichtige die Möglichkeit, abweichend von den Bewertungsvorschriften der §§ 179 ff. BewG für das Grundvermögen einen niedrigeren Verkehrswert nachzuweisen. Dabei wird es ihm ermöglicht, durch Einholung eines Sachverständigengutachtens alle wertbeeinflussenden Umstände bei der Ermittlung des gemeinen Wertes zu berücksichtigen.

Als Verkehrswertnachweis gilt regelmäßig ein Gutachten des örtlich zuständigen Gutachterausschusses oder eines Sachverständigen für die Bewertung von Grundstücken. Zum Kreis der Sachverständigen, die hier in Betracht kommen, zählen neben den öffentlich bestellten und vereidigten Sachverständigen für die Bewertung von Grundstücken auch öffentlich bestellte Vermessungsingenieure sowie zertifizierte Sachverständige. Die Finanzverwaltung hat die Vorgaben zu den Sachverständigen im Gesetz gemäß § 198 Abs. 2 BewG geregelt.

Die Finanzämter betrachten deshalb Gutachten von anderen Sachverständigen, zum Beispiel von Banken, spezialisierten Maklern sowie freiberuflichen Architekten, als nicht korrekt. Entspricht das Gutachten nicht diesen Vorgaben, reicht es als Nachweis nicht aus. Auch Wertgutachten von Wirtschaftsprüfern sind nicht zum Nachweis eines niedrigeren Verkehrswerts geeignet (BFH vom 11.9.2013, II R 61/11, BStBl II 2014, 363).

Ein vom Steuerpflichtigen vorgelegtes Sachverständigengutachten über den Verkehrswert einer Immobilie ist für das Finanzamt nicht in jedem Fall bindend. Das Finanzamt wird prüfen, ob es als Verkehrswertnachweis geeignet ist, etwa im Hinblick auf die inhaltliche Richtigkeit und die Schlüssigkeit. Wegen fehlender Plausibilität, methodischer Fehler oder unzutreffender Wertansätze mangelhafte Gutachten werden vom Finanzamt nicht beachtet. Daneben kann der Steuerpflichtige den Nachweis eines niedrigeren gemeinen Werts auch durch einen Verkauf des Anwesens innerhalb eines Jahres vor oder nach dem Besteuerungszeitpunkt führen.

Mit dieser Öffnungsklausel wird deutlich, dass der vom Gesetzgeber über die Vorschriften des Bewertungsgesetzes ermittelte gemeine Wert nicht dem Verkehrswert entsprechen kann. Die Bewertung nach dem Bewertungsgesetz ist daher nur ein standardisiertes Verfahren und lässt viele Gesichtspunkte, die im Rahmen der gutachterlichen Ermittlung des Verkehrswerts durch einen Sachverständigen notwendigerweise aufgenommen werden, unberücksichtigt.

Aus diesem Grund wird der nach dem Bewertungsgesetz ermittelte gemeine Wert auch nicht dazu geeignet sein, die Bewertung für die Ermittlung beispielsweise des Pflichtteilsanspruchs oder anderer sich aus dem Erbrecht ergebenden Ansprüche zu ersetzen. Davor sei gewarnt: Man denke nur daran, dass bei dem standardisierten Verfahren auch keine Besichtigung der Immobilie stattfindet. Deshalb werden weder werterhöhende noch wertmindernde Aspekte in die Bewertung einfließen, wogegen sie bei der Verkehrswertfeststellung in jedem Fall berücksichtigt werden müssen.

10.4 Ermittlung der Bemessungsgrundlage für die Erbschaft- und Schenkungsteuer

Der steuerpflichtige Erwerb bei Erbschaft und Schenkung ist dadurch gekennzeichnet, dass der Besteuerung nur die Bereicherung der Erben oder Beschenkten zugrunde gelegt wird. Die Bereicherung entspricht dem Betrag, der sich aus der Saldierung des Aktivvermögens, ermittelt nach dem zuvor dargestellten Bewertungsvorschriften, und den Nachlassverbindlichkeiten im Erbfall und den Gegenleistungen im Schenkungsfall ergibt.

10.4.1 Ermittlung der Bemessungsgrundlage im Erbfall

Nach § 10 ErbStG wird die Bemessungsgrundlage Erbfällen nach dem folgenden Schema ermittelt:

	Steuerlicher Wert des Aktivvermögens nach Maßgabe von § 12 ErbStG i. V. m. dem Bewertungsgesetz
	abzüglich abzugsfähiger Belastungen und Verbindlichkeiten (Erblasserschulden und Erbfallschulden)
	abzüglich Erwerbsaufwendungen
=	Bereicherung

Bei den abzugsfähigen Nachlassverbindlichkeiten unterscheidet man Erblasserschulden und Erbfallschulden.

10.4.1.1 Erblasserschulden

Erblasserschulden sind alle zu Lebzeiten des Erblassers entstandenen vertraglichen, außervertraglichen oder gesetzlichen Verpflichtungen, die zum Zeitpunkt des Todes noch nicht erloschen sind. Sie dürfen auch nicht schon bei der Berechnung des Steuerwerts des Aktivvermögens berücksichtigt worden sein. Hinzutreten muss eine tatsächliche wirtschaftliche Belastung des Erben. Als Erblasserschulden sind zum Beispiel folgende Verpflichtungen denkbar: Darlehensverbindlichkeiten, Steuerschulden, noch nicht beglichene Rechnungen für Telekom, Stromanbieter, Wasser und Entwässerung.

Achtung

Stehen Schulden und/oder Lasten mit Vermögensgegenständen, die nicht der Besteuerung nach dem Erbschaftsteuer- und Schenkungsteuergesetz unterliegen, in einem wirtschaftlichen Zusammenhang, so entfällt der Abzug dieser Verbindlichkeiten (§ 10 Abs. 6 ErbStG), so zum Beispiel bei der Gewährung von Freibeträgen nach § 13d ErbStG in Höhe von 10%, bei dem Freibetrag des Familienwohnheims gemäß § 13 Abs. 1 Nr. 4a bis 4c ErbStG.

10.4.1.2 Erbfallschulden

Erbfallschulden entstehen im Unterschied zu den Erblasserschulden nicht schon zu Lebzeiten des Erblassers, sondern anlässlich des Erbfalls. Als Erbfallschulden sind sämtliche Vermögenspositionen abziehbar, die die Bereicherung des Erben schmälern (§ 10 Abs. 5 Nr. 2 ErbStG), zum Beispiel Verbindlichkeiten aus Vermächtnissen, Auflagen und geltend gemachten Pflichtteilsansprüchen. Auch hier ist Voraussetzung für den Abzug die Inanspruchnahme und wirtschaftliche Belastung des Erben. Werden Vermächtnisse oder Pflichtteilsansprüche geltend gemacht, so sind sie sofort als Erbfallschuld in Abzug zu bringen. Werden diese Ansprüche erst lange nach dem Erbfall erfüllt, ändert sich an dieser Beurteilung nichts.

10.4.1.3 Erwerbsaufwendungen

Neben den Erblasser- und Erbfallschulden sind die sogenannten Erwerbsaufwendungen nach § 10 Abs. 5 Nr. 3 ErbStG bereicherungsmindernd in Abzug zu bringen. Es handelt sich hierbei um folgende Kosten:

- Bestattungskosten
- Kosten für ein angemessenes Grabdenkmal
- Kosten für den Leichenschmaus
- Kosten für die übliche Grabpflege
- Kosten für die Testamentseröffnung und den Erbschein
- Kosten für die Führung eines mit dem Nachlass zusammenhängenden Rechtsstreits
- Kosten der Erbschaftsteuererklärung

Kosten für die Nachlassverwaltung und Nachlassverwertung sind in der Regel nicht abzugsfähig. Sind nur geringfügige Erwerbsaufwendungen für den Nachlass angefallen, gewährt das Gesetz ohne Nachweis einen pauschalen Abzugsbetrag von 15.000 EUR (§ 10 Abs. 5 Nr. 3 Satz 2 ErbStG), bis 31.12.2024 10.300 EUR.

10.4.2 Ermittlung der Bemessungsgrundlage bei Schenkungen

Wie auch beim Erbfall werden Belastungen, die im Zuge der Schenkung vom Beschenkten übernommen werden, steuermindernd berücksichtigt. Bei der Vereinbarung aufschiebend bedingter Gegenleistungen, zum Beispiel bei einem Nießbrauchrecht, das erst beim Tod einer bestimmten Person entsteht, ist die Regelung der §§ 5 f. BewG zu beachten. Gegenleistungen, die unter einer aufschiebenden Bedingung stehen, werden steuerlich erst dann berücksichtigt, wenn die entsprechende Bedingung eintritt.

Bei Eintritt der Bedingung muss der Steuerpflichtige einen Antrag beim zuständigen Finanzamt stellen, um die steuermindernde Berücksichtigung der Gegenleistung zu veranlassen (§ 5 Abs. 2 BewG). Dieser Antrag ist bis zum Ablauf des Jahres zu stellen, das auf den Eintritt der Bedingung folgt.

Wenn der Beschenkte die Kosten einer Grundstücksüberlassung trägt, zum Beispiel die Kosten der notariellen Beurkundung, die Gebühren für die Grundbuchumschreibung oder Steuerberaterkosten, so kann er diese sogenannten Erwerbsnebenkosten steuermindernd ansetzen. Einen pauschalen Höchstbetrag ohne konkreten Nachweis, wie für den Erbfall festgelegt, gibt es für Schenkungsfälle jedoch nicht. Hier können nur die tatsächlichen Kosten in Ansatz gebracht werden.

10.5 Steuerfreier Zugewinnausgleich

Wenn die Ehegatten im gesetzlichen Güterstand – das ist die Zugewinngemeinschaft – leben, ist der sogenannte Zugewinnausgleichsanspruch nach § 5 ErbStG grundsätzlich steuerfrei. Er wird nicht als Erwerb von Todes wegen erfasst.

10.5.1 Steuerfreier Zugewinnausgleich bei Tod eines Ehegatten

Endet die Zugewinngemeinschaft durch den Tod eines Ehegatten (§ 5 Abs. 1 Satz 1 ErbStG) und wird der Zugewinn nicht güterrechtlich nach § 1371 Abs. 2 BGB ausgeglichen, muss der überlebende Ehegatte für steuerliche Zwecke eine fiktive güterrechtliche Ausgleichsforderung ermitteln, die er dann von seinem Erwerb wie einen zusätzlichen Freibetrag abziehen kann. Wie diese Forderung ermittelt wird, ist im Folgenden beschrieben.

Die fiktive Zugewinnausgleichsforderung ist gemäß den §§ 1373 bis 1383 und 1390 BGB für die tatsächliche Dauer der Zugewinngemeinschaft zu ermitteln. Dabei werden das Anfangs- und das Endvermögen der Ehegatten verglichen. Der Zugewinn eines Ehegatten ist der Betrag, um den sein Vermögen zum Zeitpunkt der Beendigung des Güterstandes (Endvermögen) das Vermögen bei Eintritt des Güterstandes (Anfangsvermögen) übersteigt. Geht der Zugewinn eines Ehegatten über den des anderen hinaus, gewährt § 1378 BGB dem Ehegatten mit dem geringeren Zugewinn einen Ausgleich in Höhe des Differenzbetrags. Die Bewertung des Anfangs- und Endvermögens erfolgt jeweils mit den Verkehrswerten (§ 1376 BGB).

Bei Ehegatten, deren Vermögenszuwachs innerhalb der Ehe in unterschiedlicher Qualität stattgefunden hat, sodass sich das wesentliche Vermögen bei einem Ehegatten befindet, ist beim Tod dieses Ehegatten in jedem Fall der fiktive Zugewinnausgleich zu berechnen. Dieser ist nach § 5 ErbStG steuerfrei. In zivilrechtlicher Hinsicht wird der fiktive Zugewinnausgleich bei Eintritt der gesetzlichen Erbfolge nicht ausgeglichen. Er wird lediglich steuerfrei gestellt.

10.5.2 Beendigung der Zugewinngemeinschaft bei Scheidung oder Wechsel des Güterstands

Wird der Güterstand der Zugewinngemeinschaft in anderer Weise als durch den Tod eines Ehegatten, zum Beispiel durch Scheidung oder den Wechsel des Güterstands, beendet, wird die Zugewinnausgleichsforderung nicht als Schenkung behandelt. Sie unterliegt damit nicht der Besteuerung (§ 5 Abs. 2 ErbStG).

Die gesetzliche Festlegung, dass der Zugewinnausgleich zu Lebzeiten steuerfrei ist, schafft weitreichende Gestaltungsmöglichkeiten. Durch den vorgezogenen steuerfreien Zugewinnausgleich kann zum Beispiel der weniger vermögende Ehegatte in die Lage versetzt werden, Ehegattenvermögen als sein Vermögen unter Ausnutzung der Freibeträge auf die Kinder und/oder Enkel zu übertragen.

Steuerfreiheit nach § 5 Abs. 2 ErbStG tritt bei derartigen Gestaltungen jedoch nur ein, wenn die Ehegatten tatsächlich den gesetzlichen Güterstand beenden und Gütertrennung vereinbaren. Dazu bedarf es eines notariellen Ehevertrags, mit dem die Beendigung des gesetzlichen Güterstands vereinbart wird. Durch ein begleitendes Testament der Ehegatten ist dann zu regeln, dass bei einem Vorversterben des Ehegatten, der die Zugewinnausgleichsforderung erhalten hat, kein Rückfall an den übertragenden Ehegatten stattfindet.

10.6 Sachliche Steuerfreibeträge und Steuerbefreiungsvorschriften

Die Regelung des § 13 ErbStG gewährt bei bestimmten Vermögensmassen weitere Freibeträge oder befreit diese ganz von der Erbschaft- und Schenkungsteuer. Im Folgenden werden die wichtigsten Steuerbefreiungsvorschriften des § 13 und die Steuerbefreiungsvorschrift des § 13d für zu Wohnzwecken vermietete Grundstücke erläutert.

10.6.1 Hausrat

Nach § 13 Abs. 1 Nr. 1a, b und c ErbStG gelten für Hausrat einschließlich Wäsche und Kleidungsstücke gesonderte Freibeträge (siehe Tab. 16).

Gegenstände	Steuerklasse	Höchstfreibetrag
Hausrat samt Wäsche und Kleidungsstücken	I	Bis zu einem Wert von 41.000 EUR
Andere bewegliche Gegenstände	I	Bis zu einem Wert von insgesamt 12.000 EUR
Hausrat samt Wäsche und Kleidungsstücken und anderen beweglichen körperlichen Gegenständen	II und III	Bis zu einem Wert von insgesamt 12.000 EUR

Tab. 16: Freibeträge für Hausratsgegenstände

Die Befreiungsvorschrift des § 13 Abs. 1 Nr. 1 ErbStG gilt nicht für Gegenstände, die zum land- und forstwirtschaftlichen Vermögen, zum Grundvermögen oder zum Betriebsvermögen gehören. Ebenso umfasst sie nicht Zahlungsmittel, Wertpapiere, Münzen, Edelmetalle, Edelsteine und Perlen. Diese Vorschriften werden bei Schenkungen und beim Erwerb von Todes wegen angewendet.

10.6.2 Denkmalgeschützter Grundbesitz

Unter die Befreiungsvorschrift nach § 13 Abs. 1 Nr. 2a und b ErbStG fallen denkmalgeschützter Grundbesitz, Kunstgegenstände, Kunstsammlungen, wissenschaftliche Sammlungen, Bibliotheken sowie Archive. Vor allem für denkmalgeschützten Grundbesitz kann sie von großer Bedeutung sein, für sie gilt eine 60%ige bzw. 85%ige Steuerfreiheit, wenn folgende Voraussetzungen erfüllt sind:

- Die Erhaltung des Baudenkmals liegt wegen seiner Bedeutung für Kunst, Geschichte oder Wissenschaft im öffentlichen Interesse (Denkmalschutzbescheinigung),
- die jährlichen Kosten übersteigen in der Regel die erzielten Einnahmen und
- die Gegenstände sind oder werden in einem den Verhältnissen entsprechenden Umfang der Forschung oder Fortbildung nutzbar gemacht (Besichtigungen von Denkmalschutzgebäuden durch interessierte Besucher).

Eine 100%ige Steuerfreiheit tritt für diese Besitztümer ein, wenn sich der Gegenstand (neben den genannten Voraussetzungen) schon seit mindestens 20 Jahren im Familienbesitz befindet. Diese Befreiung fällt mit Wirkung für die Vergangenheit weg, wenn die Gegenstände innerhalb von zehn Jahren nach dem Erwerb veräußert werden oder die Voraussetzungen für die Steuerbefreiung innerhalb dieses Zeitraums entfallen.

10.6.3 Zuwendung des selbst genutzten Familienheims zu Lebzeiten

Zuwendungen unter Lebenden, mit denen ein Ehegatte dem anderen Ehegatten Eigentum oder Miteigentum an einem im Inland, in einem Mitgliedstaat der Europäischen Union oder einem Staat des europäischen Wirtschaftsraums gelegenen, zu eigenen Wohnzwecken genutzten Familienheim verschafft oder ihn von den eingegangenen Verpflichtungen im Zusammenhang mit dessen Anschaffung oder Herstellung freistellt, sind steuerfrei (§ 13 Abs. 1 Nr. 4a ErbStG). Steuerfreiheit gilt ebenfalls, wenn ein Ehegatte die nachträglichen Herstellungs- und Erhaltungsaufwendungen für ein Familienheim trägt, das im gemeinsamen Eigentum der Ehegatten oder im Eigentum des anderen Ehegatten steht. Diese Befreiungsvorschrift gilt auch für Lebenspartner in eingetragener Lebenspartnerschaft.

Beispiele für steuerbefreite Zuwendungen eines Familienwohnheims unter Ehegatten/eingetragenen Lebenspartnern sind:

- Übertragung des Allein- oder Miteigentums an dem einem Ehegatten bereits gehörenden Grundstück
- Kauf oder Herstellung einer Immobilie aus den Mitteln eines Ehegatten, wobei der andere Ehegatte Miteigentümer wird
- Anschaffung oder Herstellung einer Immobilie durch den einen Ehegatten mit Mitteln, die allein oder überwiegend vom anderen, zuwendenden Ehegatten stammen
- Tilgung eines im Zusammenhang mit dem Kauf oder der Herstellung des Familienwohnheims von einem oder beiden Ehegatten aufgenommenen Darlehens aus Mitteln des zuwendenden Ehegatten
- Begleichung von nachträglichen Herstellungs- und Erhaltungsaufwendungen am Familienheim aus Mitteln eines Ehegatten, wenn der andere Ehegatte Eigentümer oder Miteigentümer ist

Der zentrale Begriff der Steuerbefreiungsvorschriften des § 13 Abs. 1 Nr. 4a bis 4c ErbStG ist das sogenannte Familienheim. Als Familienheim gilt ein bebautes Grundstück, soweit dort eine Wohnung gemeinsam zu eigenen Wohnzwecken genutzt wird. Der Wohnungsbegriff des Familienheims bestimmt sich nach der tatsächlichen Nutzung. In der Wohnung muss sich der Mittelpunkt des familiären Lebens befinden. Die Befreiung eines Erwerbs ist deshalb nicht möglich, wenn die Wohnung nur als Ferien- oder Wochenendwohnung genutzt wird oder für einen Berufspendler nur die Zweitwohnung darstellt. Ein Zweitwohnsitz oder eine Ferienwohnung sind grundsätzlich nicht begünstigt, BFH vom 18.7.2013, II R 35/11, BStBl II 2013, 1051. In diesen Fällen befindet sich in der Wohnung nicht der geforderte »Mittelpunkt des familiären Lebens«. An einem Familienheim fehlt es auch dann, wenn zum Beispiel ein Ehepaar als Hauptwohnsitz eine Mietwohnung innehat und sich in einer eigenen Wochenendwohnung ebenfalls regelmäßig aufhält. Ob Ehegatten zwei Wohnungen im Sinne dieser Vorschrift als Mittelpunkt des familiären Lebens innehaben können, ist derzeit nicht entschieden und höchst strittig.

Entscheidend dafür, ob der Mittelpunkt des familiären Lebens in der Wohnung geführt wird, ist die tatsächliche Nutzung und nicht die melderechtliche Situation.

Eine unentgeltliche Nutzungsüberlassung von Teilen einer selbstständigen Wohnung an nahe Verwandte ist bei der Führung eines gemeinsamen Hausstands mit den Eheleuten steuerbegünstigt, so zum Beispiel bei Aufnahme von pflegebedürftigen Angehörigen.

Achtung

Eine Überlassung der gesamten Wohnfläche an Angehörige, ohne dass der Erwerber noch regelmäßig im Objekt wohnt und wenn er sich dort nur noch gelegentlich aufhält, ist dagegen schädlich (BFH vom 5.10.2016, II R 32/15, BStBl II 2017, 130).

Steuerunschädlich ist ebenso die Aufnahme einer Haushaltshilfe in den Wohnbereich (R E 13.3 Abs. 2 ErbStR).

Die Nutzung auch zu anderen als Wohnzwecken ist unschädlich, wenn sie von untergeordneter Bedeutung ist, so zum Beispiel die Nutzung eines Arbeitszimmers. Auch die unentgeltliche gewerbliche oder freiberufliche Mitbenutzung der Wohnung ist grundsätzlich unschädlich, wenn die Wohnnutzung überwiegt.

Eine Fremdvermietung oder die unentgeltliche Überlassung weiterer auf dem Grundstück vorhandener Wohnungen an Kinder oder Eltern ist nicht begünstigt. Bei einer gemischten Nutzung des Gebäudes, das heißt einer Nutzung zu Wohnzwecken als Familienwohnheim und einer Nutzung zu Fremdvermietungszwecken, erfolgt eine Aufteilung des Wertes des Gebäudes und der damit verbundenen Steuerbegünstigung nach der Wohn-/Nutzfläche.

Achtung

Für das begünstigt erworbene Grundstück bei Zuwendungen von Ehegatten zu Lebzeiten besteht keine Behaltenspflicht. Allerdings ist die spätere Veräußerung oder auch Nutzungsänderung nur dann unschädlich, wenn keine rechtsmissbräuchliche Gestaltung nach § 42 AO vorliegt. Vor der Veräußerung oder Nutzungsänderung sollte daher dringend fachkundiger Rat eingeholt werden. Diese Regelungen betreffen nur Schenkungen zu Lebzeiten.

Auch tritt kein Objektverbrauch ein, sodass Familienheime, sofern sie tatsächlich in dieser Form genutzt werden, mehrfach steuerfrei unter Ehegatten übertragen werden können.

In diesem Zusammenhang besteht eine Möglichkeit, wie über die Steuerbefreiung des Familienheims weiteres Vermögen übertragen werden kann.

BEISPIEL

Der Ehemann ist Eigentümer des selbst genutzten Familienheims, eines Einfamilienhauses in bester Lage in Starnberg. Er überträgt diese Immobilie – steuerfrei – an seine Ehefrau. Nachdem diese im Grundbuch eingetragen ist, veräußert die Ehefrau das Familienheim für den Verkehrswert von 5 Mio. EUR an ihren Ehemann.

Dieser Fall wird als Eigenheimschaukel oder auch als »Sylter Modell« bezeichnet. Selbstverständlich muss man bei solchen nicht unbedingt gewöhnlichen Sachverhalten immer einen Berater hinzuziehen, um die möglichen Konsequenzen zu besprechen.

Achtung

Die Zuwendung des sogenannten Familienwohnheims zwischen Eltern und Kindern zu Lebzeiten ist nicht steuerbegünstigt.

Die Rechtsprechung hat zu der Frage, ob bei der Überlassung des Familienheims gegen Nießbrauch oder Wohnrecht des Veräußerers die Regelungen der Steuerbefreiung erfüllt sind, noch nicht Stellung genommen. Wichtig zu wissen ist, dass die Steuerbefreiung voraussetzt, dass der Erwerber sowohl Eigentümer als auch Besitzer sein muss. Bei Vorbehalt dieser Rechte hat der Erwerber eigentlich nur einen mittelbaren Besitz.

10.6.4 Erwerb des selbst genutzten Familienheims von Todes wegen (§ 13 Abs. 1 Nr. 4b ErbStG)

Die Regelung des § 13 Abs. 1 Nr. 4b ErbStG stellt den Erwerb des Familienheims durch den länger lebenden Ehegatten oder den überlebenden Lebenspartner (bei eingetragener Lebenspartnerschaft) auch bei Erwerben von Todes wegen steuerfrei. Dabei muss es sich ebenfalls um eine Immobilie handeln, die im Inland, in einem Mitgliedstaat der Europäischen Union oder in einem Staat des europäischen Wirtschaftsraums gelegen ist. Außerdem müssen die folgenden beiden Voraussetzungen erfüllt sein:

- Der Erblasser muss die Wohnung bis zum Erbfall selbst zu Wohnzwecken als Familienheim genutzt haben. War der Erblasser an der eigenen Wohnnutzung aus objektiv zwingenden Gründen gehindert, gilt dennoch die Steuerfreiheit. Objektiv zwingende Gründe liegen im Fall einer Pflegebedürftigkeit vor, die die Führung eines eigenen Haushalts nicht mehr zulässt, nicht dagegen zum Beispiel eine berufliche Versetzung (R E 13.4 Abs. 2 Satz 3 ErbStR).
- Die Größe sowie die Ausstattung des Familienheims spielen für die Steuerfreiheit keine Rolle.
- Der Erwerber (Ehegatte oder Lebenspartner einer eingetragenen Lebenspartnerschaft) muss die Wohnung unverzüglich nach dem Erwerb weiter zu Wohnzwecken nutzen.
- Die Steuerbefreiung entfällt rückwirkend, wenn die Wohnraumnutzung innerhalb von zehn Jahren nach Erwerb aufgegeben wird. Der Wegfall der Steuerbefreiung tritt nicht ein, wenn der Erwerber aus zwingenden Gründen an der Eigennutzung zu Wohnzwecken gehindert ist. Auch hier gilt das zuvor Dargestellte, zum Beispiel bei einer Unterbringung im Pflegeheim aus gesundheitlichen Gründen.

Achtung

Falls der Ehegatte oder Lebenspartner nicht Alleinerbe ist, sollte zum Erhalt des Freibetrags nach § 13 Abs. 1 Nr. 4b ErbStG dafür Sorge getragen werden, dass der Ehegatte im Wege der Erbauseinandersetzung das Alleineigentum am Familienwohnheim erhält, sofern dieses Familienwohnheim vom Ehegatten weiterhin selbst bewohnt wird.

Der Freibetrag wird nur dem selbst nutzenden Miterben gewährt.

10.6.5 Erwerb des selbst genutzten Eigenheims von Todes wegen durch die Kinder (§ 13 Abs. 1 Nr. 4c ErbStG)

Nach § 13 Abs. 1 Nr. 4c ErbStG ist auch der Erwerb des selbst genutzten Familienheims von Todes wegen durch die Kinder des Erblassers unter folgenden Voraussetzungen steuerfrei:

- Es muss ein Familienwohnheim im Sinne der Darstellungen in Kapitel 10.6.3 vorliegen.
- Das Familienwohnheim muss im Inland, in einem Mitgliedstaat der Europäischen Union oder einem Staat des Europäischen Wirtschaftsraums gelegen sein.
- Erwerber müssen Kinder des Erblassers im Sinne der Steuerklasse I Nr. 2 ErbStG sein.
- Der Erblasser muss bis zum Erbfall diese Wohnung als Familienwohnheim bewohnt haben oder aus zwingenden Gründen an einer Selbstnutzung gehindert gewesen sein, zum Beispiel Pflegebedürftigkeit.
- Der Erwerber muss das Familienheim unverzüglich nach Erwerb selbst zu Wohnzwecken nutzen. Es reicht nicht aus, sich lediglich beim Einwohnermeldeamt umzumelden. Entscheidend ist die tatsächliche Nutzung.
- Die Eigennutzung muss unverzüglich stattfinden. Die Rechtsprechung gewährt eine Karenzzeit von sechs Monaten für die Entscheidung zur Selbstnutzung und die tatsächliche Umsetzung. Sollte diese Sechsmonatsfrist nicht eingehalten werden können, so müssen Gründe glaubhaft gemacht werden, die einen Einzug zu einem früheren Zeitpunkt verhindert haben. Weiter darf den Erwerber an der Verhinderung auch kein Verschulden treffen. Verzögerte Renovierungsarbeiten können daher steuerschädlich sein, OFD Rheinland vom 4.7.2012, Kurzinfo 001/2012, Deutsches Steuerrecht 2012, 2088/16.
- Das selbst genutzte Familienheim wird nur mit einer Fläche von 200 m^2 steuerlich begünstigt. Bei einer Überschreitung der Wohnfläche von 200 m^2 wird der Freibetrag anteilig entsprechend der Wohn-/Nutzfläche gewährt.

BEISPIEL

Herr Wendl setzt seine Tochter Miriam als Alleinerbin ein. Er nutzt ein großzügiges Einfamilienhaus zu eigenen Wohnzwecken bis zu seinem Tod. Miriam bezieht das Einfamilienhaus nach dem Tod ihres Vaters und nutzt es zu eigenen Wohnzwecken. Die Wohnfläche des Anwesens beträgt 300 m^2, der Grundbesitzwert/Verkehrswert der Immobilie liegt bei 900.000 EUR.

Die begünstigte Fläche von 200 m^2 entspricht somit zwei Dritteln des Grundstückswerts. In dieser Höhe wird der Erwerb des Einfamilienhauses steuerfrei gestellt.

900.000 EUR, davon 2/3 = 600.000 EUR

Die restlichen 300.000 EUR gelten als steuerpflichtiger Erwerb von Todes wegen.

Der Erwerber erhält dann keine Steuerbefreiung, wenn er das begünstigte Familienheim aufgrund einer letztwilligen oder einer rechtsgeschäftlichen Verfügung des Erblassers auf einen Dritten übertragen muss. Das kann der Fall sein, wenn zum Beispiel ein entsprechendes Vermächtnis angeordnet wurde. Gleiches gilt, wenn der Erbe im Rahmen der Teilung des Nachlasses das begünstigte Vermögen auf einen Miterben überträgt.

Das Gesetz fordert zum Erhalt der Steuerbefreiung des Erwerbs des Familienheims von Todes wegen, dass das Familienwohnheim vom jeweiligen Erben zehn Jahre ab Erbfall zu eigenen Wohnzwecken als Familienheim genutzt wird.

Sollte der Erwerber/Erbe an der Selbstnutzung wegen eintretender Pflegebedürftigkeit gehindert sein und die Selbstnutzung aufgeben müssen, so entfällt die Steuerbegünstigung rückwirkend nicht. Er muss aus objektiv zwingenden Gründen an der Selbstnutzung gehindert sein. Bei Fortbestand der objektiven Hinderungsgründe ist jede andere Verwertung der Immobilie, so zum Beispiel Verkauf oder Vermietung, nicht mehr steuerschädlich.

In jedem Fall ist der Verkauf der Immobilie innerhalb der Zehnjahresfrist unabhängig von der Fortdauer der Eigennutzung steuerschädlich.

Achtung

Auch die unentgeltliche Übertragung des Familienheims unter Vorbehaltsnießbrauch durch den Ehepartner an die Kinder löst die sogenannte Nachversteuerung aus (Hessisches FG vom 15.2.2016, 1 K 2275/15, EFG 2016, 734; FG Münster vom 28.9.2016, 3 K 3757/15, EFG 2006, 2079; Revision BFH II R 38/16).

Auch die Herabstufung der Eigennutzung auf einen Zweitwohnsitz löst die Nachversteuerung innerhalb der Zehnjahresfrist aus.

Wird die Zehnjahresfrist vom Erwerber nicht eingehalt, so fällt die Steuerbefreiung rückwirkend weg.

Achtung

Der Gesetzgeber hat in § 10 Abs. 6 ErbStG den Schuldenabzug als Nachlassverbindlichkeit für solche Fälle ausgeschlossen, in denen die Schulden in einem wirtschaftlichen Zusammenhang mit Vermögensgegenständen stehen, die nicht der Besteuerung nach Erbschaftsteuer- und Schenkungsteuergesetz unterliegen.

Auch bei steuerfreien Erwerben nach § 13 Abs. 1 Nr. 2a und b, Nr. 4a, b und c sowie § 13d ErbStG ist dieser beschränkte Schuldenabzug zu beachten.

BEISPIEL

Michaela wird von ihrem Vater Klaus als Alleinerbin eingesetzt. Im Nachlass befindet sich das selbst genutzte Einfamilienhaus des Vaters mit einem Verkehrswert von 900.000 EUR und einer Wohnfläche von 200 m^2. Der Nachlass umfasst zudem ein Wertpapierdepot, das einen Tageskurswert (niedrigster Wert) zum Zeitpunkt des Todes von 1.000.000 EUR ausweist. Weiter fällt in den Nachlass eine Darlehensverbindlichkeit von 500.000 EUR, die zum Erwerb des selbst genutzten Einfamilienhauses gedient hat. Nach dem Tod von Klaus nutzt Michaela das Einfamilienhaus selbst zu eigenen Wohnzwecken.

Da der Darlehensbetrag zum Erwerb des Einfamilienhauses genutzt wurde und die Steuerfreiheit nach § 13 Abs. 1 Nr. 4c ErbStG durch die Selbstnutzung der Tochter nunmehr eintritt, können die Schulden aus den Darlehensverbindlichkeiten von 500.000 EUR in diesem Fall nicht abgezogen werden. Michaela muss somit das Wertpapierdepot im Wert von 1.000.000 EUR unter Berücksichtigung des Freibetrags nach § 16 ErbStG sowie des jeweiligen Tarifs versteuern.

Rechtsprechung zum Familienheim

Das FG München (5.4.2018, 4 K 2568/169) und der BFH in der Revision (23.2.2021, II R 29/19) haben in ihren Entscheidungen keinen Grund gesehen, das Grundstück, auf dem das Gebäude des Familienheims steht, und das Nachbargrundstück als Gesamtgrundstück steuerbefreit anzusetzen. Soweit es sich um zwei Flurstücke handelt, ist nur das Grundstück steuerbefreit, auf dem das Gebäude des Familienheims steht.

In einem Urteil des FG München vom 24.2.2016 (4 K 2885/14) hatten die Eheleute den Beschluss gefasst, ihr Familienhaus zu verlassen und in eine gemeinsame Wohnung zu ziehen. Diese musste vor dem Einzug umfangreich renoviert werden. Der Ehemann verstarb aufgrund einer plötzlichen schweren Erkrankung. Die Eheleute waren niemals in diese Wohnung eingezogen, daher lagen die Voraussetzungen des Familienheims und damit die Steuerbefreiung zu keinem Zeitpunkt vor.

Eine weitere wichtige Entscheidung ergab sich ebenfalls durch das FG München (21.6.2023, 4 K 1639/21). Die Eheleute gründeten eine Gesellschaft, die Ehefrau brachte das von den beiden Eheleuten eigengenutzte Einfamilienhaus ein. Es wurde der Antrag auf die Steuerbefreiung des Familienheims gestellt, die Finanzverwaltung akzeptierte diesen nicht. Durch das Finanzgericht wie auch in der Revision durch den BFH (4.6.2025, II R 18/23) erfolgte die Bestätigung der Steuerbefreiung. Hinweis: Derzeit (Stand 1/2026) ist nicht bekannt, ob angesichts der Neuregelungen, die das MoPeG mit sich brachte, das gleiche Urteil getroffen würde.

10.6.6 Pflege des Schenkers oder Erblassers/Erwerb mit Bezug auf Pflege oder Unterhaltsgewährung

Nach § 13 Abs. 1 Nr. 9 ErbStG ist ein Erwerb bis zu 20.000 EUR steuerfrei, wenn er bei einer Person anfällt, die dem Erblasser unentgeltlich oder gegen unzureichendes Entgelt Pflege oder Unterhalt gewährt hat.

BEISPIEL

Die pflegebedürftige Witwe Frau Bischof wird von ihrer Nachbarin Luise liebevoll gepflegt und versorgt. Frau Bischof möchte sich durch die Anordnung eines Vermächtnisses zugunsten ihrer Nachbarin für deren Leistungen bedanken und wendet ihr einen Betrag von 20.000 EUR zu. Die Zuwendung ist in dieser Höhe steuerfrei.

Weiter sind nach § 13 Abs. 1 Nr. 9a ErbStG Geldzuwendungen unter Lebenden, die eine Pflegeperson für Leistungen zur Grundpflege oder zur hauswirtschaftlichen Versorgung von Pflegebedürftigen erhält, bis zur Höhe des nach § 37 SGB XI gewährten Pflegegeldes oder eines entsprechenden Pflegegeldes aus privaten Versicherungsverträgen nach den Vorgaben des SGB XI oder einer Pauschalbeihilfe nach den Beihilfevorschriften für häusliche Pflege steuerfrei. In welcher Höhe Zuwendungen für die Pflege nach § 37 SGB XI steuerfrei sind, hängt jeweils von der Pflegebedürftigkeit des Zuwendenden ab:

Seit dem 1.1.2017 sind die früheren drei Pflegestufen durch fünf Pflegegrade abgelöst worden, die sich über eine Gesamtwertung von sechs verschiedenen Bereichen ergeben. Dies sind:

- Mobilität
- Kognitive und kommunikative Fähigkeiten
- Verhaltensweisen und psychische Problemlagen
- Selbstversorgung
- Bewältigung von und selbstständiger Umgang mit krankheits- oder therapiebedingten Anforderungen und Belastungen
- Gestaltung des Alltagslebens und soziale Kontakte

Die Geldleistungen betragen monatlich (Stand 1/2026):

- Pflegegrad 1: 0 EUR
- Pflegegrad 2: 347 EUR
- Pflegegrad 3: 599 EUR
- Pflegegrad 4: 800 EUR
- Pflegegrad 5: 990 EUR

Achtung

Solche Pflegeleistungen sind unter Umständen einkommensteuerpflichtig als Einkünfte aus nicht selbstständiger oder selbstständiger Tätigkeit.

10.6.7 Vermögensrückfall an Eltern und Voreltern von Todes wegen

Nach § 13 Abs. 1 Nr. 10 ErbStG ist der Rückfall von zu Lebzeiten verschenktem Vermögen durch Todesfall steuerfrei. Das gilt, wenn die Eltern oder Voreltern ihren Abkömmlingen einen Vermögensgegenstand zu Lebzeiten zugewandt haben und dieser aufgrund Todes des Beschenkten an die Eltern bzw. Voreltern zurückfällt.

10.6.8 Verzicht auf den Pflichtteilsanspruch oder Erbersatzanspruch

Nach § 13 Abs. 1 Nr. 11 ErbStG ist der Verzicht auf die Geltendmachung des Pflichtteilsanspruchs oder des Erbersatzanspruchs steuerfrei.

Achtung

Nicht befreit ist der Verzicht auf einen bereits geltend gemachten Pflichtteilsanspruch. Dieser stellt eine steuerpflichtige Zuwendung im Sinne von § 7 Abs. 1 Nr. 1 ErbStG unter Lebenden dar.

In den Fällen eines Pflichtteilsverzichtes ist dringend fachkundiger Rat einzuholen. Hier können sowohl Nachteile bei der Erbschaft- und Schenkungsteuer als auch bei der Einkommensteuer eintreten.

10.6.9 Zuwendungen unter Lebenden für angemessenen Unterhalt oder die Ausbildung des Bedachten (§ 13 Abs. 1 Nr. 12 ErbStG)

Die Befreiungsvorschrift des § 13 Abs. 1 Nr. 12 ErbStG gilt nur für Zuwendungen an nicht unterhaltsberechtigte Personen – Ansprüche von Unterhaltsberechtigten sind sowieso von der Besteuerung ausgenommen. Zuwendungen zum Unterhalt in diesem Sinne sind nur dann steuerfrei, wenn der Bedachte selbst nicht in der Lage ist, sich angemessen zu unterhalten und der Zweck der Zuwendung eindeutig nachgewiesen wird. Der Nachweis kann auch durch außerhalb des Schenkungsvertrags liegende Umstände erfolgen, beispielsweise durch die Übergabe eines Einkommensteuerbescheids des Bedachten, aus dem sich seine finanziellen Möglichkeiten ergeben, oder durch Nachweis von Zeugen (etwa dem behandelnden Arzt, der die Erwerbsunfähigkeit festgestellt hat). Unterhaltsleistungen an solche Personen sind nur dann steuerfrei, wenn es sich um laufende Zahlungen handelt.

Ob Ausbildungszuwendungen steuerfrei sind, hängt davon ab, ob sie angemessen erscheinen. Eine steuerfreie Ausbildungszuwendung liegt vor, wenn der Bedachte sich in der Ausbildung befindet und die Zuwendung deshalb braucht. Eine Zuwendung, die nur teilweise für die Bestreitung von Ausbildungskosten bestimmt ist, deren Verwendung im Übrigen im freien Ermessen des Bedachten steht, ist dagegen in vollem Umfang steuerpflichtig.

10.6.10 Übliche Gelegenheitsgeschenke

Die üblichen Gelegenheitsgeschenke (§ 13 Abs. 1 Nr. 14 ErbStG) sind grundsätzlich steuerbefreit. Hier ist die Abgrenzung nach der Üblichkeit des Zuwendungsgegenstands jedoch umstritten.

Nach der derzeitigen gültigen Rechtsprechung soll zur Ermittlung der Üblichkeit eine sogenannte relative Betrachtungsweise stattfinden. Das bedeutet, dass die Leistungsfähigkeit des Schenkers bei der Beurteilung der Üblichkeit einzubeziehen ist. Feste Grenzen im Hinblick auf die Üblichkeit von Gelegenheitsgeschenken bestehen nicht. Bei der Überprüfung im Einzelfall sind folgende Kriterien entscheidend:

- Anlass, zum Beispiel Geburtstag, Hochzeit, Abitur, Examen
- Näheverhältnis zum Beschenkten
- Art des Geschenks und der Wert
- Leistungsfähigkeit des Schenkers

Nach allgemeiner Rechtsauffassung über die Üblichkeit von Gelegenheitsgeschenken ist eine absolute Obergrenze zu setzen, und das unabhängig vom Wohlstand der Beteiligten (FG Köln vom 8.8.2001 EFG 2001, 1154, Obergrenze 45.000 DM; ohne nähere Begründung).

Eine Zusammenrechnung mehrerer anlässlich verschiedener Gelegenheiten gewährten Gelegenheitsgeschenke gemäß § 14 Abs. 1 ErbStG scheidet nach dem Normzweck aus. Soweit ein Gelegenheitsgeschenk die »Üblichkeit« überschreitet, ist dieses Geschenk mit allen anderen sogenannten Vorschenkungen zusammenzufassen.

10.7 Wohnungsbaugenossenschaften und Wohnungsunternehmen/Vermietung zu Wohnzwecken

Das Gesetz legt für den Immobilieneigentümer weitere Verschonungsregelungen und Freibeträge fest.

So gewährt § 13b Abs. 4 Nr. 3d ErbStG Wohnungsunternehmen unter folgenden Vorgaben die vollkommene Steuerfreiheit bei Übertragungen oder Erwerb von Todes wegen:

- Die überlassenen Grundstücke, Grundstücksteile oder grundstücksgleichen Rechte und Bauten gehören zum Betriebsvermögen, zum gesamthänderisch gebundenen Betriebsvermögen einer Personengesellschaft oder zum Vermögen einer Kapitalgesellschaft.
- Hauptzweck des Betriebs ist die Vermietung von Wohnungen im Sinne des § 181 Abs. 9 BewG und die Erfüllung dieses Hauptzwecks erfordert einen wirtschaftlichen Geschäftsbetrieb.

Fraglich ist, was ein Wohnungsunternehmen in diesem Sinne erfordert. Folgende Voraussetzungen müssen erfüllt sein:

- Der Hauptzweck des Betriebs muss in der Vermietung von Wohnungen bestehen.
- Es erfordert einen wirtschaftlichen Geschäftsbetrieb, der unter folgenden Kriterien überprüft wird:
  - Umfang der Geschäfte
  - Unterhalten von Büros
  - Buchführung zur Gewinnermittlung
  - Umfangreiche Organisationsstrukturen zur Durchführung der Geschäfte
  - Bewerbung der Tätigkeiten und das Anbieten der Dienstleistung in breiter Öffentlichkeit
  - 300 eigene Wohnungen

Bevor von einem Wohnungsunternehmen in diesem Sinne ausgegangen werden kann, muss eingehende Beratung durch Fachanwälte erfolgen. Die Thematik Wohnungsbaugenossenschaften und Wohnungsunternehmen ist in der Rechtsprechung und Literatur nur rudimentär geregelt.

Steuerbefreiung für zu Wohnzwecken vermietete Grundstücke (§ 13d ErbStG)
Nach den Regelungen in § 13d ErbStG erhalten sogenannte vermietete Wohngrundstücke einen 10%igen Abschlag auf den Grundstückswert. Dieser verminderte Wertansatz gilt für folgende bebaute Grundstücke:

- Die Immobilie muss ausschließlich zu Wohnzwecken vermietet werden.
- Die Immobilie muss im Inland, einem Mitgliedstaat der Europäischen Union oder in einem Staat des europäischen Wirtschaftsraums gelegen sein.

Nicht begünstigt sind somit

- Betriebsvermögen,
- Vermögen der Land- und Forstwirtschaft und
- Immobilienbesitz, der auch nur teilweise zu gewerblichen Zwecken vermietet wurde.

Dem Erwerber steht der verminderte Wertansatz nach § 13d ErbStG nicht zu, soweit er den erworbenen Grundbesitz aufgrund einer letztwilligen Verfügung des Erblassers oder einer rechtsgeschäftlichen Verfügung des Erblassers oder Schenkers auf einen Dritten übertragen muss. Das ist zum Beispiel bei der Anordnung eines Grundstücksvermächtnisses oder einer Gleichstellungsauszahlung durch Grundbesitz der Fall.

Gleiches gilt, wenn ein Erbe im Rahmen der Teilung des Nachlasses Vermögen, zum Beispiel die zu Wohnzwecken vermietete Immobilie, auf einen Miterben überträgt (Teilungsanordnung).

10.8 Entstehung der Steuerschuld

Die Vorschrift des § 9 ErbStG regelt die Entstehung der Steuerschuld und legt den Zeitpunkt der Erfüllung des jeweiligen Steuertatbestands fest. Ein Erbfall oder eine Schenkung kann bei mehreren Erwerbern zu unterschiedlichen Stichtagen führen, etwa beim Erwerb des Pflichtteilsberechtigten, für den die Steuer nicht schon mit dem Erbfall entsteht, oder beim Erwerb eines aufschiebend bedingten Vermächtnisses. Der Entstehungszeitpunkt der Besteuerung wirkt sich auch auf folgende Aspekte aus:

- Merkmal der persönlichen Steuerpflicht
- Stichtag der Wertermittlung (§§ 11 f. BewG)
- Zusammenrechnung von Erwerben (§ 14 ErbStG)
- Steuerermäßigung bei mehrfachen Erwerben desselben Vermögens (§ 27 ErbStG)
- Verjährung der Steuer

10.8.1 Steuerentstehung bei Erwerben von Todes wegen

Bei Erwerben von Todes wegen entsteht die Steuer grundsätzlich mit dem Tod des Erblassers. Dies gilt auch bei Vermächtnissen. Für die Entstehung der Steuer kommt es nicht darauf an, ob der Erbe bereits über die Nachlassgegenstände verfügen kann, zum Beispiel bei einer Erbengemeinschaft, bei der der einzelne Erbe nicht allein über Nachlassgegenstände verfügen kann, oder falls Testamentsvollstreckungen oder Nachlassverwaltungen angeordnet wurden.

BEISPIEL

Im Nachlass von Herrn Mayer befindet sich zum Zeitpunkt seines Todes am 30.5.2025 ein Wertpapierdepot, das einem Kurswert von 500.000 EUR aufweist. Der eingesetzte Alleinerbe Michael freut sich über den Erwerb des Aktiendepots und beantragt beim zuständigen Nachlassgericht einen Erbschein, da die Bank, bei der das Aktiendepot gehalten wird, diesen zum Nachweis der Erbenstellung fordert.

Verfügungen über das Wertpapier- und Aktiendepot kann der Erbe somit aufgrund der Vorgaben der Bank nicht vornehmen. Der Erlass des Erbscheins verzögert sich bis zum 30.9.2025. Die Kurswerte sind mittlerweile auf 100.000 EUR gesunken. Erst zu diesem Zeitpunkt kann Michael über das Aktien-/Wertpapierdepot verfügen.

Für die Steuerberechnung ist die Verfügungsbefugnis unbeachtlich. Michael muss daher den Wert des Aktien- und Wertpapierdepots zum Todestag in Höhe von 500.000 EUR versteuern.

In solchen Fällen kann das Stichtagsprinzip zu erheblichen Härten führen. Unter Umständen muss das Vermögen versteuert werden, dass zum Zeitpunkt der Verfügungsgewalt schon gar nicht mehr vorhanden ist.

10.8.2 Steuerentstehung bei aufschiebend bedingten Erwerben

Die Besteuerung fällt immer erst mit Eintritt der Bedingung an, zum Beispiel bei aufschiebend bedingten Vermächtnissen.

10.8.3 Steuerentstehung bei Pflichtteilsansprüchen

Die Steuer bei Pflichtteilsansprüchen entsteht erst zu dem Zeitpunkt, zu dem das Recht geltend gemacht wird. Für die Geltendmachung des Pflichtteilsanspruchs ist keine besondere Form vorgeschrieben. Es reicht aus, wenn der Pflichtteilsberechtigte mündlich den Pflichtteilsanspruch ernstlich eingefordert hat.

Hingegen soll es unzureichend sein, wenn im Familienkreis die Diskussion um die Auszahlung des Pflichtteils gerade begonnen hat oder wenn der Berechtigte vom Erben Auskunft über den Nachlass verlangt.

10.8.4 Steuerentstehung bei Schenkungen

Bei Schenkungen unter Lebenden entsteht die Steuer mit dem Zeitpunkt, zu dem die Zuwendung ausgeführt wird.

Gegenstand der Schenkung	Ausführungszeitpunkt
Sachschenkung	Der Beschenkte ist bürgerlich rechtlicher Eigentümer der Sache geworden.
Geldschenkung	Die Schenkung ist mit Übergabe des Geldbetrags ausgeführt; dies gilt nach herrschender Meinung auch bei Übergabe eines Schecks. Die Schenkung ist ausgeführt, wenn der Scheck eingelöst wurde.
Schenkung von Wertpapieren/Verwahrung im Depot	Die Schenkung von Wertpapieren erfolgt mit der Abtretung des Herausgabeanspruchs (§§ 929 BGB i. V. m. § 931 BGB).
Grundstücksschenkung	Das ein Grundstück betreffende Schenkungsversprechen (notarielle Beurkundung erforderlich) ist ausgeführt, wenn die Vertragsparteien zwei Dinge erledigt haben: Der Schenker muss die für die Eintragung der Rechtsänderung in das Grundbuch erforderlichen Erklärungen in gehöriger Form abgegeben haben. Der Beschenkte muss aufgrund dieser Erklärung in der Lage sein, beim Grundbuchamt die Eintragung der Rechtsänderung herbeizuführen. Erforderlich sind demnach folgende Erklärungen: Auflassung nach § 925 BGB Eintragungsbewilligung nach § 19 GBO

Tab. 17: Gegenstände und die Ausführung von Schenkungen

10.9 Stundung der Erbschaftsteuer (§ 28 ErbStG)

Das Gesetz gewährt dem Erwerber gemäß § 28 Abs. 3 ErbStG die Möglichkeit der Stundung der Erbschaftsteuer, sofern zum Erwerb Immobilien, die zu Wohnzwecken vermietet sind, oder eigengenutzte Immobilien gehören. Weiter muss der Steuerpflichtige vortragen, dass er ohne die gewährte Stundung das begünstigte Immobilienvermögen veräußern müsste. Die Veräußerung muss dabei allein durch die Belastung mit der Erbschaftsteuer verursacht werden.

Weiter muss der Steuerpflichtige vortragen, dass eine Kreditaufnahme zur Tilgung der Erbschaftsteuer für ihn nicht möglich ist. Die Finanzverwaltung verlangt die Ausschöpfung aller Möglichkeiten der Kreditaufnahme und legt dem Steuerpflichtigen für die Unmöglichkeit die Beweislast auf. Weiter ist die Stundung ausgeschlossen, wenn der Steuerverpflichtete die Erbschaftsteuer aus dem Eigenvermögen erbringen kann.

Zum Erhalt der Stundung der Erbschaftsteuer ist daher ein großer Aufwand nötig. Die Stundung wird nur auf Antrag und längstens für zehn Jahre gewährt.

10.10 Wiederaufleben der persönlichen Freibeträge

Gemäß § 14 ErbStG sind Erwerbe von derselben Person innerhalb eines Zeitraums von zehn Jahren zusammenzurechnen. Im Umkehrschluss ergibt sich, dass Zuwendungen von derselben Person, die mehr als zehn Jahre auseinanderliegen, nicht mehr zusammengerechnet werden. Der persönliche Freibetrag lebt somit nach Ablauf von zehn Jahren wieder auf. Dadurch können die Freibeträge mehrfach genutzt und die Steuerprogression gemildert werden. Die Zehnjahresfrist beginnt mit der Entstehung der Steuer (§ 9 ErbStG).

Schenkungen innerhalb der Zehnjahresfrist/Berücksichtigung früherer Erwerbe
§ 14 Abs. 1 ErbStG schreibt fest, dass sämtliche Zuwendungen innerhalb eines Zeitraums von zehn Jahren von und an dieselbe Person zu einem Gesamtbetrag zusammenzurechnen sind. Für diesen Gesamtbetrag ist unter Berücksichtigung der persönlichen Freibeträge und des Steuertarifs zum Zeitpunkt des Letzterwerbs eine Steuer für den Gesamtbetrag zu ermitteln.

War der Vorerwerb aufgrund der besonderen Art, zum Beispiel bei denkmalgeschützten Anwesen oder bei Familienheimen gemäß § 13 Abs. 1 Nr. 4 und 4a sowie § 13 Abs. 1 Nr. 4a, b, c steuerfrei, bleibt er auch weiterhin unberücksichtigt.

Der Vorerwerb wird mit dem früher festgestellten Wert in Ansatz gebracht. Änderungen der Bewertungsvorschriften zwischen Vorerwerb und Letzterwerb bleiben dabei unberücksichtigt.

Nachdem der Gesamterwerb an Schenkungen innerhalb von zehn Jahren feststeht, ist die fiktive Steuer für den Vorerwerb zu ermitteln und zu berücksichtigen. Der Gesetzgeber schreibt hier vor, dass von der Steuer für den Gesamtbetrag die Steuer abgezogen wird, die für die früheren Erwerbe nach den persönlichen Verhältnissen des Erwerbers und auf Grundlage der geltenden Vorschriften zur Zeit des letzten Erwerbs zu erheben gewesen wäre oder tatsächlich entrichtet wurde. Entsprechend ergibt sich das folgende Berechnungsschema:

	Vorerwerb, bewertet nach den damals gültigen Bewertungsvorschriften
	zuzüglich Nacherwerb innerhalb des Zehnjahreszeitraums zu den dann gültigen Bewertungsvorschriften
=	Gesamtbetrag der zu berücksichtigenden Erwerbe

	Berechnung der Steuerbelastung für den Gesamtbetrag der zu berücksichtigenden Erwerbe
	abzüglich fiktiv ermittelter oder tatsächlich entrichteter Abzugssteuer für den Vorerwerb
=	verbleibende Steuerlast

BEISPIEL

Frau Specht überträgt an ihren Sohn Bernd im Jahr 2015 ein Mehrfamilienhaus mit einem Grundbesitzwert von 1.000.000 EUR.

Steuerpflichtiger Erwerb im Jahr 2015	1.000.000 EUR
abzüglich Freibetrag	400.000 EUR
Steuerpflichtiger Erwerb	600.000 EUR

Steuerlast 600.000 EUR × 15 % = 90.000 EUR

Im Jahr 2021 überträgt Frau Specht an Bernd ein Kapitalvermögen in Höhe von 500.000 EUR. Nach § 14 Abs. 1 ErbStG ergibt sich die folgende Berechnung, um den Gesamterwerb im Jahr 2021 festzustellen:

Mehrfamilienhaus Bewertung nach dem Bedarfswert	1.000.000 EUR
zuzüglich Zuwendung Kapitalvermögen 2021	500.000 EUR
Gesamterwerb	1.500.000 EUR
abzüglich Freibetrag nach neuem Erbschaftsteuerrecht	400.000 EUR
Steuerpflichtiger Erwerb	1.100.000 EUR

Steuerbelastung: 1.100.000 EUR × 19 % = 209.000 EUR. Von diesem Betrag ist für die Vorschenkung bereits bezahlte Schenkungsteuer von 90.000 EUR in Abzug zu bringen, sodass sich noch eine Nachzahlung von 119.000 EUR ergibt.

10.11 Fallgestaltungen zur vorweggenommenen Erbfolge

Um die Vermögensnachfolge bereits zu Lebzeiten zu regeln und unter Berücksichtigung der anfallenden Schenkungsteuer und der späteren Erbschaftsteuer eine für die Beteiligten günstige Variante zu finden, haben sich die verschiedensten Fallgestaltungen im Bereich der vorweggenommenen Erbfolge bzw. der Überlassungen zu Lebzeiten herausgebildet. Je nach Interessenlage wird sich der Steuerpflichtige für die eine oder die andere Gestaltung entscheiden.

10.11.1 Zehnjahresrhythmus der Freibeträge

Wie dargestellt leben die Freibeträge nach § 14 ErbStG nach zehn Jahren wieder auf. Bei einer frühzeitigen Planung kann daher der jeweilige Freibetrag unter Beachtung der Zehnjahresfrist mehrfach genutzt werden. Somit wird es möglich, durch eine zeitlich gesplittete Schenkung die Freibeträge zu vervielfältigen und daraus resultierend eine Senkung der Steuerprogression herbeizuführen.

10.11.2 Mittelbare Grundstücksschenkung

Nach den neuen Bewertungsvorschriften des Erbschaftsteuer- und Schenkungsteuergesetzes wird das Grundvermögen mit dem gemeinen Wert nach den Regeln der §§ 178 ff. BewG bewertet. Deshalb ist das ehemals beliebte Gestaltungsmittel der mittelbaren Grundstücksschenkung nicht mehr von ganz so großer steuerlicher Relevanz. Die Attraktivität dieser Gestaltungsmöglichkeit bestand in der Vergangenheit darin, dass das Grundvermögen und das Kapitalvermögen auf unterschiedliche Weise bewertet wurden. Das aber wurde durch die Vorgaben des Bundesverfassungsgerichts als verfassungswidrig angesehen.

Aufgrund der nicht gleichmäßigen Wertermittlung der einzelnen Grundstücksarten im Bewertungsgesetz sind immer wieder Einzelfälle erkennbar, die eine mittelbare Grundstücksschenkung als Gestaltungsmittel empfehlen. Hier ist in jedem Fall fachkundiger Rat einzuholen.

10.11.3 Kettenschenkungen

In der Beratungspraxis sind sogenannte Kettenschenkungen zum Erhalt günstigerer Steuerklassen oder zur Verdopplung der Freibeträge nach wie vor sehr wichtig. Vielfach ist das Vermögen unter den Eheleuten ungleich verteilt, sodass der Freibetrag gegenüber den Kindern aufgrund der verteilten Vermögensmassen nur einmal geltend gemacht werden kann.

BEISPIEL: FREIBETRÄGE

Das Vermögen der Eheleute Greve besteht im Wesentlichen aus einem Mehrfamilienhaus mit einem Grundbesitzwert von 800.000 EUR. Eigentümer dieses Grundvermögens ist die Ehefrau Klara. Die Eheleute beabsichtigen, ihr Grundvermögen auf die gemeinsame Tochter Sandra zu übertragen.

Aufgrund der ungleichen Verteilung des Vermögens unter den Eheleuten kann der Freibetrag zwischen Eltern und Kindern von 400.000 EUR pro Elternteil und Kind lediglich einmal genutzt werden.

Bei einer Überlassung zu Lebzeiten von Klara führt dies zu folgender Steuerbelastung:

Grundbesitzwert	800.000 EUR
abzüglich Freibetrag (§ 16 ErbStG)	400.000 EUR
Steuerpflichtige Zuwendung	400.000 EUR

Steuerlast: 400.000 EUR × 15% = 60.000 EUR

Zur Vermeidung der Schenkungsteuer überträgt Klara im Jahr 2025 den hälftigen Grundbesitz auf ihren Ehemann Martin. Da der hälftige Grundbesitzwert von 400.000 EUR unter dem Freibetrag von Eheleuten liegt, fällt bei dieser Überlassung keine Schenkungsteuer an.

Mit der Eintragung des Ehemanns im Grundbuch kann auch er an die gemeinsame Tochter Sandra übergeben. Jeder Elternteil wendet ihr somit einen Betrag von 400.000 EUR zu. Der Freibetrag pro Elternteil und Kind beträgt 400.000 EUR, sodass der gesamte Grundbesitz steuerfrei an Sandra übertragen werden kann.

BEISPIEL: STEUERTARIF

Herr Pauli beabsichtigt, seinem Schwiegersohn Tim einen Geldbetrag in Höhe von 200.000 EUR zu übergeben. Anwendung findet bei dieser Zuwendung Steuerklasse II, sodass nur ein Freibetrag von 20.000 EUR zur Verfügung steht. Das führt zu folgender Steuerbelastung:

Übergebener Geldbetrag	200.000 EUR
abzüglich Freibetrag (§ 16 ErbStG)	20.000 EUR
Steuerpflichtiger Erwerb	180.000 EUR

Steuerlast: 180.000 EUR × 20% = 36.000 EUR

Zur Vermeidung der hohen Steuerbelastung wendet Herr Pauli seiner Tochter Karina im Jahr 2025 einen Geldbetrag von 220.000 EUR zu. 200.000 EUR leitet diese wiederum 2025 an ihren Ehemann weiter. Es ergeben sich folgende Schenkungen:

Vater an Tochter: 220.000 EUR (Freibetrag 400.000 EUR)	Keine Steuerlast
Ehefrau an Ehemann: 200.000 EUR (Freibetrag 500.000 EUR)	Keine Steuerlast

Bei der Gestaltung von Kettenschenkungen ist darauf zu achten, dass der sogenannte Erstempfänger aufgrund der getroffenen Vereinbarungen einen eigenen Entscheidungsspielraum zur Weitergabe des Vermögens hat. Bei der Beurkundung beider Schenkungen am selben Tag mit nachfolgender Urkundennummer wurde dies verneint. Wenn das Finanzamt in solchen Fällen die Grundsätze des § 42 AO zum Gestaltungsmissbrauch anwendet, führt das dazu, dass die jeweils nachfolgende Schenkung als Zuwendung des Erstschenkenden behandelt wird. Zwischen den beiden Schenkungen sollte daher ein geraumer Zeitraum liegen, um den Entscheidungsspielraum und auch den eigenen Entschluss zur weiteren Veräußerung zu belegen. Auflagen zur Weitergabe an eine andere Person sind auf jeden Fall zu vermeiden. Bei Geldschenkungen sollte der Betrag der Erstschenkung mit dem Betrag der Zweitschenkung nicht identisch sein.

In diesem Zusammenhang liegt zu eventuellen Behaltensregelungen keine Rechtsprechung oder gar Anweisung der Finanzverwaltung vor; hier ist eine Einzelabwägung vorzunehmen. Daher ist es wichtig, vor der Durchführung derartiger Kettenschenkungen fachlichen Rat einzuholen.

10.11.4 Beteiligung weiterer Generationen

In Zeiten hoher Steuerwerte ist ein Übergang auf die nächste Generation fast nicht mehr möglich. Aus diesem Grund sollte an die Beteiligung der nächsten Generation gedacht werden.

10.11.5 Ausschlagung einer Erbschaft gegen Abfindung

Das gleiche Ergebnis kann auch nach Eintritt des Todes durch die Ausschlagung der Erbschaft gegen Abfindung erreicht werden.

BEISPIEL

Die verwitwete Frau Altmann hat zwei Töchter, Beate und Claudia. Sie selbst verstirbt, ohne eine letztwillige Verfügung zu hinterlassen. Es tritt die gesetzliche Erbfolge ein, Beate und Claudia sind Miterben zu je 1/2. Beate und Claudia schlagen die Erbschaft aus. Erbe ist nunmehr der Enkel, ein Sohn von Claudia. Beate schlägt jedoch nur aus, wenn sie an der im Nachlass befindlichen Wohnung ein Nießbrauchrecht erhält. Die im Nachlass befindliche Wohnung hat einen Verkehrswert von 500.000 EUR, das Nießbrauchrecht einen Wert von 200.000 EUR. Der Nachlass besteht im Wesentlichen aus der Eigentumswohnung, es sind keine weiteren Vermögenswerte vorhanden.

Steuerberechnung

Claudia schlägt die Erbschaft vorbehaltlos aus, sodass bei ihr kein Vermögensanfall eintritt. Sie wird mit keiner Erbschaftsteuer belastet. Aufgrund der Ausschlagung erwirbt der Sohn von Claudia die Eigentumswohnung mit dem Verkehrswert von 500.000 EUR.

Verkehrswert der Eigentumswohnung	500.000 EUR
abzüglich Nießbrauchrecht (Abfindung)	200.000 EUR
abzüglich Freibetrag des Enkels (§ 16 Abs. 1 Nr. 3 ErbStG)	200.000 EUR
Steuerpflichtiger Erwerb	100.000 EUR

Steuerlast: 100.000 EUR × 11 % = 11.000 EUR

Steuerpflichtiger Erwerb von Beate

Nießbrauchwert	200.000 EUR
abzüglich Freibetrag Steuerklasse I (§ 16 Abs. 1 Nr. 2 ErbStG)	400.000 EUR
Steuerpflichtiger Erwerb	0 EUR

Die Ausschlagung gegen Abfindung bewirkt folgenden Steuervorteil:

- Überspringen einer Generation: Das Vermögen und damit die Substanz muss nicht zweimal übertragen werden.
- Der Erbe kann die Abfindung steuermindernd in Ansatz bringen (§ 10 Abs. 5 ErbStG).
- Die Abfindung gilt als vom Erblasser zugewandt, das führt zu günstigen Steuersätzen und Freibeträgen.

Die Ausschlagung muss in der Sechswochenfrist geschehen, anderenfalls kann sie nicht mehr anerkannt werden.

10.11.6 Berliner Testament – ein Beraterfehler?

In der Beratungspraxis wünschen Eheleute oft, dass das Berliner Testament gelten soll, das heißt die gegenseitige Alleinerbeneinsetzung und die Schlusserbenbestimmung der gemeinsamen Kinder. Vielfach wird diese herkömmliche Gestaltung sogenannter Ehegattentestamente als »Beratungsfehler« bezeichnet. Die Varianten sind aber vielfältig und vornehmlich wird hier der Wunsch der Ehegatten nach gegenseitiger Alleinerbeneinsetzung berücksichtigt. Vor allem dient das Berliner Testament als Vorsorge für den länger lebenden Ehepartner – dieser Interessenschwerpunkt darf nicht außer Acht gelassen werden.

Allerdings birgt das Berliner Testament einen Steuernachteil, da beim Tod des Erstversterbenden der gesamte Nachlass an den länger lebenden Elternteil fällt. Damit gehen die Freibeträge der Kinder nach dem Tod des Erstversterbenden verloren. Steuerrechtlich tritt zudem beim länger lebenden Elternteil aufgrund der Progression eine höhere Steuerbelastung ein.

Um diesen steuerlichen Nachteil abzumildern, ist es denkbar, Vermächtnisse in Höhe der jeweiligen Freibeträge zugunsten der Kinder beim Tod des erstversterbenden Elternteils anzuordnen, unter Umständen kombiniert mit einem Nießbrauchvermächtnis des länger lebenden Elternteils, zum Beispiel bei Immobilienbesitz. Durch die Anordnung des Vermächtnisses werden die Kinder Eigentümer der Immobilie. Dem länger lebenden Elternteil steht jedoch das Nießbrauchrecht an der Immobilie Zeit seines Lebens zu.

Wer eine solche Gestaltung wählt, sollte auf eine genaue Anordnung der jeweiligen Vermächtnisse achten. Besonders das Nießbrauchvermächtnis sollte folgende Regelungen enthalten:

- Genaue Kostenregelung für Betriebskosten, Instandhaltungen sowie Instandsetzungen
- Dingliche Sicherung des Nießbrauchrechts im Grundbuch

Um die steuerlichen Nachteile eines Berliner Testaments auszugleichen, bieten sich somit vielfältige Gestaltungen an, ohne dass die Interessenlage der Ehegatten in den Hintergrund tritt. Wer eine derartige Gestaltung beabsichtigt, sollte vorher dringend fachkundigen Rat einholen.

10.11.7 Überlassung gegen Vorbehaltsnießbrauch

In der Praxis weit verbreitet sind die sogenannten Überlassungsverträge. Dabei handelt es sich um Vermögensübergaben zu Lebzeiten an die nächste Generation. Vor allem für Eigentümer von Immobilien sind diese Gestaltungen interessant. Durch die vielfältigen Varianten kann das Interesse der älteren Generation an wirtschaftlicher Sicherheit in ausreichendem Maß berücksichtigt und trotzdem das Eigentum auf die nächste Generation übertragen werden. In der Praxis haben sich hier vor allem folgende Fallgestaltungen herausgebildet:

- Überlassung des Grundvermögens gegen Nießbrauch
- Überlassung des Grundvermögens gegen Wohnrecht
- Überlassung des Grundvermögens gegen Versorgungsleistung
- Überlassung gegen Pflegeverpflichtung

Oftmals werden die Versorgungsleistungen auch kombiniert, zum Beispiel mit Wohnrecht und Pflegeverpflichtung.

Bei einer Überlassung unter Vorbehaltsnießbrauch verbleibt beim Schenkenden ausschließlich das Verwaltungs- und Nutzungsrecht. Er ist damit nach wie vor Vermieter und bezieht die Erträge aus der Vermietung. Ebenso ist er berechtigt, den Nießbrauchgegenstand selbst zu nutzen. Eine Verpflichtung gegenüber dem Erwerber und Nießbrauchverpflichteten zur Weitervermietung begründet das Nießbrauchrecht nicht.

Der Erwerber wird bereits Eigentümer des Grundvermögens, sodass die Freibeträge ausgenutzt werden können und wesentliches Vermögen auf die nächste Generation übertragen wird.

Steuerliche Berechnung

Durch das neue Erbschaftsteuer- und Schenkungsteuergesetz wurde die Regelung des ehemaligen § 25 ErbStG ersatzlos gestrichen. Das bedeutet, dass nunmehr die Nießbrauchrechte, bewertet nach den Vorschriften der §§ 14, 16 BewG (siehe Kapitel 10.2.1), vom Wert des Grundbesitzes abgezogen werden. Diese Neuregelung führt zu einer erheblichen Steuerersparnis. Aufgrund der höheren Grundbesitzwerte hat auch der Nießbrauch eine höhere Bewertung erfahren. Zudem sind nunmehr bei der Bewertung von Nießbrauchrechten die aktuellen Sterbetafeln anzuwenden. Auch das ergibt eine höhere Bewertung des jeweiligen Nießbrauchrechts.

Da Richtlinien zur Anwendung der gesetzlichen Neuregelung fehlen, kann die nachfolgende Berechnung einer Überlassung unter Vorbehaltsnießbrauch nur unter Vorbehalt erfolgen.

BEISPIEL

Für ein Mehrfamilienhaus wurde ein Ertragswert von 994.438 EUR ermittelt. Es soll unter Vorbehaltsnießbrauch von der Mutter auf den Sohn übertragen werden. Die Mutter ist 49 Jahre alt. Der Jahreswert des Nießbrauchrechts beträgt 52.000 EUR.

Berechnung des Wertes des Nießbrauchrechts
Jahreswert des Nießbrauchrechts 52.000 EUR × 15,856 (Vervielfältiger gemäß BMF-Schreiben vom 21.10.2025, IV D 4 – S 3104/00002/013/003 zu § 14 Abs. 1 BewG bei einem Alter von 49 Jahren) = 824.512 EUR

Grundbesitzwert	994.438 EUR
abzüglich Nießbrauchrecht	824.512 EUR
Steuerwert der Überlassung	169.926 EUR
abzüglich Freibetrag	400.000 EUR
Steuerlast	0 EUR

An diesem Berechnungsbeispiel wird gut sichtbar, dass der Nießbrauch je nach Alter des Schenkers sehr hohe Werte erreichen kann. Diese Gestaltung hat daher erheblich an Attraktivität gewonnen.

10.11.8 Überlassung gegen die Anordnung von Gleichstellungsgeldern an weichende Geschwister

In der Beratungspraxis wird auch häufig über die folgende Gestaltung gesprochen.

BEISPIEL

Die Eheleute Michael und Stefanie sind Eigentümer eines Mehrfamilienhauses mit einem Wert von 800.000 EUR. Sie haben einen Sohn Mark und eine Tochter Moni. Die Eltern befürchten, dass es bei der Übergabe des Mehrfamilienhauses an beide Kinder zu gleichen Teilen zu Streitigkeiten unter ihnen und vielleicht sogar zu einer Zwangsversteigerung des Anwesens kommt.

Da sie ihre Kinder jedoch gleichermaßen bedenken wollen, bietet sich die Überlassung des Anwesens an ein Kind an, die mit der Verpflichtung verbunden wird, an das weichende Geschwister ein sogenanntes Gleichstellungsgeld zu entrichten. In dem hier geschilderten Fall würde das Mehrfamilienhaus von beiden Elternteilen als Alleineigentum auf Mark übertragen werden. Zusätzlich wird er verpflichtet, an seine Schwester ein Gleichstellungsgeld in Höhe von 400.000 EUR zu entrichten.

Bei Mark liegt eine gemischte Schenkung vor, sodass er nur die Differenz zwischen dem Verkehrswert des Grundvermögens und dem Verkehrswert der Gegenleistung versteuern muss.

800.000 EUR ./. 400.000 EUR = 400.000 EUR

Da er von beiden Elternteilen erworben hat (2 × 400.000 EUR Freibetrag), ist die Überlassung an Mark steuerfrei. Moni erwirbt das Gleichstellungsgeld ebenfalls von ihren beiden Eltern, sodass es ebenfalls unterhalb der Freibeträge liegt.

Fazit und Ausblick

Nicht nur das Erbschaftsteuergesetz seit 1.1.2009, sondern auch das Jahressteuergesetz 2022 hat für die Bewertung von Immobilien ab dem 1.1.2023 eine extreme Werterhöhung ergeben. Auch wenn sich die Immobilienpreise seit 2022 durchaus nach unten bewegt haben, wird es in jedem Fall notwendig sein, sich rechtzeitig mit der lebzeitigen Übergabe auseinanderzusetzen. Dadurch lassen sich die erbrechtlichen Nachteile, die eine Erbengemeinschaft mit sich bringt, vermeiden und eine gerechte und friedlichere Übergabe erreichen. Mit den gesellschaftsrechtlichen Regelungen einer Familiengesellschaft kann eine individuelle Gestaltung vorgenommen werden. Wer sich mit der lebzeitigen Übergabe auseinandersetzt, dem wird es auch möglich sein, steueroptimierte Übergaben vorzunehmen, die im Erbfall meistens nicht mehr möglich sind.

Die Autorinnen

Agnes Fischl ist Rechtsanwältin, Steuerberaterin und Fachanwältin für Erbrecht. Ein besonderer Beratungsschwerpunkt ist die Überlassung von Immobilien. Hierbei wird die individuelle Familien- und Vermögenssituation berücksichtigt, um die zahlreichen Gestaltungsmöglichkeiten aufzuzeigen. Schließlich liegt die Hauptkompetenz von Agnes Fischl in der Ermittlung des steuerlichen Bedarfswerts für Immobilien nach dem Bewertungsgesetz. Anhand dieser Wertermittlung ist es möglich, eine valide Aussage über voraussichtliche Steuerbelastungen zu treffen, soweit man sich zu lebzeitigen Schenkungen entschließt. Mit diesem Wissen kann mit der Finanzverwaltung auf Augenhöhe gesprochen werden.

Agnes Fischl vertritt die Interessen von Immobilieneigentümern im Hauptausschuss des Haus- und Grundbesitzervereins München und Umgebung e. V. und ist Mitglied im Steuerausschuss des Zentralverbandes der Deutschen Haus-, Wohnungs- und Grundeigentümer e. V.

Claudia Finsterlin ist Fachanwältin für Steuerrecht und Partner der Kanzlei Finsterlin/Hopfensperger in München. Ihr Beratungsschwerpunkt ist die erbrechtliche Gestaltung unter Berücksichtigung steueroptimierter Lösungen. Darüber hinaus ist sie erfahrene Prozessanwältin bei der Abwehr oder der Durchsetzung erbrechtlicher Ansprüche sowie im Bereich finanzgerichtlicher Probleme. Auch sie verfügt über langjährige Seminarerfahrung und ist ebenfalls Autorin zahlreicher Publikationen.

Der gemeinsame Podcast: Betongold mit Claudia und Agnes

Die Rechtsanwältinnen Claudia Finsterlin und Agnes Fischl sind seit über 20 Jahren in der laufenden Beratung bei Haus und Grund München tätig, vor allem zur Immobilienübergabe an die nächste Generation. Dabei werden nicht nur erbrechtliche Sachverhalte besprochen, sondern auch steuerliche Fragen. Das betrifft die steuerliche Bewertung der Immobilien und der Umgang mit der dortigen Finanzverwaltung, aber auch, in welcher Weise sich eine Überlassung steuerlich optimieren lässt. Zudem werden sehr oft Fragen zur Ertragsteuer im Bereich der Immobilien gestellt.

Die Erfahrung aus der Beratung haben die beiden Kolleginnen in ihren Podcast Betongold aufgenommen. Ihre Themen sind nicht nur rein fachlicher Art. Sie gehen auch auf politische Entscheidungen ein: die zu hohe Erbschaftsteuerbelastung des Immobilieneigentümers mit der Folge, dass Immobilien oftmals veräußert werden müssen, aber auch zur Frage der Absetzbarkeit energetischer Maßnahmen.

Stichwortverzeichnis